高等院校经济管理类核心课程系列规划教材

物流管理概论

Introduction To Logistics Management

主　编　雍兰利　魏凤莲

副主编　张志强　吴满财　赵松龄　杨　蕾

ZHEJIANG UNIVERSITY PRESS
浙江大学出版社

图书在版编目（CIP）数据

物流管理概论／雍兰利，魏凤莲主编．—杭州：浙江大学出版社，2011.11
ISBN 978-7-308-09204-3

Ⅰ．①物… Ⅱ．①雍…②魏… Ⅲ．①物流—物资管理—概论 Ⅳ．①F252

中国版本图书馆 CIP 数据核字（2011）第 209418 号

物流管理概论

主　编　雍兰利　魏凤莲

副主编　张志强　吴满财　赵松龄　杨　蕾

责任编辑　朱　玲　王元新
装帧设计　联合视务
出版发行　浙江大学出版社
（杭州市天目山路 148 号　邮政编码 310007）
（网址：http://www.zjupress.com）
排　　版　杭州中大图文设计有限公司
印　　刷　浙江云广印业有限公司
开　　本　787mm×1092mm　1/16
印　　张　18.25
字　　数　445 千
版 印 次　2011 年 11 月第 1 版　2011 年 11 月第 1 次印刷
书　　号　ISBN 978-7-308-09204-3
定　　价　39.00 元

浙江大学出版社发行部邮购电话　（0571）88925591

编写人员

主　编　雍兰利　魏凤莲

副主编　张志强　吴满财　赵松龄　杨　蕾

编　者　吴满财　杨　蕾　赵松龄　赵朝霞

张志强　张　娟　张　博　高　飞

雍兰利　魏凤莲

前　言

“物流管理概论”是物流管理专业的核心课程之一，随着我国经济的快速发展，物流在国民经济发展中的地位愈加显著与重要。进入21世纪以后，物流及其相关的流通业已被置于我国重点发展的先导产业，与此同时，物流产业从广度和深度上又获得很大的拓展，这些环境的改变使得物流管理活动及其相关的理论也发生了相应的改变。物流实践和理论的变化要求物流管理教材必须不断地更新，以适应教学需要，这便是我们组织编写《物流管理概论》一书的目的所在。

本书的特点可归纳为四个方面：第一，注重结构的系统性。本书在介绍物流管理概念、一体化发展趋势以及物流战略与规划的基础上，对物流的功能性活动，诸如采购、运输、仓储、库存、包装、加工、配送、逆向等管理做了系统的介绍，接着对物流的支持性活动，诸如成本管理、物流技术、信息化、物流系统与网络等管理做了系统的介绍，最后介绍了物流管理的新进展与运作趋势。第二，突出技术性与操作性。本书第十章、第十一章突出技术与操作内容的介绍，包括物流运输技术、仓储技术、装卸搬运技术、分拣配送技术、包装技术、流通加工技术、物流信息技术及其新进展；有关物流系统分析、物流网络、结点、线路的内容具有较强的操作性。第三，关注教学的应用性。每章开始均设有学习目标，每章末尾均设有案例分析、案例讨论和复习思考，便于学生巩固和掌握所学知识，提高学生分析问题和解决问题的能力。第四，适用面较广。本书注重系统性、应用性与内容的丰富性，既可作为物流管理专业核心课程的教材，也可作为广大管理者学习物流管理知识的参考书。

全书共分为十三章。第一章绪论对物流管理及其发展作出了一个总体概述，包括物流及物流管理概念的介绍以及对物流一体化、物流管理科学的发展及其运作模式演进的概述；第二章介绍了物流战略和规划，包括物流战略的层次结构、环境分析方法以及物流战略规划的设计和步骤、策略和控制；第三章至第八章的内容涵盖了物流功能性活动的管理，包括采购与供应管理、运输管理、仓储与库存管理、配送与配送中心、包装与加工管理、绿色物流；第九章至第十一章介绍了物流支持性活动的管理，包括物流成本管理、现代物流技术与标准化、物流系统与物流网络；第十二章和第十三章是针对物流管理发展与运作模式的介绍，包括供应链管理、物流运作模式。本书写作的具体分工如下：第一章、第十二章由雍兰利编写；第二章由高飞和张娟编写；第三章、第八章由吴满财编写；第四章、第七章由杨蕾编写；第五章由赵朝霞编写；第六章、第十三章由赵松龄编写；第九章由张博编写；第十章由魏凤莲编写；第十一章由张志强编写。魏凤莲对四、六、七、九、十、十三章做了初步修定，最后由雍兰利、张志强对书稿做出修改并定稿。

编写过程中参考了大量有关专家、学者的教材、论著和网上资料，在此我们对相关作者或编辑者表示衷心的感谢。

感谢浙江大学出版社对本书出版的大力支持！感谢本书的责任编辑朱玲老师！她为本书的编写做了许多具体的支持与指导工作。

由于编写者水平有限，书中难免有疏漏和错误之处，恳请读者批评指正。当然，对书中所涉及的知识产权责任与可能的纠纷均由各位作者本人承担，对所有可能发生的错误均由各位作者文责自负。

编　者

2011 年 6 月

目　录

第一章 绪 论

学习目标

了解物流一词的来源、划分和现代物流的发展趋势，掌握物流的定义和现代物流的主要特征；了解物流管理的发展经历、实施物流管理的目的和物流管理科学的发展及其趋势，掌握物流管理的定义和现代物流管理的基本活动，理解物流一体化的原因。

第一节 物 流

一、"物流"一词的来源

"物流"业兴起于美国，但"物流"一词却起源于日本。

日本在20世纪50年代以后，企业进行大规模设备投资和更新改造，技术水平不断提高，生产力大幅度上升，经济已基本恢复到第二次世界大战前的水平。1955年成立了生产性本部，该团体为了改进流通领域的生产效率，确保经济的顺畅运行和发展，于1956年秋季组织了一个大型考察团考察了美国的物流业。当时日本还没有"物流"这个词，代表团的名称为"流通技术专业考察团"。美国的专家对代表团成员介绍到，美国30年来国民经济之所以顺利发展，原因之一就是既重视生产效率又重视流通效率。美国产业界真正认识到物流的重要性基本在1950年前后，在此之前一直只重视销售，仅把运输、保管、包装、装卸等物流活动作为销售的辅助性活动。日本流通技术考察团在美国还发现，原来日本被称为流通技术的运输、包装等活动，美国人称为physical distribution(PD)。日本考察团回国后便向政府提出了重视物流的建议，并在产业界掀起了PD启蒙运动。在日本能率协会内设立了PD研究会，每个月举办PD研讨会；在流通经济研究所也组织起PD研究会，积极开展各种形式的启蒙教育活动。1964年7月，通产省决定讨论物流预算案时，担心新闻媒体在报道中讲PD日本人听不懂，于是邀请多方专家商议。他们认为PD中的"P"，即Physical在这里并不是"物质"的意思，而是"物理"的意思，Distribution是"流通"的意思，所以应把PD译为"物理性流通"，但又觉得作为一个名词，"物理性流通"字数过多、过长，只好缩为"物的流通"。于是"物的流通"这一新词在全日本媒体上发表了。此后，"物的流通"在日本逐渐家喻户晓，人人皆知。1970 年成立的日本最大的物流团体之一就叫“日本物的流通协会”,日本物流管理协议会每年举行的物流会议也都叫“全国物的流通会议”。

1970 年以后很多人又觉得“物的流通”也有点长,于是就干脆简称为“物流”。“物流”这个词在日本至今仍在使用。由于“物流”一词很符合中国人对此问题的认知习惯,因此,在中国很快就认同了“物流”这一专有名词。

二、物流的划分

(一)按对象不同划分

物流按其对象不同可划分为宏观物流和微观物流。

1. 宏观物流

宏观物流是指社会再生产总体的物流活动,从社会再生产总体角度认识和研究的物流活动。宏观物流还可以从空间范畴来理解,在很大空间范畴的物流活动,往往带有宏观性,在很小空间范畴的物流活动则往往带有微观性。宏观物流研究的主要特点是综观性和全局性,主要的研究内容是:物流总体构成、物流与社会之间的关系、物流与经济发展的关系、社会物流系统和国际物流系统的建立和运作等。

2. 微观物流

消费者、生产企业所从事的实际的、具体的物流活动属于微观物流。在整个物流活动中,一个局部、一个环节的具体物流活动也属于微观物流,在一个小地域空间发生的具体的物流活动也属于微观物流。

(二)按目的不同划分

物流按其目的不同可划分为社会物流和企业物流。

1. 社会物流

社会物流是指超越一家一户的以一个社会为范畴面向社会为目的的物流。

2. 企业物流

企业物流是指从企业角度上研究与之有关的物流活动,是具体的、微观的物流活动的典型领域。

(三)按范围不同划分

物流按其范围不同可划分为国际物流和区域物流。

1. 国际物流

国际物流是现代物流系统发展很快、规模很大的一个物流领域,是伴随和支撑国际间经济交往、贸易活动和其他国际交流所发生的物流活动。

2. 区域物流

相对于国际物流而言,一个国家范围内的物流,一个城市的物流,一个经济区域的物流都处于同一法律、规章制度之下,都受相同文化及社会因素影响,都处于基本相同的科技水平和装备水平之中。

(四)按范畴不同划分

物流按其范畴不同可划分为一般物流和特殊物流。

1. 一般物流

一般物流是指物流活动的共同点和一般性，是物流活动的一个重要特点，涉及全社会、各企业。因此，物流系统的建立和物流活动的开展必须有普遍的适用性。

2. 特殊物流

专门范围、专门领域、特殊行业，在一般物流规律基础上，往往带有特殊制约因素、特殊应用领域、特殊管理方式、特殊劳动对象、特殊机械装备特点的物流，属于特殊物流范围。

三、物流的释义和定义

(一)物流的释义

物流是由“物”和“流”两个基本要素组成的。物流中的“物”和“流”通常与以下几个概念相关：

1. 物的概念

(1)物：物流中的“物”的概念是指一切可以进行物理性位置移动的物质资料。物流中“物”的一个重要特点，是其必须可以发生物理性位移，而这一位移的参照系是地球。因此，固定了的设施等，不是物流要研究的对象。

(2)物资：在我国专指生产资料，有时也泛指全部物质资料，较多指工业品生产资料。其与物流中的“物”区别在于“物资”中包含相当一部分不能发生物理性位移的生产资料，这一部分不属于物流学研究的范畴，如建筑设施、土地等。另外，属于物流对象的各种生活资料，也不能包含在作为生产资料理解的“物资”概念之中。

(3)物料：是我国生产领域中的一个专门概念。生产企业习惯将最终产品之外的，在生产领域流转的一切材料(无论是生产资料还是生活资料)、燃料、零部件、半成品、外协件以及生产过程中必然产生的边角余料、废料及各种废物统称为“物料”。

(4)货物：是我国交通运输领域中的一个专门概念。交通运输领域将其经营的对象分为两大类：一类是人，一类是物。除人之外，“物”的这一类统称为货物。

(5)商品：商品和物流学的“物”的概念是互相包含的。商品中一切可发生物理性位移的物质实体，即商品中凡具有可运动要素及物质实体要素的，都是物流研究的“物”，有一部分商品则不属于此。因此，物流学的“物”有可能是商品，也有可能是非商品。商品实体仅是物流中“物”的一部分。

(6)物品：是生产、办公、生活领域常用的一个概念，在生产领域中，一般指不参加生产过程，不进入产品实体，而仅在管理、行政、后勤、教育等领域使用的与生产相关的或有时完全无关的物质实体；在办公生活领域则泛指与办公、生活消费有关的所有物件。在这些领域中，物流学中的“物”，就是通常所说的物品。

2. 流的概念

(1)流：物流学中的“流”，指的是物理性运动。

(2)流通：物流的“流”，经常被人误解为“流通”。“流”的要领和流通概念是既有联系又有区别的。其联系在于，流通过程中，物的位移常伴随交换而发生，这种物理性位移是最终实现流通不可缺少的物的转移过程。物流中“流”的一个重点领域是流通领域，“流”和“流通”的区别，主要有两点：一是涵盖的领域不同，“流”不但涵盖流通领域也涵盖生产、生活等领域，凡是由物发生物流的领域，都是“流”的领域。“流通”中的“流”从范畴来看只是全部

"流"的一个局部；二是"流通"并不以其整体作为"流"的一部分，而是以其实物物理性运动的局部构成"流"的一部分。在流通领域，商业活动中的交易、谈判、契约、分配、结算等所谓"商流"活动和贯穿于之间的信息流等都不能纳入到物理性运动之中。

(3)流程：物流中的"流"可以理解为生产的"流程"。生产领域中的物料是按工艺流程要求进行运动的，这个流程水平高低、合理与否对生产的成本和效益以及生产规模影响颇大，因而生产领域"流"的问题是非常重要的。

(二)物流的定义

对于物流有许多不同的解释，至今尚无一个确切的定义。

解释一：物流中的"物"是物质资料世界中同时具备物质实体特点和可以进行物理性位移的那一部分物质资料。"流"是物理性运动，称之为"位移"。流的范围可以是地理性的大范围，也可以是在同一地域、同一环境中的微观运动和小范围位移。

解释二：物流是指为了满足客户的需要，以最低的成本，通过运输、保管、配送等方式，实现原材料、半成品、成品及相关信息由商品的产地到商品的消费地所进行的计划、实施和管理的全过程。具体内容包括用户服务、需求预测、定单处理、配送、存货控制、运输、仓库管理、工厂和仓库的布局与选址、搬运装卸、采购、包装、情报信息。

解释三：在我国国家标准《物流术语》的定义中指出：物流是"物品从供应地到接收地的实体流动过程，根据实际需要，将运输、储存、装卸、搬运、包装、流通加工、配送、信息处理等基本功能实施有机结合"。

解释四：物流是指利用现代信息技术和设备，将物品从供应地送达接收地采用的准确的、及时的、安全的、保质保量的、门到门的合理化服务模式和先进的服务流程。物流是随商品生产的出现而出现，随商品生产的发展而发展，所以物流是一种古老的传统经济活动。

解释五：物流是指商品在生产、流通、服务过程中所发生的时间空间变化，通过物流活动，可以创造物质资料的时间价值和场所价值，最有效地完成资源配置。

解释六：日本综合研究所《物流手册 1981》中的物流概念："物质资料从供给者向需要者的物理性移动，是创造时间性、场所性价值的经济活动。从物流的范畴来看，包括包装、装卸、保管、库存管理、流通加工、运输、配送等诸种活动。"

解释七：美国物流管理协会(CLK)2000 年对"物流"的定义："为满足客户需要，对商品、服务及相关信息在源头与消费点之间的高效(高效率、高效益)、正向及反向流动与储存进行的计划、实施与控制的过程。"

综合以上解释，本书认为，物流是指为了满足客户的需要，通过商品在生产、流通、服务过程中所进行的包装、装卸、保管、库存、流通加工、运输、配送等活动，以较低的成本为客户创造更多的时间价值和场所价值的活动。

四、现代物流及其主要特征

(一)现代物流

现代物流不仅单纯地考虑从生产者到消费者的货物配送，而且还考虑从供应商到生产者对原材料的采购，以及生产者本身在产品制造过程中的运输、保管和信息等各个方面，从而全面、综合地提高经济效益和效率的问题。因此，现代物流是以满足消费者的需求为目标，把制造、运输、销售等市场情况统一起来考虑的一种战略措施。这与传统物流把它仅看做是“后勤保障系统”和“销售活动中起桥梁作用”的概念相比，在深度和广度上又进一步。

现代物流是电子商务与物流的紧密结合，是物流、信息流、资金流和人才流的统一。电子商务的不断发展使物流行业重新崛起，目前美国的物流业所提供的服务内容已远远超过了仓储、分拨和运送等服务。物流公司提供的仓储、分拨设施、维修服务、电子跟踪和其他具有附加值的服务日益增加。物流服务商正在变为客户服务中心、加工与维修中心、信息处理中心和金融中心。根据顾客的需要而增加新的服务，这体现了不断适应发展的观念。

相对于发达国家的物流产业而言，中国的物流产业尚处于起步发展阶段。一是企业物流仍然是全社会物流活动的重点，专业化物流服务需求已初露端倪，这说明我国物流活动的发展水平还比较低，加强企业内部物流管理仍然是全社会物流活动的重点；二是专业化物流企业开始涌现，多样化物流服务有一定程度的发展；三是走出以企业自我服务为主的物流活动模式，积极发展第三方物流，已是中国物流业发展的当务之急。

(二)现代物流的主要特征

1. 物流反应快速化

物流服务提供者对上游与下游的物流、配送需求的反应速度越来越快，前置时间越来越短，配送间隔越来越短，物流配送速度越来越快，商品周转次数越来越多。

2. 物流功能集成化

现代物流着重于将物流与供应链的其他环节进行集成，包括物流渠道与商流渠道的集成、物流渠道之间的集成、物流功能的集成、物流环节与制造环节的集成等。

3. 物流服务系列化

现代物流强调物流服务功能的恰当定位与完善化、系列化。除了传统的储存、运输、包装、流通加工等服务外，现代物流服务在外延上向上扩展至市场调查与预测、采购及订单处理，向下延伸至配送、物流咨询、物流方案的选择与规划、库存控制策略建议、货款回收与结算、教育培训等增值服务；在内涵上则提高了以上服务对决策的支持作用。

4. 物流作业规范化

现代物流强调功能、作业流程、动作的标准化与程式化，使复杂的作业变成简单的、易于推广与考核的动作。

5. 物流目标系统化

现代物流从系统的角度统筹规划一个公司整体的各种物流活动，处理好物流活动与商流活动及公司目标之间、物流活动与物流活动之间的关系，不求单个活动的最优化，但求整体活动的最优化。

6. 物流手段现代化

现代物流使用先进的技术、设备与管理为销售提供服务、生产、流通，销售规模越大、范围越广，物流技术、设备及管理越现代化。计算机技术、通信技术、机电一体化技术、语音识别技术等得到普遍应用。世界上最先进的物流系统运用了 GPS(全球卫星定位系统)、卫星通信、射频识别装置(RF)、机器人，实现了自动化、机械化、无纸化和智能化。

7. 物流组织网络化

为了保证对产品促销提供快速、全方位的物流支持，现代物流需要有完善、健全的物流网络体系，网络上点与点之间的物流活动应保持系统性、一致性，这样可以保证整个物流网络有最优的库存总水平及库存分布，运输与配送快速、机动，既能铺开又能收拢。分散的物流单体只有形成网络才能满足现代生产与流通的需要。

8. 物流经营市场化

现代物流的具体经营采用市场机制，无论是企业自己组织物流，还是委托社会化物流企业承担物流任务，都以"服务—成本"的最佳配合为总目标，谁能提供最佳的"服务—成本"组合，就找谁服务。国际上既有大量自办物流相当出色的"大而全"、"小而全"的例子，也有大量利用第三方物流企业提供物流服务的例子，比较而言，物流的社会化、专业化已经占到主流，即使是非社会化、非专业化的物流组织也都实行严格的经济核算。

9. 物流信息电子化

由于计算机信息技术的应用，现代物流过程的可见性(visibility)明显增加，物流过程中库存积压、延期交货、送货不及时、库存与运输不可控等风险大大降低，从而可以加强供应商、物流商、批发商、零售商在组织物流过程中的协调和配合以及对物流过程的控制。

五、现代物流业的发展趋势

1. 第三方物流日益成为物流服务的主导方式

从欧美国家看，生产加工企业不再拥有自己的仓库，而由另外的配送中心为自己服务，已经成为一种趋势。1998 年美国某机构对制造业 500 家大公司的调查显示，将物流业务交给第三方物流企业的货主占 69%(包括部分委托)。同时研究表明，美国 33%和欧洲 24%的非第三方物流服务用户正积极考虑使用第三方物流服务。

2. 信息技术、网络技术广泛应用

信息技术、网络技术日益广泛用于物流领域，物流与电子商务日益融合。20 世纪 70 年代电子数据交换技术(EDI)在物流领域的应用曾简化了物流过程中繁琐、耗时的订单处理过程，使得供需双方的物流信息得以即时沟通，物流过程中的各个环节得以精确衔接，极大地提高了物流效率。而互联网的出现则促使物流行业发生了革命性的变化，基于互联网的及时准确的信息传递满足了物流系统高度集约化管理的信息需求，保证了物流网络各点和总部之间以及各网点之间信息的充分共享。

3. 物流全球化

物流全球化包含两层含义，一是指经济全球化使世界越来越成为一个整体，大型公司特别是跨国公司日益从全球的角度来构建生产和营销网络，原材料、零部件的采购和产品销售的全球化相应地带来了物流活动的全球化。二是指现代物流业正在全球范围内加速集中，并通过国际兼并与联盟，形成越来越多的物流巨无霸。

第二节 物流管理

一、物流管理的发展历程

物流管理的发展经历了配送管理、物流管理和供应链管理三个层次。物流管理起源于第二次世界大战中军队输送物资装备所发展出来的储运模式和技术。在这之后这些技术被广泛应用于工业界,并极大地提高了企业的运作效率,为企业赢得更多客户。当时的物流管理主要针对企业的配送部分,即在成品生产出来后,如何快速而高效地经过配送中心把产品送达客户手中,并尽可能维持最低的库存量。美国物流管理协会那时叫做实物配送管理协会,而加拿大供应链与物流管理协会则叫做加拿大实物配送管理协会。在这个初级阶段,物流管理只是在既定数量的成品生产出来后,被动地去迎合客户需求,将产品运到客户指定的地点,并在运输的领域内实现资源最优化使用,合理设置各配送中心的库存量。准确地说,这个阶段物流管理并未真正出现,有的只是运输管理、仓储管理和库存管理。物流经理的职位当时也不存在,有的只是运输经理或仓库经理。

现代意义上的物流管理出现在20世纪80年代。人们发现利用跨职能的流程管理的方式去观察、分析和解决企业经营中的问题非常有效。通过分析物料从原材料运到工厂,流经生产线上每个工作站,产出成品,再运送到配送中心,最后交付给客户的整个流通过程,企业可以消除很多看似高效率却实际上降低了整体效率的局部优化行为。因为每个职能部门都想尽可能地利用其产能,没有留下任何富余,一旦需求增加,则处处成为瓶颈,导致整个流程的中断。又比如运输部作为一个独立的职能部门,总是想方设法降低其运输成本,但若其因此而将一笔必须加快的订单交付海运而不是空运,这虽然省下了运费,却失去了客户,导致整体的失利。所以,传统的垂直职能管理已不适应现代大规模工业化生产,而横向的物流管理却可以综合管理每一个流程上的不同职能,以取得整体最优化的协同作用。在这个阶段,物流管理的范围扩展到除运输外的需求预测、采购、生产计划、存货管理、配送与客户服务等,以系统化管理企业的运作,达到整体效益的最大化,这就是现代意义上的供应链管理。

二、物流管理的概念

物流管理的概念也有多种提法,以下两种表述大体可以反映其基本内涵。

(1)物流管理是指以最低的物流成本达到客户所满意的服务水平,而对物流活动进行的计划、组织、协调与控制,即对原材料、半成品和成品等物料在企业内外流动的全过程所进行的计划、实施、控制等活动。这个全过程,就是指物料经过的包装、装卸、搬运、运输、存储、流通加工、物流信息等物流运动的全部过程。

(2)物流管理是指在社会再生产过程中,根据物质资料实体流动的规律,应用管理的基本原理和科学方法,对物流活动进行计划、组织、指挥、协调、控制和监督,使各项物流活动实现最佳的协调与配合,以降低物流成本,提高物流效率和经济效益。

三、实施物流管理的目的

实施物流管理的目的就是要在尽可能最低的总成本条件下实现既定的客户服务水平，即寻求服务优势和成本优势的一种动态平衡，并由此创造企业在竞争中的战略优势。根据这个目标，物流管理要解决的基本问题，简单地说，就是把合适的产品以合适的数量和合适的价格在合适的时间和合适的地点提供给客户。

物流管理强调运用系统方法解决问题。现代物流通常被认为是由运输、存储、包装、装卸、流通加工、配送和信息诸环节构成。各环节原本都有各自的功能、利益和观念。系统方法就是利用现代管理方法和现代技术，使各个环节共享总体信息，把所有环节作为一个一体化的系统来进行组织和管理，以使系统能够在尽可能低的总成本条件下，提供有竞争优势的客户服务。系统方法认为，系统的效益并不是它们各个局部环节效益的简单相加。系统方法意味着，对于出现的某一个方面的问题，要对全部的影响因素进行分析和评价。从这一思想出发，物流系统并不简单地追求在各个环节上各自的最低成本，因为物流各环节的效益之间存在相互影响、相互制约的倾向，存在着交替易损的关系。比如过分强调包装材料的节约，就可能因其易于破损造成运输和装卸费用的上升。因此，系统方法强调进行总成本分析，以及避免次佳效应和成本权衡应用的分析，以达到总成本最低，同时满足既定的客户服务水平的目的。

四、现代物流管理的基本活动

现代物流的基本活动主要包括：包装、装卸搬运、运输、储存、流通加工、配送和信息处理。

1.物流包装

物流包装是指为了物品的保护、储存、运输、促进销售，提高装卸效率、装载率等，运用一定的技术方法而采用的容器、材料及辅助物的总体名称。

物流包装大体可划分为商业包装（内包装、小包装）与运输包装（外包装、大包装）。商业包装的主要目的在于美化商品、宣传商品，以扩大销售。运输包装是为了方便商品的运输、装卸、储存而进行的包装。

2.物流装卸

物流装卸是指在同一地域范围内（如仓库内部、工厂范围、车站范围等），在物资的运输、保管、包装、流通加工等物流活动中进行衔接的各种机械或人工装卸活动。改变物资的存放、支承状态的活动称为装卸，改变物资的空间位置的活动称为搬运。有时候，单称“装卸”或“搬运”，都包含了“装卸搬运”的完整含义。

3.物流运输

物流运输是指在不同地域范围内（如两个国家间、两个城市间、两个工厂间，或一个大型企业的相距较远的不同工厂间），将物品进行空间位置的移动。运输是物流的核心，它创造物品的空间和时间效益。通过合理的运输规划，在合理的时间、地点，以合理的价格为顾客提供有质量保证的产品。

常见的运输方式：公路运输（汽车），铁路运输（火车），沿海、近海、远洋、内河水运（船），航空运输(飞机),管道运输(管道);干线运输,支线运输,二次运输,厂内运输;集货运输,配送运输;一般运输,联合运输;直达运输,重装运输。

4.物流储存

物流储存是指以改变物品的时间状态,克服生产和消费在时间上的矛盾为目的的活动。它主要借助各种仓库完成物资的堆码、保管、保养、维护等工作,并且使其功能延伸到销售、供应、配送等领域。

不同形式的储存,其作业内容存在很大的不同。

(1)接货。根据储存计划和发运单位、承运单位的入库通知(到货通知),进行货物的接收,并为入库保管做好一切准备工作。

(2)保管(在库)。货物进入仓库以后,需要科学、安全、经济地保持好货物原有的质量水平和使用价值。

(3)发货管理。仓库管理员根据提货清单,在保证物品原先的质量和价值的情况下,进行物品的搬运和简易包装,然后发货。

5.物流流通加工

物流流通加工,又称流通过程的辅助加工,是物品从生产领域向消费领域流动的过程中,为了维护商品的质量、促进销售、提高物流效率、满足客户个性化需求,对商品进行加工,使物品产生物理和化学的变化。流通加工可以成为物流领域中产生高附加值的活动。

流通加工的目的是多样化的。主要包括:保护物品;促进销售进;满足客户多样化需求;弥补生产领域加工不足;提高物流效率,方便物流加工;提高加工效率;衔接不同运输方式,使物流合理化;提高经济效益,追求企业利润;生产一流通一体化的流通加工形式。

6.物流配送

物流配送是在物流据点从供应者手中接受多种大量的货物,进行倒装、分类、保管、流通加工和情报处理等作业,按照用户的订货要求配齐货物,以令人满意的服务水平将配好的货物送交收货人的物流活动。配送是物流中一种特殊、综合的活动形式,是商流与物流的紧密结合,包含了商流活动和物流活动,也包含了物流中若干功能要素。一般的配送集装卸、包装、保管、运输于一身,特殊的配送则还要以加工活动为支撑,通过一系列相关的活动,达到完成将货物送达的目的。配送与一般送货的重要区别在于,配送利用有效的分拣、配货等理货工作,使送货达到一定的规模,以利用规模优势获得较低的送货成本。

7.物流信息处理

物流信息处理是对物流活动中产生的大量信息的处理,包括信息的收集、处理、存储、查询、传输和共享等。在现代物流管理中,大量采用以计算机和网络通信为代表的信息技术,通过构建合理的物流信息系统,进行物流的信息管理,促进物流系统的合理化和高效率化。

第三节　物流一体化

所谓"物流一体化",就是以物流系统为核心的由生产企业经物流企业、销售企业直至消费者的供应链的整体化和系统化。它是物流业发展的一个高级和成熟的阶段。只有当物流业高度发达，物流系统日趋完善，物流业成为社会生产链条的领导者和协调者，才能够为社会提供全方位的物流服务。

物流一体化是物流产业化的发展形式，它必须以第三方物流的充分发育和完善为基础。物流一体化的实质是一个物流管理的问题，即专业化物流管理人员和技术人员，充分利用专业化物流设备、设施，发挥专业化物流运作的管理经验，以取得整体最佳的效果。同时，物流一体化的趋势为第三方物流的发展提供了良好的发展环境和巨大的市场需求。

一、物流一体化的演化过程

物流一体化的目标是应用系统科学的方法充分考虑整个物流过程的各种环境因素，对商品的实物活动过程进行整体规划和运行，实现整个系统的最优化。在美国等发达国家的企业物流普遍实行了一体化运作，而且企业物流的一体化不再仅仅局限于单个企业的经营职能，而是贯穿于生产和流通的全过程，包括了跨越整个供应链的全部物流，实现由内部一体化到外部一体化的转变。在 20 世纪 70 年代末之前，物流一体化只是针对企业内部的各个职能部门的运作与协调。欧美等发达国家的许多企业都设立了物流部或物流服务部，全面负责生产经营过程中的采购、物料管理、生产制造、装配、仓储、分销等所有环节的物流活动，实现了采购物流、生产物流和分销物流的统一运作和管理，称为企业物流的内部一体化。

20 世纪 80 年代，许多企业把物流管理的一部分或全部分离出来，由一个具有法人资格的独立企业来管理，实行社会化、专业化经营。物流子公司的成立，使物流管理人员的工作从仅仅面向企业内部，发展为面向企业同供货商以及用户的业务关系上来。20 世纪 90 年代，企业纷纷与上游供应商和下游分销商走向合作，以最优的商品供应体系，实现了跨企业的供应链管理一体化。供应链管理是集生产商、供应商、分销商、零售商以及运输、信息及其他物流服务供应商为一体的管理，是物流管理的最高境界。企业通过与外部组织对整个链的计划和从原料采购、加工生产、分销配送，到商品销售给顾客的物流过程进行统一运作和管理，降低了整个供应链的物流成本、实现了对顾客的快速反应，提高了顾客服务水平和企业竞争力。典型的运作模式是物流外包或缔结战略联盟。

物流外包是指企业整合利用外部最优秀的专业化资源，从而达到降低成本，提高效率，充分发挥自身核心竞争力和增强企业对环境的迅速应变能力的一种管理模式。企业在内部资源有限的情况下，为取得更大的竞争优势，仅保留其最具竞争优势的功能，而把其他功能借助于整合，利用外部最优秀的资源，能产生巨大的协同效应，使企业获得竞争优势，提高对环境的应变能力。

战略联盟是指核心企业打破了供应链伙伴之间传统的交易关系，以非合同的形式，积极寻求与供应商、分销商、顾客等供应链外部参与者的合作或联盟，以广泛的团队，通过共担风险、共享收益、共享信息、共同完成长期目标，实现对顾客需求的快速反应和整条供应链总利润的最大化。

二、物流一体化产生的原因

1. 消除利益冲突

传统的物流活动被分散在不同部门，各部门有各自追求的目标，这些目标往往相互冲突，难以形成统一的目标。为了克服部门间的利益冲突，发达国家的企业将各种物流活动集成在一个部门诸如物流部，对物流进行统一运作与管理，消除部门间利益冲突。

2. 成本的交替损益

物流活动各项成本间存在交替损益关系。如减少商品储存的数量可以降低储存成本，但由于储存数量减少，在市场规模不变的情况下，为了满足同样的需求，势必要频繁进货，增加了运输次数，从而导致运输成本的上升。也就是在追求库存合理性时又牺牲了运输的合理性。如采用分项物流管理，各个部门追求自身的最优化，势必会影响到整个系统的优化性。只有通过采用一体化物流管理把相关的物流成本放在一起考虑，才能实现整个系统的最优化，实现最低总成本物流。

3. 提高运作效率

物流系统的构成要素既相互联系又相互制约，其中一项活动的变化，会影响到其他要素相应地发生变化。如运输越集成，包装越简单，反之，杂货运输对包装要求就很严格。再者，商品储存数量和仓库地点的改变，会影响到运输次数、运输距离甚至运输方式的改变等。因此，只有对系统各功能进行统一管理，才能更有效地提高整个系统的运作效率。

4. 提高物流绩效

物流子公司作为代行企业专门从事物流业务管理的组织部门，通过独立核算、自负盈亏，使得物流成本的核算变得简单明确，有利于物流成本的控制；通过对物流业务统一指挥、运作，有利于提高物流的交付速度、物流质量、物流可靠性、柔性和劳动生产率；通过市场交易的手段从事物流运作，有利于破除来自生产部门和销售部门的限制。与此同时，企业多余的物流能力可参与社会经营，避免了物流能力的闲置和浪费，实现了资源共享，从而实现价值增值和提高物流绩效。

5. 提高竞争力

内部一体化只能实现厂商内部的最优化。很显然，供应链上的所有企业各自孤立地优化他们的物流活动，跨越供应链物流一体化的物流很难达到优化。就物流成本来说，运输成本和库存保管成本在物流成本中占据绝大部分比例。依据美国的经验，近 20 年来运输成本在 GDP 中的比例大体保持不变，而库存费用比重降低是导致美国物流总成本比例下降的最主要原因。如果仅仅实行的是内部一体化，由于没有与供应商和分销商实现一体化管理，供应商或分销商往往保有大量原材料或产成品库存，这些库存保管成本归根结底都要转嫁到最终消费者，这种成本的转移并不能提高企业的竞争力。因此，要真正做到减少甚至消除原材料和产成品库存，降低交付成本，就必须与上游供应商和下游分销商合作，进行统一管理，统一行动，降低整个供应链的成本，提高企业的竞争力。

6. 扩大核心竞争优势

核心竞争力被认为是企业借以在市场竞争中取得并扩大优势的决定性力量，其内涵十分丰富，反映在技术资源、知识文化、组织与管理系统中。由于任何企业所拥有的资源都是有限的，它不可能在所有的业务领域都获得竞争优势。有的企业具有核心技术能力、核心制造能力，却不具备核心营销能力、核心企业组织协调管理能力和企业战略管理的核心能力。20 世纪 90 年代以来，在快速多变的市场竞争中，单个企业依靠自己的资源进行自我调整的速度很难赶上市场变化的速度，因而企业纷纷将有限的资源集中在核心业务上，强化自身的核心能力，而将自身不具备核心能力的业务通过外包或战略联盟等形式交由外部组织承担。通过与外部组织共享信息、共担风险、共享收益，将上述五种核心能力加以整合集成，从而以供应链的核心竞争力赢得并扩大竞争优势。

第四节　物流管理模式的演进

现代意义上的物流管理出现在20世纪80年代，自此以后，物流管理发展很快，同时出现了许多新的提法。

1. 第一方物流

第一方物流(first party logistics)是指卖方、生产者或者供应方组织的物流活动。这些组织的主要业务是生产和供应商品，但为了其自身生产和销售的需要又要进行物流网络及设备的投资、经营与管理。供应方或者厂商一般都需要投资配备一些仓库、运输车辆等物流基础设施。卖方为了保证生产正常进行而建设的物流设施是生产物流设施，为了产品的销售而在销售网络中配备的物流设施是销售物流设施。总的来说，由制造商或生产企业自己完成的物流活动称为第一方物流。

2. 第二方物流

第二方物流(second party logistics)是指买方、销售者或流通企业组织的物流活动。这些组织的核心业务是采购并销售商品，为了销售业务需要又要投资建设物流网络、物流设施和设备，并进行具体的物流业务运作和管理。严格地说，从事第二方物流的公司属于分销商。第二方物流是企业自己的物流体制，它是介于企业一种完全的自主物流模式和完全外包的物流模式之间的一种物流模式，企业有较大的自主权。

3. 第三方物流

第三方物流(third party logistics)或称综合物流(integrated logistics)，国外也称合同(契约)物流(Contract Logistics)、物流外部化。第三方物流的概念源自于管理学中的(out-sourcing)，意指企业动态地配置自身及其他企业的功能和服务，利用外部的资源为企业内部的生产经营服务；将out-sourcing引入物流管理领域，就产生了第三方物流的概念。所谓第三方物流，是指生产经营企业为集中精力搞好主业，把原来属于自己处理的物流活动，以合同方式委托给专业物流服务企业，同时通过信息系统与物流企业保持密切联系，以达到对物流全程管理的控制的一种物流运作与管理方式。

第三方既不属于第一方，也不属于第二方，而是通过与第一方或第二方的合作来提供其专业化的物流服务，它不拥有商品，不参与商品的买卖，而是为客户提供以合同为约束、以结盟为基础的、系列化、个性化、信息化的物流代理服务。最常见的第三方物流服务包括设计物流系统、EDI能力、报表管理、货物集运、选择承运人、货代人、海关代理、信息管理、仓储、咨询、运费支付、运费谈判等。

4. 第四方物流

第四方物流(fourth party logistics)是美国埃森哲咨询公司于1998年率先提出的，是专门为第一方、第二方和第三方提供物流规划、咨询、物流信息系统和供应链管理等活动。第四方并不实际承担具体的物流运作活动。

第四方物流是一个供应链的集成商，一般情况下，政府为促进地区物流产业发展，领头搭建第四方物流平台，提供共享及发布信息服务，是供需双方及第三方物流的引领力量。它不是物流的利益方，而是通过拥有的信息技术、整合能力以及其他资源提供一套完整的供应链解决方案，以此获取一定的利润。它是帮助企业实现降低成本和有效整合资源，并且依靠优秀的第三方物流供应商、技术供应商、管理咨询以及其他增值服务商，为客户提供独特的和广泛的供应链解决方案。

5. 第五方物流

关于"第五方物流(fifth party logistics)"的提法目前还不多，还没能形成完整而系统的认识。有人认为它是从事物流人才培训的一方，也有人认为它应该是专门为其余四方提供信息支持的一方，是为供应链物流系统优化、供应链资本运作等提供全程物流解决方案服务的一方。

随着现代综合物流的开展，人们对物流的认知需要有个过程，目前就是处在这样一种状况中，当传统的物流方式正在被人们否定的时候，在大量的有关建立新的物流体系的介绍中，人们开始茫然和不知所措。因此，提供现代综合物流的新的理念以及实际运作方式便成为物流业中的一项重要的行业，即物流人才的培养。

也有的将数字物流称为"第五方物流"，是指在实际运作中提供互联网商贸技术去支持整个物流服务链，并且能组合各接口的执行成员为企业的物流链协同服务。它具备三个特性，即第五方物流是系统的提供者、优化者、组合者。所谓系统的提供者，即第五方物流以IT 技术为客户组合物流链信息作业上各个环节，是为客户提供营运解决方案，收集实时资讯，提供营运作业的平台，以达到评估、监控、快速运作信息的作用；所谓优化者，就是第五方物流可以促进物流标准化的实现；所谓组合者，就是第五方物流是一个用户之间可以寻求多种组合，构成多接口、多用户、跨区域、无时限的物流平台。

6. 第六方物流

第六方物流(sixth party logistics)是一个新的物流概念，它是以电子网络为服务平台，将产业链和第三方物流进行资源组合和系统集成，为用户高效提供全程物流操作的服务方式。

7. 第七方物流

第七方物流(seventh party logistics)的概念由香港鑫亚集团股份有限公司董事长张长德在 2009 年提出，是指将物→货币→物的货币交易模式，变化为利用金融信息化交易手段与方式方法，而成为物→物交易模式，从而加速资金快速安全的流动。形成凌驾且包含于第一、二、三、四、五、六方物流模式的新型物流模式，即第七方物流模式。

8. 金融物流

金融物流(logistics finance)是金融和物流的融合，因此，又被称为物流金融。

金融物流是指在面向物流业的运营过程，通过应用和开发各种金融产品，有效地组织和调剂物流领域中货币资金的运动。这些资金运动包括发生在物流过程中的各种存款、贷款、投资、信托、租赁、抵押、贴现、保险、有价证券发行与交易，以及金融机构所办理的各类涉及物流业的中间业务等。

金融物流是为物流产业提供资金融通、结算、保险等服务的金融业务，它伴随着物流产业的发展而产生。在物流金融中涉及三个主体：物流企业、客户和金融机构，物流企业与金融机构联合起来为资金需求方企业提供融资，物流金融的开展对这三方都有非常迫切的现实需要。物流和金融的紧密融合能有力支持社会商品的流通，促使流通体制改革顺利进行。物流金融正成为国内银行一项重要的金融业务，并将逐步显现其作用。

【案例分析】

美国联邦快递在中国的经营之道

随着中国加入 WTO 后，国际物流企业加快了在中国的发展，而像 FedEx（美国联邦快递）、UPS（美国联合包裹）这样的物流业巨头，则在之前就已悄悄地完成了在中国的战略布署。有数字表明，从 1995 年起，FedEx、UPS、DHL 等国际速递巨头在我国的营业额增长率都保持在 20%以上。这些跨国物流企业在中国的经营，在一定程度上对中国的物流企业的发展起到了极大的推动作用。

表面上看来，联邦快递 FedEx 在中国只有深圳、上海、北京的第五航权，而实际上，FedEx通过其中国的合作伙伴——大田集团，已经完成了以北京、上海、深圳为中心的中国物流网络的布局。这样，FedEx 实际上已经开通了中国京津沪穗、深圳及周边城市客户投寄 15 个亚洲城市和美国、加拿大各个城市的“亚洲一日达”和“北美一日达”快递服务。联邦快递 FedEx 与全球 100 多万客户保持着密切的电子通讯联系，同时，它能够结合空运、陆运及 IT 网络，为全球提供电子托运、即时包裹追踪及物流和配送服务等，它所提供的“亚洲一日达 AsiaOne”、“欧洲一日达 EurONE”服务，在全球无人能及。这些先进的运作模式、管理理念及信息管理、在线系统正是中国物流企业所缺乏的，FedEx 的进入，恰好为中国的物流企业提供了一个示范作用，对中国物流企业缩短成长过程，加速企业走向成熟，增强中国物流企业的竞争力具有一定的借鉴意义。

1. 加快资源整合步伐

中国现在的物流企业大都是从传统的国有交通运输与仓储企业演变而来的，由于历史的原因，这些企业大多存在管理不足、技术落后、设备设施较差等问题。据统计，目前中国自货自运车辆占到了社会运输车辆的 70%，货运车辆空载率达到了 37%左右，每年造成损失高达 100 亿元人民币；每年因包装造成损失 150 亿元人民币，因装卸、运输造成损失 500 亿元人民币，因保管不善损失 30 亿元人民币。随着 FedEx 等国际巨头进入中国，对这些企业进行重组与再造就在所难免。在 FedEx 这些国际巨头加快中国布局的同时，中国的物流企业为了提升其竞争能力，必须从内、外进行整体改造，整合物流资源。

2. 加快物流信息化进程

现代物流企业服务质量的好坏，在很大程度上取决于企业的信息化程度高低及对信息的运用能力。FedEx 的成功，在一定意义上取决于其快捷、便利的信息系统及自动化的物流设备，几乎应用了世界上最先进的各类物流信息技术和运作模式。在 FedEx 进入中国后，本土的企业为了寻求与 FedEx 同样的服务速度，会促进国内物流企业注重物流自动化设备的建设，加快其信息化的进程，提升服务的质量。

3.提升物流运作的专业化水准

物流服务有很强的专业技巧和技能，这一方面要求有配套的运载工具、存储等相关设备、措施，另一方面更需要有了解货物属性、通晓货物相关要求的专业人士。FedEx已经在全球物流运营过程中积累了丰富的知识与经验，各项安全、环保标准及其他技术指标都能符合国际要求。中国物流企业若要持续发展和走向全球物流市场，物流运作必须符合国际标准。

（资料来源：据“南开发流网.解读FedEx在中国的经营之道”改编整理）

【案例讨论】

1.进一步了解目前FedEx、UPS、DHL等国际速递巨头在国内的业务增长情况。
2.FedEx进入中国速递业并快速发展对中国的物流企业有什么启示？

【复习思考】

1.现代物流的主要特征是什么？
2.现代物流业的发展趋势是什么？
3.简述物流管理的发展经历。
4.简述物流一体化的演化过程。
5.简述物流一体化产生的原因。
6.物流管理发展的趋势是什么。

第二章 物流战略和规划

学习目标

了解物流战略的定义、特征、领域及意义，理解物流战略的要素和目标，理解物流战略的层次结构，掌握物流战略的环境分析方法，了解物流规划的内涵和原则，掌握物流战略规划的设计内容、步骤以及策略和控制。

第一节 物流战略

一、物流战略的内涵

1. 物流战略的定义

“战略”一词源于希腊语“Strategos”，原意是“将军”，当时引申为指挥乐队的科学和艺术。在现代社会中，战略一词主要用来描述一个组织为了实现其目标和任务所制定的规划与策略。

物流战略的概念来源于企业物流活动的实践。物流学者和实际工作者基于对物流的不同认识和自身管理经历的差异对企业物流战略给予不同的定义。

较早明确物流战略性地位的是美国的马丁·克里斯托弗，他将“物流与战略相对应的思想”称为“战略性物流”。他的《战略性物流管理》一书对这一问题进行了较为全面的论述。他将物流的评价分为战略性标准和战术性标准。所谓战略性标准，是指“物流系统对企业战略的适应程度”；所谓的战术性标准，就是作业标准，是指对设施、运输、库存、保管、装卸等活动和计划、成本费用、改善对策等方面进行标准化管理。企业在进行物流总体规划时，首先是决定他的方向性，然后选择物流的方式，再按成本费用和系统两个方面进行选择，这就是物流战略的一般模式。

所谓物流战略，是企业面对激烈竞争的经营环境，为求得长期生存和不断发展而采取的竞争行动与物流业务的方法，为了实现企业目标并支持企业战略所需的与“物”相关的，包括原材料、半成品、成品、废弃物及一般供应用品以及专业服务的控制系统的规划、组织、执行、控制的谋划和方略。

所以物流战略可以描述为企业为寻求物流的可持续发展，就物流发展目标以及达成目标的途径与手段而制定的长远性、全局性的规划与谋略。物流组织根据已制定的物流战略，付诸实施和控制的过程称为物流战略管理。

2.物流战略的意义

古人“兵马未到，粮草先行”的战略思想显而易见，物流是为企业产品打入市场铺路架桥，把原材料源源不断地输送到生产部门，把产品快速地传递给终端客户群。如果物流系统不通畅敏捷，企业就在市场竞争中无立足之地。在传统的物流管理中，由于物流被看做是企业经营活动中辅助的内容，因此许多企业没有物流战略，缺乏战略性的物流规划和运筹。企业物流战略的意义在于促使物流在企业内部与外部进行无缝衔接，并整合为一体，优化作业流程，从而提升企业在市场上的竞争能力。

3.物流战略的领域

不同领域对物流战略的需求及研究都有所侧重，有时对其基本概念的认识也略有不同，企业物流战略选择的具体载体是企业物流系统，主要涉及以下几个领域：

(1)流通领域中的物流战略。这个领域的主要特点是，购销活动、商业交易、管理与控制等活动与物流战略活动密不可分，因而，该领域必然要包含与物流战略相关的经济活动或这些经济活动中的一部分。

(2)生产领域中的物流战略。生产领域中的物流战略可以理解为广泛的和较狭窄的两类思路。广义的思路是以生产企业为核心的全部经营活动，即从供应开始，下延到生产加工制造，再延到销售。狭义有两种，一种是专指生产企业涉及购销活动的物流战略；另一种是生产加工范畴中物料的物流战略。

(3)军事领域中的物流战略。随着军事科学的发展，军事物流纳入军事经济系统之中，尤其在和平时期，“经济性”的重要性更加明显，因而军事领域中的物流战略研究又出现了新特点，使其外延不但涉及政治、军事，也逐步扩展到分配、调度及各种购销活动中。

(4)生活领域中的物流战略。目前，对生活领域的物流战略的研究不多，现代物流学所总结的一些物流规律、物流系统和物流方法、物流工具装备大多从经济领域中来。随着科学文化的发展以及人们对生活质量要求的不断提高，这一领域的物流战略研究也将会有所发展。

4.物流战略的目标

因企业的不同其企业战略目标必然不同，企业物流战略目标应与企业战略目标相一致。不管企业性质如何，对于物流来说，要达到的战略目标主要包括：降低成本以达到利润最大化；减少资本占用以达到投资回报最大化；改进服务以提高企业销售收入。

(1)降低成本。是指降低运输和库存相关的变动成本。主要包括运输和仓储成本，例如，在不同的仓库选址中选择，或者在运输方式中选择等。追求成本最小化，必须是在物流系统的服务水平保证不变的前提下选出成本最小的方案。当然，企业所追求的最主要的目标是利润最大化。

(2)减少资本占用。是指最大限度地减少物流系统的直接硬件投资，从而获得最大的投资回报率。在保持既定服务水准的前提下，我们可以采用多种方法来降低企业的投资。例如，采用直接向客户供货从而免去库存环节，也可通过第三方提供物流服务，减少对硬件设施的投资。但必须注意的是,与投资大的方案比,变动成本会上升,其增加值如果超过投资的减少值则是得不偿失的。所以,投资回报是一个重要的评价指标。

(3)服务改善。是提高竞争力的有效措施。随着市场的完善和竞争的激烈,客户在选择公司时除了考虑价格因素外,及时准确到货也越来越成为公司的有力筹码。一般来说企业收入取决于所提供的物流服务水平。提高服务的水平会使物流成本大大提高,但最终的评价指标是企业的年收入,权衡的方法可以从高服务水平是否带来更大的年收入进行评价。总之,企业物流战略的制定作为企业总体战略的重要组成部分,要服从企业目标和一定的顾客服务水平,企业总体战略决定了其在市场上的竞争能力。

5. 企业物流战略的特征

根据物流战略的内涵,它具有以下特征:

(1)全局性。企业物流是针对企业经营中各个重要环节、各个专业职能的活动,虽是局部的,但作为总体行动的有机组成部分,影响着企业物流的整体效能的发挥,它是以企业大局为对象所规划的物流各个"节点"的整体运作,谋求的是物流系统整体利益的最大化,因而具有全局性的特征。

(2)长远性。企业物流战略是对企业未来一定时期生存和发展的总体统筹谋划,具有前瞻性和方向性的特征。它规定了企业的奋斗目标,而实现这些目标需要较长时间,少则3～5年,多则5年以上。因而,实现企业物流事业的快速发展,必须制定长远规划,并明确相应的阶段性计划。

(3)竞合性。即具有竞争性和合作性的特点。市场上参与竞争的各方不一定拼个你死我活。面对强大的对手,弱者各方可以以多种方式联合,对付强大对手实现双赢。即使实力强的企业也可在特定的领域和环节与实力弱的中小型企业协作配合,共谋发展。通过竞争走向合作,这也是一个重要趋势。

(4)纲领性。企业物流战略规定的是企业总体的长远目标、发展方向、经营重点、前进道路,以及基本的行动方针、重大措施和基本步骤。这些都是原则性的概括性的规划,具有行动纲领的意义,尤其是物流战略中的战略目标更是全体职工的奋斗纲领。同时,物流战略必须具有可操作性,因此在实践上必须能够层层分解、分步实施,这样才能成为有价值的行动计划。

(5)风险性。战略考虑的是企业的未来,而未来具有不确定性,因而物流战略必然带有一定的风险。这就要求决策者关注市场和政策环境的变化,并且能根据内外环境的变化及时做出相应的调整,以提高企业承担或抵御风险的能力。

从以上的特征可以发现,战略的制定和规划是一项非常复杂的决策活动,它要求决策者具有较高的素质和决策水平。

6. 物流战略的要素

物流战略的要素就是构成物流战略的主要因素,影响着企业战略分析、选择、实施和控制的全过程,并通过物流战略规划指导下的经营活动表现出来。物流战略的基本组成要素是经营范围、资源配置、竞争优势和协同作用四个方面。

(1)经营范围。是指从事物流经营活动的领域。经营范围不可以随意变动,其变动是有局限性的。从开始经营前的工商登记就已经明确指出企业的经营范围,但是随着物流经营活动的展开，可能出现经营范围与企业规模、作业能力等因素不相称的情况，这时企业可以通过向工商行政管理机构申请进行经营范围的变更。经营范围能够反映出企业经营活动中主要接触的外部环境，也能反映出企业与外部环境发生相互作用的程度。

(2)资源配置。是指对人员、资金、物资、设施、信息和技术等的安排水平和模式。人员、资金、物资、设施、信息和技术是物流经营活动的基本资源，资源配置的优劣直接影响各项物流作业活动的效率。任何外部环境或内部条件的变化，都能够引起物流资源配置与经营业务的不协调，造成物流效率、经营成本等出现不同程度和不同方向的变化。要想消除变化中对物流经营的不利影响，就应该对物流资源配置作相应的、及时的调整，使物流作业中的资源配置水平与物流战略的要求相适应、相协调。

(3)竞争优势。是指由企业各方面因素所决定的，在经营过程中所形成的，与同行业的竞争对手相比所具有的经营优势。竞争优势在短期内可以视为是一个静态概念，但就长期而言则是一个动态概念。也就是说，竞争优势只是相对的，不是绝对的。随着物流经营的外部环境和内部条件的不断变化，竞争优势也会随之发生变化，或丧失，或增强。因此，在物流战略实施过程中，应该特别注意企业竞争优势的变动趋势。

(4)协同作业。是指企业的各类资源之间或者职能部门之间的相互协调、相互作用，从而可能形成的效果。比如，运输和库存分别由两个部门负责，运输部门和库存部门按照部门成本最小化安排物流作业，或共同按照公司大局的总成本最小化安排物流作业，其结果可能就大不一样。在分别管理情况下，运输部门会尽量减少运输的批次，等待运输量达到一定规模再安排运输，而库存部门会尽量减少库存，使平均库存保持一个较低水平，从而实现库存成本最小化。显然，这两个部门在运作中会产生矛盾，给企业带来不确定因素。如果两个部门进行联合决策，情况会大不相同，运输批次与库存水平相互配合，可能会使某一个部门出现成本的小幅度上升，但从整体上会降低两个部门的总运作成本。这就是物流运输与库存相互协调进行决策产生的效果。协同效果也是物流组织结构向集中化方向发展的必然要求。

二、物流战略环境分析

1.物流战略环境综合分析的内容

所谓物流战略环境综合分析，是将企业外部环境和企业内部环境的各种因素结合起来所进行的分析。企业外部环境所提供的各种情况，反映了企业所面临的发展机会和对企业的潜在威胁。而企业能否利用机会，避开威胁，则要通过与内部环境进行综合分析才能做出科学判断与决策。

2.企业外部环境存在的机会和风险分析

(1)企业外部环境存在的有利因素——机会。例如，国家物流产业政策的鼓励和支持；银行信贷的支持；国家税赋的降低；国内外市场容量的扩大；企业所生产的产品竞争对手；企业所需资源有了新的更充裕的来源等。分析这些有利因素，可为企业的发展提供更多的机遇。

(2)企业外部环境存在的不利因素——风险。例如，某些企业生产某些行业所需的产品，正是国家物流产业政策所限制的；国家紧缩银根，限制投资规模和某些行业所属企业的产品生产所需资金，提高银行贷款利息率；提高税赋；某些产品的市场容量呈现缩小趋势；企业所需资源逐渐枯竭。分析这些不利因素，可了解到给企业的生存将会带来多大的风险。分析企业外部环境特别要注意宏观环境和行业环境。

宏观环境是建立在国家宏观社会经济要素的基础上，如目标市场的经济发展状况、政治稳定情况、社会结构情况、文化和亚文化、法律完善情况以及政策稳定性等。众所周知，一个地区的经济发展状况决定了其社会和个人的购买力，经济发达地区和经济落后地区的居民消费情况显而易见有很大的差别。经营环境的变化如果能带来社会购买力的提高，便可为物流行业提供很好的发展机会。另外，分析经济的周期性变化对于研究物流的行业发展状况也是十分必要的。例如，经济周期是处于经济高涨期，还是经济衰退期，对于制定物流的长期发展战略具有很大的影响。制定长期物流战略时，除了要考虑经济要素外，政治因素也绝不可忽视。因为政治稳定性是社会稳定的基础，对于物流企业，目标市场的政治稳定性是长期发展的可靠保证。同时，不同的社会结构状况、文化和亚文化会影响居民的消费倾向，从而对物流产生影响。一个国家和地区的法律体系和政策稳定性对于物流企业来说也是至关重要的。物流企业要想发展，必须获得一个稳定的环境。

建立物流体系时，除了要分析物流系统所处的宏观环境外，更重要的是要分析一下物流行业的现状和发展，因为它直接影响物流经营的外部环境。分析物流行业的现状和发展主要是为了识别环境给企业带来的机会和威胁，环境中的有利影响会给企业带来机会，而不利影响则会限制企业的发展以致带来风险与威胁。作为物流企业或企业物流总部，在物流综合管理的过程中，则必须关注市场环境的变迁，在环境对应的基础上，制定出合理的物流发展战略。事实上，近几十年来，物流经营环境正处在一个巨大的变革期，这种环境的变化对企业物流的影响十分深远，而且这种变革目前仍在持续之中。不断延续的环境变迁已经成为物流企业在战略上不断求新、求变、追求竞争优势的动力源泉。

分析的内容包括市场规模与发展、竞争者状况、技术经济情况和新技术新产品的影响。市场规模及其发展状况决定了此行业的发展空间和潜力。市场规模大，则企业的投资规模和经营规模则可以在一个比较高的层面。行业的成长性会影响到企业的投资方式，企业采取大规模投资还是小规模多次投资的经营决策，必须考虑行业是否处于快速成长阶段，如果行业的成长处于突飞猛进的阶段，属于朝阳行业，有很大的发展势头，则企业可以进行大规模投资，先于竞争者取得规模优势和行业优势，从而发展成为行业的“龙头”，这样企业既可以获得领导的优势，又可以控制和限制其他企业的进入和发展。对于许多产品与服务来说，统计分析在确定市场的潜在增长时常常是一种有效的工具。同时，了解产品/服务所处的生命周期阶段也是一个重要的方面。

每种产品/服务的“市场生命”可以划分为引入期、成长期、成熟期和衰退期四个阶段。这些阶段表明这样一个事实，即没有一种产品/服务能够永远不变地上升或被接受。

当产品/服务处在生命周期的引入期时，由于尝试使用新产品/服务的顾客数量较少，产品/服务的销售额很低。一旦它开始“起飞”，销售额将迅速上升，在到达某一点后，产品/服务将进入成熟期，销售将变得相对稳定。最终，销售额下降，直到市场缩小到原来的一小部分或完全消失。

如果企业在产品生命周期阶段进入的越早并且产品的生命周期越长，则它们所具有的长期发展潜力就越大。但企业的产品/服务进入市场越早，在引入期由于不能确定何时起飞而承担的风险就越大。物流采购与供应部门的工作重点也会随着产品生命周期的变化而变化。在引入期，或许要为创新增加额外的费用，具体的可能是为了成功地向市场引入某种新产品而确定需要的原材料或其他投入品。在成长期，由于需求的迅速增长，保证原材料的有效供应则可能成为最关键的问题。在成熟期，由于价格可能成为竞争的焦点，因此，降低成本将成为采购与供应的重点。在生命周期的最后阶段，采购与供应部门需要仔细地缩减供应合同以避免库存积压的危险。

研究竞争对手的实力和战略也是物流企业在制定和发展战略时必须设计的内容，很多决策都是在分析对手的战略后做出的。企业在竞争中所采取的策略，在很大的程度上和自己所处的地位有关。如果是行业的领导者，往往凭借其规模优势采取主动的行为去影响其他成员，影响服务价格水平等；作为一个弱势企业，则应寻找发展机会，避免与优势企业硬碰硬，从优势企业在市场上建立的坚固壁垒中寻找松动的角落，从而形成自身的经营特色和竞争优势，打造属于自己的一片天地。

随着科学技术日新月异的发展，生活和生产的每一个角落都打下了技术的烙印，在物流领域也不例外。新技术对降低物流成本、提高物流服务水平起着重要的作用。影响物流管理的技术主要有信息技术、物料处理技术、包装及包装材料技术、运输技术、优化技术。新技术有可能会引起整个物流系统的革命，使整个社会的物资供应实现准时化，大大缩短物流周期，减少全社会的库存量，从而使全球的资源得到更加优化配置。

3. 企业内部的优势和劣势分析

(1)企业的优势。企业的优势表现为：在技术和产品上有何优势；在管理上有哪些特色；在营销工作上有哪些差异化优势。这些优势发挥的程度有多大，都需要进行分析。

(2)企业的劣势。企业的劣势是产品素质低，还是管理素质低；是高层管理工作落后，还是中层或基层管理工作落后；企业产品滞销，造成积压，是产品质量问题，还是产品品种问题，或销售服务工作未跟上。分析产生劣势的原因，找出其主要原因，寻找解决的方法。

对企业的内部环境进行分析，目的是为了找出制约企业发展的“瓶颈”，站在整体发展的高度研究各要素对企业的影响，以更适合于企业总体战略的分析。

但有一点不容忽视，那就是对于环境的分析和研究不是一劳永逸的，事物总是处在不断变化的状态之中的，要时刻关注内外部环境的发展变化，及时制定积极政策，以便采取有效措施。

三、物流战略的层次结构

根据企业物流战略的指导思想，可把企业物流战略划分为以下四个层次。

1. 全局性的战略

物流管理的最终目标是为了满足用户需求，因此，用户服务应该成为物流管理的最终目标，即全局性的战略目标。通过良好的用户服务，可以提高企业的信誉，获得第一手市场信息和用户需求信息，增加企业和用户的亲和力并留住顾客，使企业获得更大的利润。要实现用户服务的战略目标，必须建立用户服务的评价指标体系，如平均响应时间、订货满足率、平均缺货时间、供应率等。虽然目前对于用户服务的指标还没有一个统一的规范，对用户服务的定义也不同，但企业可以根据自己的实际情况建立提高用户满意度的管理体系，通过实施用户满意工程，全面提高用户服务水平。

2. 结构性的战略

物流战略的第二层次是结构性的战略，包括渠道设计和网络分析。渠道设计是供应链设计的一个重要内容，包括物流系统组建、优化物流渠道等。通过优化渠道，提高物流系统的敏捷性和响应性，使供应链的物流成本最低。网络分析是物流管理中另一项很重要的战略工作，它为物流系统的优化设计提供参考依据。网络分析的内容主要包括：

(1)库存状况的分析。通过对物流系统不同环节的库存状态分析，找出降低库存成本的改进目标。

(2)用户服务的调查分析。通过调查和分析，发现用户需求和获得市场信息反馈，找出服务水平与服务成本的关系。

(3)运输方式和交货状况的分析。通过分析，使运输渠道更加合理化。

(4)物流信息传递及信息系统的状态分析。通过分析，提高物流信息传递过程的速度，增加信息反馈，提高信息的透明度。

(5)合作伙伴业绩的评估和考核。用于网络分析的方法有标杆法、调查分析法、多目标综合评价法等。

3. 功能性的战略

物流战略的第三层次是功能性的战略，包括物料管理、仓库管理、运输管理三个方面，包括如下几方面内容：

(1)运输工具的使用与调度；

(2)采购与供应、库存控制的方法与策略；

(3)仓库的作业管理等。

物料管理与运输管理是功能性战略的主要内容，需要不断地改进管理方法，使物流管理向零库存这个极限目标努力。降低库存成本和运输费用，优化运输路线，保证准时交货，实现物流过程的适时、适量、适地的高效运作。

4. 基础性的战略

物流战略的第四层次是基础性的战略，主要作用是为物流系统正常运行提供基础性的保障，包括如下几个方面：

(1)组织系统战略；

(2)信息系统战略；

(3)政策与策略；

(4)基础设施管理。

在基础性战略中，信息系统是物流系统中传递物流信息的桥梁。库存管理信息系统、配送分销系统、用户信息系统、EDI/Internet数据交换与传输系统、电子资金交易系统(EFT)、零售点POS，对提高物流系统的运行起着关键的作用。因此，必须从战略的高度去规划与管理，才能保证物流系统高效运行。

四、典型的物流战略

物流战略规划的原则和概念来源于物流活动，尤其是运输活动的独特属性。其他一些则是一般经济和市场现象的产物。所有原则与概念都将启发我们了解什么是物流战略规划,并为正确地制定物流战略规划奠定基础。

1. 总成本战略

物流系统本身的范畴和物流系统设计的核心都是关于效益相反的分析,并由此引出总成本的概念。成本背反,是指各种物流活动的变化模式常常表现出互相冲突的特征。解决冲突的办法是平衡各项活动以使其达到整体最优。在选择运输方式的过程中,运输服务的直接成本与由承运人的不同运输水平对物流渠道中库存水平的影响不同而带来的间接成本之间就互相冲突。最佳方案就在总成本最低的点。费率最低或速度最快的运输服务并不一定是最佳选择。在物流系统中常常出现物流服务与成本背反的问题,因此,物流管理的基本问题就是成本冲突的管理问题。只要在各项物流活动之间存在成本冲突,就需要进行协调管理。上述例子说明总成本战略可用于解决企业的物流问题。总成本战略不仅可用于运输方式的选择,还可用于确定客户服务水平、物流系统内仓库的数量、安全库存水平以及生产调度等方面。然而,有时分拨渠道内一个企业的决策会影响其他企业的物流成本。例如,买方的库存政策不仅会影响发货人的库存成本,还会影响承运人的经营成本。在这种情况下,就有必要将系统的范围扩大到物流部门或者企业以外,甚至可以包括几个企业。这样,总成本方程就被拓展了,物流管理决策的范围也延伸到了企业的法定范围以外。

2. 多样化分拨(配送)战略

不要对所有产品提供同样水平的客户服务,这是物流战略规划的基本原则。一般的企业配送多种产品,因此要面对各种不同的客户服务要求、不同的产品特征、不同的销售水平,也就意味着企业要在同一产品系列内采用多种分拨战略。首先要区分那些经仓库运送的产品和从工厂、供应商或其他供货来源直接运送到客户手中的产品。由于运输费率的结构对整车运输有利,所以首先应按运输批量区分产品。订购大量产品的客户可以直接供货,其他的则由仓库供货。对于那些由仓库供货的产品,应按存储地点进行分组,即销售快的产品应放在位于物流渠道最前沿的基层仓库中;销量中等的产品应存放在数量较少的地区性仓库中;销售慢的产品则放在工厂等中心存储点;结果每个存储点都包含不同的产品组合。例如,某小型化工企业生产多种防腐涂料,所有的产品都在同一地点生产。一项关于配送网络的研究建议该企业采用与以往不同的配送模式,即所有构成整车批量的产品直接从工厂所在地运送到客户所在地,所有的大订单(占企业销售量的前10%)也有工厂直接向客户供货,其他运输批量小的产品,则从工厂或两个具有战略性选址的仓库运出。这一多样化配送战略为企业节约了20%的配送成本,同时保持了现有的物流客户服务水平。

多样化配送不仅可适用于批量不同的情况,还可用于其他情况,如正常的客户订单和延期交货订单可以采用不同的配送网络。正常的配送是由仓库供货、履行订单。出现缺货时,就启用备用的配送系统,由第二个存储点供货,使用更快捷的运输方式克服运送距离增加带来的不利影响。同样,还有其他很多例子可以说明多个配送网络比单一网络情况的总配送成本更低。

3. 混合物流战略

混合物流概念与多样化物流配送相类似,混合物流战略的成本比纯粹的或单一的物流成本更低。虽然单一物流战略可以获得规模经济效益，简化管理，但如果不同品种产品的体积、重量、订单的规模、销售和客户服务要求差异巨大，就会出现不经济。混合物流战略使企业针对不同产品分别确立最优战略，这样往往比平均所有产品组后制定的单一战略成本要低。

例如，美国某药品和杂货零售商因一项零售店并购计划导致销售额急剧上升，需要扩大物流配送系统以满足需求。一种设计是利用六个仓库供应全美约 1000 家分店。公司的战略是全部使用自有仓库和车辆为各分店提供高水平的服务。扩建计划需要新建 700 万美元的仓库，用来缓解超载荷运转的仓库供给能力不足的问题。该仓库主要供应匹兹堡附近的市场，通过利用最先进的搬运、存储设备和流程降低成本。决策层已经同意了这一战略，且已开始寻找修建新仓库的地点。为此公司进行了一项网络优化研究。结果表明匹兹堡仓库设施运营成本很高，但新建仓库节约的成本不足以补偿 700 万美元的投资。此时有人建议采用混合物流战略，除使用自有仓库之外，部分利用公共（租借）仓库，这样做的总成本比全部使用自有仓库的总成本要低。于是，公司将部分体积大的产品转移至附近的公共仓库，然后安装新设备，腾出足够的自有空间以满足可预见的需求。新设备成本 20 万美元，利用两个仓库供给商店，每年约带来额外的运输费用 10 万美元。这样企业就成功地避免了实行单一或纯粹物流配送战略而可能导致的 700 万美元的巨额投资。

4. 合并战略

合并战略通常当运输量较小的情况下，合并的概念对制定物流战略是最有用的，即运输批量越小，合并的收益就越大。在物流规划时，将小运输批量合并成大批量（合并运输）的经济效果非常明显，其产生的原因是现行的运输成本—费率结构中存在规模经济。物流管理人员可以利用这个概念来改进物流配送战略。例如，已到达仓库的客户订单可以和稍后到达的订单合并在一起。这样做可以使平均运输批量增大，进而降低平均的单位货物运输成本。但需要平衡由于运送时间延长而可能造成的客户服务水平下降与订单合并的成本节约之间的利害关系。例如，美国某公司在纽约州的罗切斯特建有一个自营仓库，为美国东部的一些日用品商店提供服务。商品包括来自上千家供应商的许多小批量采购的商品。为减少内向运输成本，公司在主要供货商所在地建立了合并运输的货站，通知供货商将公司采购的货物运往集运站。当货物累积到一整车时，企业自己的卡车就会将商品由集运站运到自营仓库。这样做避免了以小批量长距离将货物运到仓库，降低了单位运费，减少了成本。

五、物流战略控制

物流战略控制是指将物流战略实施过程中所产生的实际效果与预定的目标和评价标准加以比较，评价工作业绩，发现偏差，采取措施，以达到预期的战略目标，实现战略规划。它是物流战略实施中保证物流战略实现的一个重要阶段。

物流战略控制的步骤有确定物流战略控制标准、衡量实际绩效、纠正偏差。确定物流战略控制标准是指预定的战略目标或标准，是战略控制的依据，一般由定量和定性两个方面的评价标准所组成。衡量实际绩效是指依据标准检查工作的实际执行情况等，以便与预期的目标相比。衡量实际绩效之后，应将衡量结果与标准进行比较，经过比较会出现偏差，应分析原因,采取纠正措施。

物流战略控制的主要方法,如果按照时间的阶段划分,物流控制可分为投入控制、结果控制和过程控制三种类型。

物流控制系统需要解决的主要问题是:资源是否使组织更接近其既定的目标?如果况不是这样,应该如何应对?在现实工作中,富有活力的组织结构和形态鼓励较大程度地分权给基层的组织和人员,但是分权带来的问题是如何在享受分权所带来的收益的同时,对组织仍然能够保持较好的控制。从控制时间来看,物流控制可以分成如下三类。

1. 事前控制

事前控制又称前馈控制,是在物流战略实施前,对物流战略行动的结果有可能出现的偏差进行预测,并将预测值与物流战略的控制标准进行比较,判断可能出现的偏差,从而提前采取纠正措施。

事前控制是一种以投入对结果的压力为基础的控制方式,其基本假设是正确的投入将产生理想的结果。控制的成功程度取决于先前设定的结果和计划是否可行。投入控制是在战略行动成果尚未实现之前,对影响因素进行分析和研究。

投入控制强调的是,如果要达到某个目标,首先需要哪些资源,付出哪些努力。那么,如果投入了相应的资源和努力,相应的单位应该在一定的期限内给出一个良好的结果。采用投入控制方式的具体实例:在信息资源方面,确保每个办公人员的桌上都有一台计算机,要求员工必须完成一定数量的信息收集和处理任务;在资金投入方面,相关主管在通过一定的程序方式后,可以获得改善工作的资金投入;在人力资源方面,要求保证特定数量的员工参加足够的培训。

投入控制方式的运用十分广泛,比结果控制的方式更加公平和容易,具有人性化的特征,对辛勤的工作给予回报,而且强调长期的结果。投入控制的不足之处主要是:

(1)投入控制通常难以产生理想的结果。由于投入控制更加关注努力程度而不是结果和业绩的改进,所以即便是付出的努力并没有真正对物流的业绩产生影响,也被认为是成功的。

(2)当重点放在投入控制时,形式通常变得比实质更加重要。因为个人与团队是对事先描述的活动负责,这正是他们关注的焦点,结果投入了大量的努力致力于维持正确的形象(谨慎地遵循正确活动的规则),而不是实现正确的结果。例如,最高管理层小心地监督其管理人员使用顾客满意度的资料库的情形,追踪每个部门输入数据库的信息的数量和管理人员使用这些信息的次数,而效果只是促进了信息数量的增加而不是质量的增加和利用效率的增加。可能导致的结果就是,大多数管理者私下都承认这些信息是垃圾;但是因为经常使用这些信息的情况也受到监督,是另一项以作业为中心的投入控制,所以仍然在使用垃圾资料。

(3)强调投入控制的组织不像其他组织那么重视付出获得的回报,鼓励管理者强调易于控制的投入应用,而不是可以使结果最大化的应用方式。例如,通过强调跨功能改善团队的投入来尝试改善服务和管理质量,管理人员可能会根据跨功能会议安排和管理的容易程度来选择实施方案,而不是根据是否对实际绩效产生重要的影响来选择方案。

(4)负面激励。当结果似乎还没有投入的努力重要时,执行良好的方案就通常被视为成功的案例，尽管方案的结果并不值得一提，同样，草率努力的结果当然会打折扣。所以这些都是鼓励形式重于实质的文化，这种情境是不值得提倡的，对高绩效员工会产生负面的激励作用。

2. 事中控制

事中控制又称行或不行的控制，是在物流战略实施过程中，按照控制标准验证物流战略执行的情况，确定正确与错误，确定行与不行。

过程控制是基于了解投入与结果的控制。如果物流组织希望采用的物流战略实施方式是学习如何使核心过程进行得更好，那么其采用的控制也应是这种追踪该核心过程如何有效且有效率地将投入转换为结果的能力。三种控制方式相比，投入控制的控制基础是理想的活动和努力，结果控制的控制基础是结果和业绩的衡量，而过程控制的基础则是努力和结果之间的关系。

形成以过程为基础的控制方法包含的基本步骤是：

(1)决定关键结果。在以流程为物流控制最终目标的情况下，唯一的关键结果是创造一流的顾客价值，因为顾客价值才是维持竞争优势与创造优异财务绩效的关键。

(2)识别产生关键结果的物流流程。最终的顾客价值取决于跨越多个物流功能流程的组合。这些流程由许多较小的子流程所组成，过程控制能够且应该为所有层次的过程而开发。

(3)确认执行该过程所需的关键活动与能力。从客户的角度，跨越功能的边界进行工作，从而发现在成功地将投入转换为结果的整个过程中什么是最重要的。

(4)开发一种对活动与能力的绩效进行追踪的方法。这些通常包括投入与结果衡量方法、财务与非财务衡量方法、短期与长期衡量方法的结合。总之，某一种特定类型的控制系统的最佳使用方式，取决于组织面临的情境以及战略实施的整体方法。控制系统的正确选择和使用主要取决于正在实施的战略以及实施战略所运用的手段。

3. 事后控制

事后控制又称后馈控制，是在物流战略推进过程中将行动的结果与期望的控制标准相比较，看是否符合控制标准，总结经验教训，并制定行动措施，以利于将来的行动。

结果控制是一种事后控制。结果控制关注对结果的监督并确保能够实现计划的目标。衡量结果的方法很多，进行结果控制采用的最普遍的形式是预算，预算可以被视为与实际收入和支出相应的标准，并据以评估相应的业绩。这是一种传统的控制方法，强调绩效的考核和反馈，以决定计划与目标是否实现。结果控制的局限性主要表现在：

(1)数字游戏。结果控制激励管理人员注意其提供资料的方式，甚至是扭曲资料的方式，以便以最有利的方式呈现其营运状况。这不仅使参与其中的人慢慢腐化，且侵害了报告的使用价值，因为很难辨别哪些部分已经被调整过，因此对其诚实与否表示怀疑。

(2)不良决策。当关注的重点是特定的目标时，决策者倾向于过分强调已知的成本，低估潜在的收益。这种不平衡的做法导致了保守的决策，虽然它使组织前后一致致力于实现目标，但也可能限制进程。

(3)负面激励。以实现预定目标为基础的控制，可能已投入了大量的努力，但却仍然缺少激励的标记，所以对个人来说，可能具有负面激励的效果。

第二节　物流规划

一、企业物流规划与设计的基本组成要素及原则

1.企业物流规划与设计的基本组成要素

企业物流规划的基本组成要素应包括经营范围、资源配置、优势和协同作用。

(1)经营范围。是指企业从事生产经营活动的领域。经营范围的变动是有一定局限性的,不可以随意变动。

(2)资源配置。是指企业对人员、资金、物资和技术等的安排水平和模式。

(3)优势:是指企业各方面因素所决定的,在经营过程中所形成的,与同等业的对手相比所具有的经营优势。

(4)协同作业,是指企业的资源之间或者职能部门之间的相互协调、相互作用,从而产生的一种效果。

2.企业物流规划与设计的原则

企业物流规划与设计应该遵循以下原则:

(1)开放性原则。企业物流的开放性市场资源配置需要在全社会范围内寻求。

(2)企业物流要素集成化原则。是指通过一定的制度安排,对企业物流功能、资源、信息、网络等要素进行统一规划、管理、评价,通过要素间的协调和配合使所有要素能够像一个整体在运作,从而实现企业物流要素间的联系,达到企业物流整体优化的目的的过程。

(3)网络化原则。网络化是指将企业物流经营管理、企业物流业务、企业物流资源和企业物流信息等要素的组织按照网络方式在一定市场区域内进行规划、设计、实施,以实现企业物流快速反应和最优总成本等要求的过程。

(4)企业经济的可调整原则。企业经济资源可调整性原则能够对市场需求的变化及经济发展的变化作出及时应对和调整。

3.影响企业物流设计的因素

(1)企业物流服务需求。企业物流服务需求包括服务水平、服务地点、服务时间、产品特征等多项因素、这些因素是企业物流规划设计的基础依据。

(2)行业竞争力。为了成为有效的市场参与者,应对竞争对手的企业物流竞争力作详细分析,从而掌握行业基本服务水平,寻求自己的企业物流市场定位,以发展自身的核心竞争力,构筑合理的企业物流。

(3)地区市场差异。企业物流设施结构直接同顾客的特征有关,地区人口密度、交通状况、经济发展水平等都影响着企业物流设施设置的决策。

(4)企业物流技术发展。在技术领域中对企业物流最具影响力的是信息、运输、包装、装卸搬运、管理技术等,计算机信息和网络技术等对企业物流的发展具有革命性的影响,及时、快速、准确的信息交换可以随时掌握企业物流动态,因而不但可以用来改进企业物流的实时管理控制及决策,而且可以为实现企业物流作业一体化、提高企业物流效率奠定基础。

(5)流通渠道结构。流通渠道结构是由买卖产品的关系组成的,一个企业必须在渠道结构中建立企业间的商务关系,而企业物流活动是伴随着一定的商务关系而产生的。因此,为了更好地支持商务活动,企业物流的构筑应考虑流通渠道的结构。

(6)经济发展。经济发展水平、居民消费水平、产业结构直接影响着物流服务需求的内容、数量、质量,为了满足用户需要,物流业的内容也在不断拓展与丰富。集货、运输、配载、配送、中转、保管、倒装、装卸、包装、流通加工和信息服务等构成现代物流活动的主要内容。

(7)财政、工业标准以及运输法规、税收政策等都将影响企业物流的规划。

二、物流战略的主要规划领域

物流战略规划主要针对八个方面的关键问题作出安排,这些问题包括:

(1)每个细分市场的服务要求是什么?(客户服务)

(2)在供应链成员中怎样实现运作的基础集成?(供应链设计)

(3)什么样的供应链结构最能使物流成本实现最小化,并提供具有竞争力的服务水平。(物流网络设计)

(4)什么样的物料流动方式和技术能够在设施和设备处于最佳投资水平的条件下实现服务目标?(设备使用率和管理措施)

(5)是否存在降低短期和长期运输成本的机会和方法?(运输管理)

(6)制定什么样的库存管理程序能够更好地支持服务需求。(库存设计与运作)

(7)运用什么样的信息技术来实现物流运作的最大效率。(信息技术)

(8)应如何组织资源来实现最佳的物流服务和运作目标。

物流战略规划主要解决四个方面的问题,即客户服务需求的目标、设施选址战略、存货战略和运输战略。

1.客户服务需求的目标

客户服务水平的决策比任何其他因素对系统设计的影响都要大。如果服务水平定得较低,可以在较少的存储地点集中存货,利用较廉价的运输方式。如果服务水平定得较高,则结果刚好相反。但当服务水平接近上限时,物流成本的上升比服务水平上升更快。因此,物流战略计划的首要任务是确定客户服务水平。

2.设施选址战略

战略存货地点及供货地点的地理分布构成物流计划的基本框架。其内容主要包括确定设施的数量、地理位置、规模并分配各设施所服务的市场范围,这样就确定了产品到市场之间的线路。好的设施选址应考虑所有的产品移动过程及相关成本,包括从工厂、供货商或港口经中途储存点,然后到达客户所在地的产品移动过程及成本。采用不同渠道满足客户需求,其总的物流成本是不同的,如直接由工厂供货、供货商或港口供货,或经选定的储存点供货等的方法,物流成本是有差别的。寻求成本最低的配送方案或利润最高的配送方案是选址战略的核心。

3.存货战略

存货战略是指存货管理的方式,基本上可以分为将存货分配(推动)到储存点与通过补货自发拉动库存的两种战略。其他方面的决策内容还包括产品系列中的不同品种分别选在工厂、地区性仓库或基层仓库存放，以及运用各种方法来管理存货的库存水平。由于企业采用的具体政策将影响设施选址决策，所以必须在物流战略规划中予以考虑。

4. 运输战略

运输战略包括运输方式、运输批量和运输时间以及运输路线的选择。这些决策受仓库以及仓库与工厂之间距离的影响，反过来又会影响仓库选址决策。库存水平也会通过影响运输批量影响运输决策。

由此可知，客户服务目标、选址战略、库存战略和运输战略是物流战略规划的主要内容，因为这些决策都会影响企业的盈利能力、现金流和投资回报率。其中，每个决策都与其他决策互相联系，计划时必须对彼此之间存在的关系予以考虑。同时，应注意连接以上四个方面的"两个流"，即信息流动网络和产品流动网络，两者运行极为相似，可以视为节点和链的集合。然而，两者最大的区别在于，产品是顺流而下流向客户，而信息则多是逆流而上流向原材料采购地。产品流动网络与信息网络结合在一起就形成了物流系统，这样就可以避免分别管理可能造成的整个系统运行的低效率。实际上，这两个网络并不是相互独立的，例如，信息网络的规划将会影响物流系统的订货周期，进而影响产品网络各"节点"保有的库存水平。库存的可供率会影响客户服务水平，进而影响订货周期和信息网络规划。同样，其他各因素之间的相互作用也要求从整体的角度看待物流战略，而不能将其分开加以考虑。

三、企业物流规划与设计的内容

企业物流的功能要求有企业物流规划与设计，以提高服务水平、运作效率和经济效益为目的，制定各要素的配置方案。其内容包括以下几方面。

1. 企业物流布局规划

企业物流布局规划是指在一定层次和地区范围内确定物流网络（物流通道、节点设施）合理的空间布局方案。企业物流布局规划的重点是：

（1）物流通道规划。包括铁路、公路、水路和航空等运输网络的配置。其规划重点是充分利用已形成或将改造扩展的相应网络，通过分析验证现有网络是否能够满足企业物流需求，并根据物流发展需要，对原有网络进行补充改造，形成满足一定物流服务需求的物流通道方案。

（2）物流节点布局规划。物流节点是指各种货运车站、港口码头、机场、物流园区、物流中心、配送中心、仓库等设施。物流节点设施的空间布局规划主要包括：一是物流节点设施的数量和种类；二是物流节点的设置地点；三是物流节点的功能配置；四是物流节点的规模。对于已存在的货运车站、港口码头等传统的交通枢纽型物流节点，重点研究的是对其合理利用和改造升级，拓展其服务功能。随着现代物流发展而派生出来的新型物流节点，如物流园区、物流中心、配送中心等，则需要进行全方位的研究探讨。

2. 物流节点设施的内部布局规划

物流节点设施的内部布局规划主要指根据物流节点的功能、作业流程和服务质量要求确定物流节点内各设施的平面布局方案。如工业企业的厂区及车间的平面布局，物流中心中仓储区、分拣区、加工区、内部通道等的布局。

3. 物流设备选型和平面布局设计

根据企业物流的作业要求和特点，选择先进适用的物流设备和器具，以提高物流作业效率。它包括:一是仓库货架系统的选型和平面布局设计;二是装卸搬运设备的选型和布局设计;三是包装及流通加工装备及器具的选型和布局设计;四是运输工具的选型设计;五是分拣设备的选型和布局设计等。

四、企业物流规划与设计的步骤

企业物流规划与设计分为以下五个阶段。

1. 第一阶段

在进行企业物流的设计或重新设计之前,重要的是要描述分析系统规划设计的目的,目标定位直接决定企业物流的设计或重新设计。对于企业物流规划设计来说,比较常用的目标有三种:总资金成本最小,相对企业物流设计方案往往是减少物流节点的配置数量,直接将货送到用户手中或选择公共仓库而不是企业自建仓库;运营成本最低往往需要利用物流节点实现整合运输;顾客服务水平最高,往往需要配置较多的物流节点以及较好的信息系统等。

2. 第二阶段

一旦确立了系统目标并分析了系统的制约因素,那么下一个阶段就是收集系统设计所需要的数据资料,并通过对这些数据资料的分析设计出系统方案。

3. 第三阶段

方案评估阶段,对各方案进行评估,选择合适方案。

4. 第四阶段

方案实施阶段,该阶段涉及设计、建筑并将大型、专门的设施投入运行、培训等项目。

5. 第五阶段

实效评估阶段,对实施方案进行追踪监测,分析方案实施前后的变化,提出评估报告作为方案修正的依据。

五、物流战略规划策略

物流战略是进行物流定位,进而确定发展的目标,目标能否顺利实现还取决于符合实际的实施策略。物流战略规划管理策略是物流战略的具体化。

1. 分工与专业化协作

分工可以提高作业效率,但分工不当会造成工作流程的分割,降低整项工作的效率。克服这个缺点的方法是专业化协作,这已经为大量的事实所证明。在物流管理中也完全可以对物流过程的全部作业作适当的分解,从而实现分工和专业化协作,提高物流系统效率。

(1)物流与营销分离。在美国,企业物流最早是与营销结合在一起的。为了满足市场需要,随时保证供应,企业产成品的储运由营销部门管理。但实践证明,在物流渠道的安排上不能使营销与物流绩效同时都取得好的效果。相反,如果将两者分离,实现专业化管理后,从中获益的机会反而增加了,这就是物流与商流的分离。

(2)物流职能的细化。制造商经过采购和生产制造经营活动后,分别由分销商和零售商执行商流业务,并由其他第三方提供物流服务。物流供应商主要由分销商选择,制造商卖出产品必须通过分销和零售两个环节,零售商的职能被设计成是分销商的委托销售人。与传统做法相比，这时的制造商营销部门的主要工作集中在联合分销商和零售商，共同研究市场趋势，预测各地区的市场需求，营销人员不考虑物流。由物流部门采取优化策略，把相应数量的产品运往地区仓库，以支持销售活动。地区销售部把产品销给分销商，这是第一次物权的转移，同时由第三方提供运输服务，并将商品存储在第三方提供的仓库中。分销商虽然没有直接经手货物，但直到把货物销售给客户以前，他对货物拥有法定的所有权。由于零售是委托形式，他的经营方式设计成产品展示，客户选定某种产品后，24 小时内送货上门。所以，零售店铺只需少量的库存用于产品展示和最低的后备储存，所送货物从外部仓库发出，由当地的第三方运输公司提供送货服务，每一项工作都有各方面的专家承担，达到系统效率的最大化。

营销与物流的分离是从为客户更好地创造价值的角度提出的，并非意味着两者可以独立存在，分离可以增加专业化的机会。专业化虽然可以把各自的工作做得更有效率，但协作的难度却增大。协作的基本准则是，物流必须服从商流，在时间、地点及送货条款方面遵守商务上的规定。

2. 物流系统运行结构选择

物流系统运行结构设计的主要任务是确定产品从原材料起点到市场需求终点的整个流通渠道的结构。

物流运行结构设计必须充分考虑空间和时间两方面的因素。不同行业的物流形式可归纳为三类，即多阶段结构、直送结构以及混合结构。

(1)多阶段结构，如图 2-1 所示，这一结构是分工与专业化协作的产物，其特点是利用两个专业化的配送中心把物流过程分成几个阶段，可以清楚地看到配送中心在其中起的重要作用。

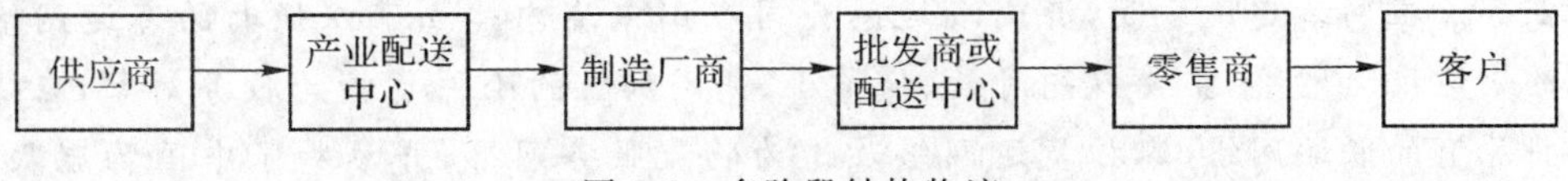

图 2-1　多阶段结构物流

(2)直送结构。直送结构的生命力在于快速地把货物从仓库直接送达客户需求的目的地，没有任何的中间环节。

(3)混合结构。混合结构的出现是因为物流需求灵活多样，形式繁多，单一的结构不能获得理想的服务效果，所以要采用更灵活的系统结构。最简单的形式是把直送结构与多阶段结构相结合形成一种混合结构。如图 2-2 所示。

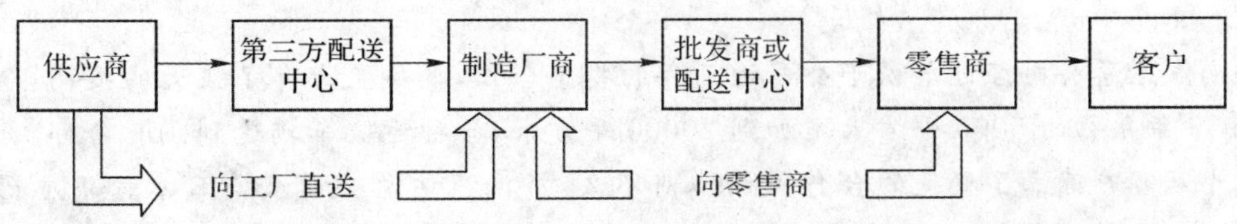

图 2-2　混合结构物流

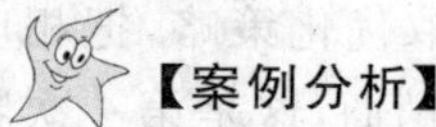

【案例分析】

济南汽运总公司成功实施物流战略规划

济南汽运总公司作为山东省经贸委指定的“优化企业物流管理试点单位”，近年来遵循物流业的发展规律，不断追踪业界新动态，在基础设施建设、网络建设、信息管理等方面都取得了长足的进步与发展，并以规范的管理、优质的服务赢得了众多大客户的青睐。

在确定发展物流战略之前，济南汽运总公司还在为日益萎缩的货运市场愁眉不展。为了探求新的发展道路，济南汽运总公司较早地接触并引进了物流经营管理理念。在南开大学物流专家组对公司进行了全面的系统调研之后，双方共同研究制定了《济运物流发展战略研究报告》，完全突破了“以货物位移为主”的传统货运经营思路束缚，提出了“以代理为龙头、以网络为基础、以场站为依托、以运力为配套、以多种方式联运为方向，向现代物流企业发展的指导思想”。与此同时，公司加快了物流经营的基础设施建设。

济南汽运总公司通过承运山东松下影像产业有限公司的产品，结识了松下物流公司(松下株式会社的专业物流子公司)，并以优质的服务给对方留下了深刻的印象。在与日本松下物流公司的合作过程中，济南汽运总公司坚持将学习融于服务，积极采纳、借鉴外方先进的管理经验，并根据自己的发展战略，积极开拓国际市场、加强网络建设和发展现代科技，在努力为松下物流公司提供优质服务的同时，有力地拓展了服务空间，提高了自身的竞争力。

济南汽运总公司还力图进入国际市场，并于1998年组建了山东贸通国际货运代理有限公司，经外经贸部审验批准取得了国际货运一级代理权，可独立承办进口物资的制单、报关等多种业务。在网络建设方面，济南汽运总公司在山东省内建立了以强大的客运网络体系为依托的快运配送网络，主要以高时效、批量小、高附加值的小件货物为服务对象，在省外则致力于将原有的联运网络、零担货运网络改造为物流服务网络，并参加了中国物流联盟，与24家物流企业建立了稳定的合作关系。

面对飞速发展的信息技术，济南汽运总公司于1999年投资40万元与西安亚桥公司合作，开发了山东省内第一套专业物流管理信息系统，实现了对受托、配送、过程查询、管理、结算等环节的全程控制和自动化管理，目前正着手构筑基于微软主流平台和因特网技术的第三方物流信息系统。2000年9月，汽运总公司在济南市高新技术开发区修建了物流交易大厅，交易中心引进了大屏幕、微机自动查询、自动报价等先进科技设备，成为山东省内最大的货运信息交易中心。

济南汽运总公司经过与松下公司近五年的携手合作，服务能力有了极大的提高：仓储面积由1996年年初的5000平方米增加到20000平方米，各种运输车辆达到100余部，并与国内外几十家客户建立了稳定的合作关系。前不久，济南汽运总公司又与日本松下电器有限公司中国分公司正式签约，由济南汽运总公司全面代理其电器产品的整机、配件、样品机等货物品种的物流业务，负责在全国范围内为其提供多功能、一体化的综合性物流服务。这次新的合作，打破了以往以运输、仓储为主的单一服务模式，由济南汽运总公司根据松下公司需求自行设计服务方案，开始了真正意义上的物流运作。我们相信，济南汽运总公司在进行物流战略的规划与管理过程中，同时在为松下公司这样的知名企业服务的过程中，迅速成长为具有较强竞争能力的国内知名物流企业。

【案例讨论】

1. 如何理解济南汽运总公司物流规划新的指导思想？
2. 从济南汽运总公司物流发展中的开放与国际合作中得到什么启示？

【复习思考】

1. 企业物流战略划分为哪四个层次？
2. 如何理解多样化分拨(配送)战略？
3. 什么是混合物流战略？
4. 如何理解物流战略规划需主要解决的问题？
5. 企业物流规划与设计的内容是什么？
6. 如何理解物流战略规划的策略分工与专业化协作？

第三章 采购与供应管理

学习目标

理解并掌握采购与供应管理的概念、目标及其作用，采购与供应管理的发展趋势、组织结构，理解采购与供应管理的流程，熟悉采购与供应管理的战略、供应商的选择和管理。

第一节 采购与供应管理的概念

一、采购与供应

1. 采购

采购包含广义的采购和狭义的采购，狭义的采购是指企业根据需求提出采购计划、审核计划，选择供应商，经过商务谈判确定价格、交货及相关条件，最终签订合同并按要求收货付款的过程。这种以货币换取物品的方式，可以说是最普通的采购途径，无论个人还是企业机构，为了满足消费或者生产的需求都是以购买的方式来进行的。广义上的采购是指除了以购买的方式占有物品之外，还可以用各种途径取得物品的使用权，以达到满足需求的目的，如租赁、借贷、交换、征收等。其中：

租赁是指一方用支付租金的方式取得他人物品的使用权。

借贷是指一方凭借自己的信用和彼此之间的友好关系获得他人物品的使用权。

交换是指双方采用物易物的方式取得物品的使用权和所有权。

总体上看来，对采购的理解主要包括以下一些基本含义：

(1)采购是企业与市场联系的纽带，采购过程实际上就是从市场获取资源的过程。

(2)采购既是一个商流过程，也是一个物流过程。商流是指发生交易活动时进行的对货物所有权的转移，物流是指货物实体发生转移的过程，商流是无形的，但是物流是有形的，是可以看得到的。

(3)采购是一种经济管理活动。首先采购是一项经济活动，要进行收益与成本分析，其次采购还是一项管理活动，在采购过程中需要进行计划、组织、协调、指挥、控制等。

2. 供应

供应是指供应商或卖方向买方提供产品和服务的全过程，也包含采购部门采购企业需要的商品满足自己企业内部的需求，因此采购与供应是两个相辅相成的过程。

在第一次和第二次世界大战期间，由于市场需求旺盛，所以一个企业的成功并不在于它能够销售什么，而是取决于企业从供货商那里获得原材料、用品和服务的能力。这些保证工厂和矿山运营的必要条件成了决定企业成功的关键因素。从那时起，人们开始关注供应职能部门的组织、政策及程序，供应职能部门也开始作为一种独立的管理部门出现。20 世纪五六十年代，供应职能部门所应用的技术更加先进，受过专门训练的人越来越多，他们更有能力做出合理的供应决策，供应职能部门在企业当中的地位也日益加强。进入 20 世纪 70 年代以来，企业面临两个令人恼火的问题：一方面支持运营的所有原材料几乎都发生了国际性短缺，另一方面价格的增长率却远远超过了第二次世界大战结束时的水平。1973 年夏季，中东的石油禁运更是加剧了这种材料的短缺和物价飞涨。这些变化使得供应部门备受瞩目。

二、采购管理与供应管理

1. 采购管理

采购管理是计划下达、采购单生成、采购单执行、到货接收、检验入库、采购发票收集到采购结算的采购活动的全过程，对采购过程中物流运动的各个环节状态进行严密的跟踪、监督，实现对企业采购活动执行过程的科学管理。采购管理包括采购计划、订单管理及发票校验三个组件。

(1)采购计划管理。是指对企业的采购计划进行制定和管理，为企业提供及时准确的采购计划和执行路线。采购计划包括定期采购计划(如周、月度、季度、年度)、非定期采购计划(如系统根据销售和生产需求产生的)。通过对多对象多元素的采购计划的编制、分解，将企业的采购需求变为直接的采购任务，系统支持企业以销定购、以销定产、以产定购的多种采购应用模式，支持多种设置灵活的采购单生成流程。

(2)采购订单管理。是指以采购单为源头，对从供应商确认订单、发货、到货、检验、入库等采购订单流转的各个环节进行准确的跟踪，实现全过程管理。通过流程配置，可进行多种采购流程选择，如订单直接入库，或经过到货质检环节后检验入库等。在整个过程中，可以实现对采购存货的计划状态、订单在途状态、到货待检状态等的监控和管理。采购订单可以直接通过电子商务系统发向对应的供应商，进行在线采购。

(3)发票校验。发票管理是采购结算管理中重要的内容。采购货物是否需要暂估，劳务采购的处理，非库存的消耗性采购处理，直运采购业务，受托代销业务等均是在此进行处理。通过对流程进行配置，允许用户更改各种业务的处理规则，也可定义新的业务处理规则，以适应企业业务不断重组、流程不断优化的需要。

2. 供应管理

所谓供应管理，是指为了保质、保量、经济、及时地供应生产经营所需的各种物品，对采购、储存、供料等一系列供应过程进行计划、组织、协调和控制，以保证企业经营目标的实现。

三、采购与供应管理的组织结构

任何一个企业和部门,其中的每一个组织都在不同的程度上依赖于其他的组织所提供的材料和服务。即使是极小的一间办公室也需要有空间、供热、电力、通信、办公设备、设施、文具等各种各样的物资以发挥其功效。现实中不存在自给自足的组织。因而,采购和供应管理就成为各个组织的一项基本和普遍的职能。对于管理者而言,将这项职能加以组织,进而推动组织目标的实现确实是一件极富有挑战性的工作。

科学的采购与供应管理是企业经营运作和提高核心竞争力的有效保证,但是不同的企业有着不同的管理方式,使得其组织结构也各有不同。

(1)单一采购部门。如果企业规模较小,产品结构较单一(典型的例子就是单一的工厂或企业,分公司距离较近的大公司也可以),设置单一的采购部门并直接向总经理汇报工作较好。

(2)集中采购部门。一些企业的规模较大,如大型的跨国公司或国内的大型国有企业,还有一些企业业务较多、管理繁杂,这样的企业可以设置独立的采购部门体系,并向分管采购的副总经理汇报工作,这样不仅满足了采购集中化的要求,也方便了公司的管理。

(3)集中分散采购部门。对于一些规模大、产品种类多、原材料需求差异性大、各子公司的地理位置距离远的企业,可采用集中分散的采购设置模式。在公司总部设采购部,负责总公司采购战略和计划的制订,协调各子公司之间的采购行动,避免恶意竞争,集中采购总公司共性化的产品和服务,实现采购总成本最低。同时,在各子公司或某一地理区域分设采购部,这样便于各子公司满足个性化的需求,保持同供应商之间的密切联系,以此促进公司的发展。

四、采购与供应管理的目标和作用

(一)采购与供应管理的目标

1.总体目标

采购与供应管理的总体目标是:获得的物料应该是货真价实的(即满足质量方面的要求),数量是符合要求的,并以准确的时间发送至正确的地点,物料必须来源于合适的供应商(即一个可靠的、将及时地履行其承诺义务的供应商)。同时,与之相适应的,还要获得合适的服务(不仅仅是指采购之前,还包括成交之后),当然价格也必须是合理的。由于采购员必须同时满足上述条件,所以采购决策者可以被形象地比喻成一个杂技演员,总是试图将几个球同时保持在空中。如果发送的货物不能达到质量/效果标准,或是它们直到实施生产计划之后两个星期才被送到使用地,以至于造成生产线中断的话,那么即使是以最低的价格去购买货物也不能被接受。另外,如果所购买的货物是出于急需,购买者就不能按正常的购货提前期来采购,这时所谓"合理"的价格也许比正常价格高得多。采购决策者总是试图去协调这些常常是相互冲突的目标,他们通过做出取舍来得到这些目标的最优组合。

2.具体目标

对采购与供应管理目标的具体表述如下:

(1)提供不间断的物料、供应和服务,以便使整个组织正常地运转。

(2)使库存投资和损失保持最低限度。

(3)保持并提高质量。

(4)发现或发展有竞争力的供应商。

(5)当条件允许的时候,将所购物料标准化。

(6)以最低的总成本获得所需的物资和服务。

(7)在企业内部与其他职能部门之间建立和谐而富有生产效率的工作关系。

(8)以可能的最低水平的管理费用来完成采购目标。

(9)提高公司的竞争地位。

(二)采购与供应管理的作用

采购与供应管理主要有利润杠杆作用、资产收益率作用、信息源作用、营运效率作用、对企业竞争优势作用五个方面。

1.采购的利润杠杆作用

采购的利润杠杆作用是指当采购成本降低一个百分点时,企业的利润率将会上升更高的比例。这是因为采购成本在企业的总成本中占据着比较大的比重,一般在50%以上,而这个比例远远高于税前利润率。例如,某公司的销售收入为5000万元,假设其税前利润率为4%,采购成本为销售收入的50%,那么采购成本减少1%,就将带来50万元的成本节约,也就是利润上升到了250万元,利润率提高了20%。可见,利润杠杆效应十分显著。

2.资产收益率作用

资产收益率作用是指采购成本的节减对于企业提高资产收益率所带来的巨大作用。资产收益率指的是企业的净利润和企业总资产的比率,用公式表示出来就是

资产收益率=净利润÷总资产

该公式可以转换为

资产收益率=(净利润/销售收入)×(销售收入/总资产)

公式右边第一个括号里的内容我们称之为利润率,第二个括号里面的内容叫做资产周转率(投资周转率),这样,资产收益率就可以表示为企业的利润率和总资产周转率的乘积的形式。当采购成本下降一定比例时,通过利润杠杆效应可以使利润率提高更大的比例。而采购费用减少,则库存同样数量物资占用的资金就少,即资产降低,这就提高了投资周转率,两者的乘积就是一个更大的比例,大的收益率有利于企业在资本市场的融资。

3.信息源作用

信息源作用是指采购部门与市场的接触可以为企业内部各部门提供有用的信息。这主要包括价格、产品的可用性、新供应源、新产品及新技术的信息。这些信息对企业中其他许多部门都具有重要的作用。供应商所采用的新的营销技术和配送体系可能对销售部门大有用处;而关于投资、合并、兼并对象、国际政治经济动态,以及当前潜在的顾客等方面的信息,对销售财务、研发和高层管理部门都有一定的意义。

营运效率作用和对企业竞争优势的作用,比较容易理解,这里就不再一一加以分析了。总之,随着市场竞争的不断加剧以及经营管理理念和方法的发展,采购在企业中占据着越来越重要的作用,采购部门也必将在未来发挥更深远的影响。

五、采购与供应管理的发展趋势

由于采购与供应管理工作在企业中发挥着越来越重要的作用，人们对它的关注也越来越多，这又促进了采购工作的发展。从某种意义上说，采购理念的发展与企业的发展是紧密联系在一起的，只有把握这些潮流并顺应它们，才能更好地做好现在和未来的采购工作。

从世界范围来看，采购与供应管理主要呈现出全球化采购、电子采购、供应商伙伴关系（双赢采购）、JIT 采购等趋势。

1. 全球化采购

第二次世界大战结束以后，放宽限制，扩大世界贸易成为一种趋势，越来越多的企业开始介入到全球运作中。随着国际化运作的进行，采购与供应网络的复杂性也进一步提高，无论是运作的理念还是运作方式都发生了很大的改变。

与传统国内采购方式相比，全球化采购具有下列优势：

(1)可以扩大供应商价格比较范围，提高采购效率，降低采购成本。通过全球化采购，在全球范围内对有兴趣交易供应商进行比较，可以以较低价格获得更好的产品和服务。由于地理位置、自然环境以及经济差异，各个国家和地区的资源优势是不同的。通过全球化采购，可以充分利用各国的资源优势并加以合理的组合，使企业合理的价格获得质量较高的商品，从而大大提高企业的经济效益。

(2)全球化采购可以利用汇率变动进一步降低商品的采购成本。在签订国际快递间商品买卖合同时，应考虑到汇率变动对购买成本的影响。因为贸易合同从签订到实施有一定的时间间隔，而国际快递汇率又是在不断变化着的，因此在选择以何种货币作为支付工具时，应考虑在该时段内国际金融市场汇率的变动趋势，以便从中获得收益。全球化采购突破了传统采购模式的局限，从货比三家到货比百家、千家，有助于企业大幅度降低采购费用和成本，大大提高采购工作效率。

(3)实现生产企业为库存而采购到为订单而采购。在全球电子商务模式下，采购互动是以订单驱动方式进行的。制造订单是在用户需求订单的驱动下产生的，然后制造订单驱动采购订单，采购订单再驱动供应商，这种准时化的订单驱动模式可以准时响应用户需求，从而降低库存成本，提高快递速度和库存周转率。

(4)实现采购管理向外部资源管理的转变。由于全球化采购下供需双方建立起了一种长期的、互利的合作关系，所以采购方可以及时把质量、服务、交易期的信息传送给对方，使供方严格按要求来提高产品与服务，并根据生产需求协调供应商计划，实现准时化采购，特别是采用电子商务采购，为采购提供了一个全天候超时空的采购环境，降低了采购费用，简化了采购过程，大大降低了企业的库存，使采购交易双方形成战略伙伴的关系。电子商务可以说是企业的战略管理创新，充满了无限的活力。

(5)实现采购过程的公开化和程序化。通过全球化采购可以实现采购业务操作程序化，有利于进一步公开采购过程，实现实时监控，使采购更透明、更规范。企业在进行全球化采购时，必须按软件规定流程进行，大大减少了采购过程的随意性。通过全球化采购还可以促进采购管理定量化、科学化，实现信息化的大容量与快速传递，为决策提供更多、更准确、更及时的信息，使得决策依据更充分。

2. 电子采购

电子采购是一种在 Internet 上创建专业供应商网络的基于 Web 的方式。它能够使企业通过网络，寻找管理合格的供货商和物品，随时了解市场行情和库存情况，编制销售计划，在线采购所需的物品，并对采购订单和采购的物品进行在途管理、台账管理和库存管理，实现采购的自动统计分析。实施电子采购，不仅方便、快捷，而且交易成本低，信息公开程度透明，的确是一种很有发展前途的采购方式。实现电子采购的方式有两种：使用 EDI（电子数据交换）的电子采购和使用 Internet 的电子采购。电子采购门户站点对购买简单商品最为有效，它可以让供应商创建和维护其产品的在线目录，其他公司可以从这些目录中搜索商品，下订单以及当场确定付款和装运选择。在试图购买那些必须定制的产品时，常常需要人力判断以及人与人之间的协商，首先，要整理叫做 RFP（建议请求）的信息包，其中包括有某一商品的技术规格和供应要求。其次，必须找到能够满足该请求的供应商。为了节省时间和资金，只需要与有资格的供应商联络，这样花费的精力最少。使这一过程自动化的一种方式就是使用 EDI 网络，它能够让供应商和买主交换采购信息。只要交纳一点事务处理费，就能通过 EDI 网络提交信息包，并通过同一网络收到答复。

与一般性的采购相比，电子采购有如下优势：

(1)提高采购效率，缩短采购周期。采购方企业通过电子采购交易平台进行竞价采购，可以根据采购方企业的要求自由设定交易时间和交易方式，大大地缩短了采购周期。自采购方企业竞价采购项目正式开始至竞价结束，一般只需要 1～2 周，较传统招标采购节省 30%～60%的时间。

(2)节约大量的采购成本。据美国全国采购管理协会（www. napm. org）称，使用电子采购系统可以为采购企业节省大量成本。采用传统方式生成一份订单所需要的平均费用为 150 美元，使用基于 Web 的电子采购解决方案则可以将这一费用减少到 30 美元。企业通过竞价采购商品的价格平均降幅为 10%左右，最高时可达到 40%多。通用电气公司估计通过电子采购将每年节约 100 亿美元。

(3)优化采购流程。采购流程的电子化不是用计算机和网络技术简单替换原有的方式方法，而是要依据更科学的方法重新设计采购流程。在这个过程中，摒弃了传统采购模式中不适应社会生产发展的落后因素。

(4)减少过量的安全库存。世界著名的家电行业跨国企业海尔集团在实施电子采购后，采购成本大幅降低，仓储面积减少一半，降低库存资金约 7 亿元，库存资金周转日期从 30 天降低到了 12 天以下。

(5)电子采购的另外一个优势是信息共享。不同企业，包括各个供应商都可以共享信息，不但可以了解当时采购、竞标的详细信息，还可以查询以往交易活动的记录，这些记录包括中标、交货、履约等情况，帮助买方全面了解供应商，帮助卖方更清楚地把握市场需求及企业本身在交易活动中的成败得失，积累经验。这使供求双方之间的信息更加透明。

(6)电子采购能帮助采购方改善客户服务和客户满意度，促进供应链绩效，以及改善与供应商的关系。

(7)电子采购不仅使采购企业大大获益，而且让供应商获益。对于供应商，电子采购可以更及时地掌握市场需求，降低销售成本，增进与采购商之间的关系，获得更多的贸易机会。

3. 供应商伙伴关系

供应商伙伴关系是工业企业与供应商之间所达成的最高层次的合作关系，它是指在相互信任的基础上，由双方为着共同的、明确的目标而建立的一种长期的、合作的关系。成功的供应商伙伴关系要求有很高水平的相互协调、相互信赖、共享信息、共担风险、共用技术创造与革新，同时需要高层领导的全力支持。供应商伙伴关系追求的目标之一是世界最好。

具体来说，供应商伙伴关系包含着以下意思：

- 发展长期的、相互依存的关系。
- 这种关系由合约的形式确定，双方共同确认并且在各个层次都有相应的沟通。
- 双方有着共同的目标，并且为着共同的目标，制订共同的有挑战性的改进计划。
- 双方互相信任，诚恳、公开、有机地配合，共担风险。
- 相互学习、共享成功经验。
- 共同开发、创造。
- 以世界最好的经验与尺度来衡量合作表现，不断提高。

供应商合作伙伴关系的建立体现了企业内外资源集成与优化利用的思想。在这种环境下，企业产品的制造过程的周期会因供应商的密切配合而缩短，而且对顾客服务的响应速度和服务质量也将提高。

建立供应商长期合作伙伴关系要经过以下几个步骤：

(1)采购部门要在对供应市场调研基础上对有关部门的采购物品进行分析、分类，根据预先设定的伙伴关系型供应商制定供应商分类模块，确定伙伴型供应商对象。

(2)根据对供应商伙伴关系的要求，明确具体的目标及考核指标，制定出达成目标的行动计划。

(3)通过供应商会议、供应商访问等形式对计划实施进行组织和进度跟进，内容包括对质量、交货、降低成本、新产品、新技术开发等方面的改进进行跟踪考核，定期检查进度，及时调整行动。

(4)在公司内部还要通过供应商月度考评、体系审核等机制跟踪供应商的综合表现，及时反馈并提出改进要求。

4. JIT 采购

JIT 采购又称为准时化采购，它是由准时化生产(Just In Time)管理思想演变而来的。它的基本思想是：把合适的数量、合适质量的物品、在合适的时间供应到合适的地点，它与准时化生产一样，不但能够最好地满足用户需要，而且可以极大地消除库存、最大限度地消除浪费，从而极大地降低企业的采购成本和经营成本，提高企业的竞争力。正是因为 JIT 采购对于提高企业经济效益有着显著的效果，20 世纪 80 年代以来，西方经济发达国家非常重视对 JIT 采购的研究与应用。据资料统计，到目前为止绝大多数的美国企业已经开始全部或局部应用 JIT 采购方法，并取得了良好的应用效果。

JIT 采购的主要优点如下：

(1)有利于暴露生产过程隐藏的问题，从深层次上提高生产效率。JIT 采购认为，过高的库存不仅增加了库存的成本，而且还将许多生产上、管理上的矛盾掩盖起来，使问题得不到及时解决，日积月累，小问题就可能积累成了大问题，严重地影响企业的生产效率。而 JIT

采购是一种理想的物资采购方式，它设置了一个最高标准、一种极限目标，即原材料和外购件的库存为零，质量缺陷为零。同时，为了尽可能地实现这样的目标，JIT 采购提供了一个不断改进的有效途径，即降低原材料和外购件库存—暴露物资采购问题—采取措施解决问题—降低原材料和外购件库存。JIT 采购通过不断减少外购件和原材料的库存来暴露生产过程中隐藏的问题，从解决深层次的问题上来提高生产效率。

(2)消除了生产过程的不增值过程，提高了生产效率。在企业采购中，存有大量的不增加产品价值的活动，如订货、修改订货、收货、装卸、开票、质量检验、点数、入库及运转等，把大量时间、精力、资金花在这些活动上是一种浪费。JIT 采购由于大大地精简了采购作业流程，因此消除了这些浪费，极大地提高了工作效率。

(3)进一步减少并最终消除原材料和外购件库存。降低企业原材料库存不仅取决于企业内部，而且取决于供应商的管理水平。JIT 采购模式不仅对企业内部的科学管理提出了严格的要求，而且对供应商的管理水平提出了更高、更严格的要求。JIT 采购不仅是一种采购方式，也是一种科学的管理模式。JIT 采购模式的运作，在客观上将在用户企业和供应商企业中铸造一种新的科学管理模式，这将大大提高用户企业和供应商企业的科学管理水平。根据国外一些实施 JIT 采购策略企业的测算，JIT 采购可以使原材料和外购件库存降低 40％～85％，有利于企业减少流动资金的占用，加速流动资金的周转，同时也有利于节省原材料和外购件库存占用空间，从而降低库存成本。

(4)使企业真正实现柔性生产。JIT 采购使企业实现了需要什么物资，就能供给什么样的物资，什么时间要就能什么时间供应，需要多少就能供给多少，从而使原材料和外购件库存降到最低水平。从这个意义上讲，JIT 采购最能适应市场需求变化，使企业能够具有真正的柔性生产。

(5)有利于提高采购物资的质量。一般来说，实施 JIT 采购，可以使购买的原材料和外购件的质量提高 2～3 倍。而且，原材料和外购件质量的提高，又会引致质量成本的降低。据估计，推行 JIT 采购可使质量成本减少 26％～30％。

(6)有利于降低原材料和外购件的采购价格。由于供应商和制造商的密切合作以及内部规模效益与长期订货，再加上消除了采购过程中的一些浪费，就使得购买的原材料和外购件的价格得以降低。以美国施乐公司为例，通过实施 JIT 采购策略，使其采购物资的成本下降了 40％～50％，取得了显著的经济效益。

第二节 采购与供应管理流程与手册制定

现实中许多组织的管理者极其重视对关键业务流程的识别和协调，从而达到减少成本、增加收入并管理资产的目的。业务流程包括采购流程、营销流程、支付账款流程以及调研和开发流程等。流程是从开始到结束这一系列的活动并按照一个特定的顺序发生，有投入并有产出。不管有多少不同的部门参与到流程中，关注流程的人都要考虑这个流程的信息流、物流、服务流、资金流。本节中采购与供应管理流程被定义为从识别需求开始，以管理供应商及其关系为结尾。这个流程有一系列明确的步骤，其中包括描述需求、识别潜在资源、资源选择和合同条款的决定、跟踪、催货、收货、付款以及监管等。

一、采购与供应管理流程

采购与供应管理流程通常是指有制造需求的厂家选择和购买生产所需要的各种原材料、零部件等物料的全过程。在这个过程中作为制造业的购买方，首先，要寻找相应的供应商，调查其产品在数量、质量、价格、信誉等方面是否满足购买要求；其次，在选定了供应商之后，要以订单方式传递详细的购买计划和需求信息给供应商并商定结款方式，以便供应商能够准确地按照客户的性能指标进行生产和供货；最后，要定期对采购物料的管理工作进行评价，寻求提高效率的采购流程创新模式。所以，采购与供应管理流程体系是涵盖从采购计划的制订、供应商的认证、合同签订与执行到供应商管理的全部过程。

这一过程会因为采购品的来源——国内采购、国外采购，采购的方式——议价、比价、招标，以及采购的对象——物料、工程发包等不同，而在细节上有若干差异，但对于基本的程序每个企业则大同小异。其中具有代表性的是美国采购学者威斯汀所主张的采购与供应流程，关键步骤为：提出需求；描述需求，即对所需要的物料或服务的特点和数量进行确认；选择可能的供应来源，评价供应商；确定适宜的价格；发出采购订单；订单跟踪与稽核；核对发票；交货不符与退货处理；结案；记录与档案维护。

1. 提出需求

任何采购都产生于企业中某个部门的确切需求。负责具体业务活动的人应该清楚地知道本部门独特的需求：需要什么、需要多少、何时需要。这样，采购部门就会收到这个部门发出的物料需求单。当然，这类需求也可以由其他部门的富余物料来加以满足。但是，或早或晚公司必然要进行新的物料采购。有些采购申请来自生产或使用部门，有些采购申请来自销售或广告部门，对于各种各样办公设备的采购要求则由办公室的负责人或公司主管提出。通常，不同的需求部门会使用不同的请购单。

供应部门还应协助使用部门预测物料需求。供应负责人不仅应要求需求部门在填写请购单时尽可能采用标准化的格式及尽可能少发特殊订单，而且应督促尽早地预测需求以免出现太多的紧急订单。由于未了解价格变化和整个市场状况，为了避免供应终端的价格上涨，采购部门必须要发出一些期货订单。采购部门和供应商早期参与合作会带来更多信息，从而可以避免或削减成本，加速产品推向市场的进度并能带来更大的竞争优势。

2. 描述需求

如果采购部门不了解使用部门到底需要些什么，采购部门就不可能进行采购。出于这个目的，就必然要对需要采购的商品或服务有一个准确的描述。准确地描述所需要的商品或服务是采购部门和使用部门，或跨职能采购团体的共同责任。如果通过某种调整，公司可能获得更多的满足，那么采购部门就应该对现存的规格提出质疑。由于未来的市场情况起着很重要的作用，因此采购部门和提出具体需求的部门在确定需求的早期阶段进行交流就具有重要的意义；否则，轻则由于需求描述不够准确而浪费时间，重则会产生严重的财务后果并导致供应的中断及公司内部关系的恶化。

由于在具体的规格要求交给供应商之前，采购部门是能见到它的最后一个部门，因此需要对规格进行最后一次检查。如果采购部门的人员对申请采购的产品或服务不熟悉，这种检查就不可能产生实效。任何关于采购事项描述的准确性方面的问题都应该请采购者或采购团队进行咨询,采购部门不能想当然地处理。

采购的成功始于采购要求的确定,应制定适当的办法来保证明确对供应品的要求,更重要的是让供应商完全地理解。这些办法通常包括:

(1)制定规范、图纸和采购订单的书面程序;

(2)发出采购订单前公司与供应商的协议;

(3)其他与所采购物品相适应的方法;

(4)在采购文件中包含清晰地描述所订购产品或服务的数据,如产品的精确辨认和等级、检查规程、应用的质量标准等;

(5)所有检查或检验方法和技术要求应指明相应的国家和国际标准。在很多企业中,物料单是描述需求的最常用的单据。

3.选择可能的供应来源,评价供应商

供应商是企业外部影响企业生产运作系统运行的最直接因素,也是保证企业产品的质量、价格、交货期和服务的关键因素。因此,需要说明的是,在原有供应商中选择成绩良好的厂商,并对其进行评价。

4.确定适宜的价格

确定了可能的供应商后,就要进行价格谈判,确定适宜的价格。

5.发出采购订单

对报价进行分析并选择好供应商后,就要发出订单。

6.订单跟踪与稽核

采购订单发给供应商之后,采购部门应对订单进行跟踪和催货,并进行稽核。企业在采购订单发出时,同时会确定相应的跟踪接触日期。在一些企业中,甚至会设有一些专职的跟踪和催货人员。

跟踪是对订单所做的例行跟踪,以便确保供应商能够履行其货物发运的承诺。如果产生了问题,如质量或发运方面的问题,采购方就需要对此尽早了解,以便及时采取相应的行动。跟踪需要经常询问供应商的进度,有时甚至有必要到供应商那里去走访。不过这一措施一般仅用于关键的、大额的和提前期较早的采购事项。通常,为了及时获得信息并知道结果,跟踪是通过电话进行的,现在一些公司也使用由计算机生成的简单表格,以查询有关发运日期和在某一时点采购计划完成的百分比。

催货是对供应商施加压力,以便按期履行最初所做出的发运承诺、提前发运货物或是加快已经延误的订单所涉及的货物发运。如果供应商不能履行发运的承诺,采购部门就会威胁取消订单或是以后可能进行罚款。催货应该只是用于采购订单中的一小部分,因为如果采购部门对供应商能力已经做过全面分析的话,那么,被选中的供应商就应该是那些能遵守采购合约的可靠的供应商。而且,如果公司对其物料需求已经做了充分的计划工作,如果不是特殊情况,就不必要求供应商提前发运货物。

稽核是依据合约规定,对采购的物资予以严格检验入库。

7.核对发票

采购合同上应明确产品验证体系。该验证体系应在采购合同签订之前由供应商和采购方达成协议。下面方法中的任何一种均可用于产品验证：

(1)采购方信赖供应商的质量保证体系；

(2)供应商提交检查检验数据和统计的程序控制记录；

(3)当收到产品时由采购方进行抽样检查或检验；

(4)在发送前或在规定的程序中由采购方进行检查；

(5)由独立的认证机构进行认证。

采购方必须在采购合同上明确指出最终用户(若有最终用户参与)是否在供应商的场地进行验证活动，供应商应提供所有设施和记录来协助检验。

8.交货不符与退货处理

如果厂商所交货物与合约规定不符而验收不合格，应依据合约规定退货，并立即办理重购，予以结案。

9.结案

无论对验收合格的货物进行的付款，还是对验收不合格的货物进行的退货，均需办理结案手续，清查各项书面资料有无缺失、绩效好坏等，签报高级管理层或权责部门核阅批示。

10.记录与档案维护

凡经过结案批示后的采购案件，应列入档案登记编号分类，予以保管，以便参阅或事后发生问题的查考。档案应该具有一定保管期限的规定。

二、采购手册的制定

1.采购手册的含义

采购手册是指各种组织在采购作业时内部各单位可执行的文件。通过采购手册，促使采购活动制度化和合理化，达到适质、适时、适量、适价的目标。采购手册用来阐述政策、步骤、指令和规定的内容。

2.采购手册的作用

采购手册运用书面形式有下列作用：

(1)使采购政策、步骤、指令、规定变得更加简单明了。

(2)为采购与其他部门沟通提供机会，使它们能够建设性地看待现存的政策和步骤，并在需要的地方对其进行修改。

(3)手册上的步骤是针对采购所承担或管理、控制的业务活动来制定的，因此能促进工作的一致性，从而减少对日常工作进行的具体监督。

(4)手册有益于员工培训与训练。

(5)手册有助于年度审计。

(6)手册协调了政策和步骤的关系，并确保采购原则与操作一致性和连贯性。

(7)它为这种评估原则和操作性提供了参考依据。

(8)通过展示高层对采购的重视，可借此提升采购的地位。

(9)采购的计算机化要求有细致、完整的文件记录体系，使得采购手册的编写和使用变得更为迫切。

3. 采购手册的内容

(1)组织机构。

(2)组织机构的结构图。

(3)采购部门每个职位的工作职责。

(4)员工应该知道行政管理的规定。

4. 政策

(1)采购的目标、责任和采购职能的权力。

(2)政策中说明的内容还可以扩充到有关价格、质量等总原则中去。

(3)采购条款和条件。

(4)与供应商的关系,尤其是有关礼物、款待和娱乐等方面。

(5)供应商的选择方法。

(6)雇员直接采购方式。

(7)向管理层汇报的制度。

5. 步骤

(1)用文字结合图表来说明采购步骤。

(2)关于拒收及退货处理步骤。

(3)关于报废的处理步骤。

(4)与采购及其辅助业务有关的所有文件单证的图解说明,并附有它们的用途和周详的文字说明。

(5)有关采购记录的查考和保存维护。

第三节　采购与供应管理战略

一、企业战略概述

(一)企业战略的内涵

"战略"原是一个军事术语,本意是通过搜集战争中交战双方在军事、政治、经济、地理等各方面的情报,加以分析研究,从而对战争全局及各个局部的关系作出系统的、科学的判断,并以此对整个战争及各个阶段军事力量的准备和运作作出部署。

"战略"一词在我国企业管理中是一个新名词,战略管理被赋予企业经营管理中最具有指导意义地位的历史只不过短短 20～30 年时间。简要地说,企业战略是指在市场经济条件下,企业为了取得竞争优势,谋求长期的生存与稳定发展,在调查预测和把握企业外部环境及内部资源条件的基础上,以正确的战略思想,根据企业目标,对企业较长期的全局发展作出纲要性的、方向性的决策。

企业战略的目的在于建立本企业在市场领域中的地位,成功地同竞争对手进行竞争,满足顾客的需求,获得卓越的公司业绩。

(二)企业战略的层次

通常企业的战略可以分为三个层次:企业总体战略、经营单位策略和职能战略。

(1)总体战略。又称为公司战略,它是企业战略中最高层次的策略,需要根据企业目标,选择企业可以竞争的领域,合理配置企业经营时所必需的资源,使各项经营业务互相协调、互相支持。

(2)经营单位战略。也称事业部战略,或者分公司战略。这个层次的战略和主要内容是针对不断变化的外部环境,在各自经营的领域里有效地竞争。它要在企业总体战略的制约下,指导和管理具体经营单位的计划与行动。

(3)职能战略。是企业内主要职能部门的战略计划。根据这些职能行动计划,职能部门的管理人员可以更清楚地认识到本职能部门在实施企业总体战略中的责任和要求。职能战略包括市场营销战略、产品研发战略、生产战略、财务战略、人力资源战略等。

(三)企业战略的类型

由于企业战略层次不同,企业战略内容的注重点和战略类型也会不同。

1.公司战略类型

公司战略是企业从其整体发展的角度考虑的战略,注重点是企业的决策层以企业使命为基础,对现有的经营业务重新定义、调整以及确定发展的方向和途径。据此,公司战略可以划分为发展型战略、稳定型战略和紧缩型战略。

(1)发展型战略。是一种充分利用外部环境所给予的机会,充分发掘和运用企业内外部资源,以求得企业在现有规模基础上向更高一级目标发展的战略。其特点有:一是扩大生产规模,为现有产品开拓新的市场;二是通过产品创新和技术创新以增强自身竞争能力;三是通过联合或兼并实行纵向一体化或跨行业的多样化。企业发展型战略主要有一体化战略、联合战略、多样化战略和国际化经营战略。

(2)稳定型战略。亦称维持战略,它是一种保持现有产销规模、市场占有率和稳固现有竞争地位的战略。这种战略一般适用于外部环境相对稳定,内部条件没有明显的优劣势,或者在资金、技术、原材料供应和销售渠道等方面还不具备发展条件的企业。其特点有:一是企业对过去状况的满足并决定继续追求与过去相同或相似的目标;二是每年所期望获得的成就能够按大体相同的速度增长;三是企业继续用基本相同的产品或服务来满足用户的需要。企业稳定型战略主要有无增长战略和微增长战略两种。

(3)紧缩型战略。亦称撤退战略,是指一种缩小企业规模或压缩生产线甚至撤消某些经营业务或产品的战略。当企业外部环境与内部条件的变化都对企业十分不利时,企业只有采取撤退措施,以抵挡住对手的进攻,维持企业的生存,以便转移阵地或积蓄力量,准备东山再起。企业紧缩型战略主要有剥离、抽资转向和清算三种形式。

2.竞争战略类型

竞争战略是公司层下面各分部或事业部(业务单元)根据企业总体战略目标的要求而在其特定的经营领域中所采用的战略,其重点是一般竞争战略的选择,即如何与竞争对手相抗衡。根据企业和业务单元本身的优势所在,企业可以选择的竞争战略有成本领先战略、差异化战略和目标集中战略三种。

(1)成本领先战略。也称“全部成本指导原则”战略,它的核心内容是要在较长时间内保持企业的产品或服务成本处于同行业的领先地位,并以此获得比竞争对手更高的市场占有率,同时使企业的赢利处于同行业平均水平之上。

成本领先战略从20世纪70年代起由于经验曲线概念的流行而得到日益普遍的应用。采用这一战略要求企业积极建立起达到有效规模的生产设施,在经验基础上全力降低成本,抓紧成本与管理费用的控制,最大限度地减少研究开发、服务、销售、广告等方面的成本费用。尽管企业对质量、服务及其他方面不能忽视,但贯穿于这一战略的中心问题是使成本低于竞争对手。

成本领先战略适用于在市场竞争中价格竞争占有主导地位的行业。在这些行业中,所有企业生产的都是标准化的产品或服务,差异性程度小,因而价格竞争成为市场竞争的主要手段。如钢铁、煤炭、石油、水泥、木材等行业的企业,采用成本领先战略会取得较好效果。

(2)差异化战略。这一战略的指导思想是企业提供的产品或服务在行业中具有与众不同的特色,因而赢得一些顾客群体的信任,使其他企业的产品或服务难以与之竞争。差异化可以表现在产品概念的三个层次上,即产品功能、产品形体和销售条件。

产品差异化的核心层次是产品的功能。用户购买产品,首先是对该产品功能的需求,如产品的质量、速度、效率、可靠性与适用性等。如果产品的功能有较大的优势,竞争对手就难以与之抗衡。产品差异化的第二个层次是产品的形体,即外观质量,主要表现在产品的外形设计、款式、色彩等方面。用户接触产品是先从外观质量再到内在质量的,形体方面有特色的消费类产品,往往能刺激顾客的消费欲望,使其对产品的良好评价产生先入效应。产品差异化的第三个层次是产品的销售条件,包括送货上门、安装、调试、维修保证和其他一些促销手段。这个层次的差异化是企业产品的延伸,企业向用户提供的产品,必须通过该层次的活动才能使产品充分发挥其功能,并为用户所接受。

(3)目标集中战略。是通过满足特定消费群体的特殊需要,或者集中服务于某一有限的区域市场,来建立企业的竞争优势及其市场地位的战略。这种战略的最突出的特征是企业专门服务于总体市场的一部分,即对某一类型的顾客或某一地区性市场作密集经营。目标集中战略实施的基础是细分市场的划分与定位。企业应在与行业中其他细分市场之间具有明显差异性的目标细分市场上经营,寻找自己集中发展的前景。实施这一战略的前提是:企业能以更高的效率、更好的效果为某一狭窄的战略对象服务,从而超过在更广阔范围内的竞争对手。结果是企业或者实现差异化优势,或者实现低成本优势,或者两者兼得。

二、采购与供应战略的含义及构成要素

所谓采购与供应战略,是指企业采购与供应中所采用的带有指导性、全局性、长远性的基本运作方案。采购战略是企业战略的一部分,属于职能战略。

无论什么战略、什么方案,都应当包含以下九个方面的基本要素,即5个W——什么(WHAT),谁(WHO),何时(WHEN),在哪里(WHERE),为什么(WHY);3个H——多少(HOW MANY),什么价格(HOW MUCH),如何(HOW);1个Q——质量(QUALITY)

1. 什么(WHAT)

在这方面组织面临的最基本的问题就是自制或采购、内包和外包的问题。具有强大购

买实力的组织可能倾向于采取采购战略。另一个问题是该组织是采购市场上易得的标准部件还是根据特定需要来采购？标准部件在市场上容易采购到，但它们不可能带来竞争优势。与此相反，符合特定需要的部件在市场上不易采购，但它们可能是该组织的制成品，更具有竞争力。

2. 质量(QUALITY)

部分"什么"问题涉及要采购物品或服务的质量，质量一直是采购与供应管理中的一个关键问题。在传统意义上质量意味着满足产品规格。在全面质量管理的意义上，它的含义已经扩展到企业内外部所有与供应商有关的活动。许多企业已经认识到更加稳定的产品质量对保持或扩大市场份额绝对必要。为了达到这一点，供应商必须提供质量更加稳定的原料和零部件；同时这样也可以使采购企业生产成本和厂内质量控制费用明显下降。因此，让供应商更多地了解采购企业的质量要求并帮助它们实施规划以达到预期的结果十分必要。具体可采用以下三种途径：

(1)零缺陷规划，"第一次就做好它"远比事后校正要节省成本。

(2)进行过程质量控制规划，即利用统计控制图标来监控各个生产过程，分离出潜在的问题，并在次品产生之前做出必要的调整。采购企业要帮助供应商了解必需的统计技术。

(3)质量证书规划，这要求供应商同意按照商定的质量对货物进行检验，在向采购企业交付货物时要提供质量检查数据。如果供应商进行必要的出厂质量检查，并且这些检查可信的话，采购企业可不再进行来料检验，从而节省了相关的费用。

3. 多少(HOW MANY)

任何采购与供应战略都涉及另一个重要方面——全部及每次采购的数量。一般说来采购数量较小已成为趋势，这与以前的每次大量采购以获得较优惠的价格的观点截然不同。理想的情况是采购企业与供应商力求查明并消除系统中导致库存存在的不确定性根源，从而减少整个系统中的库存量。

4. 谁(WHO)

这是指采购工作由谁来负责完成，其中要做的主要决策是：供应职能应该集中在最高管理部门还是交由采购部门来履行：采购职员应该具有什么样的素质？最高管理部门和其他职能部门在多大程度上参与整个采购过程？团队在制定供应战略中应该发挥多大作用？

5. 何时(WHEN)

何时采购和采购多少这两个问题是紧密相连的。明显的问题是要在采购和将来采购之间做出选择。关键的战略问题是期货购买和库存政策。在商品方面，存在进入期货市场利用套期保值的机会。有组织的商品期货交易所提供了对冲现货与期货市场交易的机会，从而可避免价格大幅度波动的风险。

6. 什么价格(HOW MUCH)

任何组织采用某些特定的价格战略都是可能的。关键问题是：组织是打算支付高价从而得到供应商的额外服务和其他承诺，还是支付与市场上价格一致的标准价格，或者打算支付低价取得成本优势？再者，采用基于成本的战略与采用基于市场的战略截然不同，需要广泛采用价值分析、成本分析和谈判这些概念。对于资本性质的的资产来说，租赁或购买也是战略性选择。

7. 在哪里(WHERE)

在哪里,明显考虑的问题包括当地、地区、国内还是国际采购;选定大供应商还是小供应商;单一供应源还是多供应源采购;选择销售额大的还是小的供应商;供应商证书和供应商所有权等。最后,通过反向营销和供应商开发,采购方可以自己创造而不是选择供应商。

8. 如何(HOW)

在如何采购这个问题上存在大量选择,包括系统和程序、计算机的使用、利用各种团队、谈判、竞争性要价、总括订单、系统合同、团队采购、长期合同、采购规矩、主动或被动采购、利用采购调查与价值分析、质量保证规划以及供应基地等。

9. 为什么(WHY)

所有战略不仅要审查其各种可供选择的要素,还要审查采取该战略的原因。采取某个供应战略通常的原因是使供应目标与组织的总体目标和战略相一致。其他原因还包括目前及将来的市场状况。此外,采取某些战略还可能有供应部门内部和该组织内其他部门的原因。

采购与供应战略要素如表 3-1 所示。

表 3-1 采购与供应战略要素一览表

什么	自制或外购	如何	系统和程序
	标准的或专用的		计算机化
质量	质量与成本		谈判
	供应商的介入		竞争性的要价
多少	大量或少量(库存)		固定要价
谁	集中或分散		总括订单/开品订单
	职员素质		系统合同
	最高部门参与		空白支票制
何时	现在或以后		团队采购
	期货购买或库存政策		物料需求计划
价格	高价		长期合同
	标准价		规则
	低价		主动或被动
在哪里	地区内、跨地区		采购调查
	国内的、国际的		价值分析
	大供应商或小供应商	为什么	目标一致
	多供应源或单一供应源		市场原因
			内部原因、外部供应原因和内部供应原因

三、采购与供应战略的制定

(一)ABC 分析法

1. ABC 分析法的基本理解

ABC 分类法又称帕累托分析法,也叫主次因素分析法,是项目管理中常用的一种方法。它是根据事物在技术或经济方面的主要特征,进行分类排队,分清重点和一般,从而有区别地确定管理方式的一种分析方法。由于它把被分析的对象分成 A、B、C 三类,所以又称为 ABC 分析法。

在 ABC 分析法的分析图中,有两个纵坐标,一个横坐标,几个长方形,一条曲线,左边纵坐标表示频数,右边纵坐标表示频率,以百分数表示;横坐标表示影响质量的各项因素,按影响大小从左向右排列;曲线表示各种影响因素大小的累计百分数。一般地,是将曲线的累计频率分为三级,与之相对应的因素分为三类:

(1)A 类因素,发生频率为 70%～80%,是主要影响因素。

(2)B 类因素,发生频率为 10%～20%,是次要影响因素。

(3)C 类因素,发生频率为 0～10%,是一般影响因素。

这种方法有利于人们找出主次矛盾,从而有针对性地采取对策。当然,其中的百分比数字在现实应用中会略有不同,可根据实际情况进行调整,但如果数字相差过大,就不适合采用这个分类法。

2. ABC 分析法的实施步骤

一般来说,企业的库存管理反映着企业的水平,通过企业的库存,可以搞清楚该企业的经营状况。企业实行 ABC 分析法可以通过以下几个步骤:

(1)收集数据。按分析对象和分析内容,收集有关数据。比如,打算分析产品成本,则应收集产品因素、产品成本构成等方面的数据。

(2)处理数据。对收集来的数据资料进行整理,按要求进行计算机汇总。

(3)编制 ABC 分析表。ABC 分析表的栏目一般由物品名称、数目累计、数目累计百分数、物品单价、资金占用额、占用额累计百分数、分类结果等构成。

(4)根据分析表确定分类。

(5)画 ABC 分析图。按 ABC 分析曲线对应的数据以及 ABC 分析表确定 ABC 三个类别的方法。在图上标明 ABC 分析图,在管理时,如果 ABC 分析图直观性不强,也可画成立方图。

3. ABC 分析法的基本原则

(1)控制程度

①尽可能严加控制,包括最完备、准确的记录;最高层监督的经常评审;要求供应商按订单频繁交货,尽量缩短提前期。

②作正常的控制,包括良好的记录和常规的关注。

③尽可能使用简便的控制,定期检查,简化记录;采用大库存量与定货量以避免缺货。

(2)采购记录

①要求最准确、完整、明细的记录,要频繁甚至时时地更新记录;对事物文件、报废损失、收发货严密控制。

②只需正常的记录、成批更新。

③简单记录、成批更新。

(3)优先级

①在一切活动中给予这类物品高优先级以压缩其提前期与库存。

②只做正常的处理,仅在关键时给予高优先级。

③给予这类物品最低优先级。

(4)订货过程

①提供仔细、准确的订货量。

②每季度或是发生主要变化时评审一次 EOQ 与订货点。

③一般不对此类物品作 EOQ 或是订货点的计算,通常在手头存货还很多时就定购下一年的供应量。

4. ABC 分析法的功效和局限性

在企业的库存管理中,ABC 分析法的应用可以比较容易取得以下的成效:①压缩了总库存量。②释放了被占用的资金。③使库存结构合理。④节约了管理力量。利用 ABC 分析法可以保证企业进行更好的预测和现场控制、供应商的信赖度以及减少安全库存和库存投资。

但 ABC 分析法对于分析对象的划分标准太过单一,明显忽视了其他重要标准;同时,根据 ABC 分析法我们只能简单了解到分析对象对财务状况而言的相对重要性,而无法将这个方法延伸到制定战略战术的高度上去。因此,ABC 分析法仅是改善采购成本管理的第一步。

(二)供应细分分析方法

由于 ABC 分析法的局限性,供应细分分析方法得到了广泛的运用,可以说它是 ABC 分析法的扩展和延伸。

在建立供应细分之前,公司需要分析所有需要购买的产品和服务的支出情况。采购总额应该是把每个部门、每个战略单位(Strategic business units, SBU)对每项产品或服务以及各个供应商的采购支出汇总的结果。支出分析可能是一项非常繁重、单调的工作,但显然它十分重要。

支出分析的关键是在一张图上标出每个库存单位(stock-keeping units)和服务大类的位置(见图 3-1),图中横轴(X)表示产品或服务的相关成本,纵轴(Y)表示供应市场的风险。

当完成最初的支出分析之后,下一步就是通过将图表划分为四个或更多的大类来细分采购,如图 3-1 所示。每个大类都要规定一个具体名称,描述其中所包含的产品或服务需要的供应。象限Ⅰ代表低风险低成本的产品或服务,即图中的"策略型"。这些是属于常规的项目、商品或服务,不直接增加最终产品的附加价值。其成本一般比较低,而且万一供应中断给公司造成的潜在威胁也不大。"策略型"产品和服务一般都是标准化的商品,供应充足,可选择的供应商数量也很多。许多 MRO(保修、维修、操作)产品或服务,办公用品和管理项目都属于“策略型”的产品或服务。

象限Ⅱ代表的是低风险高成本的项目和服务，我们称之为“杠杆型”。该类产品或服务属于一些基本采购，需要支出较多的资金，但给公司带来的风险并不高。包装物、基本的制造品、紧固件、涂料等都属于此类产品或服务。由于该类产品或服务的竞争性品牌之间的差异很小，供应商通常试图通过提供相关的增值服务来获得采购者的青睐。

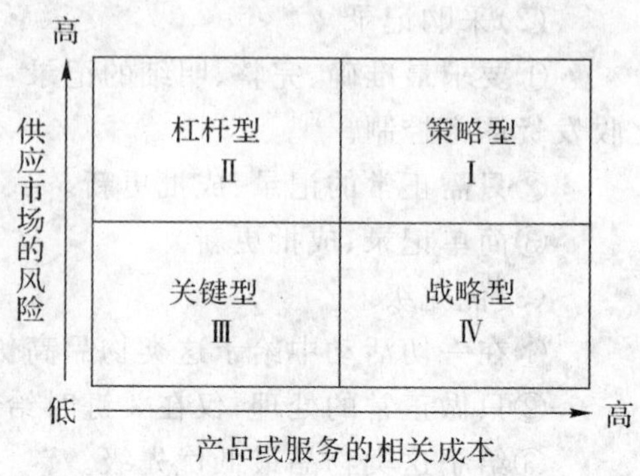

图 3-1　供应细分矩阵

象限Ⅲ代表的是高风险低成本的项目和服务，我们称之为“关键型”。该类产品或服务的成本较低，但进入潜在市场有困难，因而导致风险较高。由于供应商数量少，到货时间过长或无法交付货物等原因可能造成采购额超支。例如特殊的热疗法、特殊的化学治疗等服务属于该类产品或服务。该象限的产品或服务使公司的风险较高，而最终的消费者有可能并不关心这种产品或服务的特殊功能，或者根本不了解它。

象限Ⅳ代表的是高风险高成本的项目和服务，我们称之为“战略型”。战略型的产品或服务能保证公司产品在市场中的竞争力和竞争优势。这种产品或服务会给公司带来风险，又需花费高额成本。例如，顾客定制的产品，总成本低，可靠性高，对最终用户的操作环境适应性强的部件，为最终产品专门进行的广告活动等，这些产品或服务的价值体现在顾客满意度及对顾客的增值价值，而非采购价格来衡量。

通过这种方法细分采购项目和服务，便于企业在各种供应市场和环境中综合运用所需的战略和战术。每个象限都会对公司的竞争力和经营情况产生不同的影响。与核心放在采购规模和单位成本高的项目上的ABC分析法相比，供应细分分析方法抓住了供应市场风险和成本价值对公司影响的相互联系。通过供应细分分析方法，可以很明显地看出各种产品或服务是如何真正影响公司的竞争能力和盈利能力的。

(三)SWOT 分析法

SWOT 分析法又称为态势分析法，它是由旧金山大学的管理学教授于 20 世纪 80 年代初提出来的，是一种能够较客观而准确地分析和研究一个单位现实情况的方法。SWOT 的四个英文字母分别代表：优势（Strength）、劣势（Weakness）、机会（Opportunity）、威胁（Threat）。从整体上看，SWOT 可以分为两部分：第一部分为 SW，主要用来分析内部条件；第二部分为 OT，主要用来分析外部条件。利用这种方法可以从中找出对自己有利的、值得发扬的因素，以及对自己不利的、要避开的东西，发现存在的问题，找出解决办法，并明确以后的发展方向。根据这个分析，可以将问题按轻重缓急分类，明确哪些是目前急需解决的问题，哪些是可以稍微拖后一点的事情，哪些属于战略目标上的障碍，哪些属于战术上的问题，并将这些研究对象列举出来，依照矩阵形式排列，然后用系统分析的思想，把各种因素相互匹配起来加以分析，从中得出一系列相应的结论，而结论通常带有一定的决策性，有利于领导者和管理者做出较正确的决策和规划。

SWOT 分析法常常被用于制定集团发展战略和分析竞争对手情况，在战略分析中，它是最常用的方法之一。进行 SWOT 分析时，主要有以下几个方面的内容。

1.分析环境因素

运用各种调查研究方法，分析出公司所处的各种环境因素，即外部环境因素和内部能力因素。外部环境因素包括机会因素和威胁因素，它们是外部环境对公司的发展直接有影响的有利和不利因素，属于客观因素；内部环境因素包括优势因素和劣势因素，它们是公司在其发展中自身存在的积极和消极因素，属主动因素。在调查分析这些因素时，不仅要考虑到历史与现状，而且更要考虑未来发展问题。

(1)优势，是组织机构的内部因素，具体包括：有利的竞争态势；充足的财政来源；良好的企业形象；技术力量；规模经济；产品质量；市场份额；成本优势；广告攻势等。

(2)劣势，也是组织机构的内部因素，具体包括：设备老化；管理混乱；缺少关键技术；研究开发落后；资金短缺；经营不善；产品积压；竞争力差等。

(3)机会，是组织机构的外部因素，具体包括：新产品；新市场；新需求；外国市场壁垒解除；竞争对手失误等。

(4)威胁，也是组织机构的外部因素，具体包括：新的竞争对手；替代产品增多；市场紧缩；行业政策变化；经济衰退；客户偏好改变；突发事件等。

SWOT 方法的优点在于考虑问题全面，是一种系统思维，而且可以把对问题的“诊断”和“开处方”紧密结合在一起，条理清楚，便于检验。

2.构造 SWOT 矩阵

将调查得出的各种因素根据轻重缓急或影响程度等排序方式，构造 SWOT 矩阵。在此过程中，将那些对公司发展有直接的、重要的、大量的、迫切的、久远的影响因素优先排列出来，而将那些间接的、次要的、少许的、不急的、短暂的影响因素排列在后面。

3.制订行动计划

在完成环境因素分析和 SWOT 矩阵的构造后，便可以制订出相应的行动计划。制订计划的基本思路是：发挥优势因素，克服弱点因素，利用机会因素，化解威胁因素；考虑过去，立足当前，着眼未来。运用系统分析的综合分析方法，将排列与考虑的各种环境因素相互匹配起来加以组合，得出一系列公司未来发展的可选择对策。

第四节　供应商选择与管理

一、概　述

1.供应商管理概述

供应商是指可以为企业生产提供原材料、设备、工具及其他资源的企业。

供应商管理，就是对供应商的了解、选择、开发、使用和控制等综合性的管理工作的总称。其中，了解是基础，选择、开发、控制是手段，使用是目的。供应商管理的目的，就是要建立起一支稳定可靠的供应商队伍，为企业生产提供可靠的物资供应。

2.供应商管理的意义

供应商是一种客观存在，而且自然地构成了企业的外部环境的组成部分，它必然间接或直接地对企业造成影响。因为任何供应商,不管是不是已经与企业有直接关系还是没有直接关系,它都是资源市场的组成部分。

企业的采购,都只能从这个资源市场中获取物资。所以企业采购物资的质量水平、价格水平都必然受到资源市场每个成员的共同影响。

供应商的一个特点,就是它们都是一个与购买者独立的利益主体,而且是一个追求利益最大化为目的的利益主体。按传统的观念,供应商和购买者是利益互相冲突的矛盾对立体。对购买者来说,原材料供应没有可靠的保证、产品质量没有保障、采购成本太高,这些都直接影响企业生产和成本效益。

为了创造出一种良好的供应商关系局面,克服传统的供应商关系观念,企业有必要非常注重供应商的管理工作,通过多个方面持续努力,去了解、选择、开发供应商,合理使用和控制供应商,建立起一支可靠的供应商队伍,为企业生产提供稳定可靠的物资供应保障。

3.供应商管理的基本环节

搞好供应商管理应主要抓好以下几个基本环节:①供应商调查;②资源市场调查;③供应商开发;④供应商考核;⑤供应商选择;⑥供应商使用;⑦供应商激励与控制。

二、供应商调查与开发

(一)供应商调查

供应商管理的首要工作,就是要了解供应商、了解资源市场。要了解供应商的情况,就是要进行供应商调查。

供应商调查在不同的阶段有不同的要求。供应商调查可以分成三种,第一种是初步供应商调查,第二种是资源市场调查,第三种是深入供应商调查。

1.初步供应商调查

所谓初步供应商调查,是对供应商的基本情况的调查。其主要是了解供应商的名称、地址、生产能力、能提供什么产品、能提供多少、价格如何、质量如何、市场份额有多大、运输进货条件如何。

2.资源市场调查

(1)资源市场调查的内容。初步供应商调查是资源市场调查的内容之一,但资源市场调查不仅仅指供应商调查,还应包括以下一些基本内容:

①资源市场的规模、容量、性质。

②资源市场的环境。

③资源市场中各个供应商的情况。

(2)资源市场分析的内容:

①要确定资源市场是紧缺型的市场还是富余型的市场?是垄断性市场还是竞争性市场?对于垄断性市场,企业将来应当采用垄断性采购策略;对于竞争性市场,企业应当采用竞争性采购策略,如采用投标招标制、一商多角制等。

②要确定资源市场是成长型的市场还是没落型的市场?如果是没落性市场,则要趁早准备替换产品。不要等到产品被淘汰了再去开发新产品。

③要确定资源市场总的水平,并根据整个市场水平来选择合适的供应商。要选择在资

源市场中处于先进水平的供应商、选择产品质量优而价格低的供应商。

3. 深入供应商调查

深入供应商调查，是指对经过初步调查后，准备发展为自己的供应商的企业进行的更加深入仔细的考察活动。

它只是在以下情况下才需要：

(1)准备发展成紧密关系的供应商。

(2)寻找关键零部件产品的供应商。

(二)供应商的开发

所谓开发供应商，就是从无到有地寻找新的供应商，建立起适合于企业需要的供应商队伍。

1. 供应商信息的来源

(1)国内外采购指南；

(2)国内外产品发布会；

(3)国内外新闻传播媒体(报纸、刊物、广播电台、电视、网络)；

(4)国内外产品展销会；

(5)政府组织的各类商品订货会；

(6)国内外行业协会——会员名录、产业公报；

(7)国内外企业协会；

(8)国内外各种厂商联谊会或同业工会；

(9)国内外政府相关统计调查报告或刊物；

(10)其他各类出版物的厂商名录；

(11)整体性的媒体招商广告；

(12)厂商介绍；

(13)供应商自行找上门。

2. 开发供应商的操作流程

(1)明确需求；

(2)编制供应商开发进度表；

(3)寻找新供应商资料；

(4)初步联系；

(5)初步访厂；

(6)报价；

(7)正式工厂审核；

(8)样品认证；

(9)批量试产；

(10)正式接纳为合格供应商；

(11)订单转移；

(12)开发新供应商流程图(见图 3-2)。

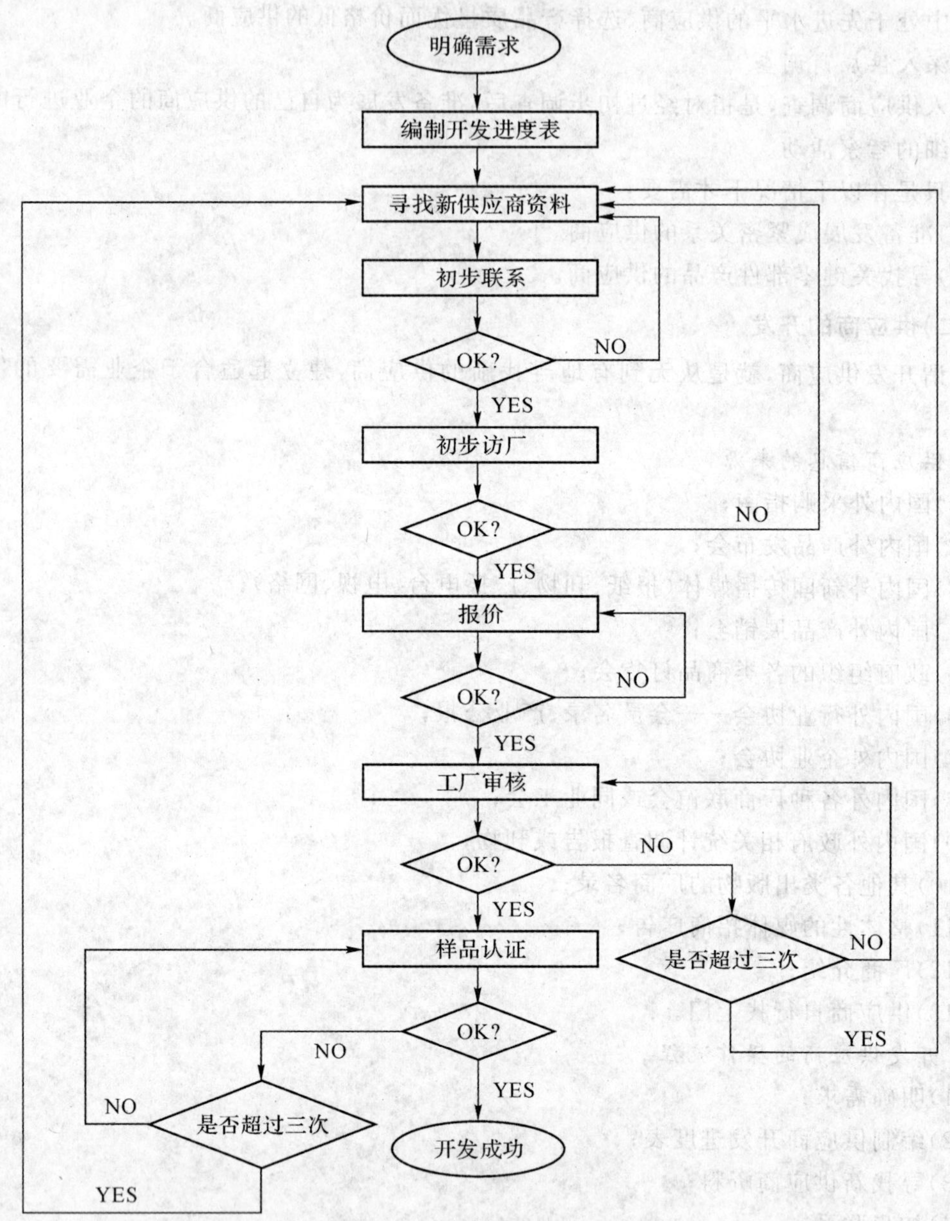

图 3-2 开发新供应商流程

三、供应商考核

供应商考核指标体系如下。

1. 产品质量

产品质量是最重要的因素，在开始运作的一段时间内，主要加强对产品质量的检查。检查可分为两种：一种是全检，一种是抽检。全检工作量太大，一般采用抽检的方法。质量的好坏可以用质量合格率来描述。如果在一次交货中一共抽检了 n 件，其中有 m 件是合格的，

则质量合格率为 p，其公式为：

$$p=\frac{m}{n}\times 100\%$$

显然，质量合格率 p 越高越好。如果在 N 次的交货中，每次的产品合格率 p 都不一样，则可以用平均合格率来 P 描述：

$$P=\frac{\sum_{i=1}^{N}p^{i}}{N}$$

有些情况下，企业采取对不合格产品退货的措施。这时质量合格率也可以用退货率来描述。所谓退货率，是指退货量占采购进货量的比率。如果采购进货 n 次(或件、个)，其中退货 r 次(或件、个)，则退货率可以用公式表示：

$$\text{退货率}=\frac{r}{n}\times 100\%$$

显然，退货率越高，表明其产品质量越差。

2. 交货期

交货期也是一个很重要的考核指标参数。考察交货期主要是考察供应商的准时交货率。准时交货率可以用准时交货的次数与总交货次数之比来衡量：

$$\text{交货准时率}=\frac{\text{准时的次数}}{\text{总交货的次数}}\times 100\%$$

3. 交货量

考察交货量主要是考核按时交货量，按时交货量可以用按时交货量率来评价。按时交货量率是指给定交货期内的实际交货量与期内应当完成交货量的比率：

$$\text{按时交货量率}=\frac{\text{期内实际完成交货量}}{\text{期内应完成交货量}}\times 100\%$$

也可以用未按时交货量率来描述：

$$\text{未按时交货量率}=\frac{\text{期内实际未完成交货量}}{\text{期内应完成交货量}}\times 100\%$$
$$=1-\text{按时交货量率}$$

如果每期的交货量率不同，则可以求出各个交货期的平均按时交货量率：

$$\text{平均按时交货量率}=\frac{\sum \text{按时交货量}}{N}$$

考核总的供货满足率可以用总供货满足率或总缺货率来描述：

$$\text{总供货满足率}=\frac{\text{期内实际完成供货量}}{\text{期内应当完成供货总量}}\times 100\%$$

$$\text{总缺货率}=\frac{\text{期内实际未完成供货量}}{\text{期内应当完成供货总量}}\times 100\%$$
$$=1-\text{总供货满足率}$$

4. 工作质量

考核工作质量，可以用交货差错率和交货破损率来描述：

$$\text{交货差错率}=\frac{\text{期内交货差错率}}{\text{期内交货总量}}\times 100\%$$

$$交货破损率=\frac{期内交货破损率}{期内交货总量}\times 100\%$$

5. 价格

考核供应商的价格水平，可以和市场同档次产品的平均价和最低价进行比较，分别用市场平均价格比率和市场最低价格比率来表示：

$$平均价格比率=\frac{供应商的供货价格-市场平均价}{市场平均价}\times 100\%$$

$$最低价格比率=\frac{供应商的供货价格-市场最低价}{市场最低价}\times 100\%$$

6. 进货费用水平

考核供应商的进货费用水平，可以用进货费用节约率来考核：

$$进货费用节约率=\frac{本期进货费用-上期进货费用}{上期进货费用}\times 100\%$$

7. 信用度

信用度主要考核供应商履行自己的承诺、以诚待人、不故意拖账、欠账的程度。信用度可以用公式来描述：

$$信用度=\frac{期内失信的次数}{期内交往总次数}\times 100\%$$

8. 配合度

配合度主要考核供应商的协调精神。

考核供应商的配合度，主要靠人们的主观评分来考核，即主要找与供应商相处的有关人员，让他们根据这方面的体验为供应商评分。特别典型的，可能会有上报或投诉的情况。这时可以把上报或投诉的情况也作为评分依据之一。

四、供应商的选择

（一）供应商选择概述

实际上，供应商选择融合在供应商开发的全过程中。供应商开发的过程包括了几次供应商的选择过程：在众多的供应商中，每个品种要选择5～10个供应商进入初步调查。初步调查以后，要选择1～3个供应商，进入深入调查；深入调查之后又要做一次选择，初步确定1～2个供应商。初步确定的供应商进入试运行，又要进行试运行的考核和选择，确定最后的供应商结果。

一个好的供应商需要具备以下条件：

（1）企业生产能力强。表现在：产量高、规模大，生产历史长、经验丰富，生产设备好。

（2）企业技术水平高。表现在：生产技术先进、设计能力和开发能力强，生产设备先进，产品的技术含量高，达到国内先进水平。

（3）企业管理水平高。表现在：有一个坚强有力的领导班子，尤其是要有一个有魄力、有能力、有管理水平的一把手，要有一个高水平的生产管理系统；还要有一个有力的、具体落实的质量管理保障体系。

（4）企业服务水平高。表现在：能对顾客高度负责，主动热情认真服务，并且售后服务制度完备、服务能力强。

(二)选择供应商的原则

许多成功企业的实践经验表明，做到目标明确、深入细致地调查研究，全面了解每个候选供应商的情况，综合平衡、择优选用是开发新供应商的基本要点。一般来说，开发新供应商应遵循的原则：目标定位原则、优势互补原则、择优录用原则和共同发展原则。

(三)供应商选择方法

1. 考核选择

所谓考核选择，就是在对供应商充分调查了解的基础上，再进行认真考核、分析比较而选择供应商的方法。

(1)调查了解供应商。

(2)考察考核供应商。

(3)考核选择供应商。

2. 招标选择

招标选择的主要工作，一是要准备一份合适的招标书，二是要建立一个合适的评标小组和评标规则，三是要组织好整个招标投标活动。

招标活动的另一个关键环节就是要组织好评标。评标就意味着具体选择供应商。能不能选择一个好的供应商，关键就看评标活动的具体操作。要搞好评标活动，一是要组织一个好的评标小组，二是要拟定一个好的评标规则，三是要组织好评标活动。

在招标活动中，广大供应商的主要工作，一是起草自己的投标书参与投标竞争，二是参加招标会，进行自己的投标说明和辩论。评标小组根据各个供应商的标书以及他们的投标陈述，进行质询、分析和评比，最后得出中标的供应商。这样就最后地选定了供应商。

五、供应商的使用、激励与控制

1. 供应商使用

进入供应商使用的第一个工作，就是要签订一份与供应商的正式合同。这份合同既是宣告双方合作关系的开始，也是一份双方承担责任与义务的责任状，也是将来双方合作关系的规范书。协议生效后，它就成为直接约束双方的法律性文件，双方都必须遵守。

在供应商使用的初期，采购企业的采购部门，应当和供应商协调，建立起供应商运作的机制，相互在业务衔接、作业规范等方面建立起一个合作框架。在这个框架的基础上，各自按时按质按量完成自己应当承担的工作。在日后供应商使用的整个期间，供应商当然尽职尽责，完成企业规定的物资供应工作。采购企业的采购管理部门应当按合同的规定，严格考核检查供应商执行合同、完成物资供应任务的情况。既充分使用、发挥供应商的积极性，又进行科学的激励和控制，保证供应商的物资供应工作顺利健康地进行。

2. 供应商激励与控制

供应商激励和控制的目的，一是要努力充分发挥供应商的积极性和主动性，努力搞好自己所承担的物资供应工作，保证采购企业的生产生活正常进行；二是要防止供应商企业的不轨行为，预防一切对企业、对社会的不确定性损失。

对供应商的激励与控制应当注意以下几方面的工作：

(1)逐渐建立起一种稳定可靠的关系。

(2)有意识地引入竞争机制。

(3)与供应商建立相互信任的关系。

(4)建立相应的监督控制措施。

【案例分析】

雅马哈电子协同采购管理成功案例透析

雅马哈电子(苏州)有限公司(以下简称YAMAHA)是全球著名品牌YAMAHA的全球供应链生产基地之一，正式成立于2002年5月，为雅马哈AV.IT事业部在中国独资企业，作为雅马哈AV.IT全球制造工厂之一，生产家庭影院、功放、DVD、低音炮等产品共30多个品种。现有生产线工人400多人，月产量3万～8万台。通过上海销售公司向国内供货，通过日本总部接受订单和向海外客户出货。

YAMAHA的客户及供应商遍布全球，其主要供应商有200多家，包括占总采购金额六成强的海外供应商及国内供应商。其原有流程是手工E-mail或传真方式与供应商进行交互，管理费用高，交互繁琐易出错，缺乏有效的物料(缺料)分析工具。

如何构建统一高效的电子采购平台？如何建立标准的电子采购流程，提高采购效率、降低采购成本？如何为高级管理者提供有效准确的决策支持数据？……所有这些，成为YAMAHA亟待解决的问题。

2005年8月，从内部项目立项到考察、分析、评估、比较，YAMAHA经历了一年半的反复调研选型，最终从众多解决方案提供商中选择了明基逐鹿供应商关系管理解决方案(BenQGuruSRM)。

明基逐鹿具有多家供应链管理项目成功实施经验。明基逐鹿供应链管理专家自2005年8月始，历时3个月时间，通过项目准备、系统调研、系统实现、系统试运行、系统上线等阶段圆满实施了YAMAHA电子采购供应链管理项目。迄今为止该系统已经成功应用于YAMAHA 80%的供应商，并正逐步向全部供应商推广。

明基逐鹿采购供应链管理项目的实施，为YAMAHA采购供应链信息化建设带来了巨大的业务应用价值。

1. 建立企业级的电子采购交互平台：该平台将作为YAMAHA全球的P-SCM(procurement supply chain management)平台，同全球的供应商进行协同。

2. 建立标准的电子化订单交互流程：无纸化的订单、交货流程，同YAMAHA内部SAP(ERP)系统、3Q(MES)系统、eFlow等系统无缝整合，形成电子化的订单、交货、收料的采购供应链信息环，将各系统整合发挥至最大整体效率。

3. 降低采购管理成本，提高采购效率：以电子化减替传统采购中的传真、订单、电话等成本，将采购人员从低价值的工作中解脱出来，赋予到高价值的工作中去，大幅度减少采购成本、优化采购管理。

4. 为采购主管提供更快速的决策支持：集成化的报表、简洁有力的数据表达，为采购管理者提供最快速的决策支持。

由于本项目的实施圆满成功，为雅马哈电子（苏州）带来了巨大的效益，YAMAHA 决定将后续在其全球推行采购供应链的信息化，进一步提升其全球采购供应链的效率。

经过半年多的实施推广，YAMAHA 采购供应链系统应用模式已稳步成熟，目前该系统正在被快速推广应用到 YAMAHA 的全部供应商，YAMAHA 业已着手开始其全球采购供应链的信息化推广项目，系统发挥出巨大的效益：

(1)保证了信息交互的及时性和紧密性。

(2)长期的安全性历史数据保存。

(3)自动提醒未读信息，防止处理遗漏。

(4)高度的敏感信息的保密与安全机制。

(5)最大限度地信息共享与交互。

(6)大幅度降低采购与管理成本。

【案例讨论】

结合雅马哈的成功分析电子采购的优势。

【复习思考】

1. 简述采购管理与采购的区别和联系。
2. 简述采购与供应管理的目标和作用。
3. 简述采购与供应管理的发展趋势。
4. 简述 ABC 分析法的实施步骤和原则。
5. 简述采购与供应管理的 SWOT 分析法。
6. 简述供应商选择的原则和方法。

第四章 运输管理

学习目标

运输是物流系统中的核心功能。通过本章的学习，使学生掌握装卸搬运的基本内容；认识装卸搬运的有关设备；了解装卸搬运机械的选择和配置方法；研究装卸搬运的合理化措施。了解运输的概念、地位及各种运输方式的特点；认识各种不合理的运输现象，掌握运输合理化的多种策略。

第一节 装卸搬运

一、装卸搬运的概念及特点

1.装卸搬运的概念

装卸是指物品在指定地点以人力或机械装入运输设备或从运输设备上卸下的活动。搬运是指在同一场所内将物品进行水平移动为主的物流作业。一般来说，在强调物料存放状态的改变时，使用“装卸”一词，在强调物料空间位置的改变时使用“搬运”一词。但在实际操作中，装卸与搬运往往密不可分，因此，在物流活动中，并不过分强调两者的不同，而是作为一种活动来对待。

2.装卸搬运的特点

与生产领域和流通领域的其他环节相比，装卸搬运具有如下特点：

(1)装卸搬运具有“伴生性”和“起讫性”的特点。无论是生产领域的加工、组装、检测，还是流通流域的包装、运输、储存，一般都以装卸搬运作为起始和终结。所以说，无论在生产还是流通领域里，装卸搬运环节既是不可缺少的，又与其他环节密不可分。因而，装卸搬运具有与其他环节“伴生”(伴随产生)和“起讫”性的特点。

(2)装卸搬运具有“保障性”和“服务性”的特点。装卸搬运为其他环节的顺利进行提供了保障，因此具有保障性的特点。同时，装卸搬运不产生有形的产品，而是提供劳动服务。因而，装卸搬运是生产领域与流通领域的其他环节的配套“保障”和“服务”性作业。

(3)装卸搬运具有“均衡性”和“波动性”的特点。生产领域的装卸搬运必须与生产活动的节拍一致,而均衡性是生产的基本原则,因此表现为与生产过程均衡性、连续性的一致性。流通领域的装卸搬运,虽力求均衡作业,但随着车船的到发和货物出、入库的不均衡,作业是突击的、波动的、间歇的,因此装卸搬运作业应具有适应波动性的能力。

(4)装卸搬运具有"复杂性"与"延展性"的特点。装卸搬运由于经常和运输、存储紧密衔接,除装卸搬运外,还要同时进行堆码、装载、加固、计量、取样、检验、分拣等作业,以保证充分利用载运工具、仓库的载重能力与容量,因此作业也是比较复杂的。同时,上述作业也可看成是装卸搬运作业的"延展",它丰富了"改变货物存放状态和位置"这一基本概念的内涵。装卸搬运系统对这些分支作业的适应能力也成了它的特点之一。

二、装卸搬运的类别及作用

(一)装卸搬运的类别

对装卸搬运进行分类的方法很多,根据不同的指标可将装卸搬运分为不同的类别。

1.按照作业场所分类

根据装卸搬运作业场所的不同,流通领域的装卸搬运作业基本分为车辆装卸、港站装卸和场库装卸三大类。

(1)车辆装卸。通常指在载运工具或载运工具之间的装卸、换装作业,包括汽车在铁路货场和站台旁的装卸作业、铁路车辆在货场及站台的装卸作业、装卸时进行的加固作业以及清扫车辆、揭盖篷布、移动车辆、检斤计量等辅助作业。

(2)港口装卸。通常指在港口码头、机场进行的各种装卸作业。包括码头前沿与后方间的搬运作业、港站堆场的堆码拆取作业、分拣、理货、配货、中转作业。

(3)场库装卸。通常指在仓库、堆场、物流中心等处进行的装卸搬运活动。场库装卸配合出库、入库维护保养等活动进行,并且以堆垛、上架、取货等操作为主。

在实际运作中,在三类作业很难割裂,而是相互衔接的,如码头前沿的装卸船作业与场地(港站)、船舶(车船)都联系,因此具体作业内容也是复杂的,要认真组织。

2.按照装卸搬运操作内容分类

根据装卸搬运作业操作内容的不同,装卸搬运作业可分为堆码拆取作业、分拣配货作业和挪动移位作业三大类。

(1)堆码拆取作业。通常指车厢内、船舱内、仓库内的码摞和拆垛作业。包括按规定位置、形状和其他要求放置或取出成件包装货物的作业,也包括按规定的位置、形状和其他要求堆存和取出散堆货物的作业。

(2)分拣配货作业。通常指将货物按品类、到站、去向、货主等不同特征进行的分拣货物作业。包括按去向、品类等构成一定原则要求,将已分类的货物集合为车辆、汽车、集装箱、托盘等装货单元的作业。

(3)挪动移位作业。通常也被称为狭义的装卸搬运作业,包括单纯地改变货物的支承状态的作业和显著地改变货物的空间位置的作业。

3.按照装卸搬运的机械及机械作业方式分类

根据装卸搬运的机械及机械作业方式不同,可分成使用吊车的"吊上吊下"方式,使用叉车的"叉上叉下"方式,使用半挂车或叉车的"滚上滚下"方式、"移上移下"方式及散装散卸方式等。

(1)“吊上吊下”方式。主要指利用各种起重机械从货物上部起吊,依靠起吊装置的垂直移动实现装卸,并在吊车运行的范围内或回转的范围内实现搬运或依靠搬运车辆实现小搬运。这种方式历史最悠久,应用面最广。

(2)“叉上叉下”方式。是叉车从货物底部托起货物,并依靠叉车的运动进行货物位移,位移完全靠叉车本身,货物可不经中途落地直接放置到目的地。

(3)“滚上滚下”方式。主要指港口装卸的一种水平装卸方式。“滚上滚下”方式通常用于船上装卸货物,利用叉车或半挂车、汽车承载货物,连同车辆一起开上船,到达目的地后再从船上开下。利用叉车的滚上滚下方式,在船上卸货后,叉车必须离船;利用半挂车、平车或汽车,则拖车将半挂车、平车拖拉至船上后,拖车开下离船,而载货车辆连同货物一起运到目的地,再原车开下或拖车上船拖拉半挂车、平车开下。具体方式如各种轮式、履带式车辆通过站台、渡板开上开下装、卸货物,用叉车、平移机来装、卸集装箱和托盘等。

(4)“移上移下”方式。主要指在两车之间进行靠接,然后利用各种方式,把货物水平、上下移动,即从一个车辆上推移到另一车辆上,称移上移下方式。由于这种方式需要水平靠接,因此,对站台或车辆货台采用该方式,需要对站台或车辆货台进行改变,并配合移动工具实现这种装卸。

(5)“散装散卸”方式。主要指对散装货物进行装卸。一般从装点直到卸点,中间不再落地,这是集装卸与搬运于一体的装卸方式。

4.按照货物的包装形式、形状、式样分类

根据货物的包装形式、形状、式样的不同,装卸搬运作业可分为散装货物装卸、单个货物装卸和集装货物装卸三大类。

(1)散装货物装卸。通常指粉粒体、液体等物品直接向运输设备、货物装运设备或储存设备进行装取,或指粉粒体、液体等物品出入库的装卸。主要方法包括重力法、倾翻法、机械法、气力输送法等。

(2)单个货物装卸。冠以箱、袋等包装形态名称的装卸或者冠以宽大物品、长尺寸物品、重量物品等大物件名称的装卸。目前对长大笨重的货物、集装会增加危险的货物等,仍采取这种传统的作业方法。

(3)集装货物装卸。通常指为了装卸托盘、集装箱等集装货物而使用的设备名或冠以集合包装等名称的装卸。具体方法有集装箱作业法、托盘作业法、货捆作业法、滑板作业法、网装作业法和挂车作业法等。

5.按照装卸搬运的作业特点分类

按照作业特点进行分类,装卸搬运作业可分为连续作业和间歇作业两类。

(1)连续作业。主要是同种大批量散装或小件杂货通过连续输送机械,连续不断地进行作业,中间无停顿,货物无间隔。在货物量较大、对象固定、货物对象不易形成大包装的情况下适合采用这一方式。

(2)间歇作业。这种方式具有较强的机动性,装卸地点可在较大范围内变动,主要适用于货流不固定的各种货物,尤其适用于包装货物、大件货物、散粒货物。

(二)装卸搬运的作用

装卸搬运活动是对运输、保管、包装、流通加工等物流活动进行衔接的中间环节,它遍及物流循环的每一环节，从物资的供应、生产、销售一直到废旧物的回收，均需装卸搬运活动的配合。如果没有装卸搬运活动，整个物流循环也就无法进行。由此可见，装卸搬运活动对于物流活动起着十分重要的作用。

(1)装卸搬运是物流各阶段之间相互转换的桥梁。物流的各阶段之间或同一阶段的不同活动之间，都必须进行装卸搬运作业。因此，装卸搬运是衔接生产各阶段和流通各阶段之间相互转换的桥梁。正是装卸搬运作业把物的运动的各个阶段联接成为连续的“流”，使物流的概念名实相符。

(2)装卸搬运是保障生产和流通其他各环节得以顺利进行的条件。装卸搬运是伴随生产过程和流通过程各环节所发生的活动，也正是装卸搬运活动把物的运动的各个阶段联接成为连续的“流”，使物流的概念名实相符。

(3)降低装卸搬运活动的费用是降低物流成本的关键环节之一。由于装卸搬运活动连接各种不同的运输方式，同时随着工业生产规模的扩大和自动化程度的提高，物料搬运费用在工业生产成本中所占的比例越来越大。因此，降低装卸搬运活动的费用，对加速资金周转和提高物流活动整体效益具有重要意义。

(4)装卸搬运已经成为生产过程的重要组成部分和保障系统。在物流过程中，装卸搬运是不断出现和反复进行的，它出现的频率高于其他各项物流活动，因此，装卸搬运已成为生产过程中重要的组成部分。此外，从生产到消费的流通过程中，装卸搬运是必不可少的作业，装卸搬运作业与物品被破坏、污损造成的损失密切相关，且对货物的包装费用也有一定的影响。因此，装卸搬运的合理化也为生产过程提供了重要的保障。

三、搬运活性

1. 搬运活性的概念

在实际中，物料或货物的摆放状态并不统一，可能散放在地面，也可能装箱放在货架、托盘等设备上，由此造成物料或货物搬运的难易程度不一。人们将存放状态对装卸搬运造成的难易程度称为搬运活性。衡量搬运活性的指标称为搬运活性指数。在装卸搬运整个过程中，往往需要进行几次物品的搬运，逐步提高活性指数，这种做法称为“活化”。

活性指数分为 0～4 共 5 个等级(见表 4-1 及图 4-1)①。

表 4-1 活性的区分与活性指数

搬运活性指数	状态说明	作业说明	作业种类				还需要作业数目
			集中	搬起	升起	运走	
0	散乱堆放在地面上的货物	集中、搬起、升起、运走	√	√	√	√	4
1	包装或捆扎好放置于地面的货物	搬起、升起、运走	×	√	√	√	3
2	放于集装箱或托盘内，或已组合成捆、进行预垫或预挂便于搬运机械操作的货物	升起、运走	×	×	√	√	2

① 图 4-1 与表 4-1 均根据吴清一《物流学》(中国物资出版社 2006 年版)改编。

续表

搬运活性指数	状态说明	作业说明	作业种类				还需要作业数目
			集中	搬起	升起	运走	
3	放于搬运车、台车或其他可移动挂车上的货物	运走	×	×	×	√	1
4	预置在动力车辆或传送带上，即刻进入运动状态或已处于运动状态中的货物	不要	×	×	×	×	0

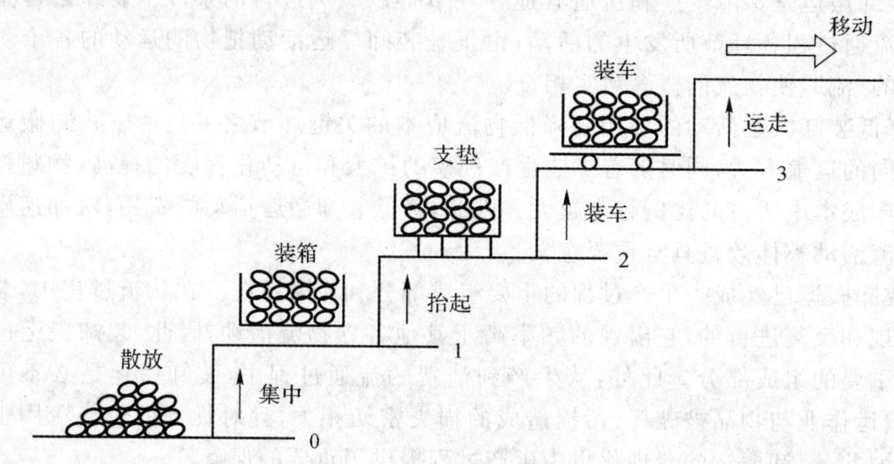

图 4-1　搬运活性指数组成关系

从表 4-1 中可以看出，要运走物品，最多需要进行四项作业，不需要进行的作业越多，说明物品的存放状态越有利于搬运，其活性指数就越高，而提高每次搬运的效率，多次搬运的累积效果则会十分可观。因此，提高搬运活性对合理化搬运是很重要的因素。

2.应用活性理论改善搬运作业

搬运活性理论为改善装卸搬运作业提供了定量的依据。应用活性理论改善搬运作业的步骤大致如下：

(1)测定平均搬运活性指数，了解整个系统的特点、缺点，根据分析、评价确定整体改进方案；

(2)确定需改进的局部区域；

(3)选定用于局部区域的装卸搬运设备；

(4)对设备和搬运方式进行经济性评价；

(5)对初步方案进行细致审查，改进不合理部分，也可以同时提出几个方案进行比较研究。

总之，应用活性理论，可以改善装卸搬运作业，合理选择搬运设备，合理设计工步和工序，以达到作业合理化、节省劳力、降低能耗及提高搬运效率的目的。应该注意，应用活性理论，还要考虑其他条件和影响因素，才能取得好的效果。

四、装卸搬运设备

装卸搬运设备是机械化生产的主要组成部分，它的技术水平是装卸搬运作业现代化的重要标志之一。常用的装卸机械有叉车、吊车、输送机和作业车辆。

1. 叉车

叉车又称铲车、叉式举货车，是物流领域最常用的装卸搬运机具。它具有操作灵活、机动性强、转弯半径小、结构紧凑等特点。按动力方式不同，可以分为内燃叉车、电动叉车和手动叉车。按照特性和功能进行分类，可以分为平衡重式叉车、侧面式叉车、插腿式叉车、前移式叉车、集装箱叉车、高货位拣选叉车。

在选用叉车时，应根据物料的重量、状态、外形尺寸和使用场地的条件进行合理的选择，同时应考虑选用适当的托盘配合使用。

2. 吊车

吊车是从物品上部通过吊钩吊装吊卸的一类起重机械的总称。根据吊车结构特点、起重量、速度和工作级别等的不同，可以分为如下几类：

(1)汽车吊。是在汽车车体上安装悬臂起重机的吊车，汽车安装吊车后，就成了可移动作业的吊车，作业时放下支脚便可进行起重装卸作业。也有的汽车仍以运输为主，附设悬臂吊，主要作用是本车的装卸。汽车吊起重的特点是作业半径越小，起重能力越大，吊臂倾斜角越小，作业半径则越大，起重能力相应降低。汽车吊是吊车中机动性最强的吊车，适用于仓库、码头、货栈、工地等场所使用。

(2)履带吊。也是一种移动式吊车，其移动方式是通过履带车。吊车自重大，起吊能力强，地面对履带车有限制，机动性较汽车吊差。其适用于港口、车站、货场、工地等场所使用。

(3)门式起重机。又有门式轨道式起重机和门式轮胎式起重机之分，门式起重机采用单梁或双梁结构。门式轨道式起重机的支脚沿轨道运动。门式轮胎式起重机则不受轨道限制，运动范围较大。吊车在梁架上运动完成起吊作业和纵、横两个方向的移动搬运。门式起重机起重量较大，可达 300 吨以上，可在载荷状态下移动，同时完成装卸和搬运两项作业。门式起重机有时有较长的悬臂，悬臂伸离支脚轨道范围，覆盖火车装卸区和汽车或船舶装卸区，适用于转运中心、港口及车站使用。

(4)桥式起重机。又称天车，与门式起重机原理基本相同。所不同的是门式起重机有两端的高支腿，在地面上的轨道行走，而桥式起重机支腿很短，轨道架设在建筑物的立柱跨梁上，这样节省了支脚所占的地面，在仓库内或厂房内具有优越性。

(5)门座式岸边起重机。是码头上常用的大型吊车，有一个门式底座，底座可沿码头顺轨道移动，门座上部安装旋转式起重机，重臂在 360°范围旋转，起重臂还可俯仰，起重范围一边覆盖停在码头的货船，另一边覆盖货场，通过起重臂的回转完成货场与货船之间的装卸。其主要用于码头、转运站的集装箱及量大体重的货物装卸，采用不同的机具，还可用于散货、矿石的装卸。

(6)船吊(浮吊)。水面上浮动的机动吊车，主要用于码头外装卸或水上过驳装卸，码头机具不足时，可采用浮吊做补充手段。

3. 输送机

输送机械主要有牵引式输送机、无牵引式输送机两类。牵引式输送机主要有带式输送机、刮板输送机、埋刮板输送机、悬挂输送机、斗式提升机等。无牵引式输送机主要有辊式输送机、滚轮式输送机、螺旋式输送机、振动输送机、气力输送机等。

五、装卸搬运的合理化

1. 防止和消除无效作业

所谓无效作业是指在装卸作业活动中超出必要的装卸、搬运量的作业。为了有效地防止和消除无效作业,可从这几个方面入手:尽量减少装卸次数、提高被装卸物料的纯度、采用适宜的包装、缩短搬运作业的距离。

2. 提高装卸搬运的灵活性

所谓装卸搬运的灵活性是指在装卸作业中对物料进行装卸作业的难易程度。为了提高装卸搬运的灵活性,应当把待运物品整理归堆,或是包装成搬运单元放在托盘上,或是装在车上,或是放在输送机上。

3. 充分利用重力

在有条件的情况下利用重力进行装卸,有利于节约能源,减轻劳动强度。如将设有动力的小型运输带(板)斜放在货车、卡车或站台上进行装卸,使物料在倾斜的输送带(板)上移动,这种装卸就是靠重力的水平分力完成的。此外,利用重力式移动货架也是一种利用重力进行省力化的装卸方式之一。

4. 合理组织装卸搬运设备,提高装卸搬运作业的机械化水平

对于劳动力不足、工作条件差、装卸搬运频繁、动作重复的环节,应尽可能合理配置装卸搬运设备,并采用有效的机械化作业方式。如采用自动化立体仓库可以将人力作业降低到最低程度,提高机械化和自动化水平。

5. 推广组合化装卸搬运

大力推行使用托盘和集装箱,推行将一定数量的货物汇集起来,成为一个大件货物以有利于机械搬运、运输、保管,形成单元货载系统。目前发展较快的集装箱单元就是一种标准化的大单元装载货物的容器。

6. 合理地规划装卸搬运方式和装卸搬运作业过程

装卸搬运作业是各作业线环节的有机组成,只有各环节相互协调,才能使整条作业线产生预期的效果。应使装卸搬运各环节的生产率协调一致,相互适应。因此,要针对薄弱环节,采取措施,提高能力,使装卸搬运系统的综合效率提高。

第二节　运输实务

一、运输的概念与地位

1. 运输的概念

物流运输是现代物流的业务核心,是物流运作与管理不可缺少的一环。

运输就是通过各种运输手段使货物在物流节点之间的流动,以改变“物”的空间位置为

目的的活动。《中国物流术语国家标准》中对运输的定义是："用设备和工具，将物品从一地点向另一地点运送的物流活动，其中包括集货、分配、搬运、中转、装入、卸下、分散等一系列操作。"本节中所讨论的运输概念，仅限于运输过程的主要环节，即将物品从一地点向另一地点运送的物流活动，而不包括相关的辅助活动，如集货、搬运、装卸等工作。

2.运输在物流中的地位

在现代生产中，由于生产的专门化、集中化，生产与消费被分割的状态越来越严重，被分隔的距离越来越大。因此，运输在整个物流过程中的地位越来越特殊。主要表现以下方面。

(1)运输是实现物流实物转移的关键。根据物流的概念，物流是物资的实物运动，而在物资的实物运动中，运输是实现的关键。因为运输承担了改变空间状态的主要任务，运输是改变空间状态的主要手段，再配以搬运、配送等活动，就能圆满完成改变空间状态的全部任务。

在人们研究物流的早期，甚至今天，仍有不少人将运输等同于物流，显然这种看法是不全面的。但从另一个角度也反映了，物流中有很大一部分任务是由运输担任的，运输在物流中占有很重要的地位。

(2)运输是社会物质生产的必要条件之一。虽然运输活动不创造新的物质产品，不增加社会产品数量，不赋予产品新的价值，而只变动其所在的空间位置，但正是这一变动才能使生产继续进行下去，使社会再生产连续不断地进行。

运输作为社会物质生产的必要条件，表现在：首先，在生产过程中，运输是生产的直接组成部分，没有运输，生产的各个环节无法连接。其次，在社会上，运输是生产过程的继续，这一活动联结生产与再生产、生产与消费，联结国民经济各部门、各企业，联结着城乡之间、国家之间和地区之间。

(3)物资运输对其技术、组织等工作有特殊的要求。运输方式和运输工具各方面技术水平的高低，对完成运输量的大小以及物资运输途中的安全程度有非常重要的影响。运输工具的种类繁多，性能各异，这对运输技术提出了特殊的要求。在现代运输中，人们不断努力挖掘运输的技术潜力，不断创造新型的运输工具，以不断提高物资运输的技术水平。运输工作的组织，在一定的运输技术水平条件下，能对合理选择运输工具、运输方式、运输路线起决定作用。物资运输客观要求运输技术尽可能先进，运输组织尽可能合理。

(4)运输可以创造"场所效用"。当消费者需要在一定的时间、获得一定数量的产品的时候，则要求物资运输在时间和数量上满足用户的需求。有时，使用价值相同的商品，由于存在地区差价，进行适当的运输，对产品占有市场具有不可低估的作用。通过运输，将"物"运到"场所"最高的地方，就能发挥"物"的潜力，实现资源的优化配置。

(5)运输是"第三利润源泉"的主要来源。在整个物流费用中，运输费用与其他环节的支出相比是比较高的。如我国电力工业的发电成本中，煤的运费约占三分之一以上。为了实现不断降低物流费用的目的，运输就成了具有很大潜力的领域。一种运输方式的改变，一条运输路线的择优，一项运输任务的合理组织等，都会对降低运输成本起巨大作用。

二、运输管理的意义与原则

1.运输管理的意义

(1)运输管理能保证劳动过程顺利进行，从而提高劳动生产效率。一个规模较大的物流或运输企业,有几百人乃至几千人在一起共同劳动,这是一种协作性的劳动。凡是共同劳动都有程度不同的分工,而有分工就有协作,分工越细,各个部门、环节之间的联系性就越强,协作关系也越密切。为了保证劳动过程顺利进行,就必须进行管理。这就是由共同劳动过程的性质产生出来的管理职能。

物流企业或运输企业的管理,就是对整个运输过程的各个环节——运输计划、发运、接运、中转等活动中的人力、运力、财力和运输设备,进行合理组织,统一使用,调节平衡,监督完成。以求用同样的劳动消耗,运输较多的货物,提高劳动效率,取得最好的经济效益。

(2)运输费占物流费的比重大,是影响物流费用的重要因素。在物流业务活动过程中,直接耗费的活劳动和物化劳动所支付的直接费用,主要有运输费、保管费、包装费、装卸搬运费、运输损耗费等。而其中运输费所占的比重最大,是影响物流费用的一项主要因素。因此,在物流各环节中,如何搞好运输工作,积极开展合理运输,不仅关系到物流时间问题,也影响到物流费用问题。物流企业只有千方百计节约运输费用,才能降低物流费用以及整个商品流通费用,提高企业经济效益,增加利润。

2.运输管理的原则

就物流而言,组织运输工作,应贯彻执行以下原则:

(1)及时性原则。就是按照产、供、运、销情况,及时把货物从产地运到销地,尽量缩短货物在途时间,及时供应工农业生产和人民生活的需要。

(2)准确性原则。就是在货物运输过程中,切实防止各种差错事故,做到不错不乱,准确无误地完成运输任务。

(3)经济性原则。就是采取最经济、最合理的运输方案,有效地利用各种运输工具和运输设施,节约人力、物力和动力,提高运输经济效益,降低货物运输费用。

(4)安全性原则。就是货物在运输过程中,不发生霉烂、残损、丢失、燃烧、爆炸等事故,保证货物安全地运达目的地。

“及时、准确、经济、安全”四项原则是辩证的统一,必须进行综合考虑,忽视或片面强调任何一方面都是不行的。

三、我国交通运输体系发展现状

铁路、公路、水路、航空和管道运输是现代社会中交通运输的主要方式。由多种运输形式共同组成的综合运输网络是现代经济和社会发展中不可缺少的重要组成部分,也是物流系统的重要环节,是物流业务的中心活动。

交通运输包括旅客运输和货物运输两大类,由于物流的对象是“物”,所以本书的介绍侧重于货物运输。我国交通运输发展迅速,主要表现在如下方面。

1.运输线路增多,质量不断提高

到2008年年底,五种运输方式的运输线路总长度达654.28万千米,是1949年的33.54倍。各类运输方式的线路里程增长情况如表4-2所示。

表 4-2 各类运输方式的线路里程增长情况 单位:万千米

项 目	1949 年	1978 年	2008 年		
			数 量	为 1949 年的倍数	为 1978 年的倍数
铁路营业里程	2.18	5.17	7.97	3.66	1.54
公路里程	8.07	89.02	373.02	46.22	4.19
内河通航里程	7.86	13.60	12.28	1.56	0.90
民用航空航线里程	1.13①	14.89	246.18	217.86	16.53
输油(气)管道里程	—	0.83	5.83	—	7.02
合 计	19.24	123.51	645.28	33.54	5.22

注:①为 1950 年数据。

资料来源:中国统计局《中国统计年鉴》,2009 年。

在运输线路不断延伸的同时,线路质量不断提高。2008 年,中国铁路复线里程已由 1949 年的 867 千米增至 2008 年的 2.66 万千米,占铁路营业里程的比重由 4%提高到 41.58%。国家铁路货车拥有量 1980 年为 266376 辆,到 2008 年增加到 584961 辆,是 1980 年的 2.20 倍。

公路发展极快。至 2007 年底,我国公路里程已达 358.37 万千米,公路网密度达 3733 千米/万平方千米。从 20 世纪 80 年代末,中国开始修建高速公路,尽管起步晚,但发展速度在世界上名列前茅,从 1988 至 2008 年的 20 年间共建成高速公路 6.03 万千米。

水路运输方面,我国是一个滨海国家,大陆岸线长约 1.8 万千米,岛屿岸线总长约 1.4 万千米,海域总面积约 470 万平方千米。至 2008 年年底,我国沿海规模以上港口货物吞吐量已达 429599 万吨,沿海规模以上港口码头泊位长度 564800 米,泊位数 4914 个。内河通航里程,近年也有所增加。2008 年年底,内河通航里程达到 12.28 万千米,内河规模以上港口码头长度 573806 米,泊位数 9291 个。

2.运输布局显著改善

新中国成立初期,中国铁路、公路线路偏集于东北及东部沿海地区,占国土面积 56%的西北、西南地区交通十分闭塞。经过 60 年的建设,改变了运输布局极不均衡的局面。在全国铁路营业里程中,西南、西北两个地区拥有铁路比重逐年提高,特别是纵贯青海、西藏两省区的青藏铁路,是中国实施西部大开发战略的标志性工程,是中国新世纪四大工程之一。在改善西南、西北地区交通运输状况的同时,东部和中部地区的交通运输也得到发展。新建了京九、京通、通让、京原、大秦、京秦、皖赣和杭甬、金温等线。民用航空已形成以北京为中心,联结国内外 100 多个重要城市的空中运输网,运输网布局得到了显著改善。

3.运输装备水平明显提高

运输装备水平的提高是交通运输业逐步实现现代化的重要标志之一。目前,我国已基本实现现代工具运输和机械化、自动化装卸作业。

铁路方面,2008 年铁路货车拥有量为 58.50 万辆,货车静载重由 1950 年的 26.6 吨提高到 2008 年的 62.0 吨;铁路行车闭塞方式基本上实现了自动闭塞和半自动闭塞。铁路装备水平的提高，为不断提高货物列车重量、速度和客运列车全面提速提供了条件，也标志着铁路运输装备水平全面向现代化进军。此外，武广、郑西、石太、京津等客运专线的修建，标志着我国铁路建设的标准和水平有了质的飞跃。

全国民用载货汽车总量 1980 年为 129.90 万辆，到 2008 年增加到了 1126.07 万辆，是 1980 年的 8.67 倍。在载货汽车的结构中，逐步改变了"缺轻少重"的局面，重型和轻型汽车比重增加，专用汽车（集装箱车、油罐车、冷藏车、大型平板车等）有较大发展。载客汽车中，不仅数量增加，质量也有很大提高，适用于高速公路和高等级公路客运的豪华大客车不断增加。

水运中民用船舶结构有了根本性变化，大中型船舶大大增加，载重吨位大幅度提高，远洋运输由以散货船为主发展成为拥有集装箱船和各类型专用船舶。沿海港口发展了煤炭、原油、粮食、集装箱等专用码头和深水泊位，根本改变了装卸作业肩挑人扛的局面，实现了装卸作业机械化。

民用航空方面，运输机队不断更新，主要已由波音、空中客车等先进机型为主组成，2008 年全国民用航空机场 152 个；通讯、导航、气象、空中管制等设备不断更新完善；北京首都机场、上海虹桥机场、浦东机场、广州白云机场、天津张贵庄机场、深圳机场、哈尔滨南岗机场、合肥骆岗机场及西安咸阳机场等机场设施，都能在复杂的气象条件下起降大型喷气客机。

管道运输的技术装备适应我国原油凝固点高、黏度大、含蜡多的特点。原管道采用了螺纹双面焊接钢管，有不同管径系列产品。原油管道采用加热输送工艺，同时采用清管技术，提高了管道输送能力。天然气管道装备了净化装置。

4. 运输结构发生变化

随着各种运输方式的发展和经济结构的调整变化，运输结构也在发生变化，公路和航空运输发展迅速。表 4-3 所示各种运输方式客、货运量比重变化，显示了不同运输方式在全社会运量中的比重变化情况。

表 4-3　各种运输方式客、货运量比重变化　　单位：%

项　目	年　份	全　国	铁　路	公　路	水　路	民　航	管　道
客运量比重	1980	100	26.98	65.19	7.74	0.10	
	2000	100	7.11	91.13	1.31	0.45	
	2008	100	5.10	93.52	0.71	0.67	
旅客周转量比重	1980	100	60.63	31.98	5.66	1.74	
	2000	100	36.97	54.30	0.82	7.92	
	2008	100	33.53	53.78	0.26	12.43	
货运量比重	1980	100	20.36	69.90	7.92	0.01	1.89
	2000	100	13.14	76.46	9.01	0.01	1.38
	2008	100	12.77	74.08	11.38	0.02	1.75

续表

项 目	年 份	全 国	铁 路	公 路	水 路	民 航	管 道
货物周转量比重	1980	100	47.54	6.35	42.01	0.01	4.08
	2000	100	31.07	13.83	53.55	0.11	1.43
	2008	100	22.76	29.80	45.57	0.11	1.76

资料来源：中国统计局《中国统计年鉴》，2009 年。

这种变化，有利于发挥不同运输方式的经济技术特点和优势，促进其合理分工，是积极的、合理的。此外，货物构成的变化也引起货运结构变化，这种变化在改革开放以来尤为突出。由于工业化步伐加快，农、轻、重比例关系的调整，使轻工业产品特别是高附加值产品运量增加，农业物资运输量比重下降。

四、现代运输方式分析与选择

(一)现代运输方式分析

1. 五种基本的运输方式

铁路、公路、水路、航空和管道五种交通运输方式，各具运营特性和优势，在一定的地理环境和经济条件下有其各自的合理使用范围。

(1)铁路运输

铁路是一种适宜于担负远距离的大宗客、货运输的重要运输方式。在我国这样一个幅员辽阔、人口众多、资源丰富的大国，铁路运输不论在目前甚至在可以预见的未来，都是综合运输网中的骨干和中坚。

铁路运输的优点是巨大的运送能力；廉价的大宗运输；全天候（较少受天气、季节等自然条件的影响），能保证运行的经常性和持续性；计划性强，安全，准时；运输总成本中固定费用所占的比重大，收益随运输业务量的增加而增长。

铁路运输的缺点是建设投资大、时间长；始发与终到作业时间长，不利于短距离的运输业务；受轨道限制，灵活性较差；路基、站场等建筑工程投资大；货物滞留时间较长；不适宜紧急运输。

(2)公路运输

公路运输生产点多、面广，在综合运输体系中，公路运输最显著的运营特点是它的灵活性。主要体现在：一是空间上的灵活性，可以实现门到门运输；二是时间上的灵活性，可以实现即时运输，即根据货主的需求随时启运；三是批量上的灵活性，公路运输的启运批量最小；四是运行条件的灵活性，公路运输的服务范围不仅在等级公路上，还可延伸到等级外的公路，甚至许多乡村便道的辐射范围，普通货物装卸对场地、设备没有专门的要求；五是服务上的灵活性，能够根据货主的具体要求提供有针对性的服务，最大限度地满足不同性质的货物运送需求。

但公路运输也有其不可避免的缺陷：一是运输成本较高，由于是小批量运输，劳动力成本、动力成本都较高；二是环境污染，汽车引起的噪声、废气等公害造成的环境污染已引起许多国家的注意。

总之,在市场需求水平逐步提高的情况下,公路运输正日益扮演着越来越重要的角色。随着公路路况的改善,汽车技术的进步,高速公路的快速发展,公路运输将成为高档工农业产品以及中距离运输的重要力量。

(3)航空运输

与其他运输方式相比,航空运输的主要优点是:

①速度快。这是航空运输的最大特点和优势。现代喷气式客机,巡航速度为800～900千米/小时,比汽车、火车快5～10倍,比轮船快20～30倍。距离越长,航空运输所能节约的时间越多,快速的特点也越显著。

②机动性大。飞机在空中飞行,受航线条件限制的程度比汽车、火车、轮船小得多。它可以将地面上任何距离的两个地方连接起来,可以定期或不定期飞行。尤其是对灾区的救援、供应以及边远地区的急救等紧急任务,航空运输已成为必不可少的手段。

③舒适、安全。喷气式客机的巡航高度一般在10000米左右,飞行不受低气流的影响,平稳舒适。现代民航客机的客舱宽敞,噪音小,机内有供膳、视听等设施,旅客乘坐的舒适程度较高。由于科学技术的进步和对民航客机适航性严格的要求,航空运输的安全性比以往已大大提高。

④基本建设周期短、投资小。要发展航空运输,从设备条件上讲,只要添置飞机和修建机场。这与修建铁路和公路相比,一般说来建设周期短、占地少、投资省、收效快。据计算,在相距1000千米的两个城市间建立交通线,若载客能力相同,修筑铁路的投资是开辟航线的1.6倍,开辟航线只需2年。

航空运输的主要缺点是飞机机舱容积和载重量都比较小,运载成本和运价比地面运输高。由于飞行受气象条件的限制,影响其正常、准点性。此外,航空运输速度快的优点在短途运输中难以充分发挥。

因此,航空运输比较适宜于500千米以上的长途客运,以及时间性强的鲜活易腐和价值高的货物的中长途运输。

(4)水路运输

沿海、内河水运的投资省,运输能力大,占地少,干线运输成本和能耗低,因此运价便宜。在沿海和内河有水运条件的地方,应成为大宗和散装货物的主要运输方式,也可以承担沿海内河的客运任务,特别是旅游客运。而海洋运输,将内陆经济腹地与世界联通,对国际物流和国际贸易的发展具有重大作用。

(5)管道运输

管道运输是一种现代化的运输方式,投资省,建设周期短,运输能力大,占地少,受自然条件影响小,一般适合天然气和流向较集中的原油及成品油运输,有些国家也开展煤浆管道运输。管道运输还具有速度快、流量大、环节少、运费低等优点。因此,国际贸易及国际物流中管道运输发展较快。

2.集装箱运输与多式联运

(1)集装箱运输

集装箱运输是利用集装箱作为运输单位进行货物运输的一种先进的现代化运输方式。在集装箱运输过程中,一般使用集装箱装载货物,通过一种或几种交通运输工具的联合,将货物直接运达到收货地。它是社会化大生产的产物。由于它是一种既方便又灵活的运输方式,可以在最大限度上减少运输过程中造成的货损,因而被众多货主所采用,现在已经成为各国货物运输的共同趋势。

集装箱运输的优势主要体现在:能够抵抗风雨、避光、抗震,最大限度减少货损;能够整箱搬运,极大地方便了运输、装船和卸港;集装箱的铅封号码唯一,能够有效避免货物丢失、被窃的现象;集装箱运输可以由一个承运人全程负责,有利于简化手续,提高工作效率;能够对鲜活物品进行长时间保鲜;能够实现货物的"门到门运输"。

(2)多式联运

近年来,越来越多的运输使用两种或两种以上的运输方式,这种方式被称为"多式联运"。准确地说,多式联运是指根据实际运输要求,将不同的运输方式组合成综合性的一体化运输,通过一次托运、一次计费、一张单证、一次保险,由各运输区段的承运人共同完成货物的全程运输。除了显著的经济效益外,国际货物运输的发展也是其主要动力,国际货物运输被称为"国际多式联运"。多式联运的主要特点是在不同的运输方式间自由变化运输工具。

多式联运服务的组合方法大致有十种:铁路运输和公路运输、铁路运输和水上运输、铁路运输和航空运输、铁路运输和管道运输、公路运输和航空运输、公路运输和管道运输、公路运输和水上运输、水上运输和管道运输、水上运输和航空运输、航空运输和管道运输。当然这些组合有些并不实用,目前,铁路运输和公路运输(被称为"驼背运输")以及公路运输和水上运输(被称为"鱼背运输")得到了广泛的使用,航空与陆地运输组合也发展较快。

(二)现代运输方式选择

1. 铁路运输

在我国的物流运输中,铁路是货物运输的主要承担者,特别是大宗的、单一的、长距离的货物,如煤炭、木材、粮食、棉花、钢材、水泥等,主要是由铁路运输的。依据运输物资的数量不同,可分为整车运输、混装运输、零担运输等。

2. 公路运输

公路运输主要承担短途以及没建铁路的边远地区的长途货物运输任务。近几年,随着我国公路汽车运输的发展,经济运距也不断延长,一般在200千米以上的大城市之间,也利用公路运输。特别对鲜活易腐货物如水果、蔬菜、鲜鱼、肉等,公路运输具有更大的优越性。高速公路的迅速发展,使公路运输的经济运距延长到600千米左右。

3. 水路运输

水运可利用自然条件,投资少、费用省、运价较低,主要承担大宗货物的运输。水运速度较慢,多用于时间要求不太急的货物运输。我国水运条件虽然很好,但由于开发不够,利用较差,水运潜力还远远没有充分发挥。在全国总货运量中所占的比重不大。

4. 航空运输

航空运输投资少,速度快,时间效益好。但能耗大、成本高,除一些贵重的少量物品外,主要是承担长途客运任务。

5. 管道运输

目前我国的管道建设还不多,主要用于运输原油和成品油。但也有少数厂矿用来运输矿石。

6. 多式联运

多式联运通过各种运输方式之间的协作，合理安排运输计划，综合利用各种运输工具，充分发挥运输效率比较好的组织货物运输形式。多式联运加快了运输，方便了货主，所以，现在不仅在一国之内，而且国际联运也有了迅速发展。特别随着集装箱的出现，它为国内、国际联运业务开拓了广阔的前景。

此外，多式联运方式中，还包括"大陆桥运输"。大陆桥运输是指使用铁路或公路系统作为桥梁，把大陆两端的海洋运输连接起来的多式联运方式。目前世界上主要的陆桥有西伯利亚大陆桥、远东至北美东岸和墨西哥湾陆桥、北美西海岸至欧洲陆桥等。大陆桥运输对改变国际物流格局，发展国际间的经济合作具有重大的战略意义。

(三)现代运输方式的协调

现代运输方式的协调是指各种运输方式的协调发展和协同作业。不同运输方式的运输组织工作不尽相同，这影响到货主对运输方式的选择，影响到各种运输方式的分工和发展；而各种运输方式之间也必须协同作业，以适应现代物流的需求。

如铁路运输各生产环节的组织工作，包括旅客运输组织、货物运输组织、机车与车辆的配合与整备、列车运行指挥与控制等，部门繁多、技术性强。水运船舶运行组织要根据水上客货运输任务和船舶、港口、航道的技术运营条件，综合考虑水运生产的各个环节，以及同其他运输方式之间的配合，对船舶运行作出全面的组织和安排，包括规划航线系统，选取适当的船舶，拖船和驳船的配合以及制定船舶运行时刻表。汽车运输生产过程中各个环节的组织工作，主要有规划和开辟公路营运路线，组织客货源，安排车辆班期，配置沿线运力。航空运输要做好航班计划、航线运输计划和作业计划等。这些分系统的组织工作是复杂的，要考虑各分系统之间的衔接更是庞大的系统工程，但却是物流运输所必需的。

物流过程经常需要联合运输，在联合运输中更要加强运输组织工作，在商务上和换装点技术作业衔接联合，既发挥各种运输方式的优势，又可方便货主，同时降低了物流成本，收到良好的经济效益。

随着科学技术的进步和发展，运输业采用新技术装备日益增加，这对运输方式的分工很有影响。我国铁路运输逐步向重载、高速等方面发展，新技术的应用，可以提高铁路运输的经济性能，降低运输成本和降低能源消耗，扩大运输能力。在沿海运输发展大吨位、专业化、装备先进的适用船舶，如3.5万吨级的散装货船和运煤船以及第三、四代的集装箱船，可以提高海运经济性能，节省能耗，降低运输成本，扩大运输能力。在公路运输发展大吨位、柴油车、集装箱车、特种车，并与公路主干线相适应。航空运输将根据国际和国内航线客流量的迅速增长，发展大、中型客机，选用单位油耗省的客机，逐步淘汰耗油量大的陈旧客机，以充分发挥航空长途快速运输的优越性和经济性。

各种交通方式在运输指挥自动化，安全运输，管理信息系统等方面也都有长足的发展，这无疑为建成畅通的物流通道和发展现代的物流业提供了物质保障。

第三节 运输合理化

一、运输合理化的含义

所谓运输合理化，就是在一定的产销条件下，货物的运量、运距、流向和中转环节合理，能以最适宜的运输工具、最低的运输费用、最少的运输环节、最佳的运输线路、最快的运输速度，将物资产品从原产地转移到规定地点。

二、不合理运输的表现形式

1. 返程或起程空驶

空车无货载行驶，可以说是不合理运输的最严重形式。在实际运输组织中，有时候必须调运空车，从管理上不能将其看成不合理运输。但是，因调运不当，货源计划不周，不采用运输社会化而形成的空驶，是不合理运输的表现。造成空驶的不合理运输主要有以下几种原因：

(1)能利用社会化的运输体系而不利用，却依靠自备车送货提货，这往往出现单程重车，单程空驶的不合理运输。

(2)由于工作失误或计划不周，造成货源不实，车辆空去空回，形成双程空驶。

(3)由于车辆过分专用，无法搭运回程货，只能单程实车，单程回空周转。

2. 对流运输

对流运输亦称“相向运输”、“交错运输”，是指同类的或可以互相代替的货物的相向运输，是不合理运输中最突出、最普遍的一种。在判断对流运输时需注意的是，有的对流运输是不很明显的隐蔽对流，即当同类的(或可以相互替代的)货物在不同运输方式的平行线上或不同时间进行相反方向的运输，对于此类情况，可能做出错误的判断，应当引起注意。

此外，倒流运输也可以看成是对流运输的一种派生形式，它是指货物从销地或中转地向产地或起运地回流的一种运输现象。在倒流运输中，由于往返两程的运输都是不必要的，形成了双程的浪费。因此，其不合理程度要大于一般的对流运输。

3. 迂回运输

迂回运输是一种舍近取远的运输。理论上，凡不经过最短路径的绕道运输。都称为迂回运输。但迂回运输有一定复杂性，不能简单处之，只有当计划不周、地理不熟、组织不当而发生的迂回，才属于不合理运输。如果最短距离有交通阻塞、道路情况不好或有对噪音、排气等特殊限制而不能使用时发生的迂回，不能称为不合理运输。

4. 重复运输

本来可以直接将货物运到目的地，但是在未达目的地之处，或目的地之外的其他场所将货卸下，再重复装运送达目的地，这是重复运输的一种形式。另一种形式是同品种货物在同一地点一面运进，同时又向外运出。重复运输的最大毛病是增加了非必要的中间环节，这就延缓了流通速度，增加了费用，增大了货损。

5. 过远运输

过远运输是指调运物资舍近求远，不就地或就近获取某种物资，从而拉长了货物运距，造成了占用运力时间长、运输工具周转慢、占压资金时间长，以及由于自然条件相差大，易出现货损、增加费用支出等。

6. 运力选择不当

运力选择不当是指未选择各种运输工具的优势，而不正确地利用运输工具造成的不合理现象，常见的有以下若干形式：第一，违反水路分工使用，弃水走陆；第二，铁路、大型船舶的过近运输；第三，运输工具承载能力选择不当。

7. 托运方式选择不当

托运方式选择不当是指，对于货主而言，在可以选择最好托运方式而未选择，造成运力浪费及费用支出加大的一种不合理运输。

三、运输合理化的有效措施

1. 提高运输工具实载率

提高实载率的意义在于：充分利用运输工具的额定能力，减少车船空驶和不满载行驶的时间，减少浪费，从而求得运输的合理化。

我国曾在铁路运输上提倡"满载超轴"，其含义就是充分利用货车的容积和载重量，多载货，不空驶，从而达到合理化之目的。这个做法对推动当时运输事业发展起到了积极作用。当前，国内外开展的"配送"形式，优势之一就是将多家需要的货和一家需要的多种货实行配装，以达到容积和载重的充分合理运用，比起以往自家提货或一家送货车辆大部空驶的状况，是运输合理化的一个进展。在铁路运输中，采用整车运输、合装整车、整车分卸及整车零卸等具体措施，都是提高实载率的有效措施。

2. 采取减少动力投入，增加运输能力

这种合理化的要点就是"少投入、多产出"，走高效益之路。运输的投入主要是能耗和基础设施的建设，在设施建设已定型和完成的情况下，尽量减少能源投入，是少投入的核心。做到了这一点就能大大节约运费，降低单位货物的运输成本，达到合理化的目的。

3. 发展社会化的运输体系

运输社会化的含义是发展运输的大生产优势，实行专业分工，打破一家一户自成运输体系的状况。实行运输社会化，可以统一安排运输工具，避免对流、倒流、空驶、运力不当等多种不合理形式，不但可以追求组织效益，而且可以追求规模效益，所以发展社会化的运输体系是运输合理化的非常重要的措施。

4. 实施中短距离铁公分流，发展"以公代铁"的运输

这一措施的要点，是在公路运输经济里程范围内，或者经过论证，超出通常平均经济里程范围，也尽量利用公路。这种运输合理化的表现主要有两点：一是对于比较紧张的铁路运输，用公路分流后，可以得到一定程度的缓解，从而加大这一区段的运输通过能力；二是充分利用公路从门到门和在中途运输中速度快且灵活机动的优势，实现铁路运输服务难以达到的水平。

5. 尽量发展直达运输

直达运输是追求运输合理化的重要形式，其对合理化的追求要点是通过减少中转过载

换载，从而提高运输速度，省却装卸费用，降低中转货损。直达的优势，尤其是在一次运输批量和用户一次需求量达到了一整车时表现最为突出。此外，在生产资料、生活资料运输中，通过直达，建立稳定的产销关系和运输系统，也有利于提高运输的计划水平，考虑用最有效的技术来实现这种稳定运输，从而大大提高运输效率。

6. 配载运输

配载运输是指充分利用运输工具载重量和容积，合理安排装载的货物及载运方法以求得合理化的一种运输方式。配载运输往往是轻重商品的混合配载，在以重质货物运输为主的情况下，同时搭载一些轻泡货物，在基本不增加运力投入、基本不减少重质货物运输的情况下，解决了轻泡货的搭运，因而效果显著。

7. "四就"直拨运输

"四就"直拨是减少中转运输环节，力求以最少的中转次数完成运输任务的一种形式。其主要形式包括就厂直拨、就车站直拨、就仓库直拨、就车船过载等。一般批量到站或到港的货物，首先要进分配部门或批发部门的仓库，然后再按程序分拨或销售给用户。这样一来，往往出现不合理运输。"四就"直拨，首先是由管理机构预先筹划，然后就厂或就站(码头)、就库、就车(船)将货物分送给用户，而勿需再入库了。

8. 发展特殊运输技术和运输工具

依靠科技进步是运输合理化的重要途径。例如，专用散装及罐车，解决了粉状、液状物运输损耗大和安全性差等问题；袋鼠式车皮、大型半挂车解决了大型设备整体运输问题；"滚装船"解决了车载货的运输问题，集装箱船比一般船能容纳更多的箱体，集装箱高速直达车船加快了运输速度等，都是通过用先进的科学技术实现合理化。

9. 流通加工

通过流通加工，使运输合理化。有不少产品，由于产品本身形态及特性问题，很难实现运输的合理化，如果进行适当加工，就能够有效解决合理运输问题，例如将造纸材在产地预先加工成干纸浆，然后压缩体积运输，就能解决造纸材运输不满载的问题。轻泡产品预先捆紧包装成规定尺寸，装车就容易提高装载量；水产品及肉类预先冷冻，就可提高车辆装载率并降低运输损耗。

【案例分析】

家乐福中国及其运输决策

成立于1959年的法国家乐福集团是大型超级市场概念的创始者，目前是欧洲第一，全球第二的跨国零售企业，也是全球国际化程度最高零售企业。家乐福于1995年进入中国市场，最早在北京和上海开设了当时规模最大的大卖场。目前，家乐福在中国31个城市相继开设了86家商店，拥有员工4万多人。家乐福中国公司经营的商品95%来自本地，因此家乐福的供货很及时，这也是家乐福在中国经营很成功的原因之一。家乐福实行是"店长责任制"，给各店长给予极大的权力，所以各个店之间并不受太多的制约，店长能灵活决定所管理的店内的货物来源和销售模式等。由于家乐福采用的是各生产商缴纳入场费，商品也主要由各零售商自己配送，家乐福中国总公司本身调配干涉力度不大，所以各分店能根据具体情况灵活决定货物配送情况。事实证明这样做目前来看是很成功的。

家乐福中国在网络设计方面主要体现为运输网络分散度高,一般流通企业都是自己建立仓库及其配送中心,而家乐福的供应商直送模式决定了它的大量仓库及配送中心事实上都是由供应商自己解决的,受家乐福集中配送的货物占极少数。这样的经营模式不但可以节省大量的建设仓库和管理费用,商品运送也较集中配送来说更方便,而且能及时供应商品或下架滞销商品,不仅对家乐福的销售,对供货商了解商品销售情况也是极有利的。在运输方式上,除了较少数需要进口或长途运送的货物使用集装箱挂车及大型货运卡车外,由于大量商品来自本地生产商,故较多采用送货车。这些送货车中有一部分是家乐福租的车,而绝大部分则是供应商自己长期为家乐福各店送货的车,家乐福自身需要车的数量不多,所以它并没有自己的运输车队,也省去了大量的运输费用,从另一方面提高了效益。在配送方面,在供应商直送的模式下,商品来自多条线路,而无论各供应商还是家乐福自己的车辆都采用了"轻重配载"的策略,有效利用了车辆的各级空间,使单位货物的运输成本得以降低,进而在价格上取得主动地位。而先进的信息管理系统也能让供应商在最短时间内掌握货架上其供销售的各种商品的货物数量以及每天的销售情况,补货和退货因此而变得方便,也能让供应商与家乐福之间相互信任地建立了长期的合作关系。

(资料来源:根据焦作大学经济管理学院网站——"专业前沿"栏目内容改写,http://www.jzu.edu.cnjgxyshow.php? itemid=355)

【案例讨论】

1.通过上述案例,你得到了哪些启示?
2.如何合理运输?

【复习思考】

1.装卸搬运有哪些类别?其在物流活动中都发挥哪些作用?
2.通过哪些方式可以实现装卸搬运的合理化?
3.请简述运输在物流活动中所处的地位。
4.面对诸多运输方式,应如何做出分析和选择?
5.请简述不合理运输的表现形式,并采取哪些措施可以有效地实现运输合理化?

第五章　仓储与库存管理

学习目标

掌握仓储的概念、仓储管理的概念、库存管理的含义，理解仓储管理的必要性、仓储管理的任务、仓储管理的基本原则，了解并适当掌握仓储作业管理的基本流程，理解并掌握ABC分类库存控制法。

第一节　仓储概述

一、仓储的概念

所谓仓储，就是指为有形物品提供存放场所并对存放物进行保管、存取与控制的过程。"仓"即仓库，是具有存放和保护物品功能的特定场所，可以是房屋建筑、大型容器或洞穴；"储"则表示收藏以备使用，包括收存、保管、交付使用，适用于有形物品时又称为储存。"仓储"并称，就是指利用仓库存放、储存未即时使用的物品的行为。

在现实工作中，人们常常将库存、储备、储存、仓储几个概念混淆。其实，这几个概念有共同之处，也有区别。

1. 库存

库存指的是仓库中处于暂时停滞状态的物资存量。这种暂时停滞状态可能由任何原因引起，而不一定是某种特殊的停滞。其原因大体有：①能动的各种形态的储备；②被动的各种形态的超储；③完全的积压。

2. 储备

储备是一种有目的地储存物资的行动，也是这种有目的的行动和其对象总体的称谓。物资储备的目的是保证社会再生产连绵不断地、有效地进行。所以，物资储备是一种能动的储存形式，或者说是有目的的、能动的生产领域和流通领域中物资的暂时停滞，尤其是指在生产与再生产、生产与消费之间的那种暂时停滞。

3. 储存

储存是包含库存和储备的一种广泛的经济现象，是一切社会形态都存在的经济现象。

在任何社会形态中，对于不论什么原因形成停滞的物资，也不论是什么种类的物资在没有进入生产加工、消费、运输等活动之前或在这些活动结束之后，总是要存放起来，这就是储存。这种储存不一定在仓库中，而是在任何位置，也有可能永远进入不了再生产和消费领域。我们把物品在仓库中的储存简称为仓储。

二、仓储的分类

（一）按仓储经营主体划分

1. 企业自营仓储

企业自营仓储包括生产企业和流通企业的自营仓储。生产企业自营仓储是指生产企业使用自有的仓库设施对生产所使用的原材料、中间产品、最终产品实施储存保管的行为，其储存对象较为单一，以满足生产为原则。流通企业自营仓储则为流通企业以其拥有的仓储设施对其经营的商品进行仓储保管的行为，仓储对象种类较多，以支持销售为目的。

企业自营仓储行为不具有独立性，仅仅是为企业的产品生产或商品经营活动服务，相对来说规模小、数量众多、专用性强，而且仓储专业化程度低、设施简单。企业自营仓储一般为自用仓储，不开展商业性仓储经营。

2. 商业营业仓储

营业仓储是仓储经营人以其拥有的仓储设施，向社会提供商业性仓储服务的仓储行为，包括采取提供货物仓储服务和提供仓储场地服务。仓储经营人与存货人通过订立仓储合同的方式建立仓储关系，并且依据合同约定提供服务和收取仓储费用。商业营业仓储的目的是为了在仓储活动中获得经济回报，实现经营利润最大化。

3. 公共仓储

公共仓储是公用事业的配套服务设施，为车站、码头提供仓储配套服务。其运作的主要目的是为了保证车站、码头的货物作业和运输，具有内部服务的性质，处于从属地位。但对于存货人而言，公共仓储也适用营业仓储的关系，只是不独立订立仓储合同，而是将仓储关系列在相应作业合同、运输合同之中。

4. 战略储备仓储

战略储备仓储是国家根据国防安全、社会稳定的需要，对战略物资实行储备而产生的仓储。战略储备由国家政府进行控制，通过立法、行政命令的方式进行，由执行物资储备的政府部门或机构进行运作。战略储备特别重视储备品的安全性，且储备时间较长。战略储备物资主要有粮食、油料、能源、有色金属、淡水等。

（二）按仓储对象划分

1. 普通物品仓储

普通物品仓储是指不需要特殊保管条件的物品仓储，如一般的生产物资、普通生活用品、普通工具等杂货类物品，不需要针对货物设置特殊的保管条件，采取无特殊装备的通用仓库或货场存放货物。

2. 特殊物品仓储

特殊物品仓储是在保管中有特殊要求和需要满足特殊条件的物品仓储，如危险物品仓储、冷库仓储、粮食仓储等。特殊物品仓储一般采取专用仓库,按照物品的物理、化学、生物特性,以及规定进行专门的仓库建设,并实施管理。

(三)按仓储功能划分

1. 储存仓储

储存仓储是指物资需要长时期存放的仓储。由于物资存放时间长,存储费用低廉就很有必要,储存仓储一般在较为偏远的地区进行。储存仓储的物资较为单一、品种少,但存量较大。由于物资存期长,储存仓储特别注重对物资质量的维护。

2. 物流中心仓储

物流中心仓储是以物流管理为目的的仓储活动,是为了实现有效的物流管理,对物流的过程、数量、方向进行控制的环节,为实现物流时间价值的环节。物流中心仓储品种较少、进库批量较大、按一定批量分批入库,整体上吞吐能力强。物流中心仓储一般选在一定经济地区的中心、交通较为便利、储存成本较低处。

3. 配送仓储

配送仓储也称为配送中心仓储,是商品在配送交付消费者之前进行的短期仓储,也是商品在销售或者供应生产前的最后储存,并在该环节进行销售或使用的前期处理。配送仓储一般在商品的消费经济区间内进行,能迅速地送达消费者。配送仓储物品品种繁多、批量少,需要一定量进货、分批少量出库操作,往往需要进行拆包、分拣、组配等作业,主要目的是为了支持销售,注重对物品存量的控制。

4. 运输转换仓储

运输转换仓储是衔接不同运输方式的仓储。在不同运输方式的衔接处进行,如港口、车站库场所进行的仓储,是为了保证不同运输方式的高效衔接,减少运输工具的装卸和停留时间。运输转换仓储具有大进大出的特性,货物存期短,注重货物的周转作业效率和周转率。

5. 保税仓储

保税仓储是指使用海关核准的保税仓库存放保税货物的仓储行为。保税货物主要是暂时进境后还需要复运出境的货物,或者海关批准暂缓纳税的进口货物。保税仓储受到海关的直接监控,虽然货物也是由存货人委托保管,但保管人要对海关负责,入库及出库单据均需由海关签署。保税仓储一般在进出境口岸附近进行。

(四)按仓储物的处理方式划分

1. 保管式仓储

保管式仓储是以保管物原样保持不变的方式所进行的仓储。保管式仓储也称为纯仓储,存货人将特定的物品交由保管人进行保管,到期保管人将原物交还存货人。除了发生的自然损耗和自然减量外,保管物的数量、质量、件数不发生变化。保管式仓储又分为仓储物独立保管仓储和将同类仓储物混合在一起的混藏式仓储。

2. 加工式仓储

加工式仓储是保管人在仓储期间根据存货人的要求对保管物进行某些加工的仓储方式。在保管期间,保管人根据委托人的要求对保管物的外观、形状、成分构成、尺度等进行加工,使仓储物发生委托人所希望的变化。

3.消费式仓储

保管人在接受保管物时，同时接受保管物的所有权，保管人在仓储期间有权对仓储物行使所有权；在仓储期满，保管人将相同种类、品种和数量的替代物交还给委托人所进行的仓储，称为消费式仓储。消费式仓储特别适合于保管期较短(如农产品)、市场价格变化较大的商品的长期存放。仓储经营人利用仓储物开展经营的增值活动，成为仓储经营的重要发展方向。

三、仓储的任务

仓储的物资储藏的基本功能决定了仓储的基本任务是存储保管、存期控制、数量管理、质量维护；同时，利用存放在存仓储的物资，开发和开展多种服务是提高仓储附加值、促进物资流通、提高社会资源效益的有效手段，因而也是仓储的重要任务。

(一)仓储保管的基本业务

1.物资存储

物资的存储有可能是长期的存储，也可能只是短时间的周转存储。进行物资存储既是仓储活动的表征，也是仓储的最基本的任务。

2.流通调控

流通控制的任务就是对物资是仓储还是流通做出安排，确定储存时机、计划存放时间，当然还包括储存地点的选择。

3.数量管理

仓储的数量管理包括两个方面：一方面为存货人交付保管的仓储物的数量和提取仓储物的数量必须一致；另一方面为保管人可以按照存货人的要求分批收货和分批出货，对储存的货物进行数量控制，配合物流管理的有效实施，同时向存货人提供存货数量的信息服务，以便客户控制存货。

4.质量管理

为了保证仓储物的质量不发生变化，保管人需要采取先进的技术、合理的保管措施，妥善和勤勉地保管仓储物。

(二)仓储保管新业务

1.交易中介

仓储经营人利用大量存放在仓库的有形资产，利用与物资使用部门广泛的业务联系，开展现货交易中介具有较为便利的条件，同时也有利于加速仓储物的周转和吸引仓储。

2.流通加工

加工本是生产的环节，但是随着满足消费多样化、个性化、变化快的产品生产的发展，又为了严格控制物流成本的需要，生产企业将产品的定型、分装、组装、装潢等工序留到最接近销售的仓储环节进行，使得仓储成为流通加工的重要环节。

3.配送

仓储配送业务的发展，有利于生产企业降低存货，减少固定资金投入，实现准时制生产；商店减少存货，降低流动资金使用量，且能保证销售。

4. 配载

货物在仓库集中集货，按照运输的方向进行分类仓储，当运输工具到达时出库装运。而在配送中心就是不断地对运输车辆进行配载，确保配送的及时进行和运输工具的充分利用。

第二节 仓储管理概述

一、仓储管理的概念与目标

1. 概念

仓储管理就是对仓库及仓库内的物质所进行的管理，是仓储机构为了充分利用自己所具有的仓储资源提供高效的仓储服务所进行的计划、组织、控制和协调的过程。具体来说，仓储管理包括仓储资源的获得、经营决策、商务管理、作业管理、仓储保管、安全管理、人事劳动管理、经济管理等一系列管理工作。

2. 目标

储存管理的目标是实现储存合理化，其主要以下列标志加以体现：

①质量标志；②数量标志；③时间标志；④结构标志；⑤分布标志；⑥费用标志。如表 5-1 所示。

表 5-1 仓储合理化标志

标志类型	仓储合理化内容
质量标志	对物品科学的保管保养，保证物品具有使用价值，这是实现仓储合理化的基本要求。为此，应通过仓储质量控制和管理来保证仓储质量
数量标志	物品数量控制体现出整个仓储管理的科学化和合理化程度。一个合理的仓储数量应该是满足要求而又做到成本最低
时间标志	在保证仓储功能实现的前提下，寻求一个合理的储存时间。要求仓储管理中，物品管理应该处于动态的、不断周转状态下，资金周转率高，运作成本低。因此，仓储时间标志反映出仓储动态管理程度
结构标志	从所储物品不同品种、不同规格、不同花色的仓储数量的比例关系可以对仓储合理化进行判断
费用标志	从仓储费、维护费、保管费、损失费、保险费和资金占用利息支出费用等实际费用上判断储存合理与否
分布标志	从不同地区仓储的数量比例关系，反映满足需求的程度和对整个物流的影响

二、仓储管理的必要性

"效益背反"是物流活动中普遍存在的基本规律。不可否认，在物流系统中，仓储作为一种必要活动，由其自身特点决定，经常有冲减物流系统效益、恶化物流系统运行的趋势，所以有着对社会经济活动的"逆"作用。这种逆作用主要是由于不合理储存和被储物在储存期间所发生的质量变化和价值损失造成的。

1.不合理储存

不合理储存主要表现在两方面,一方面是由于储存技术不合理,造成了物品的损失,另一方面是储存管理、组织不合理,不能充分发挥储存作为一个利润源的作用。

不合理存储的几种形式如下:

(1)储存时间过长。

(2)储存的数量过大。

(3)储存数量过低。

(4)储存条件不足或过剩。

(5)储存结构失衡。

2.货物在储存期间可能发生的质量变化

在储存期间,物资的质量变化主要是由以下因素引起的:第一,储存时间;第二,储存环境;第三,储存操作。

质量变化有以下几种形式。

(1)物理和机械变化。主要有:①物理存在状态的变化;②渗漏变化;③串味变化;④破损变化;⑤变形。

(2)化学变化。在储存期,由于物品内部或不同物品之间发生化学反应,改变了原物质的微观状态,形成了不同于原物质的新物质,从而使其使用价值变化造成损失。化学变化主要有以下几种:①分解与水解;②水化;③锈蚀;④老化;⑤化合;⑥聚合。

(3)生化变化。在储存期间,有生命活动现象的有机体物质,继续进行生命活动,如呼吸活动、后熟作用、发芽、胚胎发育活动等,从而引起所存物资的质量改变。这种生物性活动主要发生在粮食、肉类、鱼类、蔬菜、水果、蛋奶等类物资中。

3.货物在储存期间可能发生的价值损失

(1)呆滞损失。储存的时间过长,虽然原物资的使用价值并未变化,但社会需求发生了变化,从而使该物资的效用降低,无法按原价值继续在社会上流通,形成了长期积压在储存领域的呆滞物资。这些物资最终要进行降低价格处理或报废处理,所形成的损失为呆滞损失。有许多呆滞物资同时也存在物理、化学、生化的变化,使损失叠加,问题更为严重。

(2)时间价值损失。物资储存实际也是货币储存的一种形式。资金的时间价值决定,每存放一定时间,资金则按一定规律减值。所有被存物都必然占用资金,而资金的使用要付出一定利息,储存时间越长,利息支付越多,或者储存时间越长,资金的机会投资损失越大。这种损失纯粹是时间因素影响的结果,和时间有一定的比例关系,这是一种不可忽视的损失。

三、仓储管理的任务

1.合理规划仓储设施网络

物流网络是由运输的“流动线”和仓库的“固定点”连接而成的运作系统。由于仓库的固定性,其位置选择显得尤为重要。仓库一旦建成,不能轻易搬动,所以合理选择仓库的位置可以提高物流网络的高效性,降低物流的综合运作成本。

2.合理选择仓储设施设备

仓库设施设备的选择不但对仓库的运营成本产生影响,也影响着整个供应链的运作效率，也会影响上下游企业的运作方式和效率。所以，合理选择仓储的设施设备是实现系统作业标准化、高效化的保证。

3. 严格控制商品进出质量

严格控制商品的进出质量，既可以减少仓库损失，也可以防止不合格的商品流入下一环节。随着经济全球化的发展，商品供应链加长，物流网络扩大，流通过程中的质量控制变得越来越重要。

4. 认真保管在库商品

在库商品的保管，既包括在库商品的数量保证，也包括商品的质量保证。在库商品的数量和品种的增加会加大商品数量清点的难度，准确掌握库存商品的真实数据是保证良好存货控制的条件。在库商品的质量保证是仓储管理的主要任务之一，只有按照商品的储存要求，达到商品的保管质量，仓储活动才是有效的。

5. 保证仓库高效运作

仓库日常运作包括进货、分拣、出货、盘点等一系列工作。保证仓库日常作业的顺畅和高效是仓库管理最基本的任务。

6. 降低仓储运营成本

降低仓储运营成本是仓储管理的主要任务之一，降低仓储成本包括供应链网络的合理化设计、仓储设施设备的合理选择与应用、指标评定系统的合理设定以及日常运作过程的有效监督与管理等。总之，仓储运营成本是反映仓储管理水平的一项综合性指标。

7. 确保仓库运行安全

仓库是商品的集中存放地，既要保证操作过程中人员的安全，又要防盗、防火。确保仓库的运行安全既是企业正常经营的必要条件，也是保障社会安定和人民生命财产安全的要求。

四、仓储管理的基本原则

1. 效率原则

仓储的效率表现在仓容利用率、货物周转率、进出库时间、装卸车时间等指标上，表现为“快进、快出、多存储、保管好”的高效率仓储。仓储的生产管理的核心就是效率管理，实现最少的劳动量的投入，获得最大的产品产出。

2. 经济效益、社会效益与生态效益统一的原则

作为市场经营活动主体的仓储业，应该围绕着获得最大经济效益的目的进行组织和经营。同时，仓储业也需要承担一定的社会责任，履行治理污染与环境保护、维护社会安定的义务，实现仓储企业与社区的和谐发展，实现仓储企业与国民经济、地区经济同步可持续发展。

3. 服务原则

服务是贯穿于仓储活动中的一条主线，仓储的定位、仓储的具体操作、对储存货物的控制等，都要围绕着服务这一主线进行。仓储服务管理包括直接的服务管理和以服务为原则的生产管理。仓储管理要在改善服务、提高服务质量上下工夫。

五、对仓储管理人员的基本要求

1. 仓库管理人员的基本素质要求

(1)具有丰富的商品知识。

(2)掌握现代仓储管理的技术。

(3)熟悉仓储设备。

(4)办事能力强。

(5)具有一定的财务管理能力。

(6)具有一般的管理素质。

2. 仓库保管员的职责

(1)认真贯彻仓库保管工作的方针、政策和法律法规,树立高度的责任感,忠于职守,廉洁奉公,热爱仓库工作,具有敬业精神;树立为客户服务、为生产服务的观点,具有合作精神;树立讲效率、讲效益的思想,关心企业的经营。

(2)严格遵守仓库管理的规章制度和工作规范,严格履行岗位职责,及时做好物资的入库验收、保管保养和出库发运工作;严密各项手续制度,做到收有据、发有凭,及时准确登记销账,手续完备,账物相符,把好收、发、管三关。

(3)熟悉仓库的结构、布局、技术定额,熟悉仓库规划;熟悉堆码、苫垫技术,掌握堆垛作业要求;在库容使用上做到:妥善地安排货位,合理高效地利用仓容,堆垛整齐、稳固,间距合理,方便作业、清数、保管、检查、收发。

(4)熟悉仓储物资的特性、保管要求,能有针对性地进行保管,防止货物损坏,提高仓储质量;熟练地填写表账、制作单证,妥善处理各种单证业务;了解仓储合同的义务约定,完整地履行义务;妥善处理风雨灾、热冻等自然灾害对仓储物质的影响,防止和减少损失。

(5)重视仓储成本管理,不断降低仓储成本。妥善保管好剩料、废旧包装,收集和处理好地脚货,做好回收工作。用具、苫垫、货板等妥善保管、细心使用,促使其使用寿命延长。重视研究物质仓储技术,提高仓储利用率,降低仓储物耗损率,提高仓储的经济效益。

(6)加强业务学习和训练,熟练地掌握计量、衡量、测试用具和仪器的使用,掌握分管物资的货物特性、质量标准、保管知识、作业要求和工艺流程;及时掌握仓库管理的新技术、新工艺,适应仓储自动化、现代化、信息化的发展,不断提高仓储的管理水平;了解仓库设备和设施的性能和要求,督促设备维护和维修。

(7)严格执行仓库安全管理的规章制度,时刻保持警惕,做好防火、防盗、防破坏、防虫鼠害等安全保卫工作,防止各种灾害和人身伤亡事故,确保人身、物资、设备的安全。

第三节　仓储作业管理

仓储作业流程一般由入库作业、在库保管作业、出库作业三个阶段构成,这三个阶段的流程主要包括实物流和信息流两方面。实物流,即实体移动,包括接运、验收、入库、保管、保养、出库、发运等环节;信息流,是实体信息的流动,包括货品单据、凭证、台账、报表、技术资料等，信息是实物的前提，而实物流也伴随着信息流。

一、入库作业管理

(一)入库业务管理的任务

入库业务管理是指管理人员根据商品入库凭证接收商品入库储存时，进行卸货、搬运、清点数量、检查质量、办理入库手续等一系列操作的总和。在整个入库业务操作过程中，其主要任务是：

(1)根据商品入库凭证，清点商品数量；

(2)对入库商品进行接收检查；

(3)按照规定程序办理各种入库手续和凭证。

(二)入库准备工作

1. 编制仓库商品入库计划

所谓商品入库计划，是根据商品供应业务部门提供的商品采购进货计划来编制的，有关各类商品的进库时间、品种、规格、数量等的计划，通常也叫商品储存计划。仓储部门可以根据供应计划部门提交的采购进度计划，结合仓库本身的储存能力、设备条件、劳动力情况和各种仓库业务操作过程所需用的时间，来确定仓库的入库业务计划。

2. 入库前的具体准备工作

商品入库前的具体准备工作，是指仓储保管部门接收商品入库的具体实施方案，这种具体方案，是根据仓储业务计划并通过日常与供应业务部门、商品运输部门的联系，在掌握入库商品的品种、数量、到货地点、到货日期等具体情况的基础上来确定的。其主要内容包括以下几个方面：①组织人力；②准备物力；③安排仓位；④备足苫垫用品。

(三)入库的操作程序

商品的入库是指商品接运、搬卸、装运、检查包装、点清数量、验收质量、商品堆码、办理交接手续和登账手续等一系列的操作过程。

1. 商品接运

(1)专用线接运

专用线接运是铁路部门将转运的商品直接运送到仓库内部专用线的一种接运方式。

在卸车过程中应该注意以下几点：

①卸车前进行检查。主要内容包括：核对车号；检查货封是否脱落、破损或印纹不清、不符；校验商品名称、箱件数与商品运单上填写的名称、箱件数是否相符等。

②卸车过程中正确操作。要按车号、品名、规格分别堆；按外包装的指示标志，正确勾挂、铲兜、升起、轻放，防止包装和商品损坏；妥善处理苫盖，防止受潮和污损；对品名不符、包装或损坏的商品，应另外堆放，写明标志，并会同承运部门进行检查，编制记录；正确使用装卸机具、工具和安全防护用具，确保人身和商品安全等。

(2)车站、码头提货

凭提货单到车站、码头提货时，应根据运单和有关资料认真核对商品的名称、规格、数量、收货单位等。货到库后，接运人员应及时将运单连同提取回的商品向保管人员当面清点，然后由双方办理交接手续。

(3)仓库自行接货

仓库接受货主委托直接到供货单位提货时，应根据提货通知，了解所提货物的性能、规格、数量，准备好提货所需的机械、工具、人员，配备保管员在供方当场检验质量、清点数量，并做好验收记录，接货与验收合并一次完成。

(4)库内接货

存货单位或供货单位将商品直接运送到仓库储存时，应由保管员或验收人员直接与送货人员办交接手续，当面验收并做好记录。若有差错，应填写记录，由送货人员签字证明，据此向有关部门提出索赔。

(5)接运记录

在完成商品接运工作的同时，每一个步骤应有详细的记录，并详细列明接运商品到达、接运、交接等各环节的情况。接运工作全部完成后，所有的接运资料，如接运记录、运单、运输普通记录、货运记录、损耗报告单、交接证以及索赔单和文件、提货通知单及其他有关资料等均应分类输入电脑系统以备复查。

2. 核对凭证

商品运抵仓库后，仓库收货人员首先要检验商品入库凭证，然后按商品入库凭证所列的收货单位、货物名称、规格数量等具体内容，与商品各项标志核对。经复核复查无误后，即可进行下一道程序。

3. 大数点收

大数点收是按照商品的大件包装(即运输包装)进行数量清点。点收的方法有两种：一是逐件点数计总；二是集中堆码点数。

4. 检查包装

在大数点收的同时，对每件商品的包装和标志要进行认真的查验。逐一查看包装标志，目的在于防止不同商品混入，避免差错，并根据标志指示操作确保入库储存安全。

(四)入库验收

验收包括两个方面的内容：一是开箱、拆包、检验商品的质量和细数；二是办理入库登记手续。在办理商品验收时应注意以下几方面的问题：

(1)细数不符。

(2)质量问题。

(3)有货无单，或有单无货。

二、在库作业管理

商品的在库管理是指对商品进行合理的保存和经济的管理。具体表现在商品储存作业管理和商品养护。

(一)商品储存作业

1.商品储位管理

(1)商品的分区分类

商品的分区,是指根据仓库保管场所的建筑、设备等条件,将仓储库房、货场、货棚、货架等划分为若干保管区,以适应定区储存一定种类商品的需要。分类,则是指根据仓储商品自然属性(性质)、养护需要、消防要求的一致性,将仓储商品划分为若干类,便于结合业务需要,分别按种类集中储存于相对固定的货区。

商品分区分类的方法一般有:按货物的种类和性质分区;按不同货主来分区分类;按货物流向分类;按货物危险性质分区分类。

(2)货位的选择

货位是指仓库中实际可用于堆放商品的面积。

选择货位要遵循:确保商品安全原则;方便吞吐发运原则;力求节约仓容原则

(3)货位的编号方法

货位编号是将库房、货场、货棚、货垛、货架及商品的存放具体位置顺序,统一编列号码,并做出明显标志。编号时可按下列方法进行:

①对于整个仓库各储存场所的编号。

②库房内各货位编号。

③货场货位的编号。

④货架上各货位编号。

⑤保管账卡。是指用一定的表格形式记录仓储商品的动态变化情况,是在库商品清点的主要依据。

商品的保管卡用于具体货垛进、出、结数量的记录,一般由保管员使用管理,根据商品入库单、出库单,用格式统一的卡片编制。卡片的放置有两种方式,一种是分散式;另一种是集中式。

⑥盘点对账。是定期或临时核对库存商品的实际数量与商品保管账上数量是否相符,检查有无残缺和质量问题等。

盘点可分为定期盘点和临时盘点,其具体内容包括盘点数量、盘点重量、货账核对、账账核对、进行问题分析、找出原因、做好记录、及时反映等。

盘点的周期因盘点方法不同而不同。对于定期盘点,一般一年1～2次;不定期盘点则一年1～6次;每日每时盘点,一日1～3次。

$$盘点增减率=\frac{期内增减金额}{期内进货累计金额}\times 100\%=\frac{账面记载金额-库存实际金额}{期内进货累计金额}\times 100\%$$

一般盘点增减率的年平均值不应超过0.1%～0.3%,最理想的数值应为0.05%～0.08%。

2.商品堆码

(1)堆码的要求

商品的堆码是指根据商品的性质、形状、轻重等因素,结合仓库储存条件,将其堆码成一定的货垛。

进行商品的堆码，应遵循合理、牢固、定量、整齐、方便等几个基本要求。

(2)堆码形式的确定

堆码的形式是指货垛的外观特征。

按商品堆垛的底层形状可分为正方形、长方形、环形等垛形。商品堆垛纵断面的形状可分为方垛、梯形垛、三角形垛、矩形垛等。

(3)堆码技术和方法

堆码方法主要有以下几种：

①散堆方式。将无包装的散货在库场上堆成货堆的存入方式。

②垛堆方式。是指对包装货物或长、大件商品进行堆码。具体方式有直叠式、压缝式、通风式、缩脚式、交叠式、牵制式及栽桩式等。

③货架方式。采用通用或者专用的货架进行商品堆码的方式。其适合于存放小件商品或不宜堆高的商品。

④成组堆码方式。采用成组工具使货物的堆存单元扩大。常用的成组工具有货板、托盘和网络等。

(4)堆码中应注意的问题

商品堆码中应遵循以下原则：

①商品应面向通道进行保管。

②尽可能地向高处码放，提高保管效率。

③根据出库频率选定位置。

④同一品种在同一地方保管。

⑤根据物品重量安排保管的位置。

⑥依据形状安排保管方法。

⑦先进先出的原则。

(5)商品苫垫

商品苫垫是指用某种材料对货垛进行苫盖和铺垫的操作和方法。常用的苫垫材料有油布、塑料布、油毡、垫木、货板、垫石及台板等。

①苫盖。一般是指对堆放在露天货场的商品，为避免直接日晒和风、雨、霜、雪的侵损所采取的保护措施。苫盖的基本要求是：刮风揭不开，下雨渗不进，垛要整齐，肩有斜度，其主要方法有：苫布(篷布、塑料布等)苫盖法；席片苫盖法；竹架苫盖法；隔离苫盖法。②垫底。一般是指在货垛下面用各种物料铺垫，为隔地面的潮湿，便于通风，防止商品受潮、霉变、残损所采取的保护措施。通常分为露天货场垫底和底层库房垫底材料。

(二)商品养护

商品的养护是指在储存过程中，对商品所进行的保养和维护工作。商品养护是防止商品质量变化的重要措施，是仓储保管中一项经常性的工作。

1. 商品养护的作用和意义

商品养护是一项综合性、应用性很强的技术工作。商品由生产部门进入流通领域后，需要分别对不同性质的商品在不同储存条件下采取不同的技术措施，以防止其质量劣化。因此，商品养护的研究内容，就是研究各类商品的结构、成分和性质等方面的自然属性，探讨商品在日光、温度、湿度、昆虫、微生物等外界因素的影响下，质量发生变化的规律，从而认识、掌握和运用这些规律，积极采取各种有效措施和科学的养护方法，创造适宜于商品储存的条件，维护商品在储存期间的安全，保护商品的质量和使用价值，并最大限度地降低商品的损耗。

2. 仓库温湿度管理

温度、湿度和商品所含水分是商品安全储存的决定性因素，通常把温度、水分和商品体内的气体成分称为商品安全储存的三大要素。商品温湿度控制的主要方法有密封、通风和吸潮。

3. 商品防霉腐

商品的霉腐是指在某些微生物的作用下，引起商品生霉、腐烂和腐败发臭等质量变化的现象。引起商品霉变主要有以下几种微生物：霉菌、细菌、酵母菌。霉菌分为曲霉、毛霉、青霉、根霉、木霉五种。曲霉又分为棒曲霉、灰绿曲霉、黑曲霉三种。细菌主要是破坏含水量较大的动植物食品，对日用品、工业品也有影响。

商品防霉腐的方法主要有以下几种：

①加强商品入库验收。

②加强仓库温湿度管理。

③选择合理的储存场所。

④合理堆码。下垫隔潮垫，商品堆垛不应靠墙靠柱。

⑤使用聚乙烯塑料薄膜密封。

⑥做好日常的清洁卫生和在库检查工作。

⑦化学药剂防霉。

⑧气相防霉。

4. 金属制品的防锈蚀

所谓金属制品的锈蚀是指通常所说的金属制品的生锈和腐蚀。

金属锈蚀由于受到不同环境的影响，可分为大气锈蚀、海水锈蚀和土壤锈蚀等。金属防锈的方法主要有涂油防锈、涂漆防锈、造膜防锈、气相防锈四种。

5. 商品防老化

商品老化是指塑料、橡胶、纤维、皮革、涂料、黏合剂等一类高分子商品在加工、储运、使用过程中，由于受到各种因素的影响，而出现外观质量、物理机械性能下降等现象。

防老化的具体方法是：

(1)清除杂质，以降低或消除杂质对老化的影响。

(2)在满足商品使用性能的基础上，运用共聚、交联、改变分子构形、减少不稳定结构等方法，以提高制品的耐老化性能。

(3)改进成形加工工艺，对制品进行热处理，以消除制品内部残余应力，稳定制品尺寸。

(4)添加防老化剂，延长商品的寿命。

此外，商品储存切忌露天堆放，防止日光曝晒，应放在温度变化较小的仓库内；同时注意堆码方法，垛高要适度，不宜堆压太多，以免底层受压过重而造成高分子蠕变；注意库房清洁、卫生；加强对库存商品的定期、定时检查等。

6. 仓库虫害的防治

在仓库的虫害防治工作中应做到以下两个方面：

(1)做好环境卫生。要特别注意害虫喜藏匿和过冬之处，定期做好消毒工作。对储存易生虫商品的库房，在害虫繁殖期之前可使用磷化铝、溴甲烷、硫酸氟等进行一次熏蒸，或在库内墙角、走道、垛底、苫垫物料等喷洒杀虫药剂。

(2)化学药剂防治害虫。常用的防虫、杀虫药剂有驱避剂、杀虫剂、熏蒸剂等。

三、出库作业管理

商品出库业务又称发货业务，是仓库管理部门根据出库凭证，将所需商品发放给需用单位所进行的各项业务的总称。商品出库业务主要包括两方面的工作：一是用料单位方面，要有规定的领料凭证。二是仓库管理方面，必须核查领料凭证的正误，按所列商品的品种、规格、型号、数量等项目组织备料，并保证把商品及时、准确、完好地发放出去。

(一)出库的要求和形式

1. 商品出库的基本要求

商品出库时应按以下要求进行：

(1)按程序作业。

(2)坚持“先进先出”原则。

(3)商品出库必须及时、准确，保证需要，出库工作尽量一次完成，以防差错。

(4)出库商品要符合运输要求。

2. 商品出库的主要形式

商品出库的主要形式有三种：提货制、托运制和送货制。

(1)提货制。是由收货单位或受委托前来提货的单位，持货主所开的提货单到仓库直接提货。

(2)托运制。就是由货主开出提货单，通过在商品流转环节内部传递，将提货单送到仓库，仓库按单发货。

(3)送货制。是仓库根据收货单位的要求，按照提货单所开列的商品数量，用仓库自备的车辆将商品运往货主所指定的地点，其交接手续在卡车卸货地点进行。

(二)出库的一般程序

出库程序包括核单备料、复核、包装、点交、登账、清理等过程。

1. 核单备料

核单工作的主要内容包括：审核出库凭证的合法性和真实性；核对商品品名、型号、规格、单价、数量、收货单位、到站、银行账号；审核出库凭证的有效期等。出库商品应附有质量证明书或抄件、磅码单、装箱单等以及机电设备等配件产品，其说明书及合格证应随货物同到。

2. 复核

为防止差错，备料后应立即进行复核。出库的复核形式主要有专职复核、交叉复核和环环复核三种。

3.包装

出库的商品如果没有符合运输方式所要求的包装，应在出库前进行包装。根据商品外形特点，选用适宜的包装材料，其重量和尺寸，应便于装卸和搬运。包装后要写明收货单位、到站、发货号、本批总件数、发货单位等。

4.点交

商品经复核后，如果是本单位内部领料，则将商品和单据当面点交给提货人，办清交接手续；如系送料或将商品调出本单位办理托运的，则与送料人员或运输部办理交接手续，当面将商品交点清楚。交清后，提货人员应在出库凭证上签章。

5.登账

点交后，保管员应在出库单上填写实发数、发货日期等内容，并签名。然后将出库单连同有关证件资料，及时交货主，以使货主办理货款结算。保管员把留存的一联出库凭证交实物明细账登记做账。

6.现场和档案的清理

现场清理包括清理库存商品、库房、场地、设备和工具等。档案清理是指对收发、保养、盈亏数量和垛位安排等情况进行分析。

(三)出库的准备工作

当保管员从调度手中接到出仓通知后，应做好以下几项工作：

(1)在进出仓业务的通告牌上写清出仓商品的品名、规格、数量以及商品的货位、货号、发货时间、发往地点等，以利于工班的及时配合。

(2)按提货单所写的入库凭证号码，核对好储存凭证(即为保管员的账)，以储存凭证上所列的货位货号寻找到该批商品货垛，然后将提货单与储存凭证、桩脚卡、商品进行核对，确认正确无误后，要做好出仓标记以确保单、货相符。

(3)保管员应和堆卸工协商撤卸方法。如堆卸工和保管员意见不统一，一般应按保管员的意见进行。

(4)在有理货条件的情况下，可先将出仓商品按商品去向、关单，运到理货场地上，并理好货，以利于运输车辆一到即能进行装车作业。对运到理货场地上的商品，应写明关单。

(5)销账销卡。一般说来销账销卡在商品出库后进行更好。物资出库后，仓库保管员做好清理工作，及时注销账目，调整货位上的吊牌，以保持物资的账、卡、物一致，将已空出的货位标注在货位图上，及时准确地反映物资的进出、存取的动态。

(四)出库复核

商品出库复核，是指商品出库过程各个工序中根据商品出库凭证进行的反复核对工作，主要是保证出库商品的数量准确、质量完好、包装完善，避免差错事故。

第四节　库存管理

一、库存管理概述

(一)含义

库存物资(或商品)是指已采购入库的物资,但尚未投入到生产领域或销售过程,而在一定时间内需要在仓库内暂时存放的物资。库存物资一般分为经常库存、保险库存、季节库存、竞争库存四个部分。

(1)经常库存:也称周转库存,是为保证两次进货的间隔内正常供应而建立的库存。

(2)保险库存:也称安全库存,是为应付供应过程发生的意外中断而建立的库存。

(3)季节库存:是为了适应进料、用料的季节性特点而建立的库存。

(4)竞争库存:是根据市场竞争的需要而建立的库存,旨在增加企业的市场竞争能力。

(二)库存物资管理的任务和原则

1.任务

库存物资管理的任务是使库存物资经常处于合理水平,防止超储或不足现象的发生,使库存物资既能保证生产与供应的需求,又能加速物资周转,减少资金占用,降低生产和供应成本,有助于企业实现利润最大化。

2.原则

(1)合理原则。库存物资必须做到结构合理、数量合理,在保证生产与销售需要的前提下,尽量减少库存费用。因为库存管理水平低,库存量就会加大,会造成物资积压,占用过多的流动资金;反之,库存管理水平过高,就可能使库存量降至很低,就会因突发事件造成不能保证生产与销售需求,会造成停工待料或停售现象。因此,所谓合理原则就是在正常状态下能确保生产与销售需要,在非正常状态下能使损失降至最低。

(2)适应性原则。就是JIT原则,即适合的时间、适合的地点、适合的数量、适合的质量。同时,随着社会经济环境的变化,库存物资额度也应随之修改,以便适应不断发展的形势,库存定额的变化趋势应相应地逐年降低,以便不断提高资金的周转率。适应性原则的实质,就是对市场的适应,对客户需求的适应。

二、ABC分类库存控制法

ABC分类控制法是“关键少数,次要多数”的帕累托理论在物流库存管理中的应用,其实质是突出重点,分类管理。

1.ABC分类库存控制法的含义

ABC分类控制法是指将库存物资按重要程度分为特别重要库存(A类物资)、一般重要库存(B类物资)和不重要库存(C类物资)三个等级,针对不同类型不同级别的物资进行分别管理和控制的方法。

2. ABC 分类库存控制法的分析步骤

(1)对库存物资进行排队。对库存物资通常按资金比例和品种项目比例这两个指标来分类。具体地说，编制库存品种和资金序列表，并计算品种累计与全部品种比例，以及物资占用资金累计与全部资金比例，如表 5-2 所示。

表 5-2　库存物资一览表

物资序号	年需要量/件(a)	单价/元(b)	库存资金/元(a×b)
1	50	3.00	150.00
2	1000	1.05	1050.00
3	475	2.00	950.00
4	10	10.00	100.00
5	2600	0.50	1300.00
6	600	5.00	3000.00
7	1000	0.25	250.00
8	2000	11.00	22000.00
9	3000	0.10	300.00
10	100	0.40	40.00
11	600	0.10	60.00
12	440	2.50	1100.00
13	2000	0.25	500.00
合　计	13875		30800.00

(2)对库存物资分类。根据对库存物资的排队状况，确定基本界定，编制库存物资 ABC 分类表。ABC 分类表述的基本思想是，A 类库存品种少，但资金占用大，即 A 类库存品种约占库存品种总数的 5%～15%，而其占用资金金额占库存总金额的 70%～75%；B 类库存品种约占库存品种总数的 15%～40%，其占用资金金额占库存总金额的 15%～25%；C 类库存品种约占库存品种总数的 40%以上，其占用资金金额占库存总金额的 10%以下，如表 5-3 所示。

表 5-3　物资的 ABC 分类

级　别	库存资金/元	占总库存资金/%	累计百分数/%	占总品种数/%
A	22000	71.4	71.4	14.4
B	3000 1300 1100 1050 950	9.8 4.2 3.6 3.4 3.1	24.1	36.9

续表

级　别	库存资金/元	占总库存资金/%	累计百分数/%	占总品种数/%
C	500 300 250 150 100 60 40	1.6 1.0 0.8 0.5 0.3 0.2 0.1	4.5	48.7

3. 对库存物资进行 ABC 分类之后，对不同级别的物资进行不同的管理和控制

对 A 类物资：必须严格管理和控制。

对 B 类物资：进行一般正常的例行管理和控制。

对 C 类物资：进行简单的整体管理和总量控制，如表 5-4 所示。

表 5-4　ABC 分类管理和控制

项　目	A 类货物	B 类货物	C 类货物
控制程度	严格	一般	简单
库存量计算	按模型计算	一般计算	简单或不计算
进出记录	详细	一般	简单
检查次数	多、随时	一般	少
安全库存量	低	较大	大

【案例分析】

上海通用的柔性生产与精益物流

上海通用汽车公司(简称上海通用)的生产物流是中国乃至全世界柔性生产与精益物流的典范。

柔性化生产源自汽车业发达的欧美，是 20 世纪末国际上先进的生产理念，是“以顾客为中心”的理念在生产上的延伸，是多品种、小批量产品生产的最优方法，其所带来的时间与成本优势，能快速将具有价格竞争力的优质产品带到市场，国内许多生产厂家比如东风汽车公司都在尝试进行柔性生产。上海通用项目设计规划之初，投资双方就决心改变国人对汽车厂家的看法，以现代国际化企业的要求来进行汽车厂的建设，从而为中国汽车消费者带来最具吸引力的产品，因此必须引进柔性生产系统。上海通用汽车生产线投产后，不同品种、不同规格的各型号新轿车实现了共线生产，成为通用公司全球范围内柔性最强的生产线之一，在世界汽车制造业中也屈指可数。

上海通用实行的是拉动式的物料供应系统，这是目前国际上较为先进的拉动式经营策略，是保持生产过程中库存量最小的系统，也就是说，公司根据收到的客户订单安排生产，与此同时生成相应的物料计划发给各个供应商，这样既保证生产时有充足供货，又不会有库存而占用资金和仓库。如何保证生产线前的物料供应及时准确呢？同样也是依靠高科技信息

系统支持的简单实用的看板拉动式体系来完成。当生产线工人发出物料需求指令时，该指令由处于物料箱内带有条形码的看板来传递。当工人开始使用一箱零件时，就把看板放在工位旁固定地点；物料人员定时收取看板，使用条形码、扫描仪和光缆通信等工具，排出下一次供料时间；司机根据看板卡从临时仓库取出新的物料，并在每一箱中放入一张看板，然后将新的物料送至操作处。

此外，生产线工人还可通过物料索取系统，使用按钮、灯板等设备作为电子拉动信号传递对消耗物料进行补充的信息。当生产线货架或货盘中用到仅剩最后 n 个零件时，操作工按动按钮，物料索取灯启动，司机立即将索取卡送到物料存储区，取出物料送到工位，并将物料索取灯关闭，确认物料发送。这套电子拉动系统，确保了信息的准确性，基本上消灭了由于数据传递错误而引起的物料短缺现象。

为了配合柔性化生产的需求，物料系统还作了其他调整。其中之一就是对部分零部件实施排序配送。举例来说，三种不同尺寸的车窗玻璃，由同一个工人共线装配，如果不对玻璃进行排序，生产线旁必须安放三个不同的料架，而工人也必须花费时间进行辨别，根据车型不同从不同料架上取货。因此，排序法对节省生产线旁存料空间，提高工作效率有很大作用。此外，物料部门还增加了车间的货物窗口，采用新型料架，改进物料摆放，提高了配送柔性化程度。

上海通用物流系统对柔性生产的支持更多地体现在一点一滴的细微之处。无论是生产线大量使用的空中悬链输送系统、随行夹具、标准多样的物流容器等，还是大量使用的地面有轨平移输送车、自动回转输送台等，以及为生产线配送物料的电动牵引拖挂车等，无一不体现着标准、规范、精益之特色。可以说正是由于有了大量物料输送装置的精心设计，标准精巧的物料集装器具的充分使用，现场整齐规范的物料摆放等，才为上海通用实施精益物流管理打下了良好基础。

通过精益物流管理，上海通用取得了降低库存、节省占地空间、减少搬运、便于操作、简洁系统、使用最少设备等效果，既保障了柔性生产线的正常运行，也对产品质量不断提高有了巨大促进，从而也强化了企业核心竞争力。

（资料来源：根据浙江交通职业技术学院精品课程网站案例改写，http://jpkc.zjvtit.edu.cn/eln/ksexport/cosup）

【案例讨论】

1. 上海通用汽车公司柔性生产与精益物流主要体现在什么方面？
2. 从以上案例中能得到什么启示？

【复习思考】

1. 简述仓储的分类。
2. 简述仓储管理的任务。
3. 如何理解仓储管理的基本原则？
4. 简述 ABC 分类库存控制法的运用。

第六章　配送与配送中心

学习目标

本章需要学生掌握配送的概念和分类、配送作业流程、配送作业的组织、配送路线的优化，理解配送的合理化，了解不合理配送的表现形式，掌握实现配送合理化的途径，理解配送中心的概念，掌握配送中心的功能，了解配送中心的规划设计，学会配送中心的选址与布局。

第一节　配送概述

一、配送的概念

我国国家标准《物流术语》对配送的定义为：配送(distribution)是指在经济合理区域范围内，根据用户要求，对物品进行拣选、加工、包装、分割、组配等作业，并按时送达指定地点的物流活动。

1. 配送是物流中一种特殊的、综合的活动形式

配送是特殊的物流，它处于接近用户那一段流通领域，辐射范围小，是末端物流，因而有其局限性，并不能解决流通领域的所有问题。但是，配送是一种重要的物流形式，有其战略价值，接近顾客是经营战略至关重要的内容。美国兰德公司对《幸福》杂志所列的500家大公司的一项调查表明："经营战略和接近顾客至关重要。"也证明了这种配置方式的重要性。配送是一种综合物流形式，它几乎包括了所有的物流功能要素，是物流的一个缩影或在某小范围中物流全部活动的体现。配送除了集装卸、包装、保管、运输于一身，分拣和拣选是其标志性作业。

2. 配送是商流与物流的紧密结合

从商流来讲，配送和物流不同之处在于，物流是商流分离的产物，而配送则是商物合一的产物，配送本身就是一种商业形式。虽然配送具体实施时，也有以商物分离形式实现的，但从配送的发展趋势看，商流与物流越来越紧密的结合，是配送成功的重要保障。

3. 配送是"配"和"送"有机结合的一种方式

配送与一般的送货重要区别在于，配送利用有效的分拣、配货等理货工作，使送货达到

一定的规模,以利用规模优势取得较低的送货成本。如果不进行分拣、配货,有一件运一件,需要一点送一点,这就会大大增加劳动力的消耗,使送货并不优于取货。所以,追求整个配送的优势,分拣、配货等项工作是必不可少的。

4.配送是一种中转形式

配送是从物流结点至用户的一种特殊送货形式。从送货功能上看,其特殊性表现为:从事送货的是专职流通企业,而不是生产企业;配送是"中转"型送货,而一般送货尤其从工厂至用户的送货往往是直达型。配送是企业需要什么送什么,所以,要做到需要什么送什么,就必须在一定中转环节筹集这种需要,从而使配送必然以中转形式出现。当然,广义上也将非中转型送货纳入配送范围,将配送外延从中转扩大到非中转,仅以"送"为标志来划分分配外延,也是有一定道理的。

5.配送以用户要求为出发点

配送强调"按用户的订货要求",明确了用户的主导地位。配送是从用户利益出发,按用户要求进行的一种活动,因此,在观念上必须明确"用户第一"、"质量第一"。配送企业的地位是服务地位而不是主导地位,因此不能从本企业利益出发而应从用户利益出发,在满足用户利益基础上取得本企业的利益。更重要的是,不能利用配送损伤或控制用户,不能将配送作为部门分割、行业分割、割据市场的手段。

二、配送的分类

(一)按实施配送的结点不同分类

1.配送中心配送

组织者是专职配送的配送中心,规模较大,有的配送中心需要储存各种商品,储存量比较大。也有的配送中心专职配送,储存量较小,货源靠附近的仓库补充。从实施配送较为普遍的国家看,配送中心是配送的主体形式,不但在数量上占主要部分,而且是某些小配送单位的总据点,因而发展较快。配送中心配送覆盖面较宽,是大规模配送形式,因此,必须有配套的大规模实施配送设施,如配送中心建筑、车辆、路线等,一旦建成便很难改变,灵活机动性较差,投资较高,在实施配送时难以一下子大量建配送中心。因此,这种配送形式有一定局限性。

2.仓库配送

仓库配送是以一般仓库为据点进行配送的形式。可以是仓库完全改造成配送中心,也可以是在保持仓库原功能前提下,增加一部分配送职能。其优点是较为容易利用现有条件而不需要大量投资。

3.商店配送

组织者是商业或物资的门市网点,这些网点主要承担商品的零售,规模一般不大,但经营品种较齐全。除日常零售业务外,还可根据用户的要求将商店经营的品种配齐,或代用户外订外购一部分本商店平时不经营的商品,和商店经营的品种一起配齐送给用户。

(二)按配送商品种类及数量不同分类

1.少品种大批量配送

工业企业需要量较大的商品,单独一个品种或几个品种就可达到较大输送量,可实行整车运输，这种商品往往不需要再与其他搭配，可由专业性很强的配送中心实行这种配送。特点是配送工作简单，成本较低。

2. 多品种少批量配送

多品种少批量配送是按用户要求，将所需的各种物品(每种需要量不大)配备齐全，凑整装车后由配送据点送达用户。这种配送作业水平要求高，配送中心设备复杂，配货送货计划难度大，要有高水平的组织工作保证和配合。

3. 配套成套配送

按企业生产需要，尤其是装配型企业生产需要，将生产每一台件所需全部零部件配齐，按生产节奏定时送达生产企业，生产企业随即可将此成套零部件送入生产线装配产品。这种配送方式，配送企业承担了生产企业大部分供应工作，使生产企业集中精力于生产。

(三)按配送时间及数量分类

1. 定时配送

按规定时间间隔进行配送，如数天或数小时一次等，每次配送的品种及数量可按计划执行，也可以配送之前商定的联络方式通知配送品种及数量。

2. 定量配送

按规定的批量在一个指定的时间范围中进行配送。这种方式数量固定，备货工作较为简单，效率较高。

3. 定时定量配送

按照规定配送时间和配送数量进行配送。这种方式兼有定时、定量两种方式的优点，但特殊性强，计划难度大，适合采用的对象不多，不是一种普遍的方式。

4. 即时配送

完全按照用户突然提出的配送要求的时间和数量随即进行配送的方式，是有很高的灵活性的一种应急方式。采用这种方式的品种可以实现保险储备的零库存，即用即时配送代替保险储备。

(四)按加工程度不同分类

1. 加工配送

加工配送是指和流通加工配送结合的配送。在配送据点中设置流通加工环节，或是流通加工中心与配送中心建在一起。当社会上现成产品不能满足用户需要，或是用户根据本身工艺要求需要使用经过某种初加工的产品时，可以加工后进行分拣、配货再送货到户。流通加工与配送的结合，使流通加工环节更有针对性，配送企业不但可以依靠送货服务、销售经营取得收益，还可通过加工增值取得收益。

2. 集疏配送

只改变产品数量组成形态而不改变产品本身物流、化学形态的与干线运输相配合的配送方式。如大批量进货后小批量、多批次发货，零星集货后以一定批量送货等。

(五)按配送的组织形式不同分类

1. 集中配送(又称为配送中心配送)

集中配送由专门从事配送业务的配送中心对多家用户开展配送。配送中心规模大，专业性强，可与用户确定固定的配送关系，实行计划配送，集中配送的品种多、数量大，可以同时对同一线路中的几家用户进行配送。配送经济效益明显，是配送的主要形式。

2. 共同配送

共同配送(joint distribution)是由多个企业联合组织实施的配送活动。这种配送有两种情况，一种是中小生产企业之间分工合作实行共同配送，另一种是几个中小型配送中心之间实行共同配送。前者是同一行业或同一地区的中小型生产企业在单独进行配送时运输量少、效率低的情况下，进行联合，实行共同配送，这样不仅减少了企业的配送费用，弥补了配送能力薄弱的企业和地区，而且有利于缓和城市交通拥挤，提高配送车辆的利用率。后者是针对某地区的用户由于所需物资数量较少，配送车辆利用率低等原因，几个配送企业将用户所需的物资集中起来，共同制定配送计划，实行共同配送。

3. 分散配送

对小量、零星货物或临时需要的配送业务一般由商业和物资零售网点进行。由于商业和物资零售网点具有分布广、数量多、服务面广的特点，它们适合开展对近距离、品种繁多而用量小的货物配送。

第二节　配送作业流程规范

配送作业是按照用户的要求，把货物分拣出来，按时按量发送到指定地点的过程。从总体上讲，配送是由备货、理货和送货三个基本环节组成的。其中每个环节又包含若干项具体的活动。

一、配送作业的基本环节

(一)备货

备货是指准备货物的系列活动，它是配送的基础环节。严格来说，备货包括两项具体活动：筹集货物和存储货物。

(二)理货

理货是配送的一项重要内容，也是配送区别于一般送货的重要标志。理货包括货物分拣、配货和包装等经济活动，其中分拣是指采用适当的方式和手段，从储存的货物中选出用户所需货物的活动。分拣货物一般采取两种方式来操作：其一是摘取式；其二是播种式。

(三)送货

送货是配送活动的核心，也是备货和理货工序的延伸。在物流活动中，送货实际上就是货物的运输。在送货过程中，常常进行三方面选择：运输方式、运输路线和运输工具。

二、进货作业

进货作业包括接货、卸货、验收入库，然后将有关信息书面化等一系列工作。在其流程安排中，应注意以下事项：应多利用配送车司机卸货，以减少公司作业人员和避免卸货作业的拖延;尽可能将多样活动集中在同一工作站,以节省必要的空间;尽量避开进货高峰期,并依据相关性安排活动,以达到距离最小化;详细记录进货资料,以备后续存取核查。

(一)货物编码

进货作业是配送作业的首要环节。为了让后续作业准确而快速地进行,并使货物品质及作业水准得到妥善维持,在进货阶段对货物进行有效的编码是一项十分重要的内容。编码结构应尽量简单,长度尽量短,一方面便于记忆,另一方面也可以节省机器存储空间,减少代码处理中的差错,提高信息处理效率。常用的编码方法有顺序码、数字分段码、分组编码等。

(二)货物分类

货物分类是将多品种货物按其性质或其他条件逐次区别,分别归入不同的货物类别,并进行有系统的排列,以提高作业效率。在实际操作中,对品项较多的分类储存,可分为两个阶段、上下两层输送同时进行。

(1)由条码读取机读取箱子上的物流条码,依照品项做出第一次分类,再决定归属上层或下层的存储输送线。

(2)上、下层的条码读取机再次读取条码,并将箱子按各个不同的品项,分门别类到各个储存线上。

(3)在每条储存线的切离端,箱子堆满一只托盘后,一长串货物即被分离出来;当箱子组合装满一层托盘时,就被送入中心部(利用推杆,使其排列整齐),之后,箱子在托盘上一层层地堆叠,堆到预先设定的层数后完成分类。

(4)操作员用叉式堆高机将分好类的货物依类运送到储存场所。

(三)货物验收检查

货物验收是对产品的质量和数量进行检查的工作。其验收标准及内容如下:采购合同或订单所规定的具体要求和条件;采购合约中的规格或图解;议价时的合格样品;各类产品的国家品质标准或国际标准。

货物验收的内容包括质量验收、包装验收、数量验收等。

(四)货物入库信息的处理

到达配送中心的商品,经验收确认后,必须填写"验收单",并将有关入库信息及时准确地登入库存商品信息管理系统,以便及时更新库存商品的有关数据。货物信息登录的目的在于为后续作业环节提供管理和控制的依据。此外,对于作业辅助信息也要进行搜集与处理。

三、订单处理

订单处理是指从接到客户订单开始到着手准备拣货之间的作业阶段,通常包括订单资料确认、存货查询、单据处理等内容。订单处理分人工和计算机两种形式。人工处理具有较大弹性,但只适合少量的订单处理。计算机处理则速度快、效率高、成本低,适合大量的订单处理,因此目前主要采取后一种形式。

接单之后,必须对相关事项进行确认,主要包括以下几方面。

(一)货物数量及日期的确认

货物数量及日期的确认是指检查品名、数量、送货日期等是否有遗漏、笔误或不符合公司要求的情形。尤其当送货时间有问题或出货时间已延迟时，更需与客户再次确认订单内容或更正运送时间。

(二)客户信用的确认

不论订单是由何种方式传至公司，配送系统都要核查客户的财务状况，以确定其是否有能力支付该订单的账款。通常的做法是检查客户的应收账款是否已超过其信用额度。

(三)订单形态确认

1.一般交易订单

交易形态：一般的交易订单，即接单后按正常的作业程序拣货、出货、发送、收款的订单。

处理方式：接单后，将资料输入订单处理系统，按正常的订单处理程序处理，资料处理完后进行拣货、出货、发送、收款等作业。

2.间接交易订单

交易形态：客户向配送中心订货，直接由供应商配送给客户的交易订单。

处理方式：接单后，将客户的出货资料传给供应商由其代配。此方式需注意的是客户的送货单是自行制作或委托供应商制作的，应对出货资料加以核对确认。

3.现销式交易订单

交易形态：与客户当场交易、直接给货的交易订单。

处理方式：订单资料输入后，因货物此时已交给客户，故订单资料不再参与拣货、出货、发送等作业，只需记录交易资料即可。

4.合约式交易订单

交易形态：与客户签订配送契约的交易，如签订某期间内定时配送某数量的商品。

处理方式：在约定的送货日，将配送资料输入系统处理以便出货配送；或一开始便输入合约内容的订货资料并设定各批次送货时间，以便在约定日期系统自动产生所需的订单资料。

对于不同的客户(批发商、零售商)、不同的订购批量，可能对应不同的售价，因而输入价格时系统应加以检核。若输入的价格不符(输入错误或业务员降价接受订单等)，系统应加以锁定，以便主管审核。

客户订购的商品是否有特殊的包装、分装或贴标等要求，或是有关赠品的包装等资料系统都需加以专门的确认记录。

四、拣货作业和补货作业

(一)拣货作业

拣货作业是配送作业的中心环节。所谓拣货，是依据顾客的订货要求或配送中心的作业计划，尽可能迅速、准确地将商品从其储位或其他区域拣取出来的作业过程。拣货作业系统的重要组成元素包括拣货单位、拣货方式、拣货策略、拣货信息、拣货设备等。

1.拣货作业流程

拣货作业在配送作业环节中不仅工作量大，工艺复杂，而且要求作业时间短，准确度高，服务质量好。拣货作业流程如下：制作拣货作业单据，安排拣货路径，分派拣货人员，拣货。

整个拣货作业所消耗的时间主要包括以下四大部分:订单或送货单经过信息处理,形成拣货指示的时间;行走或搬运货物的时间;准确找到货物的储位并确认所拣货物及数量的时间;拣取完毕,将货物分类集中的时间。

2. 拣货方式

拣货作业最简单的划分方式,是将其分为按订单拣取、批量拣取与复合拣取三种方式。按订单拣取是分别按每份订单拣货;批量拣取是多张订单累积成一批,汇总后形成拣货单,然后根据拣货单的指示一次拣取商品,再根据订单进行分类;复合拣取是将以上两种方式组合起来的拣货方式,即根据订单的品种、数量及出库频率,确定哪些订单适合按订单拣取,哪些适合批量拣取,然后分别采取不同的拣货方式。

(二)补货作业

补货作业是将货物从仓库保管区域搬运到拣货区的工作,其目的是确保商品能保质保量按时送到指定的拣货区。

1. 补货方式

补货方式有整箱补货、托盘补货等。

2. 补货时机

(1)批组补货。每天由计算机计算所需货物的总拣取量和查询动管区存货量后得出补货数量,从而在拣货之前一次性补足,以满足全天拣货量。这种一次补足的补货原则,较适合一日内作业量变化不大、紧急插单不多或是每批次拣取量大的情况。

(2)定时补货。把每天划分为几个时点,补货人员在时段内检查动管拣货区货架上的货品存量,若不足则及时补货。这种方式适合分批拣货时间固定且紧急处理较多的配送中心。

(3)随机补货。指定专门的补货人员,随时巡视动管拣货区的货品存量,发现不足则随时补货。这种方式较适合每批次拣取量不大、紧急插单多以至于一日内作业量不易事先掌握的情况。

五、配货作业和送货作业

(一)配货作业

配货作业是指把拣取分类完成的货品经过配货检查过程后,装入容器和做好标示,再运到配货准备区,待装车后发送。配货作业既可采用人工作业方式,也可采用人机作业方式,还可采用自动化作业方式,但组织方式有一定区别。

(二)送货作业

送货作业是利用配送车辆把用户订购的物品从制造厂、生产基地、批发商、经销商或配送中心,送到用户手中的过程。送货通常是一种短距离、小批量、高频率的运输形式,它以服务为目标,以尽可能满足客户需求为宗旨。

在各阶段的操作过程中,需要注意的要点有:明确订单内容、掌握货物的性质、明确具体配送地点、适当选择配送车辆、选择最优的配送线路及充分考虑各作业点装卸货时间。

六、退调作业和信息处理

(一)退调作业

退调作业涉及退货商品的接收和退货商品的处理。而退货商品的处理,还包含着退货商品的分类、整理(部分商品可重新入库)、退供货商或报废销毁以及账务处理。

(二)信息处理

在配送中心的运营中,信息系统起着中枢神经的作用,其对外与生产商、批发商、连锁商场及其他客户等联网,对内向各子系统传递信息,把收货、储存、拣选、流通加工、分拣、配送等物流活动整合起来,协调一致,指挥、控制各种物流设备和设施高效率运转。在配送中心的运营中包含着三种"流",即物流、资金流和信息流。

物流信息系统的具体功能包括掌握现状、接受订货、指示发货、配送工作组织、费用结算、日常业务管理、库存补充、与外部沟通等。

七、配送作业的组织

(一)配送组织工作的基本程序和内容

(1)物流作业配送线路的选择。

(2)拟订配送计划。

(3)下达配送计划。

(4)配货和进货组织工作。

(5)配送发货管理。

(6)费用结算管理。

(二)配送组织工作应注意的要点

(1)全面掌握用户的需求情况。

(2)建立稳定的资源基地和客户需求。

(3)加强配送的计划管理。

(4)调整建立与配送相适应的组织结构。

(5)科学地组织好配送。

(6)争取各方面的协作和支持。

(三)配送组织的模式

1. 集权式组织模式和分权式组织模式

集权式配送组织模式是指在整个企业中只有一个配送部门,对整个公司的配送业务实行集中管理,统一调配各个仓库、配送节点和供货厂商的供需关系。比如在一些连锁经营企业中,所有门店的商品配送是由公司统一组织货源并送货的。

分权式组织模式是指配送业务由企业的各分部或产品组,或不同地区分别管理和执行。这种模式在大型的企业集团或跨国公司中更为常见。

总体看来,集权式组织模式对市场反应速度慢,柔性较差,但能够有效地控制配送成本;

分权式组织模式对客户要求的反应迅速快,但是成本较高。

2.选择配送组织模式时应考虑的因素

应考虑公司的规模、产品特点及产品的销售地区、生产所需物资的采购地区、集权式配送组织模式提供的顾客服务标准能否达到所要求的水平等。

现在有很多企业采用的是适当的集权与分权相结合的方式。同质性高、需求量大的产品或原材料由企业统一组织配送;而各分部之间差异较大的产品或是需求量波动大的零星产品,以及配送时间短和临时发生的配送要求,则由各分部自行组织货源及配送。

第三节　配送路线优化

一、节约里程的基本原理

(一)VSP 网络图原理

在有很多配送去向的情况下,使用多少辆车,各辆车按照什么路线运行才能使整个运行距离最短,或使配送费用最低,这是配送路线优化的问题。解决这一问题最具有代表性的方法是 VSP(vehicle scheduling program)网络图。VSP 可称为车辆安排程序方法。

网络图的基础是节约的概念。如果以 P 为配送中心,向 A、B 两个配送地点配送货物 1,从 P 分别向 A、B 两点往返运输,其配送距离应为 2PA+2PB。但是,如果货物 1 从 P 出发,再从 A 到 B 巡回运输,则配送距离为 PA+PB+AB。如 PA 和 PB 的距离分别为 8 千米和 7 千米,AB 的距离为 3 千米,则:2PA+2PB=2×8+2×7=30(千米);而 PA+PB+AB=8+3+7=18(千米)。因此,采用第二种路线比第一种路线的配送距离节约 30－18=12(千米),称为节约量。

网络图的方法是对所有的配送地点计算节约量。节约量的一般公式为(2PA+2PB)－(PA+PB+AB)=PA+PB－AB;再按照节约量的大小顺序指定配送路线。

(二)节约里程法的基本设定

(1)配送的是同一货物。

(2)各客户的坐标及需求量均为已知。

(3)配送中心有足够的运输能力。

二、按节约里程法制订配送计划

例题:某配送中心 A 要向所在城市 B、C、D、E、F、G 共 6 个客户点配送货物,如图 6-1 所示。它们之间的距离(千米)和每一处的配送货物量(吨)如表 6-1 所示。运输车辆有 2.5 吨和 4 吨两种货车,试确定配送路线。

表 6-1　配送距离和配送量

地　点	AB	AC	AD	AF	AE	AG	BC	CD	DF	EF	EG	FG
距　离	9	12	12	24	20	21	9	10	19	6	1	6
货物量	0.8	0.7	1.0	1.1	1.75	1.15	—	—	—	—	—	—

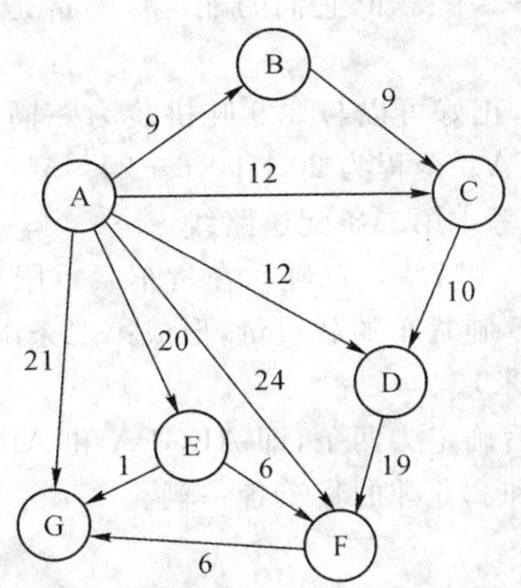

图 6-1 配送点最短距离计算

解:(1)计算配送中心 A 到各配送点以及各配送点之间的最短距离。

最短距离计算方法:由于配送中心与各配送点只有一个结点,故它们之间的距离即为最短距离。所以只需要计算各客户点之间的最短距离即可,即计算 BD、BE、CF、DE 等的距离。

以 CE 的计算为例,与终点 E 相连接的有 A、F,从 C 至 E 的最短距离为 CA+AE,即为 12+20=32(千米)。同理可求得其他各客户之间的最短距离,见表 6-2 最短距离。

表 6-2 最短距离

	A	B	C	D	E	F	G
A	0	9	12	12	20	24	21
B		0	9	19	29	33	30
C			0	10	32	29	33
D				0	25	19	25
E					0	6	1
F						0	6
G							0

(2)计算各配送点组合的节约里程数,并将之进行排序。

节约里程数可由节约量的一般公式求得。如 EG 间的节约里程数为 AE+AG-EG=20+21-1=40(千米)。同理可求得其他客户之间的节约里程数,见表 6-3 节约里程数。

表 6-3 节约里程数

序 号	1	2	3	4	5	6	7	8	9	10
组 合	EG	FG	EF	DF	CD	BC	DG	CF	DE	BD
节约里程	40	39	38	17	14	12	8	7	7	2

由表 6-3 可以看出:

EG节约里程最大，从表6-2中得知，它们的配送货物量是：1.75＋1.15＝2.9(吨)，在货车载重限度之内，可以入选。

FG的配送货物量1.1吨，正好可以与2.9吨拼装为一辆4吨货车的载重量，它们相互衔接成为一条配送路线AEGFA。全程为20＋1＋6＋24＝51(千米)。

因4t货车已装满，所以应考虑第二条配送路线。

C、D的配送货物量是1.0＋0.7＝1.7(吨)，在货车载重限度内，可以将B点的0.8吨货物集中在一起，拼装为一辆2.5吨货车的载重量，形成第二条配送路线ABCDA或ADCBA，全程为9＋9＋10＋12＝40(千米)。

综上所述，配送路线优化后确定为两条，即AEGFA和ABCDA(或ADCBA)，总行程为51＋40＝91(千米)，使用4吨和2.5吨的货车各一辆。

第四节　配送合理化

一、配送合理化的判断标志

对于配送合理化与否的判断，是配送决策系统的重要内容，目前国内外尚无一定的技术经济指标体系和判断方法。按一般认识，以下若干标志是应当纳入的。

1. 库存标志

库存是判断物流配送合理与否的重要标志。其具体指标有以下两个：

(1)库存总量。是指在一个配送系统中，从分散于各个用户转移给配送中心后，配送中心库存数量加上各用户在实行配送后的库存量之和应低于实行配送前各用户库存量之和。此外，从各个用户角度判断，各用户在实行配送前后的库存量比较，也是判断合理与否的标准，某个用户库存量上升而总量下降，也属于一种不合理现象。库存总量是一个动态的量，上述比较应当是在一定经营量前提下的。在用户生产有发展之后，库存总量的上升则反映了经营的发展，必须扣除这一因素，才能对总量是否下降做出正确的判断。

(2)库存周转。在库存周转方面，由于物流配送的调剂作用，以低库存来保持高供应能力，使库存周转加快。此外，从各个用户角度进行判断，各用户在实行配送前后的库存周转比较，也是判断合理与否的标志。为取得共同比较基准，以上库存标志都以库存储备资金计算，而不以实际物资数量计算。

2. 资金标志

在资金标志方面，一是资金总量。即用于资源筹措所占用的流动资金总量，随储备总量的下降及供应方式的改变必然有一个较大的降低。二是资金周转。从资金运用来讲，由于整个节奏加快，资金充分发挥作用。同样数量的资金，过去需要较长时期才能满足一定供应要求，配送之后，在较短时期内就能达到此目的。所以，资金周转是否加快，已成为衡量配送合理与否的标志。三是资金投向的改变。资金分散投入还是集中投入，是资金调控能力的重要反映。实行配送后，资金必然从分散投入改为集中投入，以便能增强调控能力。

3. 成本与效益标志

总效益、宏观效益、微观效益、资源筹措成本都是判断配送合理化的重要标志。成本及效益对合理化的拐量，还可以具体到储存、运输等具体配送环节，使判断更为精细。

由于总效益及宏观效益难以计量，在实际判断时，常以按国家政策进行经营，完成国家税收和配送企业及用户的微观效益来判断。

对于配送企业而言，在满足用户要求，即投入确定了的情况下，则企业利润反映配送合理化程度。

对于用户企业而言，在保证供应水平或提高供应水平（产出一定）的前提下，则供应成本反映配送的合理化程度。

4.供应保证标志

实行配送，各用户的最大担心是害怕供应保证程度降低，这是个心态问题，也是承担风险的实际问题。

配送的重要一点是必须提高而不是降低对用户的供应保证能力，才算达到了合理。供应保证能力可以从两方面判断。

(1)缺货次数。实行配送后，对用户来讲，该到货而未到货以致影响用户生产及经营的次数，必须下降才算合理。

(2)配送企业集中库存量。对每一个用户来讲，其数量所形成的保证供应能力高于配送前单个企业保证程度，从供应保证来看才算合理。

即时配送的能力及速度是用户出现特殊情况的特殊供应保障方式，这一能力必须高于未实行配送前用户紧急进货能力及速度才算合理。

特别需要强调一点，配送企业的供应保障能力，是一个科学的合理的概念，而不是无限的概念。具体来讲，如果供应保障能力过高，超过了实际的需要，属于不合理。所以追求供应保障能力的合理化也是有限度的。

5.社会运力节约标志

末端运输是目前运能和运力使用不合理、浪费较大的领域，因而人们寄希望于配送来解决这个问题。这也成了配送合理化的重要标志。

运力使用的合理化是依靠送货运力的规划和整个配送系统的合理流程及与社会运输系统合理衔接实现的。送货运力的规划是任何配送中心都需要花力气解决的问题，可以简化判断如下：社会车辆总数减少，而承运量增加；社会车辆空驶减少；一家一户自营运输减少，社会化运输增加。

6.用户企业仓库、供应、进货人力物力节约标志

配送的重要作用是以配送代劳用户。因此，实行配送后，各用户库存量、仓库面积、仓库管理人员减少才为合理；用于订货、接货、供应的人减少才为合理。如果真正解除了用户的后顾之忧，那么配送的合理化程度则可以说是一个高水平了。

7.物流合理化标志

配送必须有利于物流合理。这可以从以下几方面判断：是否降低了物流费用；是否减少了物流损失；是否加快了物流速度；是否发挥了各种物流方式的最优效果；是否有效衔接了干线运输和末端运输；是否不增加实际的物流中转次数；是否采用了先进的管理方法及技术手段。

物流合理化的问题是配送要解决的大问题，也是衡量配送本身的重要标志。

二、不合理配送的表现形式

对于配送合理与否，不能简单判定，也很难有一个绝对的标准。例如，企业效益是配送的重要衡量标志，但是，在决策时常常考虑各个因素，有时要做赔本买卖。所以，配送的决策是全面、综合的决策，在决策时要避免由于不合理配送出现所造成的损失，但有时某些不合理现象是伴生的，要追求大的合理，就可能派生小的不合理。所以，虽然这里只单独论述不合理配送的表现形式，但要防止绝对化。

1.资源筹措的不合理

配送是利用较大批量筹措资源，通过筹措资源达到规模效益来降低资源筹措成本，使配送资源筹措成本低于用户自己筹措资源成本，从而取得优势。如果不是集中多个用户需要进行批量筹措资源，而仅仅是为某一两户代购代筹，对用户来讲，就不仅不能降低资源筹措费，相反却要多支付一笔配送企业的代筹代办费，因而是不合理的。资源筹措不合理还有其他表现形式，如配送量计划不准，资源筹措过多或过少，在资源筹措时不考虑建立与资源供应者之间长期稳定的供需关系等。

2.库存决策不合理

配送应充分利用集中库存总量低于各用户分散库存总量，从而大大节约社会财富，同时降低用户实际平均分摊库存负担。因此，配送企业必须依靠科学管理来实现一个低总量的库存，否则就会出现单是库存转移，而未取得库存总量降低的效果。配送企业库存决策不合理还表现在储存量不足，不能保证随机需求，失去了应有的市场。

3.价格不合理

总的来讲，配送的价格应低于不实行配送时，用户自己进货时产品购买价格加上自己提货、运输、进货之成本总和，这样才会使用户有利可图。有时候，由于配送有较高服务水平，价格稍高，用户也是可以接受的，但这不是普遍的原则。如果配送价格普遍高于用户自己进货价格，损伤了用户利益，就是一种不合理表现。价格过低，使配送企业处于无利或亏损状态下运行，会损伤销售者，也是不合理的。

4.配送与直送的决策不合理

一般的配送总是增加了环节，但是这个环节的增加，可降低用户平均库存水平，以此不但抵消了增加环节的支出，而且还能取得剩余效益。但是如果用户使用批量大，可以直接通过社会物流系统均衡批量进货，较之通过配送中转送货则可能更节约费用。所以，在这种情况下，不直接进货而通过配送，就属于不合理范畴。

5.送货中不合理运输

配送与用户自提比较，尤其对于多个小用户来讲，可以集中配装一车送几家，这比一家一户自提，可大大节省运力和运费。如果不能利用这一优势，仍然是一户一送，而车辆达不到满载（即时配送过多、过频时会出现这种情况），则属于不合理。此外，不合理运输的若干表现形式，在配送中都可能出现，会使配送变得不合理。

6.经营观念的不合理

在配送实施中，有许多是经营观念不合理，使配送优势无从发挥，相反却损坏了配送的形象。这是开展配送时尤其需要注意克服的不合理现象。例如，配送企业利用配送手段，向用户转嫁资金、库存困难；在库存过大时，强迫用户接货，以缓解自己库存压力；在资金紧张时，长期占用用户资金；在资源紧张时，将用户委托资源挪作他用获利等。

三、实现配送合理化的途径

1. 推行一定综合性独立配送或综合配送

专业性独立配送是指根据产品的性质将其分类，由各专业经销组织分别、独立地进行配送。其优点是可以充分发挥各专业组织的优势，便于用户根据自身的利益选择配送企业，从而有利于形成竞争机制。这类配送主要适宜于小杂货配送、生产资料配送、食品配送、服装配送等。

专业综合配送是指将若干种相关的产品汇集在一起，由某一个专业组织进行配送。这是一种向用户提供比较全面服务的配送方式，可以很快备齐用户所需的各种物资，从而减轻用户的进货负担。通过采用专业设备、设施及操作程序，取得较好的配送效果并降低配送过分综合化的复杂程度及难度，从而追求配送合理化。

2. 推行加工配送

通过加工和配送结合，充分利用本来应有的这次中转，而不增加新的中转求得配送合理化。同时，加工借助于配送，加工目的更明确与用户联系更紧密，更避免了盲目性。这两者有机结合，投入不增加太多却可追求两个优势、两个效益，是配送合理化的重要经验。

3. 推行共同配送

共同配送是指对某一地区的用户进行配送不是由一个企业独自完成，而是由若干个配送企业联合在一起共同去完成。共同配送是在核心组织（配送中心）的同一计划、同一调度下展开的。通过共同配送可以以最近的路程、最低的配送成本完成配送，从而追求合理化。

4. 实行送取结合

配送企业与用户建立稳定、密切的协作关系，配送企业不仅成了用户的供应代理人，而且承担用户储存据点的作用，甚至成为产品代销人，在配送时，将用户所需的物资送到，再将该用户生产的产品用同一车运回，这种产品也成了配送中心的配送产品之一，或者作为代存代储，免去了生产企业库存包袱。这种送取结合，使运力充分利用，也使配送企业功能有更大的发挥，从而追求合理化。

5. 推行准时配送系统

准时配送是配送合理化的重要内容。配送做到了准时，用户才可以掌控资源，放心地实施低库存或零库存，有效地安排接货的人力、物力，以追求最高效率的工作。另外，保证供应能力，也取决于准时供应。从国外的经验看，准时供应配送系统是现在许多配送企业追求配送合理化的重要手段。

6. 推行即时配送

作为计划配送的应急手段，即时配送是最终解决用户企业担心断供之忧、大幅度提高供应保证能力的重要手段。即时配送是配送企业快速反应能力的具体化，是配送企业能力的体现。

即时配送成本较高，但它是整个配送合理化的重要保证手段。此外，用户要实行零库存，即时配送是重要手段保证。

第五节　配送中心

一、配送中心与物流中心

1. 物流中心的含义

国家标准《物流术语》对物流中心(Logistics Center)的定义为:从事物流活动且具有完善信息网络的场所或组织(面向快递业、运输业的称分拨中心)。应基本符合下列要求:

(1)主要面向社会提供公共物流服务;

(2)物流功能健全;

(3)集聚辐射范围大;

(4)存储、吞吐能力强,能为转运和多式联运提供物流支持;

(5)对下游配送中心客户提供物流服务。

2. 配送中心的含义

国家标准《物流术语》对配送中心(Distribution Center)的定义为:从事配送业务且具有完善信息网络的场所或组织。应基本符合下列要求:

(1)主要为特定的用户服务;

(2)配送功能健全;

(3)辐射范围小;

(4)多品种、小批量、多批次、短周期;

(5)主要为末端客户提供配送服务。

3. 物流中心与配送中心的区别

物流中心和配送中心是两种不同规模层次的物流结点。主要区别体现在以下几方面:

从功能上看:物流中心可单可全,而配送中心较为全面。

从辐射范围看:物流中心辐射范围大,而配送中心辐射范围小。

从物流的特点看:物流中心是少品种、大批量、少供应商,而配送中心是多品种、小批量、多供应商。

从服务的对象看:物流中心通常提供第三方物流服务,而配送中心一般为公司内部服务。

从流通货物来看:物流中心在某个领域综合性、专业性较强,具有这个领域的专业性。配送中心则主要面向城市生活或某一类型生产企业,其专业性很强。

从结点功能来看:物流中心的功能健全,具有一定的存储能力和调节功能。而配送中心的功能较为单一,以配送功能为主、存储功能为辅。

从在供应链的位置看:物流中心在配送中心的上游,而配送中心在物流中心的下游;

4. 物流中心与配送中心的联系

物流中心通常是指综合性的物流场所,它可以具备配送中心的功能,又可以具有货物运输中转功能。此外,从产权上讲,配送中心通常是属于某一企业,即专为某一或某几家企业服务。而物流中心则通常是独立的企业，它提供社会化的物流服务，同时它们都有保管和保养物品的功能以及其他相同的功能，只是程度、强弱的不同。此外，物流中心和配送中心是由仓库发展、派生而成的。

二、配送中心分类

(一)按照配送中心承担的流通职能划分

1.供应型配送中心

供应型配送中心是指配送中心执行供应的职能，专门为某个或某些用户(如连锁店、联合公司)组织供应的配送中心。例如，为大型连锁超级市场组织供应的配送中心；代替零件加工厂送货的零件配送中心，使零件加工厂对装配厂的供应合理化。供应型配送中心的主要特点是：配送的用户有限并且稳定，用户的配送要求范围也比较确定，属于企业型用户。因此，配送中心集中库存的品种比较固定，配送中心的进货渠道也比较稳固，同时，可以采用效率比较高的分货式工艺。

2.销售型配送中心

销售型配送中心是指配送中心执行销售的职能，以销售经营为目的，以配送为手段的配送中心。销售配送中心大体有三种类型：第一种是生产企业为本身产品直接销售给消费者的配送中心，在国外，这种类型的配送中心很多。第二种是流通企业作为本身经营的一种方式，建立配送中心以扩大销售，我国目前拟建的配送中心大多属于这种类型，国外的例证也很多。第三种是流通企业和生产企业联合的协作性配送中心。比较起来看，国外和我国的发展趋向，都向以销售配送中心为主的方向发展。

销售型配送中心的用户一般是不确定的，而且用户的数量很大，每一个用户购买的数量又较少，属于消费者型用户。这种配送中心很难像供应型配送中心一样，实行计划配送，计划性较差。

销售型配送中心集中库存的库存结构也比较复杂，一般采用拣选式配送工艺。销售型配送中心往往采用共同配送方法才能够取得比较好的经营效果。

(二)按照配送中心的配送领域划分

1.城市配送中心

城市配送中心是指以城市范围为配送范围的配送中心，由于城市范围一般处于汽车运输的经济里程，这种配送中心可直接配送到最终用户，且采用汽车进行配送。所以，这种配送中心往往和零售经营相结合，由于运距短，反应能力强，因而从事多品种、少批量、多用户的配送较有优势。我国已建的“北京食品配送中心”就属于这种类型。

2.区域配送中心

区域配送中心是指以较强的辐射能力和库存准备，向省(州)际、全国乃至国际范围的用户配送的配送中心。这种配送中心配送规模较大，一般而言，用户也较大，配送批量也较大，而且，往往是配送给下一级的城市配送中心，也配送给营业所、商店、批发商和企业用户，虽然也从事零星的配送，但不是主体形式。这种类型的配送中心在国外十分普遍，如《国外物资管理》杂志曾介绍过的阪神配送中心、美国马特公司的配送中心、蒙克斯帕配送中心等。

(三)按配送中心功能不同划分

1. 储存型配送中心

储存型配送中心是有很强储存功能的配送中心，一般来讲，在买方市场下，企业成品销售需要有较大库存支持，其配送中心可能有较强储存功能；在卖方市场下，企业原材料、零部件供应需要有较大库存支持，这种供应配送中心也有较强的储存功能。大范围配送的配送中心，需要有较大库存，也可能是储存型配送中心。

我国目前拟建的一些配送中心，都采用集中库存形式，库存量较大，多为储存型。

瑞士 GIBA-GEIGY 公司的配送中心拥有世界上规模居于前列的储存库，可储存 4 万个托盘；美国赫马克配送中心拥有一个有 163000 个货位的储存区，可见存储能力之大。

2. 流通型配送中心

流通型配送中心是指基本上没有长期储存功能，仅以暂存或随进随出方式进行配货、送货的配送中心。这种配送中心的典型方式是，大量货物整进并按一定批量零出，采用大型分货机，进货时直接进入分货机传送带，分送到各用户货位或直接分送到配送汽车上，货物在配送中心里仅做少许停滞。日本的阪神配送中心，中心内只有暂存，大量储存则依靠一个大型补给仓库。

3. 加工配送中心

加工配送中心是指配送中心具有加工职能，根据用户的需要或者市场竞争的需要，对配送物进行加工之后进行配送的配送中心。在这种配送中心内，有分装、包装、初级加工、集中下料、组装产品等加工活动。许多资料都指出了配送中心的加工职能，但是加工配送中心的实例，目前见到不多。我国上海市和其他城市已开展的配煤配送，配送点中进行了配煤加工，如上海六家船厂联建的船板处理配送中心、原物资部北京剪板厂；世界著名连锁饮食服务店肯德基和麦当劳的配送中心；以及在工业、建筑领域的混凝土搅拌站，均属于这种类型的配送中心。

三、配送中心的功能

1. 集货

为了满足门店“多品种、小批量”的要货和消费者要求在任何时间都能买到所需的商品，配送中心必须从众多的供应商那里按需要的品种较大批量地进货，以备齐所需商品，此项工作称为集货。

2. 储存

利用配送中心的储存功能，可有效地组织货源，调节商品的生产与消费、进货与销售之间的时间差。虽然配送中心不是以储存商品为目的，但是为了保证市场的需求，以及配货、流通加工等环节的正常运转，也必须保持一定的库存。这种集中储存，较之商场“前店后库”的分散储存，可大大降低库存总量，增强促销储存，增强促销调控能力。这就是为什么连锁超市一定要在达到相当规模时，才能获得良好效益的缘故。由于配送中心按照网点反馈的信息，及时组织货源，始终保持最经济的库存量，从而既保证了门店的要货，将缺品率降到最低点，又减少了流动资金的占用和利息的支付。所以，降低商品的周转期，是配送中心获取效益的重要手段之一。

3. 拣选

在品种繁多的库存中，根据门店的订货单，将所需品种、规格的商品，按要货量挑选出来，并集中在一起，这种作业称为拣选。商品的拣选工作在现代物流中占有重要地位。这是因为现代化配送中心要求迅速、及时、正确无误地把订货商品送到门店。而规模较大的配送中心往往是门店数和商品的种类十分繁多，如百货批发商的配送中心，商品品种可达十几万种，门店遍及全国，甚至世界各地；客户要货的批量又十分零星(有的甚至要开箱拆零)；要货时间十分紧迫，必须限期送到；总的配送量又很大。在这种情况下，货物的拣选已成为一项复杂而繁重的作业，商品的拣选技术也成为现在物流技术发展的一个亮点。

4. 流通加工

流通加工是物品在从生产领域向消费领域流动的过程中，为了促进销售、维护产品质量和提高物流效率，而对物品进行的加工。例如，以往所有商品均由批发商、制造商向商店直送，店内的验货工作极其繁重，操作人员要花大量时间来验货、交接。有了配送中心，可以把验货工作集中转移给配送中心承担。又如，配送中心可根据各商店的不同需求，按照销售批量大小，直接进行集配分货，可拆包分装、开箱拆零。在配送中心供应零售商的商品中，有一部分十分零星而且品种繁多，需拆箱组配后再拼箱。再如，以食品为主的连锁超市配送中心，还增加了食品加工的功能，设有肉、鱼等生鲜食品的切分、洗净、分装等小包装生产流水线，并在流通过程的储存、运输等环节进行温度管理，建造冷藏和冷冻供货系统，直接产生经济效益。

5. 分拣

在配送中心里，按照门店(或客户)的订货单，把库存商品拣选后分别集中待配送，这就是连锁超市配送中心分拣作用的任务。在商品批次很多、批量极零星、客户要货时间很紧，而且物流量又很大的情况下，分拣任务十分繁重，成为不可缺少的一个环节。近二三十年来，随着市场经济的发展，已由卖方市场向买方市场转移。商品趋于"短小轻薄"，流通趋于小批量、多品种和及时制(Just in Time)，配送中心的商品分拣任务十分艰巨，分拣系统成为一项重要的物流设施。

6. 配送

按客户的订货要求，进行分货、配货作业，并将配好的商品送交收货人。与运输相比，配送通常是在商品集结地——物流据点，完全按照客户对商品种类、规格、品种搭配、数量、时间、送货地点等各项要求，进行分拣、配货、集装、合装整车、车辆调度、路线安排的优化等一系列工作，再运送给客户的一种特殊的送货形式。配送是有不同于旧送货的现代特征。它不单是送货，在活动内容中还有"分货"、"配货"、"配车"等项工作，必须有发达的商品经济以及现代的交通运输工具和经营管理水平；配送是分货、配货、送货等活动的有机结合体，同时还和订货系统紧密相连，这就必须依赖现代信息的作用，使配送系统得以建立和完善，变成为一种现代化的营销方式。配送完善了输送及整个物流系统，大大提高了物流的作用和经济效益；通过配送中心的集中库存使连锁商场实现了低库存或零库存，有利于降低供货的缺品率。

7. 信息处理

配送中心有相当完整的信息处理系统，能有效地为整个流通过程的控制、决策和运转提供依据。无论在集货、储存、拣选、流通加工、分拣、配送等一系列物流环节的控制,还是在物流管理和费用、成本、结算方面,均可实现信息共享。而且,配送中心与销售商店建立信息直接交流,可及时得到商店的销售信息,有利于合理组织货源,控制最佳库存。同时,还可将销售和库存信息迅速、及时地反馈给制造商,以指导商品生产计划的安排。配送中心成了整个流通过程的信息中枢。

第六节 配送中心规划设计

一、配送中心设计原则

1.系统工作原则

配送中心的工作包括验货、搬运、储存、装卸、分拣、配货、送货、信息处理以及与供应商、配送点的连接。如何使各环节之间均衡、协调地运转是极为重要的,关键是做好物流量的分析和预测,把握物流的最合理流程。由于运输的路线和物流据点交织成网络,配送中心的选址也非常重要。

配送中心的选址,应符合城市规划和商品储存安全的要求,适应商品的合理流向,交通便利,具有良好的运输条件、区域环境和地形、地质条件,具备给水、排水、供电、道路、通信等基础设施。

(1)为了提高物流服务水平和降低物流配送成本,配送中心应尽可能设在客户分布地区附近。

(2)交通条件:配送中心应尽量选择在交通方便的高速公路、国道及快速干线附近。通常都选址在环状公路与干线公路或铁路的交汇点附近,并充分考虑商品运输的区域化、合理化。特别是大型的配送中心,应具备大型集装箱运输车辆进出的条件,包括附近的桥梁和道路。

(3)土地条件:应尽可能选择在仓储区和物流园区或者工业区。

(4)自然条件:要考虑湿度、盐分、降雨量、台风、地震、河流等自然条件。服饰产品或3C产品等对湿度及盐分非常敏感。

(5)人力资源条件:配送中心劳动力的来源、上班交通、薪资水平等。

(6)行政条件:包括征地的难度、当地的产业政策和城市发展总体规划等。

此外,还应分析服务对象。例如,连锁超市公司的门店目前分布的情况和将来布局的预测以及配送区域范围。往往先初定若干个候选地点,然后采用数值分析法,谋求配送成本最低的地点。

2.价值工程原则

在激烈的市场竞争中,配送的及时准点和缺货率低等方面的要求越来越高;而在满足服务高质量的同时,又必须考虑物流成本。特别是建造配送中心耗资巨大,必须对建设项目进行可行性研究,并作多方案的技术、经济比较,以求最大的企业效益和社会效益。

3.尽量实现工艺、设备、管理科学化的原则

近年来,配送中心均广泛采用电子计算机进行物流管理和信息管理,大大加速了商品的

流转，提高了经济效益和现代化管理水平。同时，要合理地选择、组织、使用各种先进的机械化、自动化物流设备，以充分发挥配送中心多功能、高效益的特点。

4. 发展的原则

规划配送中心时，无论是建筑物、信息处理系统的设计，还是机械设备的选择，都要考虑到有较强的应变能力，以适应物流量扩大、经营范围的拓展。在规划设计第一期工程时，应将第二期工程纳入总体规划，并充分考虑扩建时对业务工作的需要。

二、配送中心规划要素

配送中心的规划要素就是影响配送中心系统规划的基础数据和背景资料，主要包括如下几个方面：

E－Entry：指配送的对象或客户。

I－Item：指配送货品的种类。

Q－Quantity：指配送货品的数量或库存量。

R－Route：指配送的通路。

S－Service：指物流服务水平。

T－Time：指物流的交货时间。

C－Cost：指配送货品的价值或建造的预算。

1. 配送的对象或客户——E

配送中心的服务对象或客户不同，配送中心的订单形态和出货形态也会有很大差别。例如，为生产线提供JIT配送服务的配送中心和为分销商提供服务的配送中心，其分拣作业的计划、订单传输方式、配送过程的组织将会有很大的区别；而同是销售领域的配送中心，面向批发商的配送和面向零售商的配送，其出货量的多少和出货的形态也有很大不同。

2. 配送的货品种类——I

在配送中心所处理的货品品项数差异性非常大，多则上万种以上，如书籍、医药及汽车零件等配送中心；少则数百种甚至数十种，如制造商型的配送中心；由于品项数的不同，则其复杂性与困难性也有所不同；例如所处理的货品品项数为1万种的配送中心与处理货品品项数1000种的配送中心是完全不同的，其货品储放的储位安排也完全不同。

另外，在配送中心所处理的货品种类不同，其特性也完全不同。如目前比较常见的配送货品有食品、日用品、药品、家电品、3C货物、服饰货物、录音带货物、化妆品、汽车零件及书籍货物等。它们分别有其货品的特性，配送中心的厂房硬件及物流设备的选择也完全不同。例如食品及日用品的进出货量较大，而3C货物的货品尺寸大小差异性非常大，家电货物的尺寸较大。

3. 货品的配送数量或库存量——Q

这里Q包含两个方面的含义：一是配送中心的出货数量，二是配送中心的库存量。

货品出货数量的多少和随时间的变化趋势会直接影响到配送中心的作业能力和设备的配置。例如一些季节性波动、年节的高峰等问题，都会引起出货量的变动。

配送中心的库存量和库存周期将影响到配送中心的面积和空间的需求。因此，应对库存量和库存周期进行详细的分析。一般进口商型的配送中心因进口船期的原因，必须拥有较长的库存量(约2个月以上);而流通型的配送中心,则完全不需要考虑库存量,但必须注意分货的空间及效率。

4.物流通路——R

物流通路与配送中心的规划也有很大的关系。常见的几种通路模式如下:

工厂→配送中心→经销商→零售商→消费者

工厂→经销商→配送中心→零售商→消费者

工厂→配送中心→零售店→消费者

工厂→配送中心→消费者

因此,规划配送中心之前首先必须了解物流通路的类型,然后根据配送中心在物流通路中的位置和上下游客户的特点进行规划,才不会造成失败的案例。

5.物流的服务水平——S

一般企业建设配送中心的一个重要的目的就是提高企业的物流服务水平,但物流服务水平的高低恰恰与物流成本成正比,也就是物流服务品质愈高则其成本也愈高;但是站在客户的立场而言,希望以最经济的成本得到最佳的服务;所以原则上物流的服务水准,应该是合理的物流成本之下的服务品质,也就是物流成本不会比竞争对手高,而物流的服务水准比他高一点即可。

物流服务水平的主要指标包括订货交货时间、货品缺货率、增值服务能力等。应该针对客户的需求,制定一个合理的服务水准。

6.物流的交货时间——T

在物流服务品质中物流的交货时间非常重要,因为交货时间太长或不准时都会严重影响零售商的业务,因此交货时间的长短与守时成为评估物流业者的重要项目。

所谓物流的交货时间,是指从客户下订单开始,订单处理、库存检查、理货、流通加工、装车以及卡车配送到达客户手上的这一段时间。物流的交货时间依厂商的服务水准不同,可分为2小时、12小时、24小时、2天、3天、1星期送达等几种。同样的物流,交货时间愈短则其成本也会愈高,因此最好的水准约为12~24小时,稍微比竞争对手好一点,但成本又不会增加。

7.配送货品的价值或建造的预算——C

在配送中心规划时除了考虑以上的基本要素外,还应该注意研究配送货品的价值和建造预算。首先,配送货品的价值与物流成本有很密切的关系,因为在物流的成本计算方法中,往往会计算它所占货品的比例,因此如果货品的单价高则其百分比相对会比较低,则客户比较能够负担得起;如果货品的单价低则其百分比相对会比较高,则客户负担感觉会比较高。另外,配送中心的建造费用预算也会直接影响到配送中心的规模和自动化水准,没有足够资金投入,所有理想的规划都是无法实现的。

三、配送中心的总体规划设计

配送中心的总体规划设计是在物流系统工艺设计的基础上进行的。由于配送中心具有收货验货、库存保管、拣选分拣、流通加工、信息处理以及采购组织货源等多种功能,故一般占地多,建筑规模大。配送中心的总体设计必须重点解决下列几个方面的问题。

1. 总体规模的确定

进行总体设计时，要根据业务量、业务性质、内容、作业要求确定总体规模。这是一项复杂而又十分关键的工作。

首先，要预测物流量，包括历年业务经营的大量原始数据分析，以及根据企业发展的规划和目标进行的预测。在确定配送中心的能力时，要考虑商品的库存周转率、最大库存水平。通常以备齐商品的品种作为前提，根据对商品进行 ABC 分类分析，通常做到 A 类商品备齐率达到 100%、B 类商品为 95%、C 类商品为 90%，由此来确定配送中心的平均储存量和最大储存量。

其次，要根据规范服务和经验，确定单位面积的作业量定额，从而确定各项物流活动所需的作业场所面积。例如，储存型仓库比流通型仓库的保管效率高，即使使用叉车托盘作业，储存型仓库的走道占仓库面积也在 30%以下，而流通型仓库往往要占到 50%。同时，应避免一味追求储存率高而造成理货场堵塞、混杂等现象，以致无法达到配送中心要求周转快、出货迅速的目标。根据实践经验，配送中心各作业区的单位面积作业量定额，如表 6-4 所示。

表 6-4　配送中心各类型作业区作业量定额分布

作业区名称	单位作业面积作业量(吨/平方米)
收货验货区	0.2～0.3
分拣作业区	0.2～0.3
储存保管作业区	0.7～0.9
配送理货作业区	0.2～0.3

辅助生产建筑的面积为配送中心建筑面积的 5%～8%，办公、生活用房建筑面积约为配送中心总建筑面积的 5%左右。

这样，配送中心总的建筑面积已大体确定。再根据城市规划部门对建筑覆盖率和建筑容积率的规定，可估算出配送中心的占地面积。单层配送中心的建筑覆盖率不宜超过 50%，否则，配送中心库区内的车流密度会过大。

2. 总平面布置

配送中心库区的总平面布置应根据其使用特点进行设计，在满足防火安全间距的原则下，做到布置紧凑合理，交通运输线路短捷，商品出入方便。

配送中心的车流量很大。一个日处理量达 10 万箱商品的配送中心每天的车流量约为 500 辆次；而实际上，送货、发货的车辆大多集中在几个时间带(即高峰时间)。因此，道路、停车场地及车辆运行路线的设计显得尤为重要。可以说，配送中心总体设计的成败，很大程度上取决于车流规划的合理与否。配送中心的设计必须包括“车流行驶线路布置图”。

为了保证配送中心内车辆行驶秩序井然，不少配送中心还规定了大型卡车、中型卡车、乘用小车的出入口以及车辆行驶路线。配送中心内部的车道必须设计成环状，不应出现尽端式回车场；大中型配送中心应考虑设置两个以上的出入口，一般采用“单向行驶、分门出入”的原则；有条件的地方，车辆实行单向行驶；库区内车道还应结合消防通道进行布置。

配送中心的主要道路宽度通常为 4 车道，甚至 6 车道。主要车道的最小转弯半径一般采用 9～12 米；若考虑大型集装箱车进出，最小转弯半径不宜小于 15 米。大中型配送中心的道路承载荷载一般可按汽车－20 级（20～30 吨的汽车）计算，行驶大型集装箱车和载重 6 吨以上卡车的道路，还应验算路面的强度。

3. 作业站台与停车场地

停车场地是配送中心的主要设施，应根据配送中心的车流情况，设置足够的停车车位和装卸场地。合理布置和设计配送中心的收发货站台及停车作业场地，也是配送中心总体设计的重要课题。由于货主和运输质量的要求很高，运货卡车多为箱型车。为了减少装卸搬运环节、实现省力化作业，配送中心通常采用与车厢抱垫板等高的站台；多数站台在车位前设置机动升降平台或斜坡，以适应不同高度的卡车。卡车停靠时，均尾部就位，进行装卸作业。

车位数的确定应与商品的吞吐量适应。由卡车到达配送中心的高峰时间带、停靠站台装卸作业所需时间、允许等候的时间等因素决定。通常，按照"等待排队理论"、运用计算机模拟来确定所需的停靠车位数。配送中心的停靠车位大多与车道合为一体，道路的总宽度一般在 25 米以上。

4. 配送中心的内部布局

为了实现配送中心的流程规划和设计，需要对配送中心内部设备、设施的位置进行布局和规划。配送中心虽然是在一般中转仓库基础上演化和发展起来的，但配送中心内部结构和布局与一般仓库有较大的不同。一般配送中心的内部工作区域结构配置如下。

(1)接货区。在这个作业区内，工作人员须完成接收货物的任务和货物入库、拣选之前的准备工作，如卸货、检验、分拣等工作。因货物在接货区停留的时间不太长，并且处于流动状态，故接货区的面积相对来说都不算太大。它的主要设施有铁路(或公路)专用线、卸货站台和验货场区。

(2)储存区。在这个作业区里存储或分类存储着经过检验后的货物。由于所进货物需要在这个区域内停留一段时间，并且要占据一定的位置，因此相对而言，储存区所占的面积比较大。在许多配送中心，这个作业区大体上要占整个作业区面积的一半左右，个别配送中心(如煤炭、水泥配送中心)的储存区面积甚至要占配送中心总面积的一半以上。

(3)理货区。理货区是配送中心的工作人员进行拣货和配货作业的场所。其面积大小因配送中心的类型不同而异。一般说来，拣选和配货工作量较大的配送中心(或者说，向多家用户配送多种商品且按照少批量、多批次方式配送商品的配送中心)，其理货区的面积都比较大；反之，拣选及配货任务不太大的配送中心，其理货区所占的面积也不大。

(4)分放、配装区。由于种种原因，有些分拣出来并配备好的货物不能立即装车发送，而是需要集中在某一场所等待统一发运，这种放置和处理待发送货物的场地就是分放配装区。在配装区内，配送中心的工作人员要根据每个货主的货物数量进行分放、配车和选择装运方式(单独装运还是混载同运)。因在配装区内货物转瞬即出、停留的时间不长，所以，货位所占的面积不大。相对而言，配装区的面积要比储存区小得多。

(5)发货区。发货区是工作人员将组配好的货物装车外运的作业区域。从布局和结构上看，发货区和进货区类似，也是由运输货物的线路和接载货车的站台、场地等组成的。所不同的是，发货区位于整个作业区的末端，而进货区位于首端。

(6)加工区。有很多从事加工作业的配送中心，在结构上除了设置一般性的作业区以外，还设有配送货加工区。在这个区域内，配备着加工设备，如剪床、锯床、打包机、配煤生产线等。一般而言，加工区在配送中心所占面积较大，但设施及装置随加工种类不同而有所区别。

(7)管理指挥区(办公区)。管理指挥区域可以集中规划在配送中心某一位置上，有时也可以分散设置于各个不同区域中。其主要有营业及事务处理场所、内部指挥管理场所、信息场所等。

四、配送中心的选址

(一)配送中心布局原理

现实的配送中心的分布，对配送中心的经济活动有很大的影响，配送中心一旦建成，就需要利用各种规划的技术和方法，以较低的成本完成向用户的配送。但是配送中心的分布现状，假如难以和用户进行有效衔接，配送中心的活动便会受到很大的抑制。国内外都有不少例子，证实了配送中心、仓库、转运站乃至生产工厂，由于分布不合理导致失败的结果。

为了追求配送中心的合理分布，需要在它未形成之前，规划它的布局。要根据现状和发展的预期，确定配送中心应当如何布局，在特定条件下又如何确定一个配送中心的位置。

配送中心的布局受多方面因素的影响和制约，是一项复杂的系统工程。解决这个问题可以辅助一些数学的、实证的方法，单纯提供一种数学方法来确定配送中心的布局，是许多书本上常见的方法，这固然有一定的参考价值，但不能完全作为决策的依据。配送中心布局考虑的原则主要有如下方面：

(1)动态性原则。考虑配送中心的布局，绝不宜将环境条件和影响因素绝对化，配送中心许多有关影响因素都是变化着的：其一，用户是变化的，用户量有增减变化，用户中选择该配送中心的用户数量也随用户对市场的选择而变化，用户的需求也有变化；其二，交通条件有变化；其三，成本和价格因素有变化。

这种动态因素如果在规划配送中心布局时考虑不够或不予以考虑，配送中心布局一旦实现，就会出现不能满足配送要求或配送需求不足的情况。从动态原则出发，配送中心应当建立在详细分析现状及对未来变化做出预期的基础上，并且配送中心的规划设计要有相当的柔性，以在一定范围内能适应数量、拥护、成本等多方面的变化。

(2)竞争原则。配送活动是接近用户的服务性非常强的活动，因此，用户的选择必将引起配送服务的竞争。如果不考虑这种市场机制，而单纯从路线最短、成本最低、速度最快等角度考虑问题，一旦布局完成，便剥夺了用户的选择，会导致垄断的形成和配送服务质量的下降。基于竞争的原则，配送中心的布局要充分体现服务性，如果这方面考虑不足，一旦布局之后也会由于服务性不够而在竞争中失败。

(3)低运费原则。配送中心必须组织对用户的配送运输，因而运费原则极具特殊性。这也是竞争原则在运费方面的具体体现。由于运费和运距有关，所以低运费原则常常简化成最短距的问题，用各种数学方法求解出配送中心与预计供应点与预计用户之间的最短理论距离或最短实际距离，以作为配送中心布局的参考。

由于运费与运量有关，最短距离的求解并不能表明各供应点及用户的运量，所以，即使求解出最短距离，也不等于掌握了最低运费。因此，最低运费原则又可以转化成运量（吨或吨公里）来简化表示，也可通过数学方法求解。但是，在市场机制作用下，各个点的数量肯定是变化的，不会像供应点、用户位置那样固定不变，所以这种简化也只做布局的参考。

(4)交通原则。配送中心的主要活动，一方面在配送中心内部，这有赖于配送中心的设计及工艺装备；另一方面配送中心的配送活动领域远在中心之外的一个辐射地区，这一活动则需依赖于交通条件，这也是配送中心布局的一个特殊原则。应该说，竞争原则和低运费原则的实现和交通条件关系密切，也要通过交通条件实现。交通原则的贯彻有两方面：一方面，布局时要考虑现有交通条件；另一方面，布局配送中心时，交通作为同时布局的内容，只布局配送中心而不布局交通，有可能会使配送中心的布局失败。

(5)统筹的原则。配送中心的层次、数量、布局是与生产力布局，与消费布局等密切相关的，互相交织且互相促进制约的。设定一个非常合理的配送中心布局，必须统筹兼顾，全面安排，既要做微观的考虑，又要做宏观的考虑。

(二)配送中心布局的经济论证

配送中心布局及选址问题的经济论证，目前国内外尚未形成有如工业企业建设那样的完整的经济论证方法，和工业企业建设比较，配送中心由于没有固定产量的产品，因而其收益很难确知。和一般的商业企业一样，配送中心的收益取决于经营，因而计量性很差。在这种情况下，经济论证的准确程度较差。但是，配送中心的建设，尤其是大型配送中心的建设需要较大规模的投资，经济论证是必不可少的。

1.投资额的确定

(1)预备性投资。配送中心是占地较大的项目，且配送中心和仓库不同之处在于，配送中心应处于与用户接近的最优位置，因此在基本建设主体投资之前，需有征地、拆迁、市政、交通等预备性投资，这是一笔颇大的投资，尤其在一些准黄金地域，这项投资甚至可超过总投资的50%。

(2)直接投资。用于配送中心项目主体的投资，如配送中心各主要建筑物建设、配送中心的货架、叉车、分拣设备的购置及安装费，信息系统的购置安装费，配送中心自有车辆的购置费等。

(3)相关投资。不同地区与基本建设及未来经营活动有关的诸如燃料、水、电、环境保护等都需要有一定的投资，在有些地区，相关投资可能很大，如果只考虑直接投资而忽视相关投资，投资的估计可能发生失误。

(4)运营费用。不同配送中心给予选址、布局的问题，也取决于配送产品、配送方式和用户状况，并且运营费用会有较大差别，这是在布局时考虑投资所必须重视的。有时候可能出现这样的局面，建设投资虽低，但运营费用高，再投资中如果不考虑运营费用，则往往会出现判断不准。

2.投资效果分析和确定

配送中心的布局及选址必须在准确掌握投资额度之后，确认其投资效果，而且以投资效果来做最后决策。

投资效果问题，归根结底是对投资收益的估算。前面已提到，配送中心和一般产品生产企业的很大区别在于，它没有一定数量、一定质量、一定价格的产品，因而收益的计量性模糊，灰色因素较大。此外，经营活动中，人的因素等不确定因素很大，配送中心虽然内部流程已颇似一条生产线。但终究和生产工艺不同，它的稳定性与确定工艺、确定装备的生产工艺相比相差甚远，所以在收益计量上有一定困难。所以，在计算收益时，需要对用户、市场占有率等若干方面做不同层次的估计，分别形成不同方案进行比较。

在配送中心有多种选择和多种设计方案时，也需要在方案间进行比较。就配送中心而言，比较的方法采用价值工程等模糊的方法作出全面权衡为好。在特定条件下，布局及选址可以利用线性规划方法，在诸多可计量约束条件下，求解目标函数的最大或最小值以此确定数学上的最优解，进一步做决策依据。就配送中心布局和选址而言，往往以总投资限额、总投资最低、运营成本最低货配送运费最低为目标建立数学模型求解。

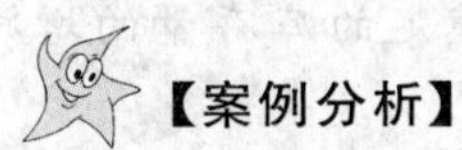

【案例分析】

沃尔玛的配送运作简介

一、背景介绍

沃尔玛公司的总部在阿肯色州的一个小城市本顿维尔，本顿维尔市现在人口大约是2万人。沃尔玛的最早创始人山姆·沃尔顿在1962年开设了第一家沃尔玛商场，而配送中心一直到1970年才成立，现在沃尔玛的配送中心已经有了超过30年的历史，第一配送中心供货给4个州32个商场。沃尔玛的总部就在这个配送中心之中，沃尔玛公司的总部也就是沃尔玛第一配送中心。在不断增长扩大的过程当中，沃尔玛虽然也建立了一些新的配送中心，但是沃尔玛的总部仍然是在阿肯色州本顿维尔市的配送中心附近。

到2002年，美国有1800多家沃尔玛商场。沃尔玛商场是一个比较常规的、提供商品的商场，它以比较低廉的价格提供人们日常用品。除了商场之外，沃尔玛还有一类沃尔玛超级中心，这是在过去8年中才开发出来的。沃尔玛公司有721个这样的超级中心，这些超级中心是由规模较大的商场及附近一些小的副食店加在一起而形成的。它有一些比较常规的日常用品，同时也卖一些食品。将这些结合在一起，沃尔玛就可以为顾客提供一站式的消费服务。这样，顾客来到这个商场中就可以买到所有东西，这是沃尔玛业务增长的一个模式。在中国是这样，在国际上的其他地方也是这样，而且沃尔玛认为美国未来的商场也应当是这样的。

从国际范围讲，沃尔玛在阿根廷、巴西、加拿大、中国、德国、韩国、墨西哥、英国都有很多店铺。沃尔玛1999年在物流方面的投资是1600亿美元，因为当时的业务还要继续增长1900亿美元，所以在物流方面的投资也要同时增长，因此沃尔玛将从现有的销售额中提取250亿美元，非常集中地用于配送中心建设。我们只要对过去几年中沃尔玛的发展情况进行了解，就会明白进行配送在沃尔玛公司中的重要性，就会明白为什么沃尔玛要花费这么大的精力在物流方面进行投资。

二、配送中心

沃尔玛的集中配送中心是相当大的，而且都位于一楼。配送中心之所以都在一楼，是因为沃尔玛希望产品能够滚动，希望产品能够从一个门进另一个门出。如果有电梯或其他物体，就会阻碍流动过程。因此，沃尔玛都是以一个非常巨大的地面建筑作为配送中心。沃尔玛使用一些传送带，让这些产品能够非常有效地流动，对它处理不需要重复进行，都是一次性的。采用传送带，运用无缝连接形式，就可以尽可能降低成本。沃尔玛所有的系统都是基于一个 Unix 的配送系统，并采用传送带，采用非常大的开放式的平台，还采用产品代码，以及自动补发系统和激光识别系统，所有的这些加在一起为沃尔玛节省了相当多的成本。

配送中心的职能是：

(1)转运。沃尔玛把大型配送中心所进行的商品集中以及转运配送的过程叫转运，大多是在一天当中完成进出作业。

(2)提供增值服务。沃尔玛配送中心还提供一些增值服务，例如在服装销售前，需要加订标签，为了不损害产品的质量，加订标签需要在配送中心采用手工进行比较细致的操作。

(3)调剂商品余缺，自动补进。每个商品都需要一定的库存，比如软饮料、尿布等。在沃尔玛的配送中心可以做到这一点，每一天或者每一周它们根据这种稳定的库存量的增减来进行自动的补进。这些配送中心可以保持 8000 种产品的转运配送。

(4)订单配货。沃尔玛配送中心在对于新商场开业的订单处理上，采取这样的方法：在这些新商场开业之前，沃尔玛要对这些产品进行最后一次的检查，然后运输到这些新商场，沃尔玛把它称为新商场开业的订单配货。

三、沃尔玛配送体系的特色

沃尔玛公司作为全美零售业年销售收入位居第一的著名企业，素以精确掌握市场、快速传递商品和最好地满足客户需要著称，这与沃尔玛拥有自己庞大的物流配送系统并实施了严格有效的物流配送管理制度有关，因为它确保了公司在效率和规模成本方面的最大竞争优势，也保证了公司顺利地扩张。沃尔玛现代化的物流配送体系，表现在以下几个方面：

(1)设立运作高效的配送中心。在建立沃尔玛折扣百货公司之初，沃尔玛公司就意识到有效的商品配送是保证公司达到最大销售量和最低成本的存货周转及费用的核心。而唯一使公司获得可靠供货保证及提高效率的途径就是建立自己的配送组织，包括送货车队和仓库。配送中心的好处不仅使公司可以大量进货，而且通过要求供应商将商品集中送到配送中心，再由公司统一接收、检验、配货、送货。

(2)采用先进的配送作业方式。

(3)沃尔玛在配送运作时，大宗商品通常经铁路送达配送中心，再由公司卡车送达商店。每店每周收到 1～3 卡车货物，60％的卡车在返回配送中心的途中又捎回沿途从供应商处购买的商品，这样的集中配送为公司节约了大量的资金。

(4)实现配送中心自动化的运行及管理。沃尔玛配送中心的运行完全实现了自动化。每种商品都有条码，通过几十千米长的传送带传送商品，激光扫描器和电脑追踪每件商品的储存位置及运送情况，每天能处理 20 万箱的货物配送。

(5)具有完善的配送组织结构。沃尔玛公司为了更好地进行配送工作，非常注意从自己企业的配送组织上加以完善。其中一个重要的举措便是公司建立了自己的车队进行货物的配送，以保持灵活性和为一线商店提供最好的服务。这使沃尔玛享有极大竞争优势，其运输成本也总是低于竞争对手。

四、沃尔玛物流配送体系的运作

1. 注重与第三方物流公司形成合作伙伴关系

在美国本土，沃尔玛做自己的物流和配送，拥有自己的卡车运输车队，使用自己的后勤和物流方面的团队。但是在国际上的其他地方，沃尔玛就只能求助于专门的物流服务提供商了，飞驰公司就是其中之一。飞驰公司是一家专门提供物流服务的公司，它在世界上的其他地方为沃尔玛提供物流方面的支持。飞驰成为沃尔玛大家庭的一员，并百分之百献身于沃尔玛的事业，飞驰公司同沃尔玛是一种合作伙伴的关系，它们共同的目标就是努力做到最好。

2. 挑战“无缝点对点”物流系统

为顾客提供快速服务。在物流方面，沃尔玛尽可能降低成本。为了做到这一点，沃尔玛给自己提出了一些挑战。其中的一个挑战就是要建立一个“无缝点对点”的物流系统，能够为商店和顾客提供最迅速的服务。这种“无缝”的意思指的是，使整个供应链达到一种非常顺畅的链接。

3. 自动补发货系统

沃尔玛之所以能够取得成功，还有一个很重要的原因是因为沃尔玛有一个自动补发货系统。每一个商店都有这样的系统，包括在中国的商店。它使得沃尔玛在任何一个时间点都可以知道，目前某个商店中有多少货物，有多少货物正在运输过程中，有多少是在配送中心等。同时补发货系统也使沃尔玛可以了解某种货物上周卖了多少，去年卖了多少，而且可以预测将来的销售情况。

4. 零售链接系统

沃尔玛还有一个非常有效的系统，叫做零售链接系统，可以使供货商们直接进入到沃尔玛的系统。任何一个供货商都可以进入这个零售链接系统中来了解他们的产品卖得怎么样，昨天、今天、上一周、上个月和去年卖得怎么样，可以知道这种商品卖了多少，而且可以在24小时内就进行更新。供货商们可以在沃尔玛公司每一个店当中，及时了解到有关情况。

五、骄人的业绩

2001年、2002年，沃尔玛连续成为美国《财富》杂志的榜首。这使沃尔玛公司不仅成为零售业的奇迹，而且成为世界经济的奇迹。美国沃尔玛之所以能取得如此好的成绩，与它的物流运作体系是分不开的。

(1)有统一明确的配送目标。沃尔玛配送各部门各职员都能根据自己的任务准确高效地完成作业，并向下一作业环节推进，不管是人工作业还是自动化作业，整个流程协调一致形成一个有机整体，共同完成配送任务。

(2)配送体系有高度的灵活性。沃尔玛的配送体系能利用信息系统的配送数据进行预测，能实现多品种、少批量商品的及时送达，并注意减少库存，节约物流费用，实现效益最大化。

(3)沃尔玛的物流配送运作值得我们学习的地方，其一是使现代物流观念深入员工之心的做法；其二是物流配送的系统性思维及其运用方式；其三是时刻为顾客着想的服务理念。

(资料来源：沃尔玛物流配送运作. 无忧考网. http://www.51test.netshow529615.html)

【案例讨论】

1.沃尔玛成为美国2003年度500强之首,这个多年来被生产型企业占领的位置,为什么被零售商业企业沃尔玛占领呢?你认为物流系统在其中起到哪些作用?

2.为什么沃尔玛能做到“每日低价”?难道仅仅是因为其规模大吗?

【复习思考】

1.如何理解配送的概念?

2.简述配送的工作流程。

3.配送合理化应采取的做法有哪些?

4.配送中心与物流中心的区别有哪些?

5.简述配送中心的功能。

第七章　包装与加工管理

学习目标

包装是物流过程中物流标的物安全性的重要保障，是实现物流目的的重要环节和关键要素。流通加工是物流中的重要利润源，能够有效地完善流通。

通过本章的学习，使学生了解各种包装材料及包装容器的特点、不同包装技法的使用范围及包装管理内容；掌握包装和包装机械的功能、分类，包装机械的发展趋势以及包装标准化的具体内容；了解流通加工的概念、内容和形式；掌握各种流通加工的方法及合理化途径。

第一节　包装技术与管理

一、包装的概念

包装是物流系统中的一个子系统，它是实现商品价值的重要手段之一，也是产品在流通过程中必须采用的技术措施。我国在《包装通用术语》中将包装定义为：包装是在物流过程中保护商品，方便储运，促进销售，按一定技术方法采用容器、材料及辅助物等将物品包封并予以适当的包装和标志的工作总称。简言之，包装是包装物及包装操作的总称。

在社会再生产过程中，包装位于生产过程的末端和物流过程的始端。在现代物流观念形成以前，包装一直被看成是生产的终点，因而一直将其划归为生产领域的活动。在这种思想的指导下，包装的设计往往主要是适应生产终结的要求，而不能满足流通的要求。现代物流的研究认为，包装与物流之间具有更加密切的关系，其作为物流始点的意义比之作为生产终点的意义要大得多。因此，将包装纳入物流系统之中，这是现代物流的一个新观念。

二、包装的功能

包装的功能是指包装与产品组合时所具有的功能与作用。一般来说，包装的功能主要有以下几个：

1. 保护功能

商品包装的一个重要功能就是要保护包装内的商品在流通过程、储运过程中的完整性和不受损伤。一个好的包装，能够有效地防止物品破损、变形，防止物品发生化学反应，防止有害生物如鼠咬、虫蛀等；同时也防止危害性内装物对接触的人、生物和环境造成伤害或污染。在设计商品的包装时，要做到有的放矢。要仔细分析商品可能会受到哪些方面的侵扰或内装物可能对外界造成的影响，然后有针对性地设计商品的包装。

2. 便利功能

包装的便利功能是指便于装卸、储存和销售，同时也便于消费者使用。

将商品按一定的数量(或重量)、形状、尺寸规格进行包装，并根据商品的性质，恰当地使用包装材料和容器，便于商品计量与清点，有利于合理地使用各种运输工具，提高运输、装卸和堆码效率，提高仓容利用率和储存效率，加速商品流转，降低产品的流通费用，提高商品在流通过程中的经济效益。

同时，商品包装还可以提供商品自身的信息，比如商品的名称、生产厂家和商品规格等，以帮助工作人员区分不同的商品。随着信息技术的发展，条形码技术得到了越来越广泛的应用，极大地提高了物流过程的整体效率。

以满足消费者需求为主要目的的包装，有绘图、商标和用途用法说明等，便于顾客消费时了解商品的成分、性质、用途和使用方法，从而提高客户服务水平；同时包装有大小、单件、多件、各种规格配套组合之分，便于消费者携带、保存和使用。

3. 促销功能

商品的内包装由于要直接面对消费者，必须要注意它的外表美观大方。良好的包装，能给人以美的享受，起到诱导和激发消费者的购买欲望的作用。从另一个角度讲，商品的包装还关系到企业的形象，优秀的、精美的商品包装能够起到宣传、美化企业市场形象的作用。

三、包装的分类

包装类型很多，按包装目的、包装材料、包装方法、包装保护技术的不同可作如下分类。

1. 按包装目的的不同分类

按包装目的的不同分类，包装可以分为工业包装和销售包装两大类。

(1)工业包装。也称运输包装或外包装，是指为了在商品的运输、存储和装卸的过程中保护商品所进行的包装。它具有保障产品的安全，方便运输、储存、装卸，加速交接、点验等作用。

(2)销售包装。销售包装以销售为主要目的，与内装物一起到达。这种包装的特点是造型美观大方，拥有必要的修饰，包装上有对于商品的详细说明，包装的单位适合于顾客的购买以及商家柜台摆设的要求。它具有保护、美化、宣传商品的作用，对商品起促进作用。

2. 按照包装材料的不同划分

按包装材料的不同，可以将包装分为纸制品包装、塑料制品包装、木制容器包装、金属容器包装、玻璃陶瓷容器包装、纤维容器包装、复合材料包装和其他材料包装。

3. 按照包装保护技术的不同划分

按照商品包装保护技术的不同，可将包装分为防潮包装、防锈包装、防虫包装、防腐包装、防震包装、灭菌包装、贴体包装以及危险品包装等。

4. 按包装使用次数分类

按包装使用的次数分类，可分为一次性包装和复用性包装。一次性包装，如纸盒、塑料袋包装等。复用性包装，如能进行消毒、灭菌再使用的玻璃瓶，或可回收再复制的纸、金属、玻璃容器等。

四、包装的材料

在包装活动中，常用的包装材料有纸、塑料、木材、金属、玻璃等材料。一般地，使用最为广泛的是纸及各种纸制品，其次是木材、塑料材料。

1. 包装用纸和纸制品

纸和纸板具有很多优良性能。如适宜的坚牢度、耐冲击性、耐磨性、易于消毒、易于成型、经济、重量轻、便于加工等。

常用的包装用纸主要有：

(1)普通纸张：牛皮纸、纸袋纸、中性包装纸、玻璃纸、羊皮纸。

(2)特种纸张：高级伸缩纸、湿强纸、保光泽纸、防油脂纸、袋泡茶滤纸。

(3)装潢用纸：胶版纸、铜版纸、压花纸、表面涂层纸。

(4)二次加工纸：石蜡纸、沥青纸、防锈纸、真空镀铝纸。

常用的包装用纸板主要有：

(1)普通纸板：箱纸板、黄板纸、白板纸。

(2)二次加工纸板：瓦楞原纸、瓦楞纸板。

2. 塑料

塑料具有良好的机械性、阻隔性、化学稳定性和透明性，容易加工成型等性能。常用的塑料包装材料有以下几种。

(1)聚乙烯塑料(PE)。已被广泛用来制造各种瓶、软管、壶、薄膜和黏合剂等。若加入发泡剂，还可以制成聚乙烯泡沫塑料。

(2)聚氯乙烯塑料(PVC)。聚氯乙烯是由单体氯乙烯加聚而成的高分子聚合物。聚氯乙烯的可塑性强，具有良好的装饰和印刷性能。聚氯乙烯是用途非常广泛的通用热塑性材料，不仅可以制作软的、硬的包装容器，而且还可以制作聚氯乙烯薄膜，更适合制作各种薄膜包装制品。

(3)聚丙烯塑料(PP)。聚丙烯是从丙烯为单体聚合而成的高分子化合物。聚丙烯和聚乙烯一样，属韧性塑料。聚丙烯塑料可用于吹塑和真空成型制造瓶子、器皿、包装薄膜以及打包带与编织袋。双向拉伸聚丙烯薄膜可用来代替玻璃纸、包装糖果和食品，成本低于玻璃纸。

(4)聚苯乙烯塑料(PS)。由乙烯加聚而成。在常温下，聚苯乙烯高聚物为无定形的玻璃态物质。聚苯乙烯可用作盛食品或盛装酸、碱的容器。聚苯乙烯泡沫塑料常用作仪器、仪表、电视机和高级电器产品的缓冲包装材料。

(5)聚酯(PET)。是一种无色透明又有光泽的薄膜，它和其他薄膜比较，有着较好的韧性与弹性。聚酯薄膜的主要缺点是不耐碱，热封性和防止紫外线透过性较差。聚酯包装用薄膜，一般不使用单层薄膜，而是与聚乙烯、聚丙烯等热合性能较好的树脂共聚，或涂层复合薄膜以便用于制作冷冻食品及需加热杀菌包装的材料。

3.木材及木制品

木材是一种优良的包装材料，用于制作运输包装的历史较长，随着新型包装材料的出现，有被逐渐取代的趋势，但仍在一定范围内使用。木材的种类繁多，其用途也各不相同，包装用木材一般分为天然木材和人造板材两大类。人造板材又分为胶合板、纤维板等。木材常用于制作小批量、强度高的包装。

4.金属材料

包装所用的金属材料主要有钢材和铝材，其形态为薄板和金属箔，前者为刚性材料，后者为软性材料。金属材料具有较强的塑性与韧性，光滑，延伸率均匀，有良好的机械强度和抗冲击力，不易破损。但金属材料具有导电、导热性，价格较高。

钢材中常用的有薄钢板（俗称“黑铁皮”）和镀锡低碳薄钢板（俗称“马口铁”）。薄钢板主要用于制作桶状容器。镀锡低碳薄钢板，是在薄钢板的两面镀上耐腐蚀的锡层而成。马口铁基本无毒、无害，主要用于食品包装。

铝材有纯铝板、合金铝板和铝箔。纯铝板用作制桶状容器，具有重量轻、耐腐蚀性强的特点，一般用于盛装酒类。合金铝板作包装材料时要求其表面不能有粗槽、斑瘪，粗细划痕，裂缝、气泡和凹陷等质量缺陷。铝箔多用于复合软包装、硬包装及包装衬里等，也常用于食品、卷烟、药品、化妆品与化学品的包装，特别是广泛用于现代方便食品的包装。铝箔还可与上胶层复合（纸与铝箔胶粘），可用作包装标签、包裹或包装。铝箔最大的缺点是不耐酸、不耐强碱、撕裂强度较低。

5.玻璃

玻璃材料既可用于运输包装，又可用于销售包装。当用作运输包装时，主要是存装强酸类等化工产品，也可以制成玻璃纤维复合袋，存装化工产品和矿物粉料。用作销售包装时，主要是制成玻璃瓶和玻璃罐，用来存装酒、饮料、其他食品、药品、化学试剂、化妆品和文化用品等。

6.复合材料

将几种材料复合在一起，使其兼具有不同材料的优良性能，正在被广泛地采用。现在使用较多的是薄膜复合材料，主要有纸基复合材料、塑料基复合材料、金属基复合材料等。

五、包装的容器

包装容器是包装材料和造型结合的产物。现代运输包装容器有包装袋、包装盒、包装箱、包装瓶、包装罐五大类。

（一）包装袋

包装袋是柔性包装中的重要技术，包装袋材料是挠性材料，有较高的韧性、抗拉强度和耐磨性。一般包装袋结构是筒管状结构，一端预先封死，在包装结束后再封装另一端，包装操作一般采用充填操作。包装袋广泛适用于运输包装、商业包装、内装、外装。包装袋一般分成下述三种类型：

（1）集装袋。盛装重量在1吨以上，一般用聚酯纤维编织而成，顶部一般装有金属吊架或吊环，便于起重机吊装、搬运，卸货时可打开袋底的卸货孔，即行卸货，非常方便。其适用于装运颗粒状、粉状的货物。

(2)一般运输包装袋。盛装重量为50～100千克，大部分是由植物纤维或合成树脂纤维编织而成，或者由几层挠性材料构成的多层材料包装袋。例如麻袋、草袋、水泥袋等。其主要用于包装粉状、粒状和个体小的货物。

(3)小型包装袋。也称普通包装袋，盛装重量较少，根据需要可用单层材料、多层材料或者多层不同材料复合而成。液状、粉状、块状和异型物等可采用这种包装袋。

(二)包装盒

包装盒是一种刚性或半刚性容器，介于刚性和柔性包装两者之间，不易变形，呈规则几何形状，一般在10升以下，有开闭装置。包装盒通常用纸板、金属、硬质塑料以及复合材料制成。包装操作一般采用码入或装填，然后将开闭装置闭合。包装盒可以是外形固定的，在使用过程中不能折叠变形；也可以是折叠式，在未盛装物品时，可折叠存放。包装盒整体强度不大，包装量也不大，不适合做运输包装，适合做商业包装、内包装，适合包装块状及各种异形物品。

(三)包装箱

包装箱是刚性包装技术中的重要一类。包装材料为刚性或半刚性材料，一般呈长方体箱型，有较高强度且不易变形。包装结构和包装盒相同，只是容积、外形都大于包装盒，两者通常以10升为分界。包装操作主要为码放，然后将开闭装置闭合或将一端固定封死。包装箱整体强度较高，抗变形能力强，包装量也较大，适合做运输包装、外包装，包装范围较广，主要用于固体杂货包装。主要包装箱有以下几种：

1.瓦楞纸箱

瓦楞纸箱是采用具有空心结构的瓦楞纸板，经成型工序制成的包装容器。按瓦楞纸箱的外形结构分类，有折叠式、固定式和异形类三种。按构成瓦楞纸箱体的材料分类，又有瓦楞纸箱和钙塑瓦楞箱。瓦楞纸箱的应用范围广泛，几乎包括所有的日用消费品，如水果蔬菜、加工食品、针棉织品、玻璃陶瓷、化妆品、医药药品等各种日常用品以及自行车、家用电器、精美家具等。

2.木箱

木箱作为传统的运输包装容器，是流通领域中比较常用的一种，虽在很多情况下，已逐渐被瓦楞纸箱所取代，但木箱与瓦楞纸箱相比，仍在某些方面有其优越性和不可取代性。木箱主要有木板箱、框板箱和框架箱三种。

(1)木板箱。一般用作小型运输包装容器，能装载多种性质不同的物品。木板箱作为运输包装容器具有很多优点，例如有抗拒碰裂、溃散、戳穿的性能，有较大的耐压强度，能承受较大负荷，制作方便等。但木板箱的箱体较重，体积也较大，其本身没有防水性。

(2)框板箱。是先由条木与人造板材制成之箱框板，再经钉合装配而成。

(3)框架箱。框架箱是由一定截面的条木构成箱体的骨架，根据需要也可在骨架外面加木板覆盖。这类框架箱有两种形式，无木板覆盖的称为敞开式框架箱，有木板覆盖的称为覆盖式框架箱。框架箱由于有坚固的骨架结构，因此具有较好的抗震和抗扭力，有较大的耐压能力，而且其装载量大。

3. 塑料箱

一般用做小型运输包装容器，其优点是：自重轻，耐蚀性好，可装载多种商品，整体性强，强度和耐用性能满足反复使用的要求，可制成多种色彩以对装载物分类，手握搬运方便，没有木刺，不易伤手，一些产销挂钩、快进快出的商品都可采用，周转快。例如饮料、肉食、豆制品、牛奶、糕点、禽蛋等食品。

4. 集装箱

集装箱是指由钢材或铝材制成的大容积物流装运设备，从包装角度看，属于一种密封性好的大型包装箱，可归属于运输包装的类别之中，也是大型反复使用的周转型包装。它载重系列为 5 吨、10 吨、20 吨、30 吨四种。它更适合于现代化物流。

（四）包装瓶

包装瓶是瓶颈尺寸有较大差别的小型容器，是刚性包装中的一种，包装材料有较高的抗变形能力，刚性、韧性要求一般也较高，个别包装瓶介于刚性与柔性材料之间，瓶的形状在受外力时可发生一定程度变形，且外力一旦撤除，仍可复原。包装瓶结构是瓶颈口径远小于瓶身，且在瓶颈顶部开口；包装操作是填灌操作，然后将瓶口用瓶盖封闭。

包装瓶包装量一般不大，适合美化装潢，主要做商业包装、内包装使用。其主要包装液体、粉状货。包装瓶按外形可分为圆瓶、方瓶、高瓶、矮瓶、异形瓶等若干种。瓶口与瓶盖的封盖方式有螺纹式、凸耳式、齿冠式、包封式等。

（五）包装罐（筒）

包装罐是罐身各处横截面形状大致相同，罐颈短，罐颈内径比罐身内颈稍小或无罐颈的一种包装容器，是刚性包装的一种。包装材料强度较高，罐体抗变形能力强。包装操作是装填操作，然后将罐口封闭，可做运输包装、外包装，也可做商业包装、内包装用。包装罐（筒）主要有以下三种：

(1)小型包装罐。这是典型的罐体，可用金属材料或非金属材料制造，容量不大，一般是做销售包装、内包装，罐体可采用各种方式装饰美化。

(2)中型包装罐。外形也是典型罐体，容量较大，一般做化工原材料、土特产的外包装，起运输包装作用。

(3)集装罐。这是一种大型罐体，外形有圆柱形、圆球形、椭球形等，卧式、立式都有。

集装罐往往是罐体大而罐颈小，采取灌填式作业，灌进作业和排出作业往往不在同一罐口进行。另设卸货出口。集装罐是典型的运输包装，适合包装液状、粉状及颗粒状货物。

此外，按制造材料还可以分为金属罐和非金属罐两类。

六、包装技法与机械

（一）包装技法

包装作业时所采用的技术和方法简称包装技法，任何一包装件操作时都有技术问题和方法问题，通过包装技法，才能将运输包装体和产品（包括小包装）形成一个有机的整体。具体来讲，常用的包装技法有以下七种：

1. 防震包装

防震包装又称缓冲包装，是指为减缓内装物受到冲击和振动，保护其免受损坏所采取的一定防护措施的包装。其主要是利用缓冲材料的缓冲作用，减少甚至避免被包装物品在装卸搬运、运输过程中受外界的冲击力、振动力等作用而造成损伤和损失。各种物品因材质和结构不同，承受振动力、冲击力的能力也不一样。物品承受外力的能力通常称为耐冲击度或易损性，它用物品能承受的最大冲击加速度的能力 G 值表示。G 值又称 G 因数，它是物品允许的最大冲击加速度与重力加速度之比。当 G 小于等于 40 时，定为 A 级，此时耐冲击度最弱；当物品的 G 在 41～90 时，定为 B 级，此时耐冲击度较好；当 G 值大于 90 时，定为 C 级，此时耐冲击度最好。

防震包装主要有以下三种方法：

(1)全面防震包装方法。全面防震包装方法是指内装物和外包装之间全部用防震材料填满进行防震的包装方法。(见图 7-1)①

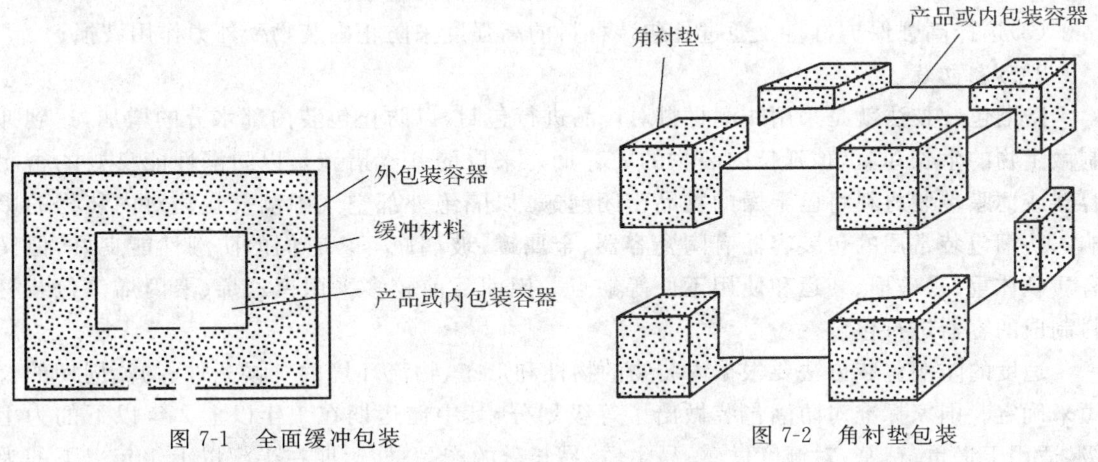

图 7-1　全面缓冲包装　　图 7-2　角衬垫包装

(2)部分防震包装方法。对于整体性好的产品和有内装容器的产品，仅在产品或内包装的拐角或局部地方使用防震材料进行衬垫即可。其主要适用于整体性好的或有包装容器的产品，这样既能取得较好的效果，又能降低包装成本。这种方法所用包装材料主要有泡沫塑料防震垫、充气型塑料薄膜防震垫和橡胶弹簧等。根据保护方式的不同，部分缓冲可以分为天地盖、左右盖、四棱衬垫、八角衬垫(见图 7-2)和侧衬垫(见图 7-3)几种。

(3)悬浮式防震包装方法。是指先将产品置于纸盒中，产品与纸盒间各方面均用柔软的泡沫塑料衬垫妥当，盒外用帆布包缝或装入胶合板箱，然后用弹簧张吊在外包装箱内，使其悬浮吊起而不与包装容器发生碰撞，从而减少损坏。这种方法适用于极易受损，且要求确保安全的产品，如精密机电设备、仪器、仪表等(见图 7-4)。

此外防震包装还可以采取以下几种保护技术：

(1)捆扎及裹紧技术。其作用是使杂货、散货形成一个牢固整体，以增加整体性便于处理，以及防止散堆来减少破损。

---

① 资料来源：图 7-1 至图 7-4 均出自郑全成：《运输与包装》，北方交通大学出版社 2005 年版。

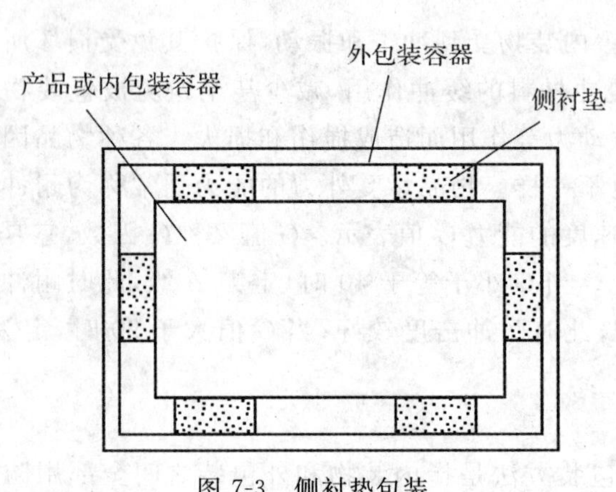

图 7-3 侧衬垫包装

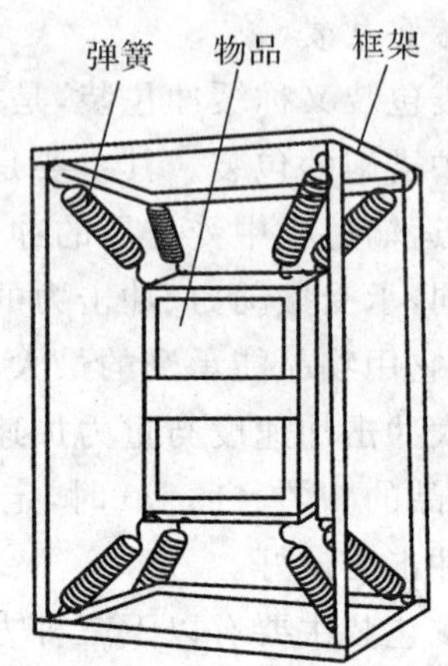

图 7-4 悬浮式缓冲包装

(2)集装技术。利用集装,减少与货体的接触,从而防止破损。

(3)选择高强保护材料。通过外包装材料的高强度来防止内装物受外力作用破损。

2. 防潮包装

防潮包装技法就是采用防潮材料对产品进行包封,以防止包装内部水分的增加,达到抑制微生物的生长和繁殖,延长内装物的贮存期。采取的基本措施是以防潮性能良好的密闭容器或薄膜包装材料将已干燥的物品密闭起来,以隔绝外部空气中潮气变化对内装物的影响。防潮包装常用的包装容器有陶瓷容器、金属罐、玻璃瓶等。它们的防潮性能良好,但又有质硬体重、易破损、装运和使用不便等缺点。因而目前较多采用聚乙烯、聚丙烯等包装材料制成的容器进行包装。

适度的防潮包装方法要根据内装物的物性和形态、物流环境的气候条件、物流周期的长短来确定。国家标准对防潮包装做出了等级划分,其中储运期在 1 年以上 2 年以下的为 Ⅰ 级,适用于贵重、精密、对湿度敏感、易生锈、易长霉的产品;储运期在半年以上 1 年以下的为 Ⅱ 级,适用于较贵重、较精密、对湿度轻度敏感的产品;储运期在半年以下的为 Ⅲ 级,适用于对湿度不甚敏感的产品。

3. 防锈包装

防锈油防锈蚀包装技术。大气锈蚀是空气中的氧、水蒸气及其他有害气体等作用于金属表面引起电化学作用的结果。如果使金属表面与引起大气锈蚀的各种因素隔绝(即将金属表面保护起来),就可以达到防止金属大气锈蚀的目的。防锈油包装技术就是根据这一原理将金属涂封防止锈蚀的。

用防锈油封装金属制品,要求油层要有一定厚度,油层的连续性好,涂层完整。不同类型的防锈油要采用不同的方法进行涂复。

气相防锈包装技术。就是用气相缓蚀剂(挥发性缓蚀剂),在密封包装容器中对金属制品进行防锈处理的技术。气相缓蚀剂是一种能减慢或完全停止金属在侵蚀性介质中的破坏过程的物质,它在常温下具有挥发性。它在密封包装容器中,在很短的时间内挥发或升华出的缓蚀气体就能充满整个包装容器内的每个角落和缝隙,同时吸附在金属制品的表面上,从而起到抑制大气对金属锈蚀的作用。

4.防霉腐包装

在运输包装内装运食品和其他有机碳水化合物货物时，货物表面可能生长霉菌，在流通过程中如遇潮湿，霉菌生长繁殖极快，甚至伸延至货物内部，使其腐烂、发霉、变质。有的产品长霉影响外观，还会引起机械、电子、仪器、仪表的机能故障；对有的金属产品还能引起腐蚀的加快。因此必须采取防霉包装。

为防止霉菌侵袭而采取的包装方法称为防霉腐包装。防霉腐包装方法的实质是劣化某一环境因素，以达到抑制或杀灭微生物，防止内装物霉变、腐烂，保护物品质量的目的。其主要采用的方式有冷冻包装、真空包装或高温灭菌方法。

冷冻包装的原理是减慢细菌活动和化学变化的过程，以延长储存期，但不能完全消除食品的变质；高温杀菌法可消灭引起食品腐烂的微生物，可在包装过程中用高温处理防霉；真空包装法也称减压包装法或排气包装法。这种包装可阻挡外界的水汽进入包装容器内，也可防止在密闭着的防潮包装内部存有潮湿空气以及在气温下降时结露。

防止运输包装内货物发霉，还可使用防霉剂。防霉剂的种类甚多，用于食品的必须选用无毒防霉剂。机电产品的大型封闭箱，可采取酌情开设通风孔或通风窗等相应的防霉措施。

5.防虫包装

防虫包装就是为保护内装物免受虫类侵害而采取一定防护措施的包装。目的就是要破坏害虫的正常生活条件，扼杀和抑制其生长繁殖，以防止害虫蛀食商品及其新陈代谢过程中排泄的污物玷污商品。

防虫包装技术常用的是驱虫剂，即在包装中放入有一定毒性和臭味的药物，利用药物在包装中挥发气体杀灭和驱除各种害虫。常用驱虫剂有萘、对位二氯化苯、樟脑精等。也可采用调节温度、电离辐射、微波、远红外线、真空包装、充气包装、脱氧包装等技术，使害虫无生存环境，从而防止虫害。

6.危险品包装

按照交通运输及公安消防部门规定，危险品可分为爆炸性物品、氧化剂、压缩气体和液化气体、自燃物品、遇水燃烧物品、易燃液体、易燃固体、毒害品、腐蚀性物品、放射性物品十大类。针对危险品的物流过程，要分别采用特殊包装技术方法予以防护。

(1)防毒包装。防毒的主要措施是包装严密不漏、不透气。例如对重铬酸钾（红矾钾）和重铬酸钠（红矾钠），应用坚固附桶包装，桶口要严密不漏，制桶的铁板厚度不能小于1.2毫米。对有机农药一类的商品，应装入沥青麻袋，缝口严密不漏。如用塑料袋或沥青纸袋包装的，外面应再用麻袋或布袋包装。用作杀鼠剂的磷化锌有剧毒，应用塑料袋严封后再装入木箱中，箱内用两层牛皮纸、防潮纸或塑料薄膜衬垫，使其与外界隔绝。

(2)防蚀包装。对有腐蚀性的商品，要注意防止商品和包装容器的材质发生化学反应。金属类的包装容器，要在容器壁涂上涂料，防止腐蚀性商品对容器的腐蚀。例如包装合成脂肪酸的铁桶内壁要涂耐酸保护层，防止铁桶被商品腐蚀，从而使商品也随之变质。再如氢氟酸是无机酸性腐蚀物品，有剧毒，能腐蚀玻璃，不能用玻璃瓶作包装容器，应装入金属桶或塑料桶，然后再装入木箱。甲酸易挥发，其气体有腐蚀性，应装入良好的耐酸坛、玻璃瓶或塑料桶中，严密封口，再装入坚固的木箱或金属桶中。

(3)防燃、防爆包装。对黄磷等易自燃商品的包装，宜将其装入壁厚不少于1毫米的铁桶中，桶内壁须涂耐酸保护层，桶内盛水，并使水面浸没商品，桶口严密封闭，每桶净重不超过 50 千克。再如遇水引起燃烧的物品如碳化钙，遇水即分解并产生易燃乙炔气，对其应用坚固的铁桶包装，桶内充入氮气。如果桶内不充氮气，则应装置放气活塞。

防爆炸包装的有效方法是采用塑料桶包装，然后将塑料桶装入铁桶或木箱中，每件净重不超过 50 千克，并应有自动放气的安全阀，当桶内达到一定气体压力时，能自动放气。

7. 特种包装技术

(1)充气包装。是采用二氧化碳气体或氮气等不活泼气体置换包装容器中空气的一种包装技术方法，因此也称为气体置换包装。这种包装方法是根据好氧性微生物需氧代谢的特性，在密封的包装容器中改变气体的组成成分，降低氧气的浓度，抑制微生物的生理活动、酶的活性和鲜活商品的呼吸强度，达到防霉、防腐和保鲜的目的。

(2)真空包装。是将物品装入气密性容器后，在容器封口之前抽真空，使密封后的容器内基本没有空气的一种包装方法。一般的肉类商品、谷物加工商品以及某些容易氧化变质的商品都可以采用真空包装，真空包装不但可以避免或减少脂肪氧化，而且抑制了某些霉菌和细菌的生长。同时在对其进行加热杀菌时，由于容器内部气体已排除，因此加速了热量的传导，提高了高温杀菌效率，也避免了加热杀菌时，由于气体的膨胀而使包装容器破裂。

(3)收缩包装。就是用收缩薄膜裹包物品(或内包装件)，然后对薄膜进行适当加热处理，使薄膜收缩而紧贴于物品(或内包装件)的包装技术方法。收缩薄膜是一种经过特殊拉伸和冷却处理的聚乙烯薄膜，由于薄膜在定向拉伸时产生残余收缩应力，这种应力受到一定热量后便会消除，从而使其横向和纵向均发生急剧收缩，同时使薄膜的厚度增加，收缩率通常为 30%～70%，收缩力在冷却阶段达到最大值，并能长期保持。

(4)拉伸包装。是 20 世纪 70 年代开始采用的一种新包装技术，它是由收缩包装发展而来的，拉伸包装是依靠机械装置在常温下将弹性薄膜围绕被包装件拉伸、紧裹，并在其末端进行封合的一种包装方法。由于拉伸包装不需进行加热，所以消耗的能源只有收缩包装的 1/20。拉伸包装可以捆包单件物品，也可用于托盘包装之类的集合包装。

(5)脱氧包装。是继真空包装和充气包装之后出现的一种新型除氧包装方法。脱氧包装是在密封的包装容器中，使用能与氧气起化学作用的脱氧剂与之反应，从而除去包装容器中的氧气，以达到保护内装物的目的。脱氧包装方法适用于某些对氧气特别敏感的物品，使用于那些即使有微量氧气也会促使品质变坏的食品包装中。

(二)包装机械

1. 包装机械的概念与作用

包装机械就是完成全部或部分包装过程的机器。包装过程包括充填、裹包、封口等主要包装工序，以及与其相关的前后工序，如清洗、堆码和拆卸等。此外还包括盖印、计量等附属设备。真空包装机、贴体包装机、液体灌装包装机、粉末包装机等都属于包装机械。

包装机械的作用主要有：

(1)提高劳动生产率。用机械包装代替手工包装，大大提高了劳动生产率。

(2)确保包装质量。机械包装使产品不与人体直接接触，保证了诸如食品、药品的清洁卫生及金属制品防锈蚀的可靠性。机械包装计量准确，包装紧密，外形整齐美观，包装质量稳定。

(3)降低劳动强度,改善劳动条件。机械包装使包装工人从繁重的体力劳动中解放出来,降低了劳动强度,改善了劳动条件。

(4)降低包装成本,减少流通费用。包装规格化、标准化,能适应标准化的集装箱、托盘、火车、轮船等各种运输条件和装卸方法。有些松泡商品,例如棉花、羽毛和某些服装、针棉织品等,经采用压缩包装机预压包装后可以大大缩小包装件的体积,节省包装材料,降低包装成本;在运输时也缩小了运输空间,节省了运输费用;在储存时节省了仓容,减少了保管费用,还增加了仓库的储存量。

2.包装机械的分类

目前对包装机的分类方法很多,常用的分类方法是按包装工序来进行分类。包装工序有裹包、灌装、充填等,完成这些包装工序的包装机称为包装主机。另外还有完成洗涤、烘干、检测、输送和堆垛工作的辅助包装机械。

(1)裹包包装机械。用于包装块状产品。按照裹包的不同工艺,可分为扭结式包装机、端折式包装机、枕式包装机、信封式包装机、拉伸包装机等。

(2)充填包装机械。用于包装粉状、颗粒状的固态物品。充填包装机械包括直接充填包装机和制袋充填包装机两类。直接充填包装机是利用预先成型的纸袋或塑料袋进行充填,也可直接充填于其他容器。制袋充填包装机是既要完成袋容器的成型,又要完成将产品充填入容器内两道工序的包装机械。

(3)灌装包装机械。用于包装流体和半流体物品。按照灌装产品的工艺,可分为常压灌装机、真空灌装机、加压灌装机等。灌装包装机械通常与封口机、贴标机等连接起来成为一条机械化灌装流水线。

(4)封口机械。是用于各种包装容器的封口。按封口的不同工艺,可分为玻璃罐加盖机械(如压盖、旋盖等)、布袋口缝纫机械、封箱机械、塑料袋和纸袋的各种封口机械。

(5)贴标机械。是用于将商标纸或标签粘贴于包装件上的机械。

(6)捆扎机械。有带状捆扎机、线状或绳状捆扎材料的结扎机等。

(7)热成型包装机械。按加工工艺的不同,分为袍罩包装机和贴体包装机。

(8)真空包装机械。按其抽真空后能否充入不活泼气体而分成真空包装机和充气包装机两种。

(9)收缩包装机械。除了有可作单件产品或多件产品的销售包装的小型收缩包装机外,还有可用于将托盘包装在内的运输包装的大型收缩包装机。

(10)其他包装机械。除以上几类包装机械外,还有洗瓶和烘干机、包装材料和规格的检测机、盖印机、计量机等,这些单机一般和其他包装机联合成包装机组。

3.我国包装机械产品发展趋势

我国包装机械产品发展趋势主要体现在以下几个方面:

(1)啤酒、饮料罐装成套设备。重点开发适用于年产10万吨以上规模的大型啤酒、饮料罐装成套设备,包括装箱、卸箱、杀菌、贴标、原位清洗等功能。

(2)袋成型、充填、封口设备。采用先进技术,发展系列化产品及配套装置,提高运行速度,解决适应性、配套性和可靠性问题。同时开发可适用于单膜和复合膜两用的包装机。

(3)称重式填充设备。发展各种形式的称量填充设备,着力提高速度和精度以及稳定性和可靠性,并与自动包装设备配套。

(4)裹包设备。除塑料薄膜裹包设备外要开发折纸裹包设备。大力发展与裹包设备配套的各种辅助装置,以扩大主机功能应用面。

(5)捆扎包装设备。重点发展多种形式的捆扎机械,推动果蔬、日用百货、工业材料包装自动化水平的提高。重点开发台式和大型塑料带捆扎设备、小型纸带捆扎设备及捆扎钢材等重物的自动连续捆扎机。

(6)无菌包装设备。要缩短与国际先进水平的差距,提高速度,完善性能。发展大袋无菌包装设备和杯式无菌包装设备,研制半液体无菌包装设备,使无菌包装设备产品系列化。

(7)真空、换气包装设备。发展适用于袋容量较大的连续或半连续真空包装设备,开发可将所需气体按比例充入袋内的高速换气包装设备,

(8)瓦楞纸板(箱)生产设备。发展幅宽 2 米以上的高速成套设备。拓展计算机技术的应用深度和广度。在中轻型设备上注重成套性,提高可靠性。

(9)制罐设备。发展复合罐、异型罐和喷雾罐等多种系列制罐成套设备及相应的制罐生产线。研制无汞焊接和专用电环保包装机械,开发各种小包装用纸袋生产设备、以纸基材为容器的包装设备,以适应环境保护的要求。

由于我国包装机械行业水平还不够高,特别是我国加入 WTO 后面临着更激烈的市场竞争。国内企业面对国外品牌强劲冲击应该采取积极对策,制定相应的措施快速发展包装机械工业,提高生产率和产品多样化以更好地满足市场需求。通过制定 2010 年我国包装机械产品发展计划,必然促进我国包装工业发展,增强其竞争力。

七、包装管理

包装管理往往因企业性质及其规模大小等条件不同,管理的侧重面也不一样。一般说来,以生产为主的生产企业,包装管理的重点应放在生产作业的连续性和便利生产方面,以销售为主的商业企业,包装管理的重点则放在包装单位、包装形体、包装装潢设计方面,使之获得最佳销售效果,物流运输、物资部门包装管理的重点是研究包装的强度、外径尺寸、包装材料、标志等,为科学合理地进行储存、运输、装卸提供有利条件,以减少流通费用。

包装管理可分为包装的计划管理、包装的费用管理和包装的标准化管理。

(一)包装的计划管理

产品包装的计划工作和其他计划工作一样包含着比例、平衡、速度三个要素和数量、质量、实物、货币四大指标。但产品包装工作不是一个独立的经济系统,而是体现在各个环节和部门,所以产品包装的计划应和其他各项计划配合制定。

产品包装计划工作的比例关系主要有两方面,一方面是根据商品性质、销售对象、运输路程远近来确定包装费用占商品价值的比例。另一方面根据各地商品包装实际使用包装材料的数量和种类来确定包装材料的生产与包装加工工业的规模、布局以及和其他部门的比例关系。如果包装材料与包装加工比例失调,就会出现包装材料供不应求或过剩,或者出现包装加工不能满足包装需要的现象。

综合平衡是编制计划的基本方法。产品包装计划的平衡工作,主要是指商品生产与包装物的供应;包装生产与包装材料的供应,产品包装的供应与社会需要之间的平衡。要达到

包装与产、供、销的平衡，包装数量要“以产定包装”，根据销售计划制订生产计划，再根据生产计划制订包装计划。包装质量要求要根据产品流通条件和市场的需要来规定相应的包装质量。包装材料供应要“以包装定供应”，根据产品包装所需要达到的质量要求来确定包装材料的种类，从而保证包装质量。

根据包装计划的指标的性质和表现形式，可分为数量指标、质量指标、实物指标和货币指标。数量指标直接表示事物规模的大小或数量的多少，如包装数量、包装材料供应量、包装物料回收量等，这类指标一般用绝对数表示。质量指标是从数量上反映经济管理水平和生产技术水平的高低，如包装材料耗用定额、包装成本、包装物料回收利用率等，这类指标一般用相对数表示。实物指标反映产品的使用价值，主要指包装材料的种类，包装规格、体积、重量等，用相应的计算单位来表示。

(二)包装的费用管理

包装费用是指产品在运输保管过程中，为保护产品的使用价值而进行包装所花费的必要费用。如果包装费用超过生产费用，这样的包装即使能够保护产品的使用价值，一般也是不可取的。一个最佳的包装设计，应该是用最少的费用获得最大的经济效益。因此加强包装的费用管理，实行经济核算，降低包装成本是很重要的。

1. 包装费用管理的内容

购进包装物的费用核算。购进包装物的费用核算有单独购进、随货购进两种情况。随货购进的包装物又按单独计价和不单独计价分别进行费用核算。单独购进的包装物要按品种记入包装物的进价成本。随货购进单独计价的包装物，应根据发货票所列的产品价格、包装物的价格分别列账。对随货购进单独计价的包装物应视同产品，作为库存产品的增加额。

包装物修理、报废和出售的核算。包装经过各流通环节会受到不同程度的损坏，需要及时修理加固，修理加固所需费用在包装费项列支。如果包装损坏程度已不能修复使用时，则要申请报废。包装物的出售有单独出售和随货出售两种形式，分别进行费用核算。

对能够再次使用的包装容器要进行回收复用。对可留用的要加固、修补以作备用，不能用的要主动联系收购单位及时出售，做到物尽其用，增加收益。对加固整理复用的包装要严格执行包装质量标准。为了扩大包装的回收复用，各级物资流通部门必须贯彻旧包装回收复用的奖励办法，以促进包装的回收复用。

2. 降低包装费用的方法

用价值分析法降低包装费用。价值分析法就是在广泛搜集具有同样功能的包装材料或包装容器中，分别核算它们的成本，研究运用更为廉价的材料、容器及包装工艺，在保持同样包装功能的前提下进行包装。这种分析方法采用的是比较法，因此也称为比较分析法。通过比较分析，可以发现包装工作中容易疏忽的问题和漏洞，一般可以降低15%左右的包装费用。

采用机械化包装降低包装费用。在劳动力不足、劳动费用高的情况下，广泛采用机械化包装代替手工包装，可以提高包装工作效率，降低包装费用。

通过包装标准化，降低包装费用。实现包装标准化，保证包装质量，并使包装的外径尺寸与运输工具与装卸机械相配合，方便产品堆码、装卸、储存，降低产品的运输费、装卸费和管理费，同时更有利于机械化生产，节省包装材料。

实行预算控制，降低包装费用。通过编制预算控制包装费用，降低包装费用。实行预算控制，首先要编制包装费用预算，包括直接包装材料费、直接包装人工费、间接包装费的预算编制。在直接包装材料费的预算编制中，包装材料的价格要按三个因素来计：对今后价格的判断，必须当年购进的包装材料数量，必须当年购进的包装材料总额。直接包装人工费的预算编制，根据包装一个单位所需的平均标准时间计算包装费用。间接包装费的预算编制，要求对直接材料费和直接人工费以外的包装(间接包装费)有一恰当估计。

(三)包装的标准化管理

包装标准化是指对产品包装的类型、规格、容量、使用的包装材料、包装容器的结构造型、印刷标志及产品的盛放、衬垫、封装方式、名词术语、检验要求等加以统一规定，并贯彻实施。其中主要的是统一材料、统一规格、统一容量、统一标记和统一封装方法。

包装标准体系主要包括包装相关标准、综合基础包装标准、包装专业基础标准和产品包装标准四大类。

包装相关标准主要包括集装箱、托盘、运输、储存条件的有关标准。

综合基础包装标准包括标准化工作导则、包装标志、包装通用术语、包装尺寸系列、运输包装件基本试验方法、包装技术与方法、包装管理等方面的标准。这是包装工业基础性的通用标准。

包装专业基础标准包括包装材料、包装容器和包装机械标准，是指包装工业产品的技术要求和规定，如《普通食品包装纸》、《纸袋纸》、《高压聚乙烯重包装袋》、《塑料打包带》等。

产品包装标准是指对产品包装的技术要求或规定。包括建材、机械、轻工、电子、仪器仪表、电工、食品、农畜水产品、化工、医疗器械、中药材、西药、邮政和军工等14大类，每大类产品中又有许多种类的具体标准。例如，《日用安全火柴》产品质量规定，每盒应有商标和制造厂名，每十盒为一包，每一百包为一件，每件对包装必须严格牢固。又如《洗衣粉包装箱》、《针织内衣包装与标志》、《铝及铝合金加工产品的包装、标志、运输和贮存的规定》等单独制定的包装标准。

实现包装标准化，可在包装生产过程中，减少机器更换规格尺寸和印刷标志的时间，提高工效，节约工时费用，促进商品包装的回收复用，减少包装费用。而且对于保护产品质量，提高运输工具的装载量，加速物流都具有十分重要的意义。为此对已经制定包装标准的，要坚持采用标准包装；对尚未制定标准的，要积极配合生产部门研究制定包装标准，加速包装标准化的进程。

第二节　流通加工

一、流通加工概述

1.流通加工的概念

流通加工是流通中的一种特殊形式，是指在物品从生产领域向消费领域流动过程中，为了满足消费者多样化需求和促进销售、维护产品质量、提高物流效率，而对物品进行的加工作业的总称。其作用就是可以提高物流速度、促进销售、降低生产及物流成本，提高物流系统效率。

2. 流通加工的内容

流通加工的内容一般包括袋装、定量化小包装、拴牌子、贴标签、配货、拣选、分装、混装、刷标记等。生产的外延流通加工包括剪断、打孔、折弯、拉拔、挑扣、组装、改装、配套以及混凝土搅拌等。

3. 流通加工与生产制造的区别

流通加工和一般生产制造在加工方法、加工组织、生产管理方面无明显区别，但在加工对象、加工程度方面差别较大，其主要差别表现在四个方面。

(1)加工对象的差别。流通加工的对象是进入流通过程的商品，具有商品的属性，以此来区别多环节生产加工中的一环。生产制造的对象是原材料、零配件、半成品等，而不是最终商品。

(2)加工的程度差别。流通加工大多是简单加工，而不是复杂加工。一般来讲，如果必须进行复杂加工才能形成人们所需的商品，那么这种复杂加工应专设生产加工过程，生产制造理应完成大部分加工活动。流通加工对生产制造则是一种辅助及补充。流通加工绝对不是生产制造的替代。

(3)价值体现不同。从价值观点看，生产制造的目的是创造价值和使用价值，而流通加工的目的则在于完善其使用价值，并在不做大改变的情况下提高价值。

(4)加工实施人员不同。流通加工的实施人员是从事流通工作的人，能密切结合流通的需要进行这种加工活动，从加工单位来看，流通加工由商品流通企业完成，而生产制造有生产企业完成。生产制造的实施人员是有生产制造专业知识和专业设备的工厂工人。

二、流通加工的类型

1. 为弥补生产领域加工不足的深加工

由于种种原因，生产领域不能完全实现终极的加工，只能对产品加工到一定程度。例如，为了增强零部件的通用性，只能按标准规定的规格生产才能有较高的效率和效益；为了方便运输，木材的原生产领域只能将其加工成圆木、板方材，而下料、切裁、处理等工作都是进一步由流通加工完成的。从这个角度说，流通加工实际是生产的延续，是生产加工的深化，对弥补生产领域加工不足有重要意义。

2. 为满足需求多样化进行的服务性加工

随着社会、经济的发展，人们的需求越来越呈现出多样化和个性化的特点。为满足这种需求，往往由用户亲自设置加工环节。一方面，对于生产型用户来说，现代生产要求其能尽量减少流程，将主要力量放在较复杂的技术性较强的劳动上，而不是大量初级的加工工作。如果将这些初级工作由流通加工来完成，则生产型用户便可以缩短自己的生产流程，使生产技术密集程度提高。另一方面，对一般消费者而言，则可省去繁琐的预处置工作，而集中精力从事较高级能直接满足需求的劳动。

3. 为保护产品所进行的加工

在运输、储存、装卸、搬运、包装等物流过程中，防止货损一直是一个非常重要的问题，因此，对产品的保护问题就关系到商品的使用价值能否顺利实现。为保护产品所进行的加工主要采取的方式有稳固、改装、冷冻、保鲜、涂油等，而并不是改变进入流通领域的"物"的外形及性质，这一点也区别于上述两种加工方式。

4. 为提高物流效率的加工

有一些产品由于本身形态的原因，使之难以进行物流操作。如鲜鱼的装卸、储存操作困难；过大设备的搬运、装卸困难；气体物的运输、装卸困难等。通过鲜鱼冷冻、过大设备解体、气体液化等流通加工环节，可以使物流各环节易于操作。这种加工往往改变"物"的物理状态，而不改变其化学特性，并最终仍能恢复原物理状态。

5. 为促进销售的流通加工

流通加工可以通过将过大包装或散装物分装成适合一次销售的小包装；将原以保护产品为主的运输包装改换成以促进销售为主的装潢性包装；将零配件组装成用具、车辆；将蔬菜、肉类洗净切块等方式，起到促进销售的作用。这种流通加工可能是不改变"物"的本体，只进行简单改装的加工，也有许多是组装、分块等深加工。

6. 为提高加工效率的流通加工

流通加工采用集中加工的形式，解决了单个企业由于数量有限，加工效率不高，也难以投入先进科学技术的问题。以一家流通加工企业代替若干生产企业的初级加工工序，促进了生产水平的发展。

7. 为提高原材料利用率的流通加工

流通加工具有用户多、综合性强的特点，通过合理规划、合理套裁、集中下料的办法，有效地提高原材料利用率，减少损失浪费。

8. 衔接不同运输方式，使物流合理化的流通加工

通过在干线运输及支线运输的结点，设置流通加工环节，可以有效解决干线运输与末端运输之间的衔接问题，在流通加工点与大生产企业间形成大批量、定点运输的渠道。也可在流通加工点将运输包装转换为销售包装，从而有效衔接不同目的的运输方式。

9. 以提高经济效益、追求企业利润为目的流通加工

流通加工可以作为经营的一环，在满足生产和消费要求基础上取得利润，同时在市场和利润引导下使流通加工在各个领域中能有效地发展。此类流通加工可以形成一种"利润中心"的经营形态。

10. 生产—流通一体化的流通加工形式

生产—流通一体化的流通加工形式是指通过生产企业与流通企业的联合，或者两种企业相互涉足，可以形成对生产与流通加工进行合理分工、合理规划、合理组织，统筹进行生产与流通加工的安排。这种形式可以促成产品结构及产业结构的调整，充分发挥企业集团的经济技术优势，是目前流通加工领域的新形式。

三、流通加工的作用

流通加工的作用主要有以下几方面。

1. 提高原材料利用率

利用流通加工环节进行集中下料，可将生产厂直接运来的简单规格产品，按使用部门的

要求下料。集中下料可以优材优用、小材大用、合理套裁，取得很好的技术经济效果。北京、济南、丹东等城市对平板玻璃进行流通加工(集中裁制、开片供应)，玻璃利用率从60%左右提高到85.95%。

2.方便用户，进行初级加工

用量小或临时需要的使用单位，缺乏进行高效率初级加工的能力，依靠流通加工可使使用单位省去进行初级加工的设备及人力，从而方便了用户。目前发展较快的初级加工有：将水泥加工成生混凝土，将原木或板方材加工成门窗，冷拉钢筋及冲制异型零件，钢板打孔等。

3.提高加工效率及设备利用率

建立集中加工点，可以采用效率高、技术先进、加工量大的专门机具和设备。这样做可提高加工质量、设备利用率和加工效率，从而降低了加工费用及原材料成本。例如，一般的使用部门在对钢板下料时，采用气割的方法，留出较大的加工余量，出材率低，加工质量也不好。集中加工后，利用高效率的剪切设备，在一定程度上防止了上述缺点。

4.充分发挥各种输送手段的最高效率

流通加工环节将实物的流通分成两个阶段。一般说来，从生产厂到流通加工点这段输送距离长，而从流通加工点到消费环节这段输送距离短。第一阶段是在数量有限的生产厂与流通加工点之间进行定点、直达、大批量的远距离输送，因此，可以采用船舶、火车等大量输送的手段；第二阶段则是利用汽车和其他小型车辆来输送经过流通加工后的多规格、小批量、多用户的产品。这样可以充分发挥各种输送手段的最高效率，加快输送速度，节省运力运费。

5.改变功能，提高收益

在流通过程中可以进行一些改变产品某些功能的简单加工。其目的除上述几点外，还在于提高产品销售的经济效益。例如，内地的许多制成品(如洋娃娃玩具、时装、轻工纺织产品、工艺美术品等)在深圳进行简单的装潢加工，改变了产品外观功能，仅此一项，就可使产品售价提高20%以上。所以，在物流领域中，流通加工可以成为高附加值的活动。这种高附加值的形成，主要着眼于满足用户的需要、提高服务功能而取得的，是贯彻物流战略思想的表现，是一种低投入、高产出的加工形式。

第三节 流通加工管理及合理化

一、流通加工管理

1.流通加工的生产管理

通过可行性研究，并确定设置流通加工中心后，流通加工生产的组织与管理工作就成为物流系统和社会生产系统运作的关键环节。流通加工的生产管理与生产组织和管理较为相似，而与运输、存储等方法则有不同。流通加工的组织和安排一般包括劳动力、设备、动力、财务、物资等方面的管理。流通加工的内容及项目较为繁杂，而且不同的加工项目有不同的加工工艺，这也是流通加工组织和安排的特殊性所在。例如，对于套裁型流通加工其最具特殊性的生产管理是出材率的管理。这种主要流通加工形式的优势是利用率和出材率均较高。为提高出材率,需要加强消耗定额的审定及管理,并应采取科学方法,进行套裁的规划及计算。

2.流通加工的质量管理

加工产品的质量控制是流通加工质量管理的主要内容。国家质量标准中没有对加工产品品种规格的规定,主要是根据用户要求来对加工产品进行质量控制。由于各用户要求不一,质量宽严程度也不一样,这就要求,流通加工据点必须能进行灵活的柔性生产才能满足质量要求。

此外,流通加工质量管理的有效方法还包括全面质量管理中采取的产品质量监测、工序控制、各种质量控制图表等。

二、流通加工合理化

流通加工合理化简言之就是实现流通加工的最优配置。具体来讲,就是指在满足社会需求这一前提的同时,通过合理组织流通加工生产,并综合考虑加工与运输、配送、商流的有机结合,以达到最佳的加工效益。为此,前期要对设置流通加工环节与否,设置的地点,加工的类型,技术装备的选择等问题做出正确抉择,以避免各种不合理现象。对目前,国内在流通加工合理化方面已积累了一些经验,并取得了一定成果。

1.不合理流通加工的若干形式

流通加工属于在流通领域中对生产的辅助性加工。因此,它不仅是生产过程的延续,也是生产本身或生产工艺在流通领域的延续。这个延续可能有正、反两方面的作用,即一方面合理的加工可以有效地起到补充完善的作用,另一方面各种不合理的流通加工也会产生抵消效益的负效应。

以下是几种不合理的流通加工形式:

(1)流通加工布局状况的不合理。流通加工的布局状况,或者称为地点设置,是整个流通加工是否能有效的重要因素。

对于衔接单品种大批量生产与多样化需求的流通加工,应在需求地区设置加工点。这样有利于发挥大批量的干线运输与多品种末端配送的物流优势。如果将流通加工地设置在生产地区,其不合理之处在于:一方面,依据多样化需求生产出的小批量、多品种的产品,由产地向需求地的长距离运输是不合理的。另一方面,在生产地增加加工环节,同时增加了近距离运输、装卸、储存等一系列物流活动。所以,在这种情况下,不如由原生产单位完成这种加工而无需设置专门的流通加工环节。

对于为方便物流的流通,应在产出地设置加工点,并将其设置在进入社会物流之前。如果将其设置在消费地,即设置在物流之后,则无端地在流通中又增加了一个中转环节,因而也是不合理的。

此外,流通加工环节的地点即使选择正确,但如果在小地域范围的选址问题处理不当,仍然会出现不合理。其主要表现在:流通加工与生产企业或用户之间距离较远,加工点周围社会、环境条件不良,交通不便,流通加工点的投资过高等。

(2)流通加工方式选择不当。流通加工方式包括流通加工对象、流通加工技术、流通加工工艺、流通加工程度等。对其进行确定实际上是与生产加工进行合理的分工。如果将本应由生产加工完成的，错误地安排在流通加工完成，就会造成不合理性，反之亦然。

流通加工是对生产加工的一种补充和完善，而不能代替生产加工环节。因此，在以下环节中不宜设置流通加工环节：一是工艺复杂，对技术装备要求较高且效益较高的；二是加工可以由生产过程延续或轻易解决的；三是在市场的压迫力下，生产者进行初级加工或前期加工，而由流通企业完成装配或最终形成产品的。如果流通加工方式选样不当，就会出现与生产夺利的恶果。

(3)设置多余的流通加工环节，不能充分发挥其作用。这种不合理形式主要包括：流通加工过程过于简单；对于生产者及消费者的作用都不大；通过流通加工仍未能解决品种、规格、质量、包装等问题的都可视为多余的环节。

(4)流通加工成本过高，效益不好。较高的产出投入比，是流通加工环节生存的重要优势。如果成本过高，其就丧失了存在的价值。因此，除了一些政策上要求即使亏损也应进行的加工外，其他的加工都应看成是不合理的。

2.实现流通加工合理化主要考虑的因素

(1)加工与配送相结合。这种形式是将流通加工设置在配送点中，一方面可以按照配送的需要进行加工，另一方面加工又成为配送业务流程中分货、拣货、配货的一环，从而使流通加工与中转流通巧妙结合在一起。同时，由于配送之前的加工环节，可以大大提高配送服务水平。这种形式已成为对流通加工做合理选择的重要形式，广泛适用于煤炭、水泥等产品的流通。

(2)加工与配套相结合。当对配套要求较高时，生产单位无法做到完全配套，只有进行适当的流通加工，才能有效地促成配套，这大大提高了流通的桥梁与纽带的能力。

(3)加工与合理运输相结合。通过流通加工，使得干线运输与支线运输实现了有效衔接，促进了两种运输形式的合理化。利用流通加工，使两者互相转换时本来就必须停顿的环节，不进行一般的支转干或干转支，而是按照相关要求，进行适当加工，从而大大提高运输及运输转载水平。

(4)加工与合理商流相结合。加工对促进销售，实现商流合理化具有明显的效果。通过加工与配送有效结合后，提高了配送水平，强化了销售，这就是加工与合理商流相结合的一个成功的例证。此外，有效促进商流的例子还包括：通过简单地改变包装加工，形成方便的购买量；通过组装加工解除用户使用前进行组装、调试的难处等。

(5)加工与节约相结合。流通加工环节需要考虑的因素还包括节约能源、节约人力、节约设备、节约耗费等。能否实现社会和企业两方面的效益最大化，是最终判断流通加工合理化的关键因素。因此，流通加工企业更应树立社会效益的观念，只有在以补充完善为己任前提下才有生存的价值。这也是流通加工企业与一般生产企业的不同之处。如果只是追求企业的微观效益，不适当地进行加工，甚至与生产企业争利，这就有违流通加工的初衷，或者其本身已不属于流通加工范畴了。

【案例分析】

迪安食品公司鲜牛奶流通加工

迪安食品公司的首席执行官霍华德 M. 迪安(Howard M. Dean)正有一项开发计划,打算在墨西哥市场投放牛奶制品和冷冻蔬菜。对于这家有 23 亿美元资产、总部设在芝加哥、仅在美国从事销售活动的公司来说,这是一项重大的举措。由于北美自由贸易协议允许开放墨西哥市场,迪安食品公司正在利用机会将其产品推荐给 9000 万新的消费者。

牛奶是一种特别吸引人的产品,因为墨西哥新鲜牛奶短缺,而人口中有一半年龄在 18 岁以下(主要的喝牛奶者)。并且,因为政府的限价,还没有什么动力驱使批发商和零售商推销该产品。在投入这项冒险事业之前,迪安指派了两名经理去研究墨西哥市场行销和物流需求。迪安还寻求专业厂商 Tetra Pak 公司的合作,这是他的包装供货商之一,是一家大型的墨西哥公司。

迪安首先通过建立一家合资企业把目标对准墨西哥奶制品市场。该合资企业期望配送商有经验处理迪安的牛奶和奶制品,将其装运到边界城镇。墨西哥现在消费迪安的 EI Paso 奶制品公司的 1/3 的产品。迪安食品的合资企业仍然需要解决几个问题。第一个问题是冷藏问题,因为绝大部分的产品是在小型的"夫妻"店里出售的,这类店里几乎没有什么冷藏设备。因为产品的堆放空间缩小了,在货架上的保存期也缩短了,迪安就把加仑壶包装改成小纸箱包装。第二个问题与超市有关。这些超市常常通宵停电,造成冰淇淋产品反复地融化和冻结,以至于损害了产品的品质。迪安拟打算采用的解决办法就是自己购买冰箱并对店里 24 小时维持供电进行补贴。第三个问题是墨西哥缺少奶牛场。这一短缺正在迫使迪安考虑发展与原牛奶生产商的关系,而不是实际经营这些奶牛场。第四个问题是低品质牛奶的问题。因为墨西哥几乎没有关于产品品质控制的法律规章,所出售的全部牛奶中有 40% 未经巴氏法灭菌就直接输送到消费者手中。

虽然存在着许多潜在的困难,迪安的管理部门仍把这种形势看做是在一个大市场中获得大份额的机会。迪安先生说:"我们得快点行动,现在正是机会。"

(资料来源:根据昆明学院《连锁物流》精品课程网站案例改写,http://lswl.kmu.edu.cnlswl2009-05/39.html)

【案例讨论】

1. 迪安食品公司鲜牛奶是如何流通加工的?

2. 如何合理流通加工?

【复习思考】

1. 包装的功能主要有哪些?

2. 常用的包装材料有哪些?

3. 请简述包装的主要技法。

4.包装管理的主要内容包括哪些?

5.流通加工的主要类型有哪些?

6.在物流活动中,流通加工主要起到哪些作用?

7.简述不合理的流通加工的形式。

第八章　绿色物流

学习目标

理解并掌握绿色物流产生的背景、绿色物流的概念和特征、绿色物流的行为主体、绿色物流系统的构成，了解我国绿色物流发展的现状、存在问题及解决的对策。

第一节　绿色物流概述

一、绿色物流产生的背景

(一)现代物流对环境的负面影响

物流活动与社会经济的发展相辅相成。一方面现代物流是经济发展的支柱，另一方面经济的发展又会引起物流总量的增加。物流活动的频繁以及物流管理的变革，会增加燃油消耗、加重空气污染和废弃物污染、浪费资源、引起城市交通堵塞等，因此，对社会经济的可持续发展产生了消极影响。现代物流活动对环境的影响主要表现在以下几个方面。

1. 货物运输对环境的影响

运输是物流活动中最主要、最基本的活动，运输车辆的燃油消耗和燃油污染，是物流作业造成环境污染的主要原因。物流管理活动的变革，如集中库存和即时配送，也对运输和环境造成了影响。

(1)不合理的货运网点及配送中心布局，导致货物迂回运输，增加了车辆燃油消耗，加剧了废气污染和噪音污染；过多的在途车辆增加了对城市道路面积的需求，加剧了城市交通的阻塞。

(2)集中库存虽然能有效地降低企业的物流费用，但由于产生了较多的一次运输，从而增加了燃料消耗和对道路面积的需求。

(3)即时配送(JIT)强调无库存经营，从环境角度看，JIT 配送适合于近距离企业间的输送。如果供应商与生产商之间距离较远，要实施 JIT 就必须大量利用公路网，使货运从铁路转到公路，这样又增加了燃油消耗，带来空气污染、噪声等，从而使环境遭到破坏。

2. 包装对环境的影响

包装具有保持商品品质、美化产品、提高商品价值的作用。当今大部分商品的包装材料和包装方式,不仅造成资源的极大浪费,而且严重污染环境。

(1)目前市场上流行的塑料袋、玻璃瓶、易拉罐等包装品种,使用后会给自然界留下长久的污染物。

(2)相当一部分工业品特别是消费品的包装都是一次性使用,且越来越复杂。这些包装材料不仅消耗了有限的自然资源,废弃的包装材料还是城市垃圾的重要组成部分,处理这些废弃物要花费大量人力、财力。

(3)不少包装材料是不可降解的,它们长期留在自然界中,会对自然环境造成严重影响。

3. 流通加工的影响

流通加工是指为完善使用价值和降低物流成本,对流通领域的商品进行的简单加工。流通加工具有较强的生产性,会造成一定的物流停滞,增加了管理费用,不合理的流通加工方式会对环境造成负面影响。

(1)由消费者分散进行的流通加工,资源利用率低下,浪费能源,如餐饮服务企业对食品的分散加工,既浪费资源,又污染空气。

(2)分散流通加工产生的边角废料,难以集中和有效再利用,造成废弃物污染。

(3)流通加工中心选址不合理,也会造成费用增加和有效资源的浪费,还会因增加了运输量而产生新的污染。

(二)发展绿色物流的必要性

由上面分析可知,现代物流活动的诸多方面都会对环境造成负面影响,而且这种影响的程度是随着经济的发展而加剧的,因此,20 世纪 90 年代产生的绿色物流概念正是针对地球的环境问题而提出来的。绿色物流的产生是可持续发展的必然选择,也是绿色消费与绿色制造的基本要求,还是经济一体化发展的必然趋势。

1. 绿色物流是可持续发展的必然趋势

当今世界人类社会面临的三大问题是资源,环境和人口,特别是环境问题,正对人类社会的生存与发展造成严重威胁。随着全球环境问题的日益恶化,人们愈来愈重视对环境问题的研究。近年来的研究和实践表明:环境问题绝非是孤立存在的,它和资源、人口两大问题有着根本性的内在联系点;特别是资源问题,它不仅涉及地球上有限资源的合理利用,而且又是环境问题的主要根源。

(1)不合理的物流方式导致严重的环境问题和资源浪费。物流是原材料、产成品从供应地向消费地的实体流动过程,在这个流动过程中,需要经过包装、运输、装卸搬运、储存、流通加工等作业环节。在物料流动的同时,还伴随资源的消耗和能源的消耗;不合理的物流方式会产生很多废弃物。例如,物品在物流过程中因破损、变质而被丢弃,运输包装器具消耗大量自然资源而产生大废弃物;物流规划不合理造成运输路线迂回、管理不善造成空载和无效的运输等,这些均使空气污染、噪声污染和交通拥挤等城市环境问题更加严重。

(2)可持续发展观强调经济的发展必须与资源环境的承载能力相协调。以自然资源的高投入、高消耗为特征的短期粗放型经济行为,存在着诸多弊端,例如,消耗大量的不可再生资源,引起环境恶化和生态系统失衡,严重制约了社会和经济的可持续发展,甚至直接威胁到人类的生存。而可持续发展原则则强调把发展问题放在优先考虑的地位;又必须以保护环境为重要内容,强调社会经济发展必须与资源、环境的承载能力相协调,即强调自然—经济—社会符合系统的持续、稳定、健康的发展。

可持续发展观突破了狭隘的"经济资源论",赋予了自然资源以经济学的意义和价值,通过自然资源来实现生态系统的动态平衡和社会经济系统的动态平衡、实现生态持续、经济持续和社会持续的统一。经济的持续和社会的持续必须建立在生态支持系统完整性的基础之上。

(3)可持续发展观要求必须扬弃粗放的生产方式。粗放型的生产方式在生态经济学上的表现就是视环境资源无价值。以牺牲环境价值来换取社会经济价值。而生态环境的污染又将"蚕食"甚至加速植物品种的减少,威胁人类生存环境。粗放的物流方式就是一种粗放型的生产方式,为实现某一主体的经济利益,过分依赖资源投入和能源消耗,不顾对环境造成的危害。这种物流方式应该摒弃。

绿色物流是将可持续发展思想融入到企业物流战略活动中,将生态环境与经济发展连接为一个互为因果的有机整体,强调物流系统的效率、企业经济利益和生态环境利益的协调和平衡,是一种资源节约型和综合利用型的生产方式。

这说明绿色物流是社会经济可持续发展的必然选择,是可持续发展的一个组成部分,是绿色经济循环系统的重要一环。

2.绿色物流是绿色消费和绿色制造的需要

经济的发展,公众文明意识、环境意识的增强,产生了对绿色消费的需要;相应地,又对企业和研究界提出了绿色产品设计和绿色制造的要求。

生产和消费领域目前仍存在这样一种循环:企业不断地推出新产品、新式样,不断刺激、满足消费者的多样化和个性化需求,新产品开发和新产品上市的周期越来越短,消费者也以越来越快的频率淘汰旧产品,追求新产品;而这些被丢弃的旧产品并非因为功能的丧失。这种循环的结果是,产品更新换代越来越快,产品寿命越来越短,消耗的原材料和能量越来越多,产生的污染物和产品废弃物也越来越多。其结果是垃圾处理越来越困难,环境污染越来越严重。

这是一种粗放型的消费力式。随着生活环境质量的严重破坏,越来越多的公众开始反思这种快速消费、快速淘汰的物质生活方式,在20世纪80年代后期逐渐形成了一种新的消费观念——绿色消费。绿色消费观念指的是人们不仅仅关心产品的功能、寿命、款式和价格,而且还关心产品的环境性能,宁愿多付钱购买环保的绿色产品:在求得生活舒适的基础上,注重节约资源和能源。另外,还包括对再生资源、再生产品的接受。

消费者环境意识的觉醒、绿色消费市场的兴起,大大鼓舞了企业推出环境友好型产品和服务。环境管理不善将使企业公众形象受损,还要承担法律责任和经济后果,这些均促使企业实施绿色行动。绿色产品设计和制造(简称绿色制造)正是适应绿色消费的需要而产生的。它通过将产品设计与环境保护融为一体,使产品从原材料选择、功能设计和结构设计上满足环保要求:使产品报废后的拆卸、重用更加容易;通过清洁生产技术,使生产过程中的能源消耗和浪费最少。

伴随着对绿色消费和绿色制造需求的增加,对绿色服务的需求也必然要增加。物流是企业向顾客提供产品和服务过程中不可缺少的重要环节。发达国家的实践经验证明，物流能力对企业的环境策略的成功实施具有非常重要的作用；另外，由于消费是通过流通决定生产的，所以，要实现从产品制造到产品消费市场的绿色化，就需要物流的绿色化。绿色物流是连接绿色制造和绿色消费之间的纽带。绿色物流与绿色制造、绿色消费共同构成了一个节约资源、保护环境的绿色经济循环系统。

3. 绿色物流是全球经济一体化发展的必然趋势

环境也是一种资源，是有价值的。环境成本内在化是当今世界讨论的热点问题，随着人类社会对人类共同生存环境的关注，在国际贸易中，与贸易有关的环境保护要求将增加企业成本支出，最终影响企业的竞争力。将环境与贸易挂钩，用经济手段解决环境问题符合当代环境问题的发展趋向，在国际贸易中更多地考虑环境因素已成为一种必然。

随着全球经济一体化的发展，一些传统的关税和非关税壁垒逐渐淡化，但是，环境壁垒逐渐兴起，为此，ISO 14000 成为众多企业进入国际市场的通行证，ISO 14000 的两个基本思想是预防污染和持续改进，它要求企业建立环境管理体系，使其经营活动、产品和服务的每一个环节对环境的影响最小化，ISO 14000 不仅适用于第一、第二产业，也适用于第三产业。进入 WTO 后，我国将逐步取消大部分产品的分销限制，外国商人可以分销进口产品及我国产品；在物流服务方面，经过合理的过渡期后，将取消大部分外国股权限制，外国物流企业将进入我国物流市场。由于国外物流企业起步早，物流经营管理水平相当完善，势必给国内物流企业带来巨大冲击。这意味着未来的物流业将有一场激烈的竞争。我国物流企业要想在国际市场上占据一席之地，发展绿色物流将是理性的选择。

二、绿色物流的概念

自 20 世纪 90 年代初期，西方国家的企业界及物流学术界的学者们就提出绿色物流(green logistics 或 environmental logistics)的概念，绿色物流很快就得到了政府、学术界和企业界的高度重视。一方面，政府通过立法限制物流过程中的环境影响，例如，欧盟、美国和日本等都制定了严格的法规限制机动车尾气排放和废弃物污染；另一方面，发达国家提出了发展循环型经济的目标，积极扶持逆向物流的发展。很多跨国公司都积极响应这一行动，施乐、柯达、美辛、惠普等大型跨国公司都实施了逆向物流的项目，并且收益显著。

与其他绿色化运动一样，“绿色物流”里的绿色，是一个特定的形象用语，既不能将绿色看成是植物或农产品的代名词，也不能将绿色理解为纯天然的代名词；而应该是泛指保护地球生态环境的活动、行为、计划、思想和观念在物流及其管理活动中的体现。具体而言，绿色物流(environmental logistics)是指在物流过程中抑制物流对环境造成危害的同时，实现对物流环境的净化，使物流资源得到最充分利用。它包括物流作业环节和物流管理全过程的绿色化。从物流作业环节来看，包括绿色运输、绿色包装、绿色流通加工等。从物流管理过程来看，主要是从环境保护和节约资源的目标出发，改进物流体系，既要考虑正向物流环节的绿色化，又要考虑供应链上的逆向物流体系的绿色化。绿色物流的最终目标是可持续发展，实现该目标的准则是经济利益、社会利益和环境利益的统一。

绿色物流是以经济学一般原理为基础，建立在可持续发展理论、生态经济学理论、生态伦理学理论、外部成本内部化理论和物流绩效评估的基础上的物流科学发展观。同时，绿色物流也是一种能抑制物流活动对环境的污染，减少资源消耗，利用先进的物流技术规划和实施运输、仓储、装卸搬运、流通加工、包装、配送等作业流程的物流活动。

第二节　绿色物流系统分析

物流系统与环境系统之间存在着相互作用的关系，物流决策能为很多社会性问题提供解决方案，尤其是能为社会范围的环境管理和生态管理提供解决途径，包括废弃物问题、污染问题、资源节约和节能节约问题等。由于物流本身的交叉性和综合性，再加上绿色物流实施主体的多样性，因此，物流的绿色化是一个系统的工程。

一、绿色物流系统的构成

运输、仓储、包装、装卸搬运和流通加工是物流系统最基本的五个功能环节，也是物流系统绿色化的基本内容。因此，绿色物流系统主要由绿色运输、绿色仓储、绿色包装、绿色装卸搬运和绿色流通加工构成。

1. 绿色运输

运输是物流活动中最主要的活动，但同时也是物流作业耗用资源、污染和破坏环境的重要方面。运输过程中产生的尾气、噪声、可能出现的能源浪费等都是绿色物流管理中的新课题。近年来激烈的能源供求矛盾使运输的绿色化更加凸显出来。如何实现绿色运输，保证运输与社会经济和资源环境之间的和谐发展，实现运输的可持续发展模式已成为现代物流业发展的重要内容。

所谓绿色运输，是指以节约能源、减少废气排放为特征的运输，绿色运输是绿色物流的一项重要内容。其实施途径主要包括：合理选择运输工具和运输路线，克服迂回运输和重复运输，以实现节能减排的目标；改进内燃机技术和使用清洁燃料，以提高能效；防止运输过程中的泄漏，以免对局部地区造成严重的环境危害；等等。

2. 绿色仓储

仓储本身会对周围环境产生影响。例如，保管、操作不当引起货品损坏、变质、泄漏等。另外，仓库布局不合理也会导致运输次数的增加或运输迂回。

绿色仓储是指以环境污染小、货物损失少、运输成本低等为特征的仓储。要实现绿色仓储，一是要求仓库选址要合理，有利于节约运输成本。过于密集，会增加能源消耗，增加污染物排放；过于松散，则会降低运输效率，增加空载率。仓库布局要总体规划，依据企业可持续性发展战略要求，做到绿色仓储化。二是仓储布局要科学，使仓库得以充分利用，实现仓储面积利用的最大化，减少仓储成本。三是仓库建设前应当进行相应的环境影响评价。充分考虑仓库建设和运营对所在地的环境影响，对于易燃、易爆商品不应放置在居民区，有害物资仓库不应安置在重要水源地附近等。

3. 绿色包装

包装要消耗大量的资源、产生大量的固体废弃物，是物流系统影响环境的主要因素之一。因此，包装的绿色化是物流系统绿色化的重要内容。

绿色包装又可以称为无公害包装和环境之友包装，是指对生态环境和人类健康无害，能重复使用和再生，符合可持续发展的包装。它的理念有两个方面的含义：一个是保护环境，另一个是节约资源。这两者相辅相成，不可分割。其中保护环境是核心，节约资源与保护环境又密切相关，因为节约资源可减少废弃物，也就是从源头上加强对环境的保护。

从技术角度讲，绿色包装是指以天然植物和有关矿物质为原料研制成对生态环境和人类健康无害，有利于回收利用，易于降解、可持续发展的一种环保型包装，也就是说，其包装产品从原料选择、产品的制造到使用和废弃的整个生命周期，均应符合生态环境保护的要求，应从绿色包装材料、包装设计和大力发展绿色包装产业三方面入手实现绿色包装。

4. 绿色装卸搬运

绿色装卸搬运是指为尽可能减少装卸搬运环节产生的粉尘烟雾等污染物而采取的现代化的装卸搬运手段及措施。

实现绿色装卸搬运，通常要做到以下几点：

首先，要消除无效搬运。要提高搬运纯度，搬运必要的物资，如有些物资去除杂质之后再搬运比较合理；避免过度包装，减少无效负荷；提高装载效率，充分发挥搬运机器的能力和装载空间；中空的物件可以填装其他小物品再进行搬运；减少倒搬次数，作业次数增多不仅浪费了人力、物力，还增加物品损坏的可能性，更重要的是无效搬运次数的增加会使装卸搬运中的粉尘增加，对环境造成污染。

其次，要提高搬运活性。放在仓库的物品都是待运物品，应使之处在易于移动的状态（即“搬运活性”，它是指在装卸搬运作业的物资进行搬运装卸作业的方便性）。物品放置时要有利于下次搬运，如装于容器内并垫放的物品较散放于地面的物品易于搬运。在装上时要考虑便于卸下，在入库时要考虑便于出库，还要创造易于搬运的环境和使用易于搬运的包装。这样做一方面提高了搬运装卸效率，另一方面也减少了可能造成的污染。

再次，注意货物集散场地的污染防护工作。在货物集散地，尽量减少泄露和损坏，杜绝粉尘；清洗货车的废水要在处理后排出，以防为主、防治结合。在货物集散地要采用防尘装置，制定最高容许度标准；废水应集中收集、处理和排放，加强现场的管理和监督。

5. 绿色流通加工

流通加工具有较强的生产特性，对环境的影响主要表现在：分散进行的流通加工过程能源利用率低，产生的边角余料、排放的废气和废弃物等污染周边环境，还有可能产生二次污染等。

绿色流通加工是指在流通过程中继续对流通中的商品进行生产性加工，以使其成为更加适合消费者需求的最终产品。绿色流通加工的途径主要分两个方面：一方面变消费者分散加工为专业集中加工，以规模作业方式提高资源利用效率，以减少环境污染（如餐饮服务业对食品的集中加工）；减少家庭分散烹调所造成的能源；减少浪费和空气污染；另一方面是集中处理消费品加工中产生的边角废料，以减少消费者分散加工所造成的废弃物污染，如流通部门对蔬菜的集中加工减少了居民分散垃圾丢放及相应的环境治理问题。

二、绿色物流的行为主体

从物流系统的目标来看，绿色物流属于一种新的物流形式，新的内涵体现在从强调物流对企业经济效益的贡献、对国民经济的促进作用，转向强调物流及物流决策对企业和社会的全面影响，包括员工教育与培训、销售/服务、职业健康与安全、环境及生态问题等。

国外近十多年来的研究结果表明，20 世纪 90 年代兴起的对环境问题的重视不仅拓宽了物流的范围，而且也改变了各层次的物流管理部门和管理人员的工作方式，甚至对政府政策也产生了影响。对环境问题的关注成了公众、政府关注的焦点，也是企业管理者必须面对的问题。政府、企业以及代表社会的广大公众构成了绿色物流系统运行过程中的行为主体，他们是绿色物流战略实施和发展的推动力量。

1. 公众

清洁的环境给公众带来的是新鲜的空气、洁净的水质、畅通的交通、舒适的工作和生活环境；各种环境污染的直接受害人是公众；公众的环境意识及其相应的行为对环境保护计划的全面展开具有特别重要的意义，对绿色物流战略的实施同样具有不可替代的推动作用。

很多学者的研究发现，真正关心环境污染问题、具有环境危机感的人往往会采取积极的措施，避免造成更多的污染，例如，参与生态购买和生态消费行动、崇尚“绿色消费”方式等。所谓“绿色消费”是指在社会消费中，不仅要满足我们这一代的消费需求和安全，还要满足子孙后代的消费需求和安全。它有三层含义：一是人类的消费活动无害于环境，即“无污染消费”，倡导消费者选择有助于公众健康的绿色产品；二是从资源学的意义来讲，人类的消费活动应做到对自然资源的“适度”和综合利用，即减少自然资源的消耗率，按照资源的多重使用属性做到“重复使用、多次利用”，节约资源；三是在消费过程中注重对垃圾的回收和处置，不造成环境污染。

坚持绿色消费方式的公众更愿意购买有利于生态环境的产品和服务。美国某机构 1989 年进行的一项民意测验显示：77%的美国公民认为，公司的环境声誉会影响他们对公司产品和服务的购买。可以说，正是公众的绿色消费理念，促使企业积极主动地提供绿色产品、绿色包装和绿色服务。对于物流企业来说，物流系统绿色化将为企业赢得良好的环境声誉，从而得到广大公众认可，赢得更多的顾客。反过来，物流企业的环境形象差，就会受到公众的严厉监督，甚至抵制。

另外，公众对某种非环保行为的强烈抗议也会促使政府采取相应的法规措施，从而限制企业的环境污染行为。例如，公众对废弃物填埋处理和焚烧处理的强制抵制，促使国家制定包装废弃物回收法、电子产品回收法等，也是促使企业实施绿色物流战略、实施逆向物流计划的主要原因之一。

2. 企业及其物流的绿色化

许多企业已经意识到消费者对环境问题的日益关注，并意识到企业的环境战略将为企业带来新的市场机会，通过关注环境来促进产品销量和业务量的增长已是大势所趋。

在物流市场中，最大的需求来自工商企业，物流的提供方也是生产企业自身或第三方物流企业，所以，企业物流是全社会物流系统中最重要的组成部分。企业物流绿色化是企业环境战略的重要组成部分，它不仅能改善企业本身经营活动对环境的影响，而且还能推动企业产品所在的供应链的绿色化，进而推动全社会物流系统的绿色化。因此，企业是绿色物流的直接实施者，是可持续发展战略的最核心的行为主体；没有工商企业的行动，一切环境保护计划都将无法实现。

企业物流包括范围广泛，从产品生产所需原料、零部件的供应，生产过程中的物料流动，到产成品的分销、使用报废后的回收等，几乎跨越了产品的全生命周期。因此，企业物流的绿色化应该包括供应物流的绿色化、生产物流的绿色化、销售物流的绿色化、企业废弃物流和企业逆向物流的绿色化等内容。

3.政府及其环境监管作用

政府对于绿色物流的作用主要是通过制定各种环保法规和政策手段实现监督和控制。

在绿色物流方面，政府可通过立法和制定行政法规，将节约资源、保护环境的要求进一步制度化。一方面，可利用税收手段及市场机制，对道路资源、不可再生资源、不可再生包装材料的使用收取附加费用，对噪音、废气污染等行为加以惩罚和限制，对包装废弃物、产品废弃物的处理进行严格的限制、制定废弃物回收法、循环利用法等；另一方面，还可以以基金或补贴的方式，对物流过程中的节约资源、降低污染的行为予以鼓励和资助；还可利用产业政策，直接限制资源浪费和环境污染型的产业发展。可以说，政府的限制、法规的约束是企业实施绿色物流战略的外部驱动力。

另外，政府通过开展绿色物流的宣传教育，对物流中的经济主体——工商企业、物流企业以及末端消费者，大力宣传绿色物流的内涵和意义，也有利于促进绿色物流战略的全面实施和快速发展。

三、绿色物流系统的特征

由前面的分析可知，绿色物流系统是由不同的行为主体支持或实施的，而绿色物流系统的实施还包括绿色包装、绿色运输、绿色仓储等不同的环节和技术，另外，讨论绿色物流还必须将其放在特定的区域考察。从系统论的角度看，绿色物流系统的主要特征如下。

1.开放性

绿色物流系统由多个要素构成，其内部各要素之间、系统与外部大环境之间不断地进行着物质、能量和信息的交换，并且以“流”的形态贯穿于其间，从而形成一个动态的、系列的、层次的、具有自我调节和反馈能力的相对独立体系。正是通过“流”，物流系统才得以维持自身的发展，也只有通过“流”，才能识别绿色物流系统的动态特征和演化规律，才能评判、比较和推断不同系统的优劣。开放性的另一个体现就是绿色物流系统内部要素之间存在着协同与竞争的复杂关系。

2.区域性

绿色物流系统总是有一定的空间范围，也就是说当我们讨论物流业发展或物流业的绿色化发展时，总是将其放在特定的空间上去考察。区域作为某种特定范围的地域综合体，有其特定的自然、社会、经济、生态环境等要素，亦有其固有的形成、发展和演化机制，一个区域的社会经济活动必须遵循其固有的基本规律。因此，绿色物流系统也必须考虑区域这一基本特征。按照区域范围的大小，绿色物流系统可以划分为社会绿色物流系统和城市绿色物流系统，而企业物流是社会物流系统和城市物流系统的基本组成。

3.多环节特性

绿色物流系统也就是物流系统的绿色化，既包括物流系统“绿色”状态，也包括为使物流系统变得“绿色”所进行的调整和行动过程。由于物流系统的多环节特点，绿色物流系统也具有多环节的特点。不管是社会物流、城市物流还是企业物流，绿色物流系统都应该包括绿色包装、绿色运输、绿色仓储、绿色流通加工等功能环节。

4. 行为主体的多样性

绿色物流系统的行为主体包括了广大的公众（消费者）、各行业的生产企业、分销企业、物流企业、批发/零售业等。这些行为主体的环境意识和环境战略对他们所在的供应链物流的绿色化将产生重要的推动作用或制约作用。因此，与绿色物流系统相关的政策法规、消费者督导、企业自律等也是实施绿色物流战略的宏观管理策略。

5. 层次性

层次性表现在绿色物流系统本身可分解为若干个子系统，各子系统还可以进一步分解为更小的子系统。绿色物流系统的层次性有不同的表现：

（1）从对绿色物流的管理和控制主体看，可分为社会决策层、企业管理层和作业管理层三个层次的绿色物流活动，也可以说是绿色物流的宏观层、中观层和微观层。其中，社会决策层的主要职能是通过相关政策和法规的手段传播绿色理念，约束和指导企业物流战略；企业管理层的任务则是从战略高度与供应链上的其他企业合作，共同规划和管理企业的绿色物流系统，建立有利于资源再利用的循环物流系统；作业管理层主要是指物流作业环节的绿色化，如运输的绿色化、包装的绿色化、流通加工的绿色化等。

（2）从系统的观点看，绿色物流系统是由多个单元（或子系统）构成的，如绿色运输子系统、绿色仓储子系统、绿色包装子系统等。这些子系统又可按空间或时间特性划分成更低层次的子系统，即每个子系统都具有层次结构，不同层次的物流子系统通过相互作用，构成一个有机整体，实现绿色物流系统的整体目标。

（3）绿色物流系统还是另一个更大系统的子系统，这个更大的系统就是绿色物流系统得以生存发展的外部环境。这个环境包括促进经济绿色化的法律法规、人口环境、政治环境、文化环境、资源条件、环境资源政策等方面，它们对绿色物流的实施将起到约束作用或推动作用。

第三节　我国绿色物流发展现状及策略

一、我国绿色物流发展现状

我国正处于国民经济快速增长的发展时期。一方面，我国面临着提高社会生产力、增强综合国力、提高人民生活水平的发展任务；另一方面，又面临着相当严峻的环境问题和困难。长期以来，由于技术水平不高，加上粗放型经济增长方式，造成了资源利用效率较低，对资源的开发强度不断加大。同时，人口的持续增长和人民日益增长的物质文化需求，对经济建设以及资源、环境造成了巨大的压力。为此，我国政府提出将可持续发展战略定为我国的基本国策。

在国家可持续发展原则的指导下，许多企业的社会责任意识已经开始形成。不少企业已具有环境意识，将生产绿色产品作为企业经营的宗旨和竞争的法宝；一些企业已按标准实行清洁生产，例如，海尔集团已经建立起环境管理体系，并获得 ISO 14000 标准认证。绿色产品生产和绿色消费的意识已得到企业和公众的普遍认可。

但是我国物流业的起步较晚，绿色物流还刚刚兴起，人们对它的认识还非常有限，在绿色物流的服务水平和研究方面还处于起步阶段，与国际上先进技术国家在绿色物流的观念、政策及技术上均存在较大的差距。这主要表现在以下几个方面。

1. 思想观念上的差距

一方面，政府领导的观念仍未转变，绿色物流的思想还没确立。部分政府领导对物流的推进尚且放任自流，更何况面向的是更进一步的绿色物流。仅有物流的思想而没有绿色化的概念，还缺乏发展的前瞻性。另一方面，经营者和消费者对绿色经营消费理念仍很淡薄，绿色物流的思想更少。物流环节连接绿色供给主体和绿色需求主体的绿色通道，也未受到足够的重视和关心。

绿色物流的行为主体主要是企业，有些企业认为绿色物流只是一种环保理念，是不切实际的幻想，因为它不能带来任何经济效益，还会增加企业物流成本，甚至认为“环保不经济，绿色等于花费”，也有些企业认为绿色物流是政府的事情，与企业无关。因此在发展物流的同时，要尽快提高认识，更新思想，把绿色物流作为世界全方位绿色革命的重要组成部分，确认和面向绿色物流的未来。

2. 政策性的差距

绿色物流是当今经济可持续发展的一个重要组成部分，它对社会经济的不断发展和人类生活质量的不断提高具有重要的意义。正因为如此，绿色物流的实施不仅是企业的事情，而且还必须从政府约束的角度，对现有的物流体制强化管理，构筑绿色物流建立与发展的框架，做好绿色物流的政策性建设。

一些发达国家的政府在绿色物流的政策性引导上，制定了诸如控制污染发生源、限制交通量和控制交通流的相关政策和法规，而且还从物流业发展的合理布局上为物流的绿色化铺平道路，如日本早在 1966 年就制定了《流通业务城市街道整备法》，以提高大城市的流通机能，增强城市物流的绿色化功能。在 2000 年就制定了《废弃物处理与清洁生产法》(waste management and cleansing law)、《有效利用资源法》(law for promotion of effective utilization of resources)等法律规定。

尽管我国自 20 世纪 90 年代以来，也一直在致力于环境污染方面的政策法规的制定和颁布，但针对物流行业的还不是很多。另外，由于物流涉及的有关行业部门、系统过多，而这些部门又都自成体系，各做各的规划，各建各的物流基地，导致物流行业的无序发展，造成资源配置的巨大浪费，也为以后物流运作上的环保问题增加了过多的负担。因此，打破地区、部门和行业的局限，按照大流通、绿色化的思路来进行全国的物流规划整体设计，是我国发展物流在政策性问题上必须正视的大事情。

3. 技术上的差距

绿色物流的关键所在，不仅依赖物流绿色思想的建立、绿色导向的指明和绿色操作的运用，更离不开绿色技术的掌握和应用。而我们的物流技术和绿色要求有较大的差距。物流装备水平仍然较低，各种运输方式之间装备标准不统一，物流器具标准不配套，物流包装标准与物流设施标准之间缺乏有效地衔接，在一定程度上延缓了物流机械化和自动化水平的提高，影响了运输工具的装载率、装卸设备的荷载率以及仓储设施的空间利用率。企业物流信息管理水平和技术手段比较落后，缺乏必要的公共物流信息平台，订单管理、货物跟踪、库存查询等物流信息服务功能较弱，制约了物流运行效率和服务质量的提高。总之，没有先进物流技术的发展，就没有现代物流的立身之地，绿色物流更无从谈起。

以上差距说明，我国企业的物流绿色化任重道远。随着经济的全球化，我国企业的物流绿色化将成为参与全球竞争的重要基础。因此，建立和完善我国物流绿色化的政策和理论体系，对物流系统目标、物流设施设备和物流活动组织等进行改进与调整，实现物流系统经济效益和环境效益的整体最优化，将有利于我国物流管理水平的提高，对于经济的可持续发展具有重大的意义。

二、我国发展绿色物流的策略

(一)政府及有关部门实施绿色物流的对策

1. 完善相关环境法律法规，加强对物流体制的宏观管理控制

我国作为一个发展中国家，在各种基础薄弱的条件下，要想迅速培育、发展绿色物流事业，需要政府部门的宏观管理、监督指导以及政策和资金上的扶持。对于政府来说，首先要严格实施《环境保护法》、《固体废物污染环境防治法》以及环境噪音污染防治条例等，并不断完善相关环境法律法规，在宏观上对物流体制进行管理控制。

(1)控制物流活动中的污染发生源。物流活动引起环境污染的主要原因在于货车运输量的增加。政府应该采取有效措施，从源头上控制企业的发展造成环境的污染。例如，治理车辆的废气排放、限制城区货车行驶路线、发挥经济杠杆作用、收取车辆排污费、促进低公害车的普及等。

(2)限制交通量。通过政府指导作用，促进企业选择合适的运输方式，发展共同配送，统筹建立现代化的物流中心，最终通过有限的交通量来提高物流效率。

(3)控制交通流。通过道路与铁路的立体交叉发展、建立都市中心环状道路、制订道路停车规则以及实现交通管制系统的现代化等措施，减少交通阻塞，提高配送效率。

2. 树立绿色物流全新运作理念

政府要加强宣传环保的重要性和紧迫性，唤醒企业、社会组织和公众的危机意识，为绿色物流的实施营造良好的舆论氛围和社会环境；引导工商企业打破其物流活动主要依靠企业内部的自我服务来完成的经营组织模式，鼓励企业实行物流外包，开展第三方物流，以提高物流资源的使用效率。物流企业要打破“环保不经济、绿色等于消费”的传统观念，应着眼于企业和社会的长远利益，树立集体协作、节约环保的团队精神，将节约资源、减少废物、避免污染等目标作为企业的长远发展目标。

3. 制定规范的现代绿色物流产业发展政策

现代绿色物流业是一个新兴的复合型产业，涉及运输、仓储、装卸、货代、联运、加工、整理、配送、信息、环保等行业，政策上关联交通部、铁道部、民航总局、商务部、信息产业部、海关、环保、工商、税务等许多部门。为避免政出多门，确保政府部门间政策的协调一致，我们应该建立必要的政府部门协调机制，设立统管物流的主管部门。其主要职能是提出现代物流发展政策、协调全国和地区物流发展规划、研究解决发展中的重大问题、组织推动现代物

流业发展等。

4. 加快绿色物流公共基础设施规划与建设

首先要重视现有物流基础设施的利用和改造，通过对其规模、布局、功能进行科学的整合，提高现有设施的使用效率，发挥现有设施的综合效能。其次要加强新建物流基础设施的宏观协调和功能整合。应从整体战略的高度协调物流相关规划，理顺各种规划的关系，使物流规划、不同运输方式的场站建设规划、工业及商贸流通行业的仓储设施规划能够有机衔接和配合，防止重复建设，避免土地资源的浪费。第三要继续扩大交通基础设施投资规模，加大公路、铁路、水运、航空、管道和城市配送等设施的建设力度。对基础性、公益性设施，政府要增加投入，对经营性设施应按照市场经济规律，扩大投融资渠道，鼓励企业经营。第四要注重加强各种运输方式的衔接，加快完善综合交通运输网络，大力发展多式联运。

5. 促进物流信息系统发展和标准化体系建设

完善的物流信息系统是发展绿色物流的重要基础，有助于提高物流资源的利用率和经济性。首先，政府应引导企业利用先进的信息技术，包括全面质量管理（TQM）、电子数据交换（EDI）、射频技术（RF）、全球定位系统（GPS）、企业资源计划（ERP）等技术，全面提高企业信息管理水平。其次，政府应大力支持建设公共网络信息平台，加快构筑全国和区域性物流网络，实现不同物流部门、物流企业的资源共享、数据共用、信息互通，为物流信息交流的畅通和高效创造条件。

物流标准化是资源整合的重要基础工作。针对我国当前物流标准化存在的问题和国际物流标准化的发展方向，政府应加强对物流标准化工作的重视，一方面要在物流术语、计量标准、技术标准、数据传输标准、物流运作模式与管理标准等方面做好基础工作。另一方面要加强标准化的组织协调工作。在对各种与物流活动相关的国家标准、行业标准进行深入研究的基础上，全面梳理现行标准，对已经落后于物流发展需要的标准应予淘汰，并代之以新型标准；对部分不符合实际需要的标准进行修订完善；对尚缺的标准应抓紧制订，以使各种相关的技术标准协调一致，与国际标准接轨。

（二）企业实施绿色物流的对策

1. 将企业经营战略与环境保护结合

物流绿色化归根结底就是企业营运的绿色化。绿色企业的创建以及原有企业的改造，必须将其经营战略与环境保护有机联系起来，主要抓住以下几个方面。

（1）选择绿色运输策略

改变运输方式，尽量实施多式联运。物流业对环境影响最大的是运输工具，特别是公路运输造成的废气排放、噪音和交通阻塞等，改变运输方式，由公路运输转向铁路运输或海上运输，可削减总行车量。还可使用“绿色”运输工具，如以天然气、酒精与汽油混合作为燃料的汽车。通过以上诸种运输策略，有效降低物流运输环节对资源的消耗和对环境的污染。

通过有效利用车辆，降低车辆运行量，提高配送效率。如合理规划网点及配送中心、优化配送路线、提倡共同配送、提高往返载货率等，周密策划运力。合理选择运输工具和运输路线，克服迂回运输和重复运输，多快好省完成装卸运输。在全国范围内构建高效率、无污染、低成本的绿色运输网络和联运系统。

(2)提倡绿色包装

选用绿色包装材料。传统包装设计在选择包装材料时,主要侧重研究材料的性质和使用行为,要求用所选材料制造的包装在满足对产品的保护性、广告性和说明性的同时,尽可能降低包装技术成本。而对包装材料及包装的生产、使用和报废给环境带来的影响,却没有给予足够的重视,由此造成了对资源的极大浪费和对环境的严重污染。因此,基于可持续发展战略的包装设计,在选用包装材料时必须将其环保性能作为一个重要方面来研究。

尽量减少所用材料种类。为简化包装的制造工艺,便于包装的拆卸及回收、分类和再利用,包装设计时应尽量避免选用多种不同材料,对于复杂包装宜采用易拆卸分离的结构设计。在设计金属包装箱时,结构上应避免采用不同金属的焊接结构,宜将包装箱设计成可分拆的、独立的多个分部箱体,且每个独立分箱宜用一种材料。

简化包装,做到适度包装。过度的包装不仅是一种浪费也造成不必要的污染。现在世界上许多国家都倡导适度包装并制定出许多相应的法规。例如,英国就对商品包装复杂豪华程度按照一定比例予以限制,超出要求则重罚、加税,迫使商家简化包装,减少环境污染。

包装设计减量化从源头减少包装废弃物,是世界公认的包装绿色化的首选途径。如改进材料性能,使瓶装容器在提高强度的同时,薄壁轻量化,通过材料工艺研制,开发新型材料,使塑料包装进一步轻量化、薄膜化。然而,我国在销售包装中还大量存在滥用包装材料,设计过分包装,这是违背世界环保潮流的,应当采取措施,给予经济制裁。简化包装的新潮流,可大大减少包装废弃物,保护生态环境,我们应大力提倡。

2.制定绿色物流标准

积极申请 ISO 14000 环境管理体系系列标准认证,以标准化促进绿色化。ISO 14000 系列标准侧重于组织的活动、产品和服务对环境的影响,要求用产品生命周期方法,使产品在设计、加工、包装、贮藏、运输、销售、消费乃至废弃后的回收、再生资源化等方面,都符合环境标准。

现在,环境管理在欧、美、日等许多国家已经规范化、法制化。仅从与物流有关的环境管理看,其管理范围不仅限于对包装材料和容器的选用、设计、消费、废弃、回收再利用等做出节省资源、无害化的规定,而且对伴随产品运输产生的 NO_2 和 CO_2 也提出严格要求。面对全世界的“绿色革命”浪潮和基于环境标准竞争而形成的绿色壁垒制约,我国的物流经营者应创造条件积极申请 ISO 14000 环境管理体系系列标准认证,用国际标准来规范自身的物流行为,塑造绿色物流形象,把环境管理融于企业全面管理之中。企业通过实施 ISO 14000,强化污染预防,减少生产过程中的污染物排放,减少环境风险和环境费用开支,为实施绿色物流创造了条件,进而增强其在国际市场的竞争能力。

3.建立废弃物循环物流

大量生产大量流通大量消费的结果必然导致大量的废弃物产生,尽管已经采取了许多措施加速废弃物的处理并控制废弃物物流,但从总体上看,大量废弃物的出现仍然对社会产生了严重的消极影响,导致废弃物处理困难,从而引发社会资源的枯竭及自然环境的恶化。

废弃物物流(waste material logistics)是指将经济活动中失去原有的使用价值的物品,根据实际需要进行收集、分类、加工、包装、搬运、储存,并分送到专门处理场所时形成的物品实体流动。废弃物物流的作用是,无视对象物的价值或对象物没有再利用价值,仅从环境保护出发，将其焚化化学处理或运到特定地点堆放、掩埋。降低废弃物物流，需要实现资源的再使用（回收处理后再使用）、再利用（处理后转化为新的原材料使用），为此应建立一个包括生产、流通、消费的废弃物回收利用系统。要达到上述目标，企业就不能只考虑自身的物流效率化，而是需要从整个产供销供应链的视野来组织物流，而且随着这种供应链管理的进一步发展还必须考虑废弃物的循环物流。即管理型物流追求与交易对手共同实现效益化；供应链型物流追求从生产到消费流通全体的效益化；循环型物流应追求从生产到废弃物全过程效率化，这是 21 世纪绿色物流管理亟待解决的重大课题。

21 世纪的物流必须从系统构筑的角度，建立一个废弃物的回收再利用系统。建立废弃物的回收再利用系统依靠单个企业的力量是不够的，企业不仅仅要考虑自身的物流效率，还必须与供应链上的其他关联者协同起来，从整个供应链的视野来组织物流，最终建立起包括生产商、批发商、零食商和消费者在内的循环物流系统。

4. 重视物流人才培养和科研工作

绿色物流属于新生事物，政府应大力支持和引导绿色物流科研工作，一方面要积极支持绿色物流基础理论和技术的研究；另一方面要加强企业、高等院校、科研机构之间的合作，形成产学研相结合的良性循环，加强应用性物流技术的开发和应用。

在物流人才培养方面，多层次、多样化物流教育体系是保证物流产业形成合理人才结构、提高物流管理水平的决定性因素。首先，政府应鼓励高等院校开设现代物流专业课程，包括与绿色物流相关的环境科学，开展本科、硕士、博士等多层次学历教育，为现代绿色物流培养高级管理人才和专业人才。其次，加快推进职业资格培训认证工作。由于我国物流专业学历教育刚刚起步，人才培养需要一个过程，总量规模有一定的限制，仅靠院校培养的人才远远不能满足当前的需要，这就要求必须加速开展物流职业培训和资格认证工作。通过对在职人员的培训与认证，从根本上提升我国物流从业人员的整体素质与管理水平，满足国内市场对各类物流人才的需求。第三，优化物流教育师资力量，提高物流教育质量。一方面要不断充实物流师资队伍，大力引进海外物流人才，另一方面要加大物流师资培训力度，通过选派优秀教师出国深造，学习国外先进理论与实践经验；通过邀请国内外专家开展学术讲座和短期培训，拓展教师知识面，提高物流专业师资水平。

【案例分析】

欧洲物流的“绿色变革”

欧洲物流企业高度重视环境保护和生态平衡，尽力降低二氧化碳排放量和实施具有环保功能的物流解决方案。欧盟 15 国交通运输所排放的废气相当于欧洲地区温室气体排放总量的 21%，其中还没有包括国际航空和海运在内。而上述国家公路交通废气排放量相当于交通运输排放总量的 93%。欧盟组织所制定的可持续发展战略明确要求从 1990 年起到 2020 年底交通运输废气排放量必须减少 20%。物流企业也制定了有关降低二氧化碳等废气排放量的应对措施和保护生态平衡等解决方案。

循环使用包装品和废品

目前德国大部分物流集团和相关服务公司均在积极开发“生态物流概念”，其主要参与者是汽车制造商和汽车零部件供应商,从产品始发地到终点客户的全程中,按照相关环保法律法规严格实施包装品和废品管理,主要目标任务就是鼓励使用经久耐用和环保功能优异的集装箱设备。其实在生态和经济两者之间找到和谐平衡点谈何容易?一个是必须加大投入保护生态环境免遭破坏,一个是必须持续发展市场经济,不断扩大生产活动,而这一切似乎又要牺牲生态环境。严禁使用容易造成环境污染的托盘和包装材料,促进木材、纸张和金属等包装材料循环使用和废品及时回收再生,减少二氧化碳等温室气体排放。

坚持保护生态

欧洲物流企业还积极提倡二氧化碳减排的交通运输模式。世界著名物流 TNT 集团于 2008 年初在荷兰发起"行星与我规划",其中包括不断扩大使用电动车辆,减少内燃机车辆,计划到 2025 年减少该公司车辆二氧化碳废气排放量一半,进一步扩大该公司二氧化碳温室气体排放量透明度,主动要求政府、环保团体和社会公众密切监督。进一步大幅度提高物流效率,减少环境污染风险,公路和铁路一体化并用而不是各自为政,通过信息技术等高科技手段,全面实施环保的一体化公路和铁路经营理念,在物流服务全程操作中的公路和铁路运输模式不分家,所有的集装箱和托盘等货运设备全部通用于公路和铁路,至少提高短途和远程等交通运物流服务效率 50%,其中仅仅德国每年可节约至少 580 万张办公用 A4 纸用量,从根本上控制温室气体排放和有力确保环境保护。

【案例讨论】

结合上述案例,分析在我国发展绿色物流应采取的措施。

【复习思考】

1. 简述绿色物流的概念及特征。
2. 简述绿色物流系统的构成。
3. 简述我国绿色物流发展的现状、存在问题及对策。

第九章 物流成本管理

学习目标

成本管理是企业管理的重要内容。我国成本控制的重点多是生产成本或其他运营成本，而物流成本一直被忽视，存在着较大的降低空间。

通过本章的学习，使学生掌握物流成本的概念与构成；了解物流成本的分类、相关理论；理解影响企业物流成本的因素。掌握物流成本管理的内涵；了解物流成本管理的意义；理解降低物流成本的途径。掌握物流成本核算的方法，了解物流成本核算的意义和对象。理解物流成本控制的内涵和意义，掌握物流成本控制的程序，了解不同经济主体物流成本控制。

第一节 物流成本概述

一、物流成本的概念与构成

1.物流成本的概念

物流成本的概念有广义和狭义之分。

狭义的物流成本是指物流活动过程中所耗费的活劳动和物化劳动的货币表现。它是产品在实物运动过程中，如包装、装卸、搬运、运输、储存、流通加工、物流信息等各个环节所支出的人力、财力、物力的总和，即物流成本就是完成各种物流活动所需的费用。

广义的物流成本，除包括狭义的物流成本外，还包括客户服务成本。客户服务是连接和统一所有物流管理活动的重要方面。物流系统的每一个组成部分都会影响顾客是否在适当的时间、适当的地点，以适当的条件收到适当的产品。现实中常有企业因为物流服务水平低，造成客户不满意，而失去现有客户与潜在客户。这种情况所带来的损失，就是客户服务成本。

2.物流成本的构成

物流成本主要由以下七个部分构成：

(1)物流过程的研究设计、重构和优化等费用。

(2)物流过程中的物质消耗,如固定资产的折旧费,包装材料、电力、燃料消耗等。

(3)物品在保管、运输等过程中的合理损耗。

(4)用于保证物流顺畅的资金成本,如支付银行贷款的利息等。

(5)在组织物流的过程中发生的其他费用,如有关物流活动进行的差旅费、办公费等。

(6)从事物流工作人员的工资、奖金及各种形式的补贴等。

(7)在生产过程中一切由物品空间运动引起的费用支出,如原材料、燃料、半成品、在制品、产成品等的运输、装卸、搬运、储存等费用。

二、物流成本的分类

企业在进行物流成本管理时,通常只考虑狭义的物流成本,而对客户服务成本关注甚少,因此,目前企业对物流成本的分类方法也主要是针对狭义物流成本。具体来说,主要有:按物流功能类别、按物流活动发生的范围、按物流费用支付形态等不同进行的分类方式。现分述如下。

1. 按物流功能类别进行分类

按照物流功能类别进行分类,大体上分为物流功能成本和存货相关成本两类,具体又可细分为运输成本、仓储成本、包装成本、装卸搬运成本、流通加工成本、物流信息成本、物流管理成本、资金占用成本、物品损耗成本、保险和税收成本等(见表 9-1)。

表 9-1 按物流功能类别分类的物流成本构成表

<table>
<tr><td rowspan="8">物流功能成本</td><td rowspan="6">物流运作成本</td><td>成本构成</td><td>内 容 说 明</td></tr>
<tr><td>运输成本</td><td>一定时期内,企业为完成货物运输业务而发生的全部费用,包括从事货物运输业务的人员费用、车辆(包括其他运输工具)的燃料费、折旧费、维修保养费、租赁费、养路费、过路费、年检费、事故损失费、相关税金等</td></tr>
<tr><td>仓储成本</td><td>一定时期内,企业为完成货物储存业务而发生的全部费用,包括仓储业务人员费用,仓储设施的折旧费、维修保养费、水电费、燃料与动力消耗等</td></tr>
<tr><td>包装成本</td><td>一定时期内,企业为完成货物包装业务而发生的全部费用,包括包装业务人员费用,包装材料消耗,包装设施折旧费、维修保养费,包装技术设计、实施费用以及包装标记的设计、印刷等辅助费用</td></tr>
<tr><td>装卸搬运成本</td><td>一定时期内,企业为完成装卸搬运业务而发生的全部费用,包括装卸搬运业务人员费用,装卸搬运设施折旧费、维修保养费、燃料与动力消耗等</td></tr>
<tr><td>流通加工成本</td><td>一定时期内,企业为完成货物流通加工业务而发生的全部费用,包括流通加工业务人员费用,流通加工材料消耗,加工设施折旧费、维修保养费、燃料与动力消耗费等</td></tr>
<tr><td colspan="2">物流信息成本</td><td>一定时期内,企业为采集、传输、处理物流信息而发生的全部费用,是指与订货处理、储存管理、客户服务有关的费用,具体包括物流信息人员费用,软硬件折旧费、维护保养费,通信费等</td></tr>
<tr><td colspan="2">物流管理成本</td><td>一定时期内,企业物流管理部门及物流作业现场所发生的管理费用,具体包括管理人员费用、差旅费、办公费、会议费等</td></tr>
</table>

续表

	成本构成	内 容 说 明
存货相关成本	资金占用成本	一定时期内，企业在物流活动过程中负债融资所发生的利息支出(显性成本)和占用内部资金所发生的机会成本(隐性成本)
	物品损耗成本	一定时期内，企业在物流活动过程中所发生的物品跌价、损耗、毁损、盘亏等损失
	保险和税收成本	一定时期内，企业支付的与存货相关的财产保险费以及因购进和销售物品应交纳的税金支出

2. 按物流活动发生范围分类

按物流活动发生范围划分，物流成本由供应物流成本、企业内物流成本、销售物流成本、回收物流成本以及废弃物流成本构成(见表 9-2)。

表 9-2 按物流活动发生范围分类的物流成本构成表

成本范围	内容说明
供应物流成本	指经过采购活动，将企业所需原材料(生产资料)从供给者的仓库运回企业仓库为止的物流过程中所发生的物流费用
企业内物流成本	指从原材料进入企业仓库开始，经过出库、制造形成产品以及产品进入成品库，直到产品从成品库出库为止的物流过程中所发生的物流费用
销售物流成本	指为了进行销售，产品从成品仓库运动开始，经过流通环节的加工制造，直到运输至中间商的仓库或消费者手中的物流活动过程中所发生的物流费用
回收物流成本	指退货、返修物品和周转使用的包装容器等从需方返回供方的物流活动过程中所发生的物流费用
废弃物流成本	指将经济活动中失去原有使用价值的物品，根据实际需要进行收集、分类、加工、包装、搬运、储存等，并分送到专门处理场所的物流活动过程中所发生的物流费用

3. 按物流费用支付形态分类

按物流费用支付形态划分，企业物流总成本由委托物流成本和内部物流成本构成(见表 9-3)。

表 9-3 按物流费用支付形态分类的物流成本构成表

成本支付形态		内容说明
企业内部物流成本	材料费	资材费、工具费、器具费等
	人工费	工资、福利、奖金、津贴、补贴、住房公积金等
	维护费	土地、建筑物及各类物流设施设备的折旧费、维护维修费、租赁费、保险费、税金、燃料与动力消耗费等
	一般经费	办公费、差旅费、会议费、通信费、水电费、煤气费等
	特别经费	存货资金占用费、物品损耗费、存货保险费和税费
委托物流成本		企业向外部物流机构所支付的各项费用

4. 按物流成本性态分类

成本性态也称为成本习性，指的是成本与业务量之间的依存关系。按物流成本的性态特性，可划分为固定成本和变动成本(见表 9-4)。

表 9-4　按物流成本性态分类的物流成本构成表

成本性态		内容说明
固定成本	约束性固定成本	指同企业生产经营能力的形成及其正常维护相联系的固定成本。如厂房和机器设备的折旧费、保险费、企业管理人员的基本工资等。这类成本有很大的约束性，一般在短期内很难有重大改变
	酌量性固定成本	指由企业高层管理者按照经营方针的要求所确定的一定时期的预算固定成本，如广告费、研究开发费、职工培训费等。这类成本的发生及其数额的多少，服从于企业不同时期生产经营的实际需要，取决于管理当局对不同费用项目所做的具体预算。因此，它可以随经营方针的改变而改变，但只能在某个特定的预算期内存在
变动成本		指其总额随着业务量的变动而成正比例变动的成本。例如，直接材料、直接人工、包装材料等都属于变动成本

三、物流成本的主要特点

1. 物流成本的隐含性

在传统上，物流成本的计算总是被分解得支离破碎、难辨虚实。由于物流成本没有被列入企业的财务会计制度，制造企业习惯将物流费用计入产品成本；流通企业则将物流费用包括在商品流通费用中。因此，无论是制造企业还是流通企业，不仅难以按照物流成本的内涵完整地计算出物流成本，而且连已经被生产领域或流通领域分割开来的物流成本，也不能单独真实地计算并反映出来。任何人都无法看到物流成本真实的全貌，了解其可观的支出。

2. 物流成本削减的乘法效应

物流成本的增加可以对企业利润的增加产生显著的作用。而其上升一点，也可以使销售额成倍地削减。假定销售额为 100 万元，利润为 10 万元，物流成本为 10 万元，如物流成本下降 1 万元，就可多得到 1 万元的收益，相当于销售额又增加 10 万元。由此可见，物流成本的下降对企业无疑会产生极大的经济效益。

3. 物流成本的效益背反性

“效益背反”现象，常称之为“交替损益”现象，即改变系统中任何一个要素，会影响其他要素的改变。要使系统中任何一个要素增益，必将对系统中其他要素产生减损的作用。通常，对物流数量，人们希望最大；对物流时间，希望最短；对服务质量，希望最好；对物流成本，希望最低。显然，要满足上述所有要求是很难办到的。例如，在储存子系统中，站在保证供应、方便生产的角度，人们会提出储存物资的大数量、多品种问题；而站在加速资金周转、减少资金占用的角度，人们则提出减少库存。

四、物流成本的主要理论

1. “黑大陆”说

彼德·德鲁克 1962 年在《财富》杂志发表的《经济的黑色大陆》中认为“物流是一块未开

垦的处女地”，强调应高度重视物流管理，指出“流通是经济领域里的黑暗大陆”。这里彼得·德鲁克虽然泛指的是流通，但是由于流通领域中物流活动的模糊性特别突出，是流通领域中人们认识不清的领域，所以“黑大陆”学说主要是针对物流而言的。“黑大陆”学说是一种未来学的研究结论，是战略分析的结论，带有较强的哲学抽象性，这一学说对于研究物流成本领域起到了启迪和动员作用。

2.“冰山”说

日本的西泽修教授认为现行的财务会计制度和会计核算方法都不能掌握物流费用的实际情况，人们对物流费用的了解是一片空白，甚至有很大的虚伪性，他把这种情况比作“物流冰山”，我们只看到水面上的一小部分，而沉在水面之下的黑色区域却未引起人们的开发和重视。西泽修教授用物流成本具体分析了彼得·德鲁克的“黑大陆”学说。事实证明，物流领域的方方面面对我们而言还是不清楚的，在“黑大陆”中和“冰山”的水下部分正是物流尚待开发的领域，也正是物流的潜力所在（见图 9-1）[①]。

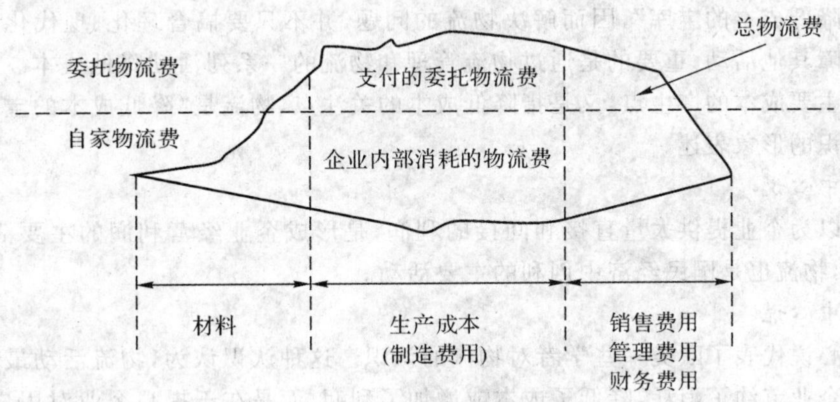

图 9-1　物流“冰山”

3.“第三利润源”说

西泽修教授于 1970 年所写的《流通费用》一书中继续指出，利用劳动对象和劳动者提高生产效率、创造利润分别是企业的第一利润源和第二利润源，在企业第一和第二利润源可利用空间越来越小的情况下，物流成为企业增加利润的“第三利润源”。很显然“第三利润源”揭示了现代物流的本质，使物流能在战略和管理上统筹企业生产、经营的全过程，并推动物流现代化发展。

4.效益背反理论

物流的若干功能要素之间存在着损益矛盾，即某一功能要素的优化和利益发生的同时，必然会存在另一个或几个功能要素的利益损失，反之也如此。其主要包括物流成本与服务水平的效益背反和物流各功能活动的效益背反。这个理论强调了物流成本的整体概念，要求整个物流系统化，调整各要素之间的矛盾，把它们有机地结合起来，使物流总成本最小。

(1)物流成本与服务水平的效益背反。物流服务的高水平必然带来企业业务量的增加、收入增加，同时却也带来企业物流成本的增加，使得企业效益下降，即高水平的物流服务必

① 资料来源：根据阎平，彭卫华：《物流成本管理》，中国商业出版社，2007 年，改编。

然伴随着高水平的物流成本，而且，物流服务水平与物流成本之间并非呈现线性关系。在没有很大技术进步的情况下，企业很难做到同时提高物流服务水平和降低物流成本。

(2)物流功能之间的交替损益。物流活动中包装、运输、储存、装卸搬运、流通加工、配送、信息处理等诸项活动要素相互联系、相互制约、相互结合，共同组成了一个有机的整体——物流系统。由于系统的相关性产生了物流成本交替损益的关系，各子系统的功能如果不均匀，一种功能成本的削减会使另一种功能成本增多，从而使物流系统的整体能力受到影响。

上述内容只是对物流成本效益背反理论进行了简单的说明，在实际中，可以发现这样的特征普遍存在于物流各环节成本之间。因此，对于物流成本，不能只关注个别成本的问题，要根据成本效益背反理论全面掌握成本的变化，力图使总成本最低。

5. 成本中心说

物流在整个企业战略中，只对企业营销活动的成本发生影响。物流是企业成本重要的产生点，是“降低成本的宝库”，因而解决物流的问题，并不只要搞合理化、现代化，也不只是为了支持保障其他活动，重要的是通过物流管理和物流的一系列活动降低成本。所以，成本中心既是指主要成本的产生点，又是指降低成本的关注点，物流是“降低成本的宝库”等说法正是这种认识的形象表述。

6. 利润中心说

物流可以为企业提供大量直接和间接的利润，是形成企业经营利润的主要活动。对国民经济而言，物流也是国民经济中创利的主要活动。

7. 服务中心说

服务中心说代表了欧美一些学者对物流的认识。这种认识认为，物流活动最大的作用，并不在于为企业节约了消耗，降低了成本或增加了利润，而是在于提高企业对用户的服务水平进而提高了企业的竞争能力。

五、影响企业物流成本的因素

1. 控制物流成本的必要性

控制物流成本，构建“高效率、低成本”的现代物流系统，已成为行业上下关注的焦点。要真正控制物流成本，必须认真分析影响物流成本的主要因素。

应该看到，尽管随着行业网络建设水平的进一步提高，现代物流的规模效益业已显现出来，但在整体流通环节中物流运行成本较高、效率较低的现象仍然存在，物流发展仍受到一些因素的制约。

2. 制约物流发展的因素

(1)物流管理模式粗放。一些企业的物流仍处于以“高投入、高消耗、高费用、低效率”为特征的粗放型发展阶段，各环节的衔接较差，运行效率不高，供应链管理能力不强，表现为在途时间、储存时间长，物流成本在企业总成本中所占比例仍然较高。

(2)基础设施配套性。物流基础设施的统一规划起步较晚，装备参差不齐，基础设施的配套性能差，智能化的仓储设施与系统功能得不到充分利用。

(3)欠缺物流管理规划。一些企业缺乏物流发展规划，“重建设，轻管理”，造成了物流管理资源的浪费。所以，商业企业要通过制定一系列政策，加强物流管理体系建设。

(4)专业物流人才匮乏。在相当多的企业中，专业物流管理人才较少，特别是能规划、设计物流体系，有效控制物流成本的高素质物流人才比较匮乏。

(5)竞争性因素。企业所处于的市场环境充满了竞争，企业间竞争除了产品的价格、性能、质量外，从某种意义上来讲，优质的顾客服务是决定竞争成败的关键，而高效物流系统则是提高顾客服务的重要途径。影响顾客服务水平的因素，主要有以下几个：

①订货周期。企业物流系统的高效必然可以缩短企业的订货周期，降低货物的库存，从而降低货物的库存成本，提高企业对顾客的服务水平，提高企业的竞争力。

②库存水平。企业的存货成本提高，可以减少缺货成本；减少企业的存货成本，必然会导致缺货成本上升，即缺货成本与存货成本成反比。因此，合理的库存必须保持在使总成本最小的水平上。

③运输。企业采取更快捷的运输方式，虽然会增加运输成本，却可以缩短运输时间，降低库存成本，提高企业快速反应能力，从而提高企业的竞争能力。

(6)产品因素。产品的特性不同也会影响物流成本，如产品价值、产品密度、易损性和特殊搬运等。

(7)空间因素。空间因素是指物流系统中企业制造中心或仓库，相对目标市场或供货点的位置关系，若企业距离目标市场太远，则必然会增加运输和包装等成本；若在目标市场建立或租用仓库，也会增加库存成本。因此，空间因素对物流成本的影响是巨大的。

第二节　物流成本管理概述

一、物流成本管理的内涵

依据国家标准《物流术语》的描述，物流成本管理是指“对物流相关费用进行的计划、协调与控制”。由此可见，物流成本管理是指有关物流成本方面的一切管理工作的总称，具体而言是从物流设计到物流运行及物流结算的全过程中，对物流成本的形成所进行的计划、组织、指挥、监督和调控，达到降低物流成本的目的。

从总体上看，物流成本管理系统的基本内容包括三个层面：一是物流成本管理层，包括进行物流成本的预测、决策，对总成本按一定标准进行分配与归集核算等；二是物流成本控制层，包括物流标准成本管理，物流成本性态及盈亏平衡分析，物流成本预算管理，物流责任成本管理等；三是物流成本效益评估层，是指在物流成本核算的基础上，进行物流系统对企业收益贡献程度的评价，并对物流系统经济效益进行评估。

二、物流成本管理的意义

1. 物流成本管理的宏观意义

(1)有利于提高经济运行质量和总体竞争能力。物流成本管理水平的高低直接影响物流成本水平，进而影响到产品成本。对我国工商企业而言，改进物流管理，对于提高企业及其产品在国际市场上的竞争力有着积极的作用。

(2)有利于进一步调整商品价格。物流成本是产品价格的组成部分之一,所以物流成本的大小对产品价格的高低具有重大影响。全行业物流成本的普遍下降将会对产品的价格产生影响,导致物价相对下降,这有利于保持消费物价的稳定性,相对提高国民的购买力水平。

(3)有利于节约大量社会财富。物流费用的降低,意味着在实物流动过程中劳动耗费的减少,由此,生产领域的劳动就可以相应增加。同时,在物流过程中必然伴随着一定量的物质损耗,实施物流成本管理可以减小财产损失和商品损耗,这不但节约了物流费用,而且为社会节约了大量的物质财富。

(4)有利于产业结构调整和优化。加强以物流成本为手段的物流管理,可以促进新的产业形态的形成,优化区域产业结构。现代物流企业的本质是第三产业,是现代经济分工和专业化高度发展的产物,物流产业结构的优化将对第三产业的发展起到积极的促进作用。

2.物流成本管理的微观意义

(1)有利于降低成本,增加企业利润。物流成本在产品成本中占有较大比重,通过对物流成本进行管理,使得物流成本降至最低。在其他条件不变的情况下,这就意味着扩大了企业的利润空间,提高了利润水平。

(2)有利于降低库存,加速资金周转。物流成本的降低,可以增强竞争力。企业可以通过物流成本管理,改善物流流程,削减不必要的物流环节,减少低效率的作业,提高响应速度和服务质量,减少企业流动资金的占用,加快资金周转速度。

(3)有利于提高企业的物流管理水平。这主要体现在两方面:一是通过对物流成本的设计,既可以了解物流成本的大小和它在生产成本中所占的地位,提高企业内部对物流重要性的认识,也可以从中发现物流活动存在的问题。二是可以根据物流成本计算结果,制订物流计划,调整物流活动并评价物流活动效果,以便通过统一管理和系统优化降低物流费用,从而大大提高物流管理的效率。

(4)有利于增强企业竞争优势。物流成本的降低,首先意味着增强了企业在产品价格方面的竞争优势。企业可以利用相对低的价格在市场上出售自己的产品,从而提高产品的市场竞争力,扩大销售,并以此为企业带来更多的利润。

三、降低物流成本的途径

在企业经营活动中,物流是渗透到各项经营活动之中的活动。物流成本就是用金额评价物流活动的实际情况。降低物流成本是企业的"第三利润源",也是企业可以挖掘利润的一片新的绿地。通过对企业物流总成本的分析,从长远的角度看,在企业具体操作中,可从以下几种途径来降低物流成本。

1.通过采用物流标准化进行物流管理

物流标准化是以物流作为一个大系统,制订系统内部设施、机械设备、专用工具等各个分系统的技术标准。制订系统内各个分领域如包装、装卸、运输等方面的工作标准,以系统为出发点,研究各个分系统与分领域中技术标准与工作标准的配合性,统一整个物流系统的标准。物流标准化使货物在运输过程中的基本设备统一规范,如现有托盘标准与各种运输装备、装卸设备标准之间能有效衔接,大大提高了托盘在整个物流过程中的通用性,也在一定程度上促进了货物运输、储存、搬运等过程的机械化和自动化水平的提高，有利于提高物流配送系统的运作效率，从而降低物流成本。

2. 通过提高对顾客的物流服务来削减成本

实行供应链管理不仅要求本企业的物流体制具有效率化，也需要企业协调与其他企业以及客户、运输业者之间的关系，实现整个供应链活动的效率化。正因为如此，追求成本的效率化，不仅要求企业中物流部门或生产部门要加强成本控制，同时采购部门等各职能部门也要加强成本控制。提高对顾客的物流服务可以确保企业利益，同时也是企业降低物流成本的有效方法之一。

3. 借助于现代信息系统的构筑降低物流成本

要实现企业与其他交易企业之间的效率化的交易关系，必须借助于现代信息系统的构筑，尤其是利用互联网等高新技术来完成物流全过程的协调、控制和管理，实现从网络前端到最终端客户的所有中间过程服务。一方面，各种物流作业或业务处理要正确、迅速地进行；另一方面，由此建立起战略的物流经营系统。通过现代物流信息技术可以将企业订购的意向、数量、价格等信息在网络上进行传输，从而使生产、流通全过程的企业或部门分享由此带来的利益，充分应对可能发生的各种需求，进而调整不同企业间的经营行为和计划，企业间的协调和合作有可能在短时间内迅速完成，这可以从整体上控制物流成本发生的可能性。同时，物流管理信息系统的迅速发展，使混杂在其他业务中的物流活动的成本能精确地计算出来，而不会把成本转嫁到其他企业或部门。

4. 从流通全过程的视点来加强物流成本的管理

对于一个企业来讲，控制物流成本不单单是本企业的事情，即追求本企业的物流效率化，而应该考虑从产品制成到最终用户整个流通过程的物流成本效率化，亦即物流设施的投资或扩建与否要视整个流通渠道的发展和要求而定。例如，有些厂商是直接面对批发商经营的，因此，很多物流中心是与批发商物流中心相吻合，从事大批量的商品输送，然而，随着零售业界便民店、折扣店的迅速发展，客观上要求厂商必须适应零售业这种新型的业态形式，展开直接面向零售店铺的物流活动。因而，在这种情况下，原来的投资就有可能沉淀，同时又要求建立新型的符合现代物流发展要求的物流中心或自动化的设备。显然，这些投资尽管从企业来看，增加了物流成本，但从整个流通过程来看，却大大提高了物流绩效。

5. 通过效率化的配送降低成本

对于用户的订货要求应尽量在短时间内满足，但是，随着配送产生的成本费用要尽可能降低，特别是多频度、小单位配送要求的发展，更要求企业采取效率化的配送，这就必须重视配车计划管理，提高装载率以及车辆运行管理。通过构筑有效的配送计划信息系统就可以使生产商配车计划的制订与生产计划联系起来进行，同时通过信息系统也能使批发商将配车计划或进货计划相匹配，从而提高配送效率，降低运输和进货成本。

6. 通过削减退货来降低物流成本

退货成本也是企业物流成本中一项重要的组成部分，它往往占有相当大的比例，这是因为随着退货会产生一系列的物流费，退货商品损伤或滞销而产生的经济费用以及处理退货商品所需的人员费和各种事务性费用，在存在退货的情况下，一般是商品提供者承担退货所发生的各种费用，而退货方不承担商品退货而产生的损失。因此，容易很随便地退回商品，并且由于这类商品大多数量较少,配送费用有增高的趋势。不仅如此,由于这类商品规模较小,也很分散,商品入库、账单处理等业务也很复杂。由此,削减退货成本是物流成本控制活动中需要特别关注的问题。

7. 利用物流外包降低企业物流成本

企业把物流外包给专业化的第三方物流公司,可以缩短商品在途时间,减少商品周转过程的费用和损失。有条件的企业可以采用第三方物流公司直供上线,实现零库存,降低成本。

8. 加强企业职工的成本管理意识

把降低成本的工作从物流管理部门扩展到企业的各个部门,并从产品开发、生产、销售全生命周期中,进行物流成本管理,使企业员工具有长期发展的"战略性成本意识"。

第三节 物流成本的核算

一、物流成本核算的意义

企业的物流成本核算是根据企业确定的成本计算对象,采用相应的成本计算方法,按照规定的成本项目,通过一系列物流费用的汇集与分配,从而计算出各物流环节成本计算对象的实际总成本和单位成本。物流成本核算是成本管理中的重要环节,通过对各项物流活动进行成本核算,可以提高成本信息的准确性,提高企业的经营管理水平和竞争能力。

1. 通过进行物流成本核算可以发现一些不合理的物流活动

计算企业各种物流活动的成本,如实反映物流活动过程中各种损耗的水平,认识物流成本管理在企业活动中的作用,有利于发现物流活动中存在的问题,分析成本变动的原因,提出改进措施,加强物流管理。

2. 通过进行成本核算可以使企业提高资源利用率

在进行企业物流成本核算时,还需要利用资源动因将作业消耗的资源价值合理地分配到各作业成本库中去。这为比较资源的实际利用和需要利用之间的差异提供了依据,从而评价出资源利用效果,促使企业减少不必要的浪费。

3. 通过物流成本核算可以协助企业决策物流活动是否需要外包

企业外包物流,首先是为了降低物流成本,然后是为了强化核心业务,第三是为了改善与提高物流服务水平与质量。企业在选择第三方物流服务商时,首先注重行业与运营经验即服务能力,其次注重品牌声誉,第三注重网络覆盖率,最后注重较低的价格。如可以通过比较本企业发生的某项较大额物流成本与该项物流作业外包给第三方物流服务商时将要发生的成本,来选择自营还是外包该项物流作业。

4. 核算物流成本有利于与其他企业进行横向比较

进行物流成本核算,可以正确地观察成本的变化情况并与其他企业、其他行业进行比较。同时为使得企业更好地进行物流管理,向高层管理者提供物流情况,了解并评估物流部门对企业效益的贡献程度。企业还可以使用物流成本建立物流变化或改善物流状况的模型。

二、物流成本核算的对象

物流成本的大小,取决于评价对象、物流活动的范围和采用的评价方法等。评价范围和使用的评价方法不同,得出的物流成本结果也各不相同,也就导致了不同的成本评价对象与评价结果。

1. 物流成本对象

物流成本的核算对象是指企业或成本管理部门,为归集或分配各项成本费用而确定的、以一定时期和空间范围为条件而存在的成本核算实体,物流成本对象的选取,主要取决于物流范围、物流功能范围、物流成本费用范围和物流成本控制的重点。

物流企业的任何生产经营活动都是在一定的时空范围内进行的,从各个生产经营过程来看,时间上具有联系性,空间上具有并存性。因此,各项成本费用的发生,需要从其发生期间、发生地点和承担实体三个方面合理划分。这就形成了物流成本核算对象的三个基本构成要素。

成本费用承担实体是指发生并应承担各项费用的特定经营成果的体现形式,包括有形的各种产品和无形的各种劳务作业等。就物流企业来讲,其成本费用承担实体,主要是指各种不同类型的物流活动和物流作业。

成本核算期间是指汇集生产经营费用、核算生产经营成本的时间范围。如制造业是按产品的生产周期或公历月份,种植业按一个轮作周期,服务业一般按公历月份等作为成本核算期。物流企业成本核算期间按其物流作业性质不同可以有不同的确定方法。

成本核算空间是指成本费用发生并能组织企业成本核算的地点和区域(部门、单位、生产或劳动环节等)。物流企业成本核算空间的划分一般是指物流活动范围、物流功能范围以及物流成本控制的重点进行选取。

2. 明确物流范围

物流范围作为成本的核算领域,是指物流的起点和终点的长短。通常所说的物流范围一般包括原材料物流和企业内部物流,即从工厂到仓库的物流、从仓库到顾客的物流这样广泛的领域。明确物流范围是进行物流成本核算的前提,因为在物流领域从哪里开始到哪里为止,作为物流成本核算,对物流成本大小影响是不同的。

以生产企业为例,可把物流范围划分为以下几个部分:

(1)供应物流,是指从原材料(包括容器、包装材料)的供应开始,到购入者(生产企业)进货阶段为止的物流。

(2)企业内物流,是指从成品运输、包装时起,到最终确定向消费者销售为止的物流。

(3)销售物流,是指从确定向顾客销售到产品出厂,让渡给顾客为止的这一段物流。

(4)退货物流,是指伴随已销售的制成品退货而发生的物流。

(5)废弃物流,是指随制成品的包装、运输容器及物料用器等物资的废弃而发生的物流。

确定物流功能范围。物流功能范围是指在物流诸种功能中,把哪些功能作为物流成本的核算对象。物流功能可分为包装、运输、保管、装卸、流通加工、情报信息流通、物流管理等七种活动。作为会计核算项目,又可划分为运输开支、保管费开支等委托费和本企业物流活动中支付的内部物流费;内部物流费进而又可分为材料费、人工费、加工费、管理费和特许经费等。这些项目代表了物流成本的全部内容。

正确确定核算科目的范围。核算科目的范围是指在核算物流成本时，把核算科目中的哪些项列入核算对象的问题。在核算科目中，既有运费开支、保管费开支等企业外部开支，也有人工费、折旧费、修理费、燃料费等企业内部开支。这些开支项目把哪些列入成本核算科目，对物流成本的大小是有影响的。企业在核算某一物流成本时，既可实行部分科目核算，也可实行全部（总额）成本核算。另外，还可按费用发生的地点核算外部费用和内部费用，其中内部费用存在一个费用分解问题，即把物流费用从其他有关费用中分解出来。

三、物流成本核算的基本方法

（一）国内外物流成本核算方法

1. 美国物流成本核算方法

历年来，美国权威物流成本核算机构在计算物流成本时即采用下述公式，该公式也是其在多年的实践中不断改进的结果，具有普遍性，也是我们的重要参考公式：

物流总成本＝存货持有成本＋运输成本＋物流行政管理成本 (8.1)

其中：

存货持有成本＝利息＋税、折旧、贬值、保险＋仓储成本

运输成本＝公路运输＋铁路运输＋水路运输＋油料管道运输＋航空运输＋货运代理相关费用

物流行政管理成本＝订单处理及 IT 成本＋市场预测、计划制定及相关财务人员发生的管理费用

2. 日本物流成本核算方法

日本估算物流总成本的公式中的一些比例和比率需要获取专家的帮助进行估计。

物流总成本＝运送费＋保管费＋物流管理费 (8.2)

其中：

运送费＝营业运送费＋企业内部运送费

营业运送费＝卡车货运费＋铁路货运费＋内海航运货运费＋国内航空货运费＋货运站收入

保管费＝（原材料库存余额＋产品库存余额＋流通库存余额）×原价率×库存费用比率

物流管理费＝（制造业产出额＋批发、零售业产出额）×物流管理费用比例

3. 我国国内一些学者根据我国成本资料的现状提出的公式

物流成本＝运输成本＋库存成本＋管理成本 (8.3)

其中：

运输成本＝$\sum$货运量×运价

库存成本＝$\sum$库存量×各项费率

管理成本＝（运输成本＋库存成本）×管理费率

由于该公式中的运价、各项费率、管理费率均是估计出来的，偏差率较大，需要在参考国

外物流成本核算方法的基础上不断改进。

(二)物流成本核算的一般方法

1.按支付形态划分并核算物流成本

把物流成本分别按运费、保管费、包装材料费、企业内部配送费、人事费、物流管理费、物流利息等支付形态记账。从中可以了解物流成本总额,也可以了解什么经费项目花费最多。对认识物流成本合理化的重要性,以及考虑物流成本管理应以什么为重点,十分有效。下面以A公司为例,作出按形态划分的物流成本计算表(见表9-5)。

表9-5 A公司按形态划分的物流成本计算表

费用项目	销售、管理费(元)	物流费(元)	计算基准(%)	
车辆租赁费	200160	200160	100	金额
包装材料费	60368	60368	100	金额
工资津贴	1261670	357336	26.3	人数比率
燃料、动力费	25290	10800	69.6	面积比率
保险费	20494	13328	69.6	面积比率
修缮费	39192	29632	69.6	面积比率
折旧费	79608	41954	69.6	面积比率
削价损失费	56228	26230	69.6	面积比率
通信费	38552	17948	42.4	物流费比率
消耗物品	42632	17253	42.4	物流费比率
软件租赁费	19590	8548	42.4	物流费比率
支付利息	47722	26045	42.4	物流费比率
杂费	66212	37874	42.4	物流费比率
广告宣传费	61614		0	
招待费	53850		0	
旅费交通费	48280		0	
合　计	2122462	847476	39.93	占销售管理费比率
销售、物流费合计	13658980	847476	6.20	物流费占销售总额比率

资料来源:根据丁立言:《物流配送》,清华大学出版社,2002年,改编。

注:计算基准的公式如下:

人数比率=物流工作人员数/全公司人数×100%

面积比率=物流设施面积/全公司面积×100%

物流费用比率=(1～16物流费/1～16销售管理费)×100%

2.按功能划分并核算物流成本

分别按包装、配送、保管、搬运、信息、物流管理等功能来核算物流费用。从这种方法可以看出哪种功能更耗费成本，比按形态计算成本的方法能更进一步找出实现物流合理化的症结。而且可以计算出标准物流成本（单位个数、质量、容器的成本），进行作业管理，设定合理化目标。下面仍以A公司为例，作出按功能划分的物流成本计算表（见表9-6）。

表9-6 A公司按功能计算的物流成本计算表 单位：元

费用项目		物流费	功能					
			包装费	配送费	保管费	搬运费	信息流通费	物流管理费
车辆租赁费		200160		200160				
包装材料费		60368	60368					
工资津贴		357336			78971	241202		37163
水电、煤气费		10800			5400	5400		
保险费		13328			7330	5998		
修缮费		29632		16297	13335			
纳税及公用费用		41954						41954
削价损失费		26230			14426	11804		
通信费		17948					17948	
消耗物品		17253			5715	5174		6364
软件租赁费		8548					8548	
支付利息		26045			26045			
杂　费		37874			11362	11362		15150
合　计	金　额	847476	60368	216457	162584	334860	26496	100631
	比　例	100%	7.1%	25.5%	19.2%	39.5%	3.1%	11.9%

资料来源：根据丁立言《物流配送》（清华大学出版社2002年）改编。

3. 按适用对象划分并核算物流成本的方法

按不同功能的物流成本来计算，不仅实现了降低成本，而且还能分别掌握按产品、地区、顾客的不同而产生的物流成本，这就是一般所说的按适用对象来计算物流成本。由此可以分析出产生物流成本的不同对象。

按支店或营业所核算物流成本，就是要算出各营业单位物流成本与销售金额或毛收入的对比，用来了解各营业单位物流成本中存在的问题，以加强管理。

按顾客核算物流成本的方法，又可分按标准单价计算和按实际单价计算两种计算方式。按顾客计算物流成本，可用来作为选定顾客、确定物流服务水平等制订顾客战略的参考。

按商品核算物流成本是指通过把按功能计算出来的物流费，用各自不同的基准，分配各类商品的方法计算出来的物流成本。这种方法可以用来分析各类商品的盈亏，在实际运用时，要考虑进货和出货差额的毛收入与商品周转率之积的交叉比率。

4. 采用ABC成本法核算物流成本

物流ABC是一种新型的物流成本核算方法，意思是活动基准成本计算（作业成本法）。

该方法适合于物流领域的计算方法，故称之为物流 ABC。其运用程序如下：

(1)明确导入物流 ABC 的目的及对象。在运用物流 ABC 计算成本之前首先要明确其目的，即为了要解决什么问题，需要计算什么样的成本。

(2)调查作业流程和物流中心布局。对作业流程和物流中心布局的细致了解是做好以下各个环节工作的基础，通过调查，制作出作业流程图和中心布局图。

(3)界定作业环节。物流中心是生产服务的场所，在一个企业有多个物流中心的情况下，不同的物流中心，其构造和作业方法也不一样，同样是散件货物拣选，在费用上也是有差异的。物流 ABC 一般是以物流中心为单位导入的，为了使不同的物流中心之间具有可比性，首先要界定作业环节范围。例如，前面所提到的散件货物的拣选，只是指从货架上取出货物的作业环节，还是包括为拣选而发生的移动。两种不同的界定下作业活动内容是大不一样的。因此需要制作一部"作业环节定义集"，来统一作业环节。作业环节的定义要与物流 ABC 导入目的相吻合。

(4)计算各个作业环节的单价。界定了作业环节后，以此为基础计算成本前，要计算各个作业环节的单价，这是物流 ABC 的关键之一。单价确定下来了，以后的事情就变得容易了。所谓作业环节单价，是指在所界定的作业环节上，处理一个单位的成本，例如散件拣选情况下，拣选一个物品的成本。

(5)确定费用分担比例。要制定出不同环节的作业单价不是一件容易的工作，需要有充足的成本数据。这里的难点在于如何把投入的各种费用(如人工费、设施费、水电费等)分配到具体的作业环节上。例如人工费分解为拣选人工费、捆包人工费等；拣选人工费又要分解成散件拣选人工费和整箱拣选人工费等；一定时期内发生的诸如水电费、机械设备费等也要分摊到每一个作业环节上。

(6)掌握计算对象(顾客类别等)类别划分的各个作业环节的处理量。

(7)用各个环节的处理量乘以单价得出作业环节类别成本。

(8)合计各个环节类别成本得出计算对象类别成本。

四、物流成本核算存在的难点问题

1.物流成本核算对象难以确立、物流成本计算内容难以归集

在运输、保管、包装、装卸以及信息等各物流环节中，以哪些环节作为物流成本的计算对象问题。如果只计算其中一部分费用和计算全部费用差值是很大的，企业的成本核算需要先明确成本对象，否则成本计算就毫无意义。如企业每一会计期间，要发生几十乃至成千上万笔费用，如果把这些发生的耗费堆积在一起，只能表示企业的耗费而已，这种费用信息的有用性受到限制。因此确定成本对象的目的是要以成本对象来归集费用，而用于归集费用的成本对象要有归集费用的"容器"，否则费用就无处可归。有形成本对象，其自身就是归集费用的天然"容器"，费用能够明确地、可辨认地归集到这个"容器"中。而物流服务这种无形成本对象与有形成本对象相比，具有无实体性(是指人们无法直接感觉到该对象的存在)和瞬时性(是指该对象不能存储到未来)，这两种特性意味着无形成本对象无处归集其费用，而物流企业的物流服务正是一种无形的成本对象，只能人为安装一个"容器"以归集费用，这是物流企业进行成本核算必须解决的问题。

2.成本核算期间难以确立

成本核算期是归集费用到成本对象的时间范围。成本核算期有的与会计期间一致,有的与会计期间不一致,这就导致成本核算期间难以确立。如制造业是按产品的生产周期或公历月份,种植业按一个轮作周期,服务业一般按公历月份等作为成本核算期。物流企业提供的物流服务是合同导向的物流服务,合同签订的时间随物流企业与客户之间的依赖关系而有长短之分,如与客户之间建立战略联盟关系所签订的契约型合同,有的长达5～6年,合同的营运周期出现跨会计期间的情形,若以营运周期作为成本核算期,也就是要等到该项合同履行完之后才能提供其成本信息,不符合财务会计的及时性原则。再说,物流企业有的服务合同是短期"门到门"的运输+仓储+配送业务流程,甚至不到一个月就履行完合同,特别是当物流企业提供适时制配送,或者自动补货则是即时完成的,在这种情况下,若以营运周期作为成本核算期,实务中是很难达到这个即时成本信息要求的。

3.成本核算计量单位确立

物流企业的成本对象即服务合同由于涉及的业务功能属性差异大,导致很难找到一个统一的业务数量标准。以物流业务功能中的运输业务为例,就单一的运输环节一般以运输周转量为计量单位,而就仓储业务环节以仓储面积为计量单位,所以对于整个服务合同很难找到统一的计量标准。因此,物流企业可以仅计量服务合同的总成本,在企业管理需要的时候,计算出服务合同中所涉及各个业务功能的总成本和单位成本。

4.按照现行会计核算制度,计算物流成本难度很大

由于现行的财务会计制度、准则等对物流成本未予以单独反映,物流成本被列入不同的成本费用项目中,如在"材料采购"、"管理费用"、"销售费用"及"财务费用"等账户中进行核算,无法掌握物流成本费用的实际情况。按照现行会计核算制度,购买原材料所支付的物流费用归集在原材料成本中,生产的产品从工厂运到商业部门的物流成本归集在主营业务成本,自运运输费用和自用保管费归入营业费用,与物流有关的利息计入财务费用传统的会计体系,就不能提供足够的物流成本数据。如果要把这些由"原材料"、"主营业务成本"、"营业费用"、"财务费用"等科目核算的与物流有关的费用划分出来,并单独汇总核算,在操作上难度很大。

5.物流成本的控制是系统性的,个体最优不等于总体最优

物流成本控制受诸多因素的影响,往往不易也不可能实现各个环节的最优控制。物流系统内部存在此消彼长的关系,单项物流活动成本降低很可能导致其他部分成本增长,甚至有可能导致总成本上升。例如,采用批量运输、整车装运,降低了运输成本,却可能造成库存成本增加;节省包装费用,就会降低产品的保护效果,给储存、装卸、运输带来效率的下降,甚至损坏商品造成更大损失。物流成本的控制并不是简单地削减成本,而是要着眼于投入产出的关系,以及对企业整体的带动性,即要将物流成本的增加与带来收益的增加相比较。

第四节　物流成本控制

一、物流成本控制的概念及内容

1. 物流成本控制的概念

物流成本控制是指在成本的形成过程中，对物流作业过程进行规划、指导、限制和监督，使之符合有关成本的各项法规、政策、目标、计划和定额，及时发现偏差，采取措施纠正偏差，使各项费用消耗控制在预定的范围内。事后进行分析评价，并总结推广先进经验和实施改进措施，在此基础上修订并建立新的成本目标，促进企业不断降低物流成本，达到以较少的劳动消耗取得较大的经济效益的目的。

2. 物流成本控制的内容

物流成本控制按控制的时间来划分，具体可分为物流成本事前控制、物流成本事中控制和物流成本事后控制三个环节。

(1)事前控制。是指在物流活动或提供物流作业前对影响物流成本的经济活动进行事前的规划、审核，确定目标物流成本。它是物流成本的前馈控制。物流成本事前控制主要涉及物流系统的设计，如物流配送中心的建设，物流设施、设备的配备，物流作业过程改进控制，物流信息系统投资控制等。

(2)事中控制。是在物流成本的形成过程中，随时对实际发生的物流成本与目标成本进行比较，及时发现差异并采取相应措施纠正，以保证物流成本目标的实现，它是物流成本的过程控制。

(3)事后控制。是在物流成本形成之后，对实际物流成本的核算、分析和考核，揭示问题，查明原因，为以后进行成本控制和制定新的目标成本提供依据。

二、物流成本控制的基本程序

物流成本控制应贯穿于企业生产经营的全过程。一般来说，物流成本控制应包括以下几项基本程序。

1. 制定成本标准

物流成本标准包括物流成本计划中规定的各项指标，但物流成本计划中的一些指标往往比较综合，不能满足具体控制的要求，这就要求制定一系列具体的标准。确定物流成本控制标准时，可采用指标分解法、预算法、定额法等，在采用这些方法时，一定要进行充分的调查研究和科学计算，同时还要正确处理物流成本指标与其他技术经济指标的关系，从完成企业的总体目标出发，进行综合平衡，必要时，还应进行多种方案的择优选用。

2. 监督物流成本的形成

监督物流成本的形成是指根据物流成本控制标准，对物流成本所形成的各个项目，进行经常的检查、评价和监督。检查内容既包括指标本身的执行情况，又包括检查和监督影响指标的各项条件。因此，物流成本日常控制要与企业整体作业控制结合起来。物流成本日常控制的主要方面包括：物流相关直接费用的日常控制、物流相关工资费用的日常控制和物流相关间接费用的日常控制。只有将物流成本日常控制制度化、自觉化，才能充分调动全体职工的积极性，使成本的日常控制具有群众基础。

3.及时揭示出现的偏差并进行纠正

揭示物流成本差异即核算确定实际物流成本脱离标准的差异，分析差异的成因，明确责任的归属。针对物流成本差异发生的原因，提出改进措施，并贯彻落实。

当对重大差异项目进行纠正时，一般采用下列程序：

(1)提出相关课题，研究降低物流成本的对策。针对物流成本超支的原因，提出降低物流成本的课题。这些课题首先应当研究成本降低潜力大、受关注程度高、可行性强的项目。提出课题的要求，包括课题的目的、内容、理由、根据和预期达到的经济效益等。

(2)讨论立项课题，提出解决方案。课题选定后，应组织有关部门和人员进行广泛的研究和讨论。对重大课题，要提出多种解决方案，然后对各种方案进行对比分析，最终决定最优方案。

(3)确定方案的实施办法、步骤及执行部门和人员组成。

(4)贯彻执行确定的方案。应注意对执行过程进行监督检查，同时还要检查方案实现后的经济效益，衡量是否达到预期目标。

4.评价与激励

对物流成本目标的执行结果进行评价，并根据物流成本控制的业绩实施奖惩。

三、不同经济主体物流成本控制

(一)零售业进货成本的降低

近几年来，零售业界发生了巨大的变革，其表现为传统的零售业态逐渐萎缩，而一些新型的零售业不断取代传统零售业成为零售业的主导和先驱，以低价位、大众化、装修简朴或郊外开店为标志的折扣店或量贩店却得到了突飞猛进的发展(其典型代表是诸如WAL-MART等连锁店的迅速崛起)。这种零售业态之所以能发展如此迅速，是因为它们的商品定价要比百货店或专业店便宜，而且商品选择的范围非常广泛。就连如今的大型超市，也都纷纷通过会员制的形式，对衣料品和日用品提供低价位的销售服务。如今，在日本，还出现了很多以经营家电商品为中心的量贩店，它们将在海外生产的电器制品通过集装箱大量、统一收购，然后再以低价位在零售店销售。

这种低价位的销售之所以成为可能，是因为零售企业从制造商大规模、统一进货，加上不实行退货制，因而进货单价非常低廉。对于这类零售企业来讲，最为重要的是购入的商品能全部销售完，因此，零售企业必须建立各店铺销售人员负责、保证商品全部售完的有效机制。这种机制的具体实施是通过信息系统实行单品管理，从而做到及时、正确把握商品在库残留量的情报。特别是对于衣料等季节性产品，尽管无论哪个店铺都无法避免商品残留在库，但是，通过掌握店铺间的商品在库信息，并有效地进行商品转移销售，即将在某些店铺销售残留的商品转移到别的店铺销售，或者逐步降低销售价格，以求将这种损失或成本降到最低点，进而实现最佳的订货量和最低廉的销售价格。

(二)生产商原材料调达与生产物流的效率化

1. 原材料及零部件调达成本的削减

对于生产商而言，一般产品原价中原材料费的比率很高，尤其是在组装产业中，这个比率更是居高不下，即使外购比率较高的组装厂家，虽然原材料费用较少，但零部件所占的成分却很大。因此，通过削减包括原材料和零部件调达成本等广义费用进而大幅削减物流成本是提高生产商物流绩效的主要方法之一。当然，我们应当看到，降低原材料和零部件的调达成本，并不是指生产商仅仅通过对进货价格的控制来寻求费用的削减。因为，作为用户的厂商如果只是在价格上单纯要求降低进货成本，而非采取确实有效的方法，那么极易产生购入原材料或零部件质量下降的问题，大大影响生产商制造产品的质量，对企业的经营管理产生较恶劣的影响。所以，削减生产商原材料和零部件调达成本，关键是寻求行之有效的方法以便在降低物流成本的同时，保证原材料和零部件的质量。

在方法上，主要有如下几种方式削减原材料和零部件的物流成本：

(1)对于同种类的零部件应尽量做到设计上的标准化，这样一方面降低了零部件的生产成本，另一方面可以做到通过大量购入来降低进货价格，同时使零部件的价格基本实现统一化。

(2)在开发新产品的过程中，设计、物资、生产、经营、会计部门应共同合作，根据市场的需求开发低成本的新产品，并且企业各职能部门应时时掌握短时期的产品信息，据此不断开发新产品。

(3)在产品生产大量外购原材料或零部件的情况下，应经常对外购成本的内容进行分析，即对材料费是否偏高、加工数是否过多、间接费比率是否不合理等，从而建立起合理的价格购入体制。

(4)在进行原材料和零部件的调达过程中，如果分别从不同的经营者那里进货，物流成本会很高，正因为如此，现在很多生产商都在积极推进共同进货体制。

除了上述原材料和零部件的调达物流成本外，还有一个资产调达成本也应引起我们的重视，即要从现代物流管理的角度控制生产过程中资产调达所产生的费用。其原因在于，资产成本的削减对于降低制造原价具有积极的意义。据国外学者测算，在材料费占制造原价60％的产品中，资产成本削减5％，制造原价能降低3％，整体制造成本降低3％，销售利润就能增加3％，可见其效果是十分明显的。

2. 生产物流成本的合理化

在产品的制造原价中，除了原材料以外，与生产相关的劳务费以及其他经费等都是成本控制的重要内容。一般来讲，容易产生生产物流成本的产业具有从购进原材料开始经生产过程到最终发货需要较长的时间的特点。这其中具有代表性的产业是钢铁业，在钢铁业从原材料投入经不同工序之间的转移到最终发货常常需要较大的空间，而且由于制成品较重，产品转移过程中的物流成本(如时间、劳动力等)要远远高于通常的制造业。在这类产业中，最为关键的是能将成品高效地向用户发货，一般来讲，钢铁业的运输多是利用铁路或船舶进行，要实现高效率的运输就必须使配船、配车皮计划能与生产计划紧密地结合在一起，从而大大缩短产品在途时间。除此之外，工厂内的生产也要紧密有序地进行，防止因为工序之间的不流畅或不协调产生较高的物流费用，藉此来削减产品生产中的成本。

从生产成本的管理手段上来讲，主要是从 CIM(computer integrated manufacture)开始，运用 VA(value analysis)和 IE(industry engineering)等方法进行控制。

(三)运输业者提高产品配送的效率化

生产商在工厂内生产出产品以后，在产品到达最终用户之前，需要经过许多的流通环节，削减在流动过程中所发生的费用是十分必要的。以下具体介绍几种运输业控制物流成本的重要方法。

1.各运输业者协力降低成本

在所有配送费用中，尽管有发生在物流中心内的装卸、产品配送调度等各种费用，但所占比率最高的是运送费，通常运送费占所有配送费用50%以上。因此，在削减配送费用的过程中，最为重要的是严格控制对运送业者支付的运费。最近，运输业中运输过频以及高速公路费用上涨等都是成本上升的直接原因，在这种状况下，运输业者仍然在通过提高货物积载率努力降低成本。但是，在削减运输费用方面，仅仅依靠本企业的努力仍然是十分有限的，各运输业者需要相互协调，进行各种尝试。

2.运输业间的共同配送

最近，作为降低配送成本的方法之一，运输业者之间开展货物的共同配送。通过运输业者之间的共同配送可以提高货物装载率，进而削减由于运输过频或装载率较低产生的物流费用。例如，在日本，运输业者已经在东京和大阪等干线道路实行了共同配送。运输业者间实行共同配送的一个最大优点是，打破了单一企业物流系统最优化的模式，进而追求产业的最优化和整体成本的最小化。但是，应当注意的是运输业间开展共同配送，首要的条件是各运输业者要统一运输工具。另外，由于运输业者仍然存在独立的企业运输服务，因此存在一些必须逾越的障碍。

3.向货主建议通过共同配送削减运费

货主间的共同配送也是削减物流成本的有效方式之一，当然，这种配送方式既有同产业的共同配送，也有不同产业间的共同配送。运输业者在向货主提议时，必须注意到货主企业间对相互的物流状况缺乏了解，也难以充分明了共同配送所产生的利益，所以运输业者必须与货主企业进行充分沟通，并详细分析、揭示共同配送所产生的利益。

4.接受货主企业的全权委托

通常货主企业与运输业者的关系只是一种单纯的运输委托或代理关系，但是，近几年来不少企业在从事运输业务的过程中，逐渐取得经营诀窍，从而提高了运输经营的管理能力，逐步从单纯的运输业务转化为向用户企业提出高效的运输方式，进而接受从原材料或零部件的调达物流到产品的在库管理、销售物流等的全面物流委托业务。这种运输业者必须具备包括按货主企业要求从事流通加工等业务的全面的物流管理能力，为此需要在流通中心或信息系统建设方面进行大量投资。这种运输业者往往与货主企业的信息系统相连接，形成一种信息网络，借助这个网络在货主企业生产计划或经营计划的基础上，合理地从事商品的配送服务。可以看出，这种新型的运输交易协作关系是立足于整体物流的效率化，并且运输业者的服务内容不仅是运输本身，还包括向货主企业提供如何削减运费、降低物流成本等各种咨询服务，也就是说，在保证自己适当利益的同时，也有助于提高货主企业的经济利益。

(四)货主企业提高并改善输送方式

货主企业通常采取招标的方式,通过引入多家运输企业进行竞标以实现最低的运送成本,这种方式一般被认为是最具效率的削减运输费用的方法。客观地讲,采用竞标方式削减运输成本尽管能取得一定的效果,但却不是根本解决物流成本的方法。这是因为运输业者必须考虑自身经济利益,而物流活动的发展必将要求运输业者进行有关信息系统的投资,货主企业如果一味地要求低廉的运输费用,势必使运送服务质量下降,最终影响用户企业的利益。正因为如此,货主企业不仅要求运输企业降低运输费用,也需要通过不断改善现有的物流体制以实现物流成本的下降。从当今大多数企业的物流实践来看,货主企业削减物流成本的方式有两大类,即彻底改变现有的物流系统或改善现有物流系统中非效率的部分。

1. 物流活动的外部委托

彻底改变现有物流系统的方式之一是将物流活动全部向外委托。我们在上面介绍运输业者的物流成本削减活动时谈到运输业者通过汲取经营诀窍,接受外部委托是一种有效降低成本的方法。同样,从货主企业的角度来看,最近出现了由于受资金或经营资源的限制而利用外部委托的情况,最常见的是将物流业务的一部分,特别是物流中心的投资转移到外部,亦即利用外部专业物流经营者的中心来开展本企业的物流。与此同时,也有的企业将所有的物流活动全面转交给专业仓库业者或运输业者进行。当然,在从事物流委托业务时,应当注意原材料、零部件的调达物流与向用户进行商品配送服务的物流活动是有一定差异的,相对而言,前者外部委托的比率较高,这是因为如果将顾客配送服务全面委托给专业运输业者,一方面使得经营诀窍为物流业者所掌握,另一方面企业既不易掌握顾客物流服务的水准,也不易及时将有关信息反馈到生产、经营部门。

2. 通过建立物流分公司寻求削减物流成本

除了将物流业务全部向外委托来削减物流成本外,建立企业物流分公司也是货主企业控制物流费用的一种方法,这种方法的特点是物流业务仍然处于货主企业的总体控制之下,与此同时,通过分公司的独立经营,来实现物流成本的下降。日本《流通设计》杂志对日本物流分公司所作的调查表明,如今大多数企业的物流分公司主要以削减母公司的物流成本为第一目标,在此基础上,分公司的业务逐渐向接受委托和战略经营发展。正因为如此,很多货主企业逐步从外部委托物流向物流分公司经营转移,这样做的原因除了能增加分公司的经营容量外,最主要是能籍此提高物流分公司的物流经营能力和诀窍,进而维持母公司的物流服务质量,保证公司整体经营战略的统一性。

【案例分析】

中国长虹公司的物流成本管理

长虹公司是我国生产家用彩电电视机的最大厂商。1998 年长虹将设置在全国各地的分公司处理的保管和配送等业务,从各分公司中分离出来,设置物流中心,在那里制订长虹公司的物流战略计划。

过去和长虹公司采取的方法是,将工厂装配好的产品,直接运到各地从事经营的商店暂时保管,然后再根据客户的订货配送到客户所在地。不管配送件数多少,各分店中都必须配备运货人员和卡车。经计算，运输费用占物流费用的70%以上。物流费用的上升严重影响了企业的竞争力，因此长虹采用了商物分离的运作模式，以及设置物流中心以使物流趋于合理化的物流计划。

物流中心建立在分公司集中的大城市内，一个中心可以承担约20个分公司的商品配送业务。建立物流中心，分公司的车辆和送货人员就可以压缩，这样就能用较少车辆运送大量货物。更进一步还可实行从工厂到消费者的一贯制产品运输，从而可以取得大批量运输等相当好的成效。

这样的例子还有许多，长虹公司所采取的措施是各企业所采取的物流合理化措施中具有代表性的措施。这种合理化措施不但可以达到规定的服务水平，还可以降低费用。

【案例讨论】

1.试分析说明长虹公司是如何通过实现物流合理化来降低其物流运作成本的。

2.你得到了什么启示？

【复习思考】

1.物流成本是由哪些费用构成的？

2.按照不同的标准，物流成本可以分为哪几类？

3.请简述“黑大陆”和“冰山说”的主要内容。

4.请简述物流成本管理的意义，以及降低物流成本的途径。

5.进行物流成本核算具有哪些意义？

6.物流成本核算的对象包括哪些？

7.请简述物流成本控制的程序。

第十章 现代物流技术与标准化

学习目标

现代物流技术是实现现代物流管理，提高物流生产力的决定性因素和手段，物流设备是物流作业技术应用的载体，物流技术的创新和发展是推动物流业发展的重要动力源。通过本章的学习，要求学生理解物流技术的含义、物流技术的分类，了解物流技术的发展，掌握物流运输技术、仓储技术、装卸搬运技术、分拣配送技术、包装技术和流通加工技术等现代物流作业技术、物流信息技术和物流标准化。

第一节 物流技术

一、物流技术的含义

物流技术是构成物流系统的重要组成要素，影响着物流活动的每一个环节，在物流活动中处于十分重要的地位。随着物流业的不断发展，对物流技术提出了更高更新的要求，同时也成为物流技术的发展动力；物流技术是否先进合理，直接影响着物流活动的效率，先进合理的物流技术不仅可以提高物流活动的效率，还可以有效降低物流成本，提高物流质量和客户满意度。所以，物流技术的研究和发展反过来也推动着物流业的进步。

物流技术不是一种独立的新技术，而是多学科领域的技术在物流领域的综合利用。当前国际上已形成以信息技术为核心，以信息技术、运输技术、配送技术、装卸搬运技术、自动化仓储技术、库存控制技术、包装加工技术等专业技术为支撑的现代化物流技术格局。中华人民共和国国家标准《物流术语》(修订版)GB/T18354—2006 规定，物流技术(logistics technology)，指的是物流活动中所采用的自然科学与社会科学方面的理论、方法，以及设施、设备、装置与工艺的总称。

二、物流技术的分类

按照不同划分标准，物流技术可以分为不同的类别。一般来说，主要采用以下两种分类方法。

1. 按技术形态分类

按技术形态划分，物流技术可以分为物流硬技术和物流软技术。

(1)物流硬技术。指的是在物流活动中所采用的各种设施、设备与装置。它包括各种运输装备(车站、港口、码头、各种运输车辆等)、仓储装备(仓库、货架、托盘等)、装卸搬运装备(堆垛机、起重机、叉车、输送机等)、集装装备(集装箱等)、自动识别装备、分拣装备和计算机通信装备等。

(2)物流软技术。指的是在物流活动中所采用的自然科学与社会科学方面的理论、方法和工艺路线等。例如，物流预测方法、物流规划方法、物流设计、物流设施的调度、库存控制方法、路线选择方法、物流系统工程方法等。

物流业的发展需要将物流硬技术和软技术结合起来。通过物流软技术的合理使用，才能更充分地发挥物流硬技术的作用；通过物流硬技术的应用，才能实现物流软技术的预期目标。

2. 按应用内容分类

按应用内容划分，物流技术可以划分为物流实物作业技术和电子信息作业技术。

(1)物流实物作业技术。指的是在物流作业过程中，进行的实物性作业技术。包括运输技术、仓储技术、装卸搬运技术、分拣配送技术、包装技术、流通加工技术等。其中，运输技术包括运输设施、设备及操作方法和管理技术等；仓储技术包括仓储设施、设备及使用操作方法、仓储作业程序、保管技术、库存控制方法等。装卸搬运技术包括装卸搬运的设施、设备、操作维修方法和装卸作业的工艺路线、合理调度等。分拣配送技术包括分拣配送所使用的设备、操作方法、作业程序和配送管理方法等。包装技术包括包装材料、包装设备、包装操作活动、包装管理方法、包装标准化等。流通加工技术包括加工设备、操作方法和工艺路线等。

(2)电子信息作业技术。指的是物流信息处理中所使用的条码自动识别技术、计算机网络技术、自动化立体仓库管理技术、全球卫星定位系统和地理信息系统技术等。

三、物流技术的发展

没有现代的物流技术，就不可能有现代物流的形式与内容，尤其目前人们常谈的“第三方物流”、“第四方物流”、“供应链”、“全程物流”更是基于计算机及网络信息技术的成熟才形成并发展起来的。为了适应现代物流的发展，我国物流技术越来越朝着机械化、自动化、集成化、智能化、高效化、信息化、柔性化、实用化、标准化、绿色化方向发展。

虽然，美国、日本、德国、荷兰等国家物流技术比较先进，但是，我国从 20 世纪 70 年代以来，物流技术也有较快发展。例如，各种物流运输设备数量迅速增长，技术性能日趋现代化，集装箱单元化运输得到了快速发展等。

我国国内主要铁路干线可以分为东西干线和南北干线。东西干线 8 条，南北干线 8 条，也称“八纵八横”。国务院还批准了《中长期铁路网规划》。2005 年 1 月 13 日，中华人民共和国交通部公布《国家高速公路网规划》，采用放射线与纵横网格相结合的布局方案，形成由中心城市向外放射以及横连东西、纵贯南北的大通道，由 7 条首都放射线、9 条南北纵向线和 18 条东西横向线组成，简称为“7918 网”。我国南车青岛四方股份有限公司正在研发生产的新一代高速动车组持续运营时速达到 350 千米，最高运行时速 380 千米，试验时速超过 400 千米，将成为世界上商业运营速度最快的动车。2009 年全国销售机动工业车辆 135000 辆，市场流通托盘年产量超过 38000000 个，全国货架行业总产量达到 600000 吨。载货汽车的专业化程度较高，现有重型载货汽车、中型载货汽车、轻型载货汽车、微型载货汽车、冷藏和保温汽车等。现代物流信息技术成为"十一五"期间我国研究开发的重点，物流技术自动化水平和信息化程度得到了一定的提高，更多的企业使用条码技术、POS 系统、EDI、GPS 导航与跟踪系统等先进信息技术设备。医药、烟草、图书等行业纷纷建设物流配送中心，配置了自动分拣设备。1976 年，我国起重机械研究所研制出第一台自动导引车(AGV)。2009 年，全国自动化立体仓库保有量超过 2000 座。除此之外，专业化的新型物流设备和新技术不断涌现，并在物流各个环节得到了一定的应用。

第二节　物流作业技术

物流作业技术是物流各环节实物作业技术，主要包括运输技术、仓储技术、装卸搬运技术、分拣配送技术、包装技术和流通加工技术等。物流技术的具体载体和实现工具是物流装备。物流装备是物流作业活动中各环节采用的物流设施、设备、装置的总称。

一、物流运输技术

交通运输是物流的基础功能环节，物流运输技术主要包括运输活动中不可缺少的各种运输方式、基础设施和设备、运输规划、运输作业程序等的应用。我国现代运输技术又可分为公路运输技术、铁路运输技术、水路运输技术、航空运输技术和管道运输技术。

(一)公路运输技术

公路货物的运输主要指在各级公路，使用各种交通工具完成货物的位移过程。公路运输投资少，具有门到门服务的灵活性，其他运输方式组织运输生产，通常需要公路运输提供集疏运，所以公路运输是世界各国各种运输方式中发展最快的一种，特别适合中短途货物运输。公路运输技术主要依赖公路设施和运输工具来实现。公路设施主要包括公路线路、货运站等。

1. 公路线路

公路线路主要是供汽车行驶，并有一定技术标准的公路，由路基、路面和桥隧组成，是公路运输的基础设施。按行政等级划分，公路可以分为国家公路(国道)、省公路(省道)、县公路(县道)和乡公路(乡道)以及专用公路五个等级。按公路的功能(或公路里程和运输量)划分，根据我国现行的《公路工程技术标准》(JTGB01—2003)，公路可以分为高速公路、一级公路、二级公路、三级公路、四级公路五个等级。其中，高速公路、一级公路属于汽车专用公路，二级公路、三级公路、四级公路属于一般公路。高速公路专供汽车分向分车道高速行驶，全部控制出入；一级公路连接重要的政治经济中心，通往重点矿区、港口、机场，专供汽车分向分车道行驶，并可根据需要控制出入；二级公路连接政治经济中心或大的工矿区、港口和机场等地；三级公路主要沟通县以上城市；四级公路主要沟通县、乡、村。目前，世界上不少国家普遍采用这种公路分类方法，如美国、英国、日本和南非等。

2. 车辆

按照国家标准(GB/T 3730.1—2001)的定义，汽车是由动力驱动，具有四个或四个以上车轮的非轨道承载的车辆。

(1)车辆的组成。汽车系统一般由发动机、底盘、车身和电气设备四个基本部分组成。其中，发动机是汽车的动力装置，发动机的作用是使供入其中的燃料燃烧而发出动力；底盘是汽车的支撑装置，主要支撑和安装汽车发动机及其各部件总成，进而形成汽车的整体造型，并接受发动机的动力，使汽车产生运动，保证正常行驶；车身是汽车的装运装置，安装在底盘的车架上，一般是由驾驶室和货箱两部分组成；电气设备由电源和用电设备两大部分组成，电源包括蓄电池和发电机。在现代汽车上愈来愈多地装用各种电子设备：微处理机、中央计算机系统及各种人工智能装置等，显著地提高了汽车的性能。

(2)车辆的分类。根据货车的载重量大小，载货汽车可以分为微型货车(1.8 吨以下)，轻型货车(1.8～6 吨)，中型货车(6～14 吨)，重型货车(14 吨以上)。微型和轻型货车主要用于室内配送运输，货台较低；中型货车主要用于城际间的运输；重型货车主要用于长途干线运输，货台一般较高。根据车身的形状，载货汽车可以分为敞车、厢车、罐车、平板车。敞车适宜装运不怕雨淋风吹日晒的各种货物，可装载高低不等的货物；厢车具有防雨和封闭等功能，安全性好，适合全天候的运输，也可以在大城市的市区运行；罐车一般封闭性强，适宜运送易挥发、易燃的危险品和流体类货物；平板车由于没有侧板，主要用于钢材和集装箱货物的运输。

3. 货运站

货运站就是专门办理货运作业组织的车站或站场。所以，货运站一般靠近客户所在地或交通枢纽，以便经济、迅速、安全、便利地为客户提供服务，便于和铁路、港口、公路干线和大宗用户的衔接、联系。货运站既可以进行运输任务的组织管理工作，又可以为运输车辆提供后勤供应、技术保障。如停车休息室、维修场、油库等。

(二)铁路运输技术

铁路运输是物流系统中很重要的陆上运输方式。铁路运输能够有效利用土地资源，受气候影响较小，能自动控制列车的行驶，适宜运输运量大、运价低且运距长的货物。铁路运输技术主要由铁路线、车站、车辆和信号四部分组成。

1. 铁路线

铁路线是铁路运输工具运行的基础，需要承受运输工具及其装载货物和人的重量，引导运输行进的方向。铁路线路一般由路基、桥隧建筑物和轨道组成。路基是铁路线的基础，它既承受轨道结构的重量，同时还要承受列车行驶时通过轨道传播而来的负荷。轨道通常由两条平衡的钢轨组成，钢轨以连接零件扣紧在轨枕上；轨枕埋在道床内；道床直接铺在路基上。桥隧建筑物是铁路线路的重要组成部分，当铁路线跨越河流、沟谷或与其他陆路线路立体交叉时，需要修建桥梁或涵洞，翻山越岭时需要修建隧道。

2. 车站

车站是铁路系统的基层生产单位，是铁路货物运输的集散地，是多种运输工具的衔接点，更是铁路办理货物运输业务和运输工具(列车和机车、装卸搬运设备等)作业的基地，通常设在运输线路上，每隔一定距离（10 千米左右）设置。按照技术作业内容不同，铁路车站可以分为中间站、编组站和区段站。

（1）中间站。设置在线路中段，主要办理列车的接发、会让和通过业务，包括接车、发车、摘挂列车、调车，还办理货物的承运、保管、装卸和交付等作业。

（2）编组站。一般设在线路两端和业务量较大的中转段，主要办理列车的解体和编组作业。为了合理组织车流，要组织和取送本地区的车流，编解各类列车，并为在本站到发的列车提供机车动力、车辆检修等作业。

（3）区段站是介于中间站和编组站之间的一类车站，拥有中间站的一切功能，部分区段站有编组站的少量功能。它主要为邻接的铁路区段供应机车或更换机车乘务组、办理一定数量的列车编解作业和货运作业等业务。

（4）国境站主要负责办理一国铁路与另一国铁路货物和车辆的检查、交接、换装作业，票据的翻译及费用核算作业，铁路交接主管处会同海关、商品检验所、动植物检疫所、食品卫生检疫所、边防检查站及中国外运所属分支机构等联合办公。

3. 车辆

在铁路线上运行的运输工具可以分成机车和列车两部分。铁路机车是铁路货物运输的基本动力，可以分为蒸汽机车、内燃机车和电力机车，从世界各国铁路机车的发展来看，电力机车是最有发展前途的机车，有良好的经济效益。列车是铁路运输的形式，也是载货工具，本身没有动力装置，需要按计划和规定将多节车厢编挂在一起并挂上机车，由机车作为车头牵引前行，这样就形成了一列列车，一般载重在 3000 吨左右。

铁路货车按用途一般可分为通用类和专用类，通用货车还可以再细分为敞车、棚车和平车，专用货车可以再细分为家畜车、长大货车、集装箱平车、漏斗车、自翻车、各种罐车，以及冷藏车等。敞车主要装运煤炭、矿石、木材、钢材、矿砂等不怕日晒雨淋风吹的货物，也可装运重量不大的机械设备；棚车主要装运日用工业品、食品等怕日晒、雨淋、雪侵的货物；平车主要装运大型建筑材料、汽车等特殊长大重型货物；家畜车主要运送活家禽、家畜等；长大货车主要运送大型或重型货物；集装箱平车主要运输集装箱箱装货物；漏斗车主要运送煤炭、矿石、粮食等块粒状散装货物；自翻车主要装运装卸频繁的矿产；罐车主要运送液化石油气、汽油、硫酸、酒精等液体、液化气体或粉末状货物等；冷藏车主要运送新鲜蔬菜、水果、鱼、肉等易腐的货物。

4. 信号

铁路信号是指挥火车的命令，也是告诫人们安全的警语。我国规定用红色、黄色和绿色作为信号的基本颜色。用红色表示火车停下或不许越过，用绿色表示准许火车通过或开动，用黄色表示注意或减速慢行。最早的通信信号是由铁路工人手拿信号旗、信号灯或直接用手臂发出的信号，叫手信号。目前正在使用的还有听觉信号，例如，火车鸣笛一长声，表示它开动或接近车站、道口桥梁等地的预报等。

（三）水路运输技术

水路运输是指利用船舶航行于水域，完成旅客与货物运送的经济活动。水路运输是所有运输方式中最为经济的，但受天气和商港限制，可及性低，速度慢，适宜运输大宗、远程、价值较低的货物。同时，水路运输是发展国际贸易的重要支柱，我国大陆海岸线有 18000 多千米，岛屿海岸线140130多千米，具有发展水运的自然条件。水路运输技术主要研究船舶、航道和港口三部分内容。

1.船舶

船舶是水路运输的主要载货工具。根据不同的分类标准，可以划分不同类型的船舶。按照所装货物及船舶结构、设备不同，一般可以分为杂货船、干散货船、集装箱船、冷藏船、液体货船、载驳船、滚装船、油轮等。

(1)杂货船，又称普通货船，一般既能运载普通包装件杂货(如机器设备、建材、日用百货等)，也能运载散货、大件货、冷藏货和集装箱，典型的载货量在10000～20000吨。为了理货方便，杂货船一般有2～3层甲板，5～6个货舱。按照货舱位置不同，可以分为中机型、中后机型、尾机型，多数货舱位于中机型和中后机型。

(2)干散货船，又称散装货船，专门运送煤炭、矿砂、木材、盐、谷物、化肥、水泥、钢铁等大宗散装物资。考虑到适运物资不需包装，不怕挤压，便于装卸，干散货船一般为单甲板船，舱内不设支柱，但需要设置隔板，用以防止在风浪中运行的舱内货物错位。专门运输粮食、煤、矿砂等大宗散货的船通常分为如下几个级别。第一个是好望角型散货船，载重量一般在150000吨左右，以运输铁矿石为主，由于尺度限制不可能通过巴拿马运河和苏伊士运河，需绕行好望角和合恩角；第二个是巴拿马型散货船，载重量一般在60000～75000吨，指满载可通过巴拿马运河的最大型散货船；第三个是灵便型散货船，载重量一般在20000～50000吨，其中35000～40000吨的船舶，世界上各港口基本都可以停靠，又被称为大灵便型散货船。

(3)集装箱船，又称箱装船，专门运输集装箱箱装货物。考虑到装运的集装箱为统一规格的标准集装箱，集装箱船全部或大部分船舱都可以用来装载集装箱，货舱多为单层甲板，双船壳，可堆放3～9层集装箱，集装箱的装卸通常由岸上起重机进行。目前，集装箱运输发展很快，已成为件杂货的主要运输方式。

(4)冷藏船，又称冷冻船，专门运输需要冷冻或冷藏的货物，如蔬菜、水果、肉等。因为要保证冷冻舱或冷藏舱的温度和湿度，货舱一般要具备良好的隔热功能，并设置冷藏设备。

(5)液体货船，多用于装运特种液体货物，包括液化气体、液体化学品等。液化气体主要有液化石油气、液化天然气、氨水、乙烯、液氯等沸点低、易燃、易爆、有毒、有腐蚀性的危险品。液体化学品，主要有甲醇、硫酸、苯等有毒、易挥发的危险品。所以，液体货船一般要设置多个密封的货舱，彼此隔离，还要采用防腐材料保管，以保证运输的安全。

(6)载驳船，又称子母船，专门运输驳船装货物。驳船一般是非机动的，有较大货舱，要用有动力装置的拖船拖带或用推船顶推。装运驳船的船舶称为母船，负责将装有货物的驳船运到目的港。这种运输方式不需要占用码头泊位，整船中转交接，装卸效率高，便于海—河联运。

(7)滚装船，又称滚上滚下船，专门装运汽车和集装箱货物。先将货物装入汽车和集装箱，再将汽车和集装箱，通过船体与码头连接的跳板，直接开进或开出船舱。所以，不需要装卸设备，甲板层数多为2～4层。这种方式装卸速度快，可加速船舶周转。

(8)油轮，又称油槽船，专门运输原油或燃料的船舶。以散装原油为主要承运对象。目前，世界上最大的油轮可装载550000吨原油。油船一般不直接停靠港口，通过油泵和输油管进行装卸。

2. 航道

航道是船舶进出港口的通道，一般要考虑在开通航道的水域保证足够的水深、宽度和适当的转弯半径、净空，必要时需设置航标和灯塔，以保证船舶安全通航，避免搁浅等情况造成船舶损失和环境污染。

3. 港口

港口是保证船舶安全进出和停泊的运输枢纽，是水陆运输的衔接点，是水运物资的集散地，船舶停靠、装卸货物、补充给养的场所。

(1)港口的分类

按港口的用途划分，港口可以分为商港、工业港、渔港、军港、避风港等。商港，主要为货物装卸转运和旅客上下船进行服务；工业港，主要为港区内工业企业的原材料、产品和所需物资的装卸搬运提供服务；渔港，专门为渔业服务，如大连渔港等；军港，专门为军舰、军用船舶服务；避风港，主要是在大风条件下为船舶临时停靠提供避风服务。

按地理位置划分，港口可以分为海港、河港、湖港与水库港。海港一般位于海岸、海湾内，同时要修建相当规模的防波堤，如我国的秦皇岛港、天津新港等；河港，一般位于河道内，有时风浪较大，需修建防波堤，如我国的重庆港、武汉港等；湖港与水库港，一般位于天然湖泊或水库内。

(2)港口的组成

港口(见图 10-1)一般由港口的水域、陆域、港口机械和码头组成。港口的水域为了保证船舶能自由进出港和完成转运、泊锚、装卸作业，需要有足够的水深和宽度，流速要和缓，需要适当的位置、方向和弯道曲率半径，避免强烈的横风、横流和严重淤积，尽量降低航道的开辟和维护费用。港口陆域是港口范围内的陆地面积，主要为货物的装卸、堆存、转运服务。港口机械专门完成港口货物装卸任务，一般包括起重机械、输送机械、装卸搬运机械等。起重机械常见的有门式起重机、浮式起重机、装卸桥；输送机械常见的有带式输送机、带式提升机、水下输送管道；装卸搬运机械常见的有叉车等。码头是港口的主要组成部分，主要为船

图 10-1 港口

舶停靠、装卸货物服务，广泛采用的是直立式码头，便于船舶停靠和机械直接开到码头前沿，以提高装卸效率。

(四)航空运输技术

航空运输是利用航空器，将货物沿航线运到目的港航站的运输方式。这种方式运速快，不受地形限制，安全舒适，但运价较高，所以适宜运输贵重物品和鲜活物资的长距离运输。航空运输技术主要研究飞机、航线和航站三部分内容。

1.飞机

飞机是指进行客货运输的非军用飞机。可以根据起飞重量不同，划分为小型飞机、中型飞机、大型飞机三种；还可以根据飞机的航程远近，划分为近程飞机、中程飞机和远程飞机；可以根据机翼数目不同，划分为双翼机和单翼机。

飞机一般由机身、机翼、尾翼、起落架和动力装置五个部分组成。机身是飞机的主体，用来装载人员、货物，安装设备，并将飞机的各部件连接为整体。机翼是飞机飞行提供举力的部件，支持飞机在空中飞行，起到一定的稳定和操纵作用。尾翼用来操纵飞机俯仰和偏转，以及保证飞机能平稳地飞行。尾翼包括水平尾翼(安装有升降舱)和垂直尾翼(安装有方向舵)。起落架，使飞机能在地面或水面平顺起飞、着陆、滑行和停放，降落时吸收撞击能量以改善起落性能。动力装置，主要用来产生拉力或推力，使飞机前进，主要包括活塞式、涡轮式、原子能式三种类型。

2.航线

航线是飞机在空中的交通路线。根据空中交通管制的需要，航线的宽度和飞行高度有一定规定，以维护空中交通秩序，保证飞行安全。2006 年民用航空航线里程达 211.3 万千米，全国运输机场总数增加至 152 个，国际航线 268 条。截至 2008 年年底，我国已经开通国内航线 1235 条，通航总里程(不重复距离)达到 134 万千米。

3.航站

航站也就是航空港(见图 10-2)是飞机航行的起点、终点、停靠点，是用来保证飞机起飞、着陆、滑行、停放、维修等活动的场地。一般由飞行区、运输服务区和维修区三部分组成。飞行区是航站的主要区域，占地面积最大，保证飞机的起飞、着陆和滑行。在飞行区上空一般划定净空区，不允许地面物体超越限制面的高度。运输服务区主要建筑是候机楼，还要设置货运站、停车场、银行、旅馆等设施。维修区是维修厂、维修机库等设施的场地。

(五)管道运输技术

管道运输是借助管道长距离输送气体、液体、易流动固体的运输技术。管道运输可以不受地面气候影响连续作业，运输的货物无需包装，可以节省包装费用，而且属于单向运输，无回空运输问题。管道运输技术主要研究管道站和管线两部分内容。

1.管道站

管道站，是给运输货物增加压力、改变温度、提高流动性能的场所。根据站点位置不同，可以分为首站、中间站和末站。首站是管道运输的起点，主要负责向外运输，一般设在油田、炼油厂或港口附件；中间站在管道运输沿线，给管道加压，提高货物流动性能的站点；末站是管道运输的终点，主要负责接收管道输送的货物，然后转运出去。

图 10-2　航空港

2. 管线

管线，主要承载要运输的货物，一般用钢质管道焊接而成，大庆—大连，大庆—秦皇岛—北京，任丘—北京，胜利油田（东营）—南京，胜利油田—青岛，构成了东北、华北、华东三大管道运输网。

二、物流仓储技术

仓储是物流活动的基础要素，它处于生产和消费之间，可以说，“没有货物储备，就没有货物流通”。仓储的基本功能是保管物品、调节供需、方便运输、配送节约等。物流仓储技术主要包括货架、仓库和库内辅助设备及其应用，仓储作业程序、商品保管技术和库存控制方法等。

（一）货架

中华人民共和国国家标准《物流术语》（修订版）GB/T18354—2006 规定，“货架，用立柱、隔板或横梁等组成的立体储存物品的设施”。用货架储存货物，物品若能整理分类储存，预定储存物品位置，既能方便管理，充分利用仓库空间，还可以防止物品因多层叠放而压伤变形。货架根据结构不同，可以分为层架、层格架、厨架、抽屉架、悬臂架、三脚架等，常见货架有托盘货架、驶入/驶出式货架、流动式货架、阁楼式货架、悬臂式货架、后推式货架、旋转式货架等。

1. 托盘货架

托盘货架是主要存放托盘货物的货架，每个托盘占一个货位，便于引入叉车或堆垛机进行货物的存取作业，如图 10-3 所示。托盘货架一般采用钢质材料组合而成，高度在 6 米以下，便于单元化存取，易于实现计算机控制和管理。

图 10-3 托盘货架

2. 驶入/驶出式货架

驶入/驶出式货架主要采用叉车直接进入货架存货位进行货物的存取，采用钢制结构，一般有向外伸出的突出物或悬轨，用于存放货物，然后，将货架合并在一起，每个货架间的流道既能储存货物，又可作为叉车通道，如图 10-4 所示。所以库容利用率可高达 90%以上，适合大批量少品种货物的储存。

图 10-4 驶入/驶出式货架

3. 流动式货架

流动式货架是指货架本身固定不动，但货物单元可在货架上流动或者货物可以随货架移动，如图 10-5 所示。前一种情况常见于重力式货架，后一种情况常见于移动式货架。重力式货架一般在每层货架流道上安装有一定斜度的、带轨道的导轨，使货物单元在重力的作用下，从存货口自动流向出货口，能保证先进先出；移动式货架是将货架本身放置在轨道上，在货架底部设有驱动装置，可以在地面沿轨道运行。这种货架有利于节省仓库面积，便于先进先出，适用于工厂车间、仓库工具存放处、金融部门票据存放处、超级市场、配送中心及邮购公司仓库。

图 10-5　流动式货架

4. 阁楼式货架

为了充分利用仓库的空间，将空间分为上下双层设计，下层不仅保管货物，还要支撑上层货位的重量，所以上层通常放置轻质量的货物。阁楼式货架如图 10-6 所示，可以提高仓储高度，增加空间使用率，适用于旧仓库技术改造。

5. 悬臂式货架

悬臂式货架是在立柱上装设悬臂进行货物存放，悬臂可以是固定的，也可以是移动的，适合于存放钢管、型钢等长形、环形物料和不规则的货物，通常用于机械制造行业和建材超市等，如图 10-7 所示。

图 10-6　阁楼式货架

6. 后推式货架

后推式货架是在前后梁间以滑座相接，滑座跨于滑轨上，滑轨本身具有倾斜角度，由一端将托盘货物放在货架滑座上，后来进入的货物会将原先的货物推向里面的货位，目前最多可推入 5 个托盘，如图 10-8 所示。其适用于一般叉车存取，并遵循先进后出顺序。较托盘货架省下 1/3 空间，可增加储存密度。特别适合存储场地极其有限，存储密度高，储运速度快的货物存储。

图 10-7 悬臂式货架

图 10-8 后推式货架

7.旋转式货架

旋转式货架如图 10-9 所示，主要用于分拣过程，为了便于存货取货，设置货架整体旋转或分层旋转，使货物随着货架移动到拣选者面前，供拣选员进行拣选。整体旋转货架又可以分为垂直旋转式货架和水平旋转式货架。垂直旋转式货架本身是一台垂直提升机，提升机的两个分支上悬挂有成排的货格。根据操作命令，提升机可以进行提升作业，使需要提取的货物停到拣选位置，拣选机（或人）由此进行拣选作业。水平旋转式货架和垂直旋转式货架运行原理一致，通过计算机辅助选址，能够以最近的距离自动旋转到拣选人员面前。这种方式可以减少人力，增加空间利用；可利用计算机快速检索、寻找指定的储位，非常适合配送中心的拣货作业。

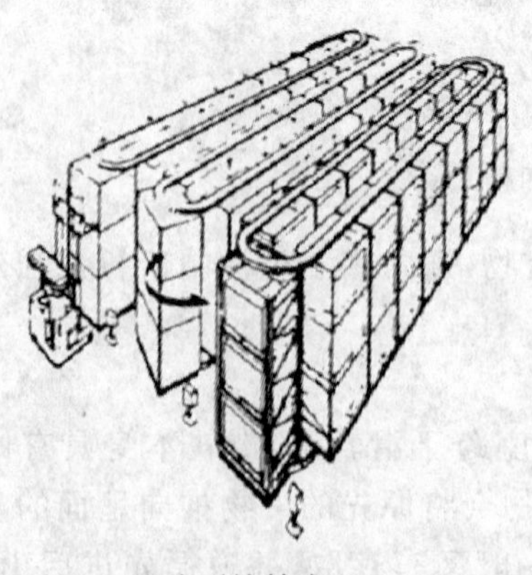

水平旋转式

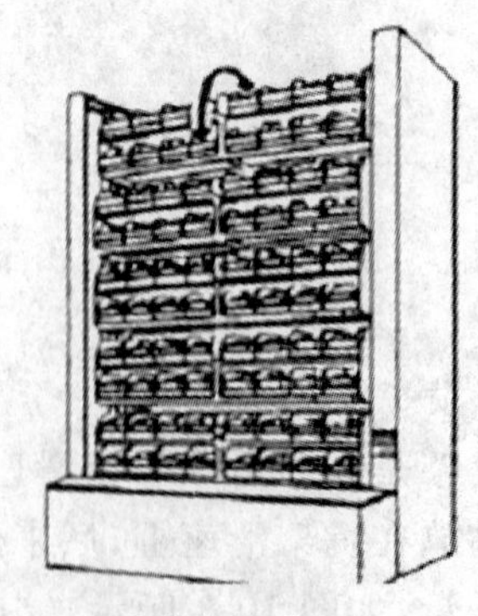

垂直旋转式

图 10-9 旋转式货架

(二)仓库

仓库是保管、存储物品的建筑物和场所的总称。仓库的种类很多,可以根据不同的分类标准,将仓库分为不同的类型。

1. 仓库的类型

(1)根据结构不同,仓库可以分为库房、货棚、货场等形式。库房是仓库中存储货物的主要建筑,一般为封闭式仓库,有用于承受货物堆存的地坪;有起隔离作用,保护库内环境不受外界气候影响的墙壁;有允许进出的库门,有利于通风和采光的库窗;有承重的柱子;有防雨雪和保温的库顶;还有便于装卸和车辆进出仓库的货台。而货棚是一种简易的仓库,一般为半封闭式仓库,设置棚顶和必要的支柱,有时可以加一面、二面或三面墙,适宜存放那些对温湿度要求不高且出入库频繁的物品。货场一般为露天式仓库,装卸作业极其方便,适宜存放较大型不怕风吹雨淋的货物。

(2)按照用途不同,仓库可以分为采购供应型仓库、批发型仓库、零售型仓库、加工型仓库、中转型仓库、储备型仓库和保税型仓库。

采购供应型仓库主要储存生产部门采购的货物,以便及时供应生产,或从生产部门采购的货物,以便及时满足消费者需求。一般设在生产比较集中的大中城市。批发型仓库主要储存货物从事批发供货,一般要靠近商品销售市场。零售型仓库主要用于商业零售短期货物的储存,一般附属于零售企业。加工型仓库除了储存商品外,还可以进行必要的商品挑选、组装、分类、整理等简单的加工作业,以更好地满足市场的需要,一般靠近市场设置。中转型仓库主要储存待转运的货物,储存时间短、频率快,一般靠近各种运输方式的节点或枢纽。储备型仓库主要储存国家应急的储备物资和战备物资,一般由国家设置管理,储存时间较长。保税型仓库是经海关批准,在海关监管下,专供存放未办理关税手续而入境或过境货物的场所。有时划定更大的区域用作货物保税场所,一般称为保税仓库区,它也是受海关监管的特定地区和仓库。进入保税区的国外商品,如果要进入国内市场,则需要办理报关手续,交纳进口税,如果只是过境,不进入国内市场,则可以不缴进口税。还可以在保税区进行储存、分装、混装、加工、展览、保险、金融、旅游等业务。

(3)按照保管货物的特性分类,仓库可以划分为原料仓库、产品仓库、粮食仓库、冷藏仓库、危险品仓库、水面仓库等。原料仓库主要储存供应生产的原材料或自然资源。产品仓库主要储存已完成加工任务的产成品,以便及时供应客户的需求。粮食仓库主要储存粮食,一般为筒仓。冷藏仓库主要储存农产品、食品、工业原料、生物制品和化学药品等对温度、湿度有特殊要求的货物,一般设置机械制冷的设施,使库内保持一定的温度和湿度。危险品仓库主要储存各类危险品。考虑到危险品一般具有易燃、易爆、有毒、有害、腐蚀性等特点,所以一般设置安全设施,注意安全保管的特殊要求。水面仓库主要在水面保管货物,一般利用货物的特性及宽阔的水面保管,常见的有竹排、圆木等。

(4)按照仓库建筑物的构造分类,仓库可以划分为单层仓库、多层仓库、立体仓库、筒仓、露天堆场、地下仓库等。单层仓库是最常见的仓库,占地面积较大,建造维修费用省,但单位面积利用率低,所以一般选在边远地区。多层仓库一般需要配置提升设备实现货物在层间转换作业,一般在人口密度大、土地成本较高的地段被采用。立体仓库是一种特殊的单层仓库,采用高层货架进行货物的存放,一般需要配置堆垛机或高位拣选机进行货物的存取。筒仓主要存放粮食、水泥和化肥等散装货物，一般放置在高架上，采取封闭式。露天堆场主要存放大宗原材料和不怕雨淋日晒的货物。地下仓库具有防空、防爆、隔热、保温、抗震、防辐射等优点，尤其是发生爆炸或其他危险事故时，影响范围较小。一般多见于储存粮食、油品和危险品。

2. 自动化立体仓库

自动化立体仓库是现代物流系统中的主要组成部分，有许多优势，以致在我国得到了迅速的发展，应用于制造业、商业、物流业等行业。例如，高层货架储存货物，可以充分利用仓库空间；自动化设备可以减轻人工劳动强度，降低作业差错率等。

自动化立体仓库从建筑形式上看，可分为整体式和分离式两种，国外自动化立体仓库的发展趋势之一是由整体式向分离式发展。整体式自动化立体仓库是直接利用高层货架钢骨基础上，搭建房屋建筑物结构体，将仓库的屋顶与墙壁，直接装设在仓库高层货架钢骨上面及外面，形成一体的建筑物。同时，自动消防系统也可以利用高层货架钢骨作为消防配管支架。这种整体式自动化立体仓库一般高度超过 15 米，货物的存取必须配备自动化设备，所以，施工困难，精度要求高，必须配合仓库结构体一起建造。分离式自动化立体仓库是在已建成的仓库内，装设与仓库分离的高层货架来储存货物，这种分离式自动化立体仓库施工期比整体自动化立体仓库的施工期要短，费用也较低，一般规模也较小，便于仓库的改造。

中华人民共和国国家标准《物流术语》(修订版)GB/T18354—2006 规定，自动化立体仓库(automatic storage and retrieval system，AS/RS)是立体仓库，同时配置自动存储取货系统，由高层货架、巷道堆垛起重机(有轨堆垛机)、入出库输送机系统、自动化控制系统、计算机仓库管理系统及其周边设备组成，可对集装单元物品实现自动化存取和控制的仓库。

(1)集装单元物品，是自动化立体仓库的保管对象，为了便于自动化设备的存取作业，通常使用标准托盘来装货物，规范货物储存形式，也可以使用集装箱作为货物的储存单元，或者直接使用货物的包装箱作为货物的储存单元。

(2)自动化立体仓库的货架是仓库内储存货物的主要设备，通常是采用几层、十几层乃至几十层高的高层货架储存单元货物，每两排中间一般设有一台巷道，便于存取设备出入，单位面积存储量可以达到 7.5 吨/平方米，是普通仓库的 5～10 倍。配置货架时，需要综合考虑货物储存单元的外形尺寸、重量及其他相关因素，再做出合理的选择。

(3)巷道堆垛起重机是仓库内存取货物的主要设备，主要在货架中间的巷道内运行，进行货物的存取，也可以通过人工手动操作、半自动操作或全自动操作实现把货物从一处搬运到另一处。根据结构形式不同，可以分为单立柱巷道堆垛起重机和双立柱巷道堆垛起重机两种基本形式。不管采用哪种形式，配置堆垛机时，都需要综合考虑仓库的高度、自动化配套程度、货物的特征、工作能力等因素，确定主要性能参数，选择合适的类型。

(4)入出库输送机系统，主要负责入库作业时将货物按指令运送到堆垛机，或出库作业时从堆垛机将货物移走。因为巷道式堆垛机只能在高层货架间的巷道内运行，所以需要各种搬运设备与之配套衔接，使入库作业区、出库作业区与高层货架联结起来，构成一个完整的物流系统。输送机种类非常多，主要分为动力式和无动力式。常见的有辊道输送机、链条输送机、皮带输送机、升降台、分配车、提升机等。选择出入库输送机系统时，应综合考虑自动化立体仓库货架的设置、各种装卸搬运设备和堆垛设备的配置等实际情况，来选择合适的输送机系统。

(5)自动化控制系统，是自动化立体库系统管理的核心，主要负责整个系统各个环节作业的连续性和高效性，包括检测装置、信息识别装置、通信设备、图像监视、现场总线等。自动化控制系统往往设置在自动化立体仓库控制中心，一般由管理人员对控制系统发出指令，引导并控制自动化设备的操作。例如，自动导向(automatic guided vehicle，AGV)小车，能在地面控制系统的统一调度下，自动搬运货物，自动寻址，实现自动化的物料传送。

(6)计算机仓库管理系统，不仅对自动化设备传输指令，还能自动记录存储信息，智能分析库位合理化，确定物料需求数量和时间，进行库存控制管理等。

(三)库内辅助设备

库内辅助设备是仓库管理主体工作的基础和保障，主要有站台、通风设施、温度湿度调节设施、取暖设施、照明设施、提升设施、地磅(车辆衡、轨道衡)、避雷设施、消防设施、排水设施等。

三、物流装卸搬运技术

装卸搬运的费用在物流费用中占用较高的比例，所以在装卸搬运作业中要科学管理，合理调度。装卸搬运技术主要包括装卸、搬运设备及其操作技术、维修技术、管理技术和合理调度方法等。装卸搬运设备常见的有叉车、起重设备和输送设备。

(一)叉车

叉车是最常用的装卸搬运设备，又称叉式取货机，以货叉作为主要取货装置，依靠起升机构升降货物，再由轮胎系统实现货物水平搬运，所以叉车是具有装卸、搬运双重功能的装卸搬运设备，主要用于港口、码头、机场、车站、仓库、配送中心等场所的货物装卸搬运。

1.叉车的分类

(1)按动力方式不同，叉车可以分为内燃叉车、电动叉车和手动叉车。

内燃叉车一般采用柴油、汽油、液化石油气或天然气发动机作为动力，机动性好，功率大，因为燃料补充方便，可以实现长时间的连续作业，但是考虑到内燃叉车尾气排放和噪音的污染问题，通常在库外、堆场或其他对尾气排放和噪音没有特殊要求的场所被广泛使用。按照动力不同，又可以细分为柴油叉车、汽油叉车和液化石油气叉车。

电动叉车以电动机为动力，蓄电池为能源，承载能力相对内燃叉车小，一般在工作约8小时后需要充电，所以通常要准备备用电池，但是由于电动叉车操作简单，动作灵活，使用费用低，具有没有尾气污染、噪音小等环保特性，通常在库内和对环境要求较高的仓库内广泛使用，例如医药、食品等行业。

手动叉车主要采用人力驱动，承载能力相对其他动力方式是最小的，但使用、维护简便，在中小型仓储企业应用比较多。

(2)按照特性和功能进行分类，可以分为平衡重式叉车、侧面式叉车、插腿式叉车、前移式叉车、集装箱叉车、高货位拣选叉车。

平衡重式叉车如图 10-10 所示，车体前方装有升降货叉、车体尾部装有平衡重块。所以这种叉车自重较大，但行走稳定，主要用于港口、车站、货场、工厂的装卸搬运和堆垛作业，3 吨以下的还可以在船舱、火车车厢和集装箱内作业，特别是路面较差、搬运路径较长的环境。它是搬运车辆中应用最广泛的一种，占叉车总数的 80%以上。

图 10-10　平衡重式叉车

侧面式叉车如图 10-11 所示，门架和货叉安装在车身的侧面，当叉取货物时，在不转弯的情况下，门架先向外推出，货叉伸进货物底部，叉起货物再将门架收回，然后降下货叉，将货物平稳地放在货台上。叉车司机的视野好，所需通道宽度也较小，所以可以在狭窄的通道上运行，可以提高货物的空间储放量，这是一般正面叉车所不能做到的。可以说侧面式叉车是仓库、货场实现规范化作业的必备机械。它还能进行各种成型货物的归垛作业，通过自装、自运、自卸各种大型货物，可以节省作业的中间工序，提高工作效率，主要用于装运长大物流的装卸搬运，例如原木、板材、钢筋等。

图 10-11　侧面式叉车

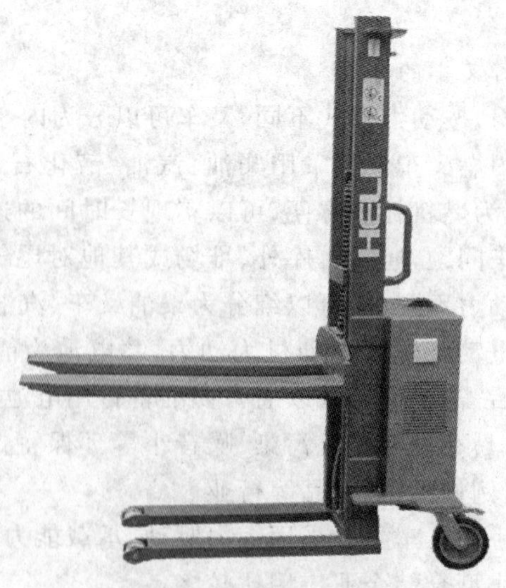

图 10-12　插腿式叉车

插腿式叉车如图 10-12 所示，在叉车前面具有两个插腿，可以将货物安全平稳的运输，确保货物平衡,不会在存取的过程中落下而伤及附近工作人员。其主要用于通道狭窄的货场、仓库中托盘及货物的存取叉运。

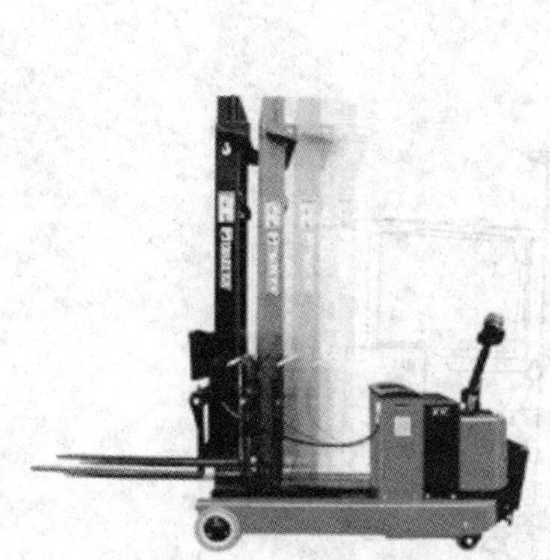

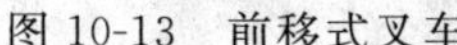
图 10-13　前移式叉车

图 10-14　集装箱叉车

前移式叉车如图 10-13 所示,门架或货叉可以前后移动,车前有插腿,插腿前端有两个轮子,和车体的两个轮子形成四轮支撑,作业时重心在这四轮支撑面中,因此较稳定,自重较轻,但因为轮子半径较小,对地面条件要求较高,而且行走较慢,所以主要用于通道较窄的室内仓库、配送中心和工厂的厂房内作业。电动式前移式叉车广泛用于医药物品、肉食、水产、果品、烟草、机械零件、电器等低、中、高货位仓库,是现代仓储必不可少的设备之一。

集装箱叉车如图 10-14 所示,专门用作集装箱的装卸搬运作业,是集装箱码头和堆场上常用的一种集装箱专用装卸机械。其可以细分为正面式和侧面式两类,多用于港口和机场。

高货位拣选叉车如图 10-15 所示,操作台上的操作员可以和装卸装置一起上下运动,并拣选存储在两侧货架内的货物,当叉车行进到某一货位前时,货叉取出货盘,操作员将所需货物按数量拣选,再将货盘放回。高货位拣选叉车向上起升高度一般为 4～6 米,最高可达 13 米,特别适用于多品种少批量出入库的拣选式高层货架仓库。

2. 叉车的选择

各种类型的叉车有其适用的范围。在不同作业环境下选择叉车,要依据叉车的技术参数。叉车的技术参数是指反映叉车技术性能的基本参数,主要包括叉车的起升重量、起升高度、门架倾角、最小外侧转弯半径等,还要考虑企业所要达到的作业功能,比如水平搬运、堆垛、装卸货物、拣选等。考虑叉车作业环境要求,例如,企业需要搬运的环境是否对空气污染、温度湿度或噪音等有要求,是否有防爆要求,是否对叉车自重有要求等。

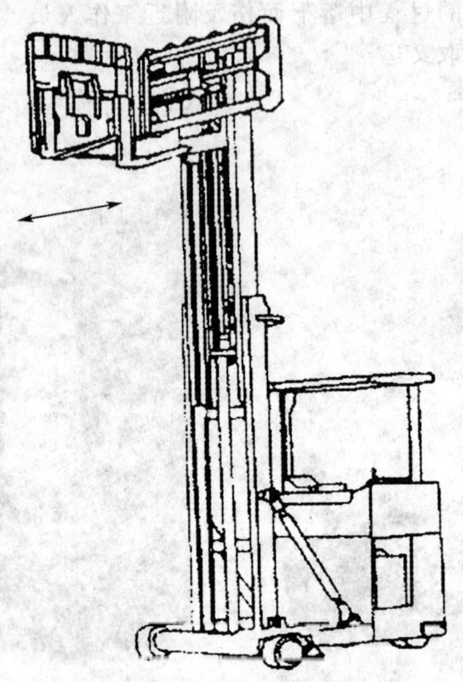

图 10-15　高货位拣选叉车

(二)起重设备

起重设备是一种以间歇作业方式对物料进行起升、下降和水平运动的机械设备的总称。其通常由起升机构、运行机构、变幅机构和回转机构,再加上金属机构、动力装置、操纵控制及必要的辅助装置组合而成。起升机构可以使物品沿设定的路线上下运动,运行机构可以使起重设备按工作环境和要求进行移动,变幅机构可以是起重设备在更大范围内设定不同的工作路径,回转机构可以使物品吊起后水平移动到指定位置。

起重设备的作业通常带有重复循环的性质,一个工作循环从将取物装置提起开始,然后水平移动到指定位置,降下取物,提升到指定高度,水平移动到指定位置上空,放下货物,再进行反向运动,使取物装置返回原位,以便进行下一次循环。

1.起重设备的类型

(1)根据起重机的工作忙闲程度和载荷变化程度,通常把起重机的工作类型划分为:轻级、中级、重级和特重级 4 种级别。工作忙闲程度通常通过起重机年工作小时数和起重机机构负载持续率来进行评价。起重机年工作小时数达到 1000 小时但少于 2000 小时的为轻级,达到 2000 小时但少于 4000 小时的为中级,达到 4000 小时但少于 7000 小时的为重级,达到 7000 小时的为特重级。载荷变化程度通常通过起重机在全年实际起重量的平均值与起重机额定起重量之比来判断。很少起升额定载荷,一般起升轻微载荷的为轻级,有时起升额定载荷,一般起升中等载荷的为中级,经常起升额定载荷,一般起升较重的载荷的为重级,频繁地起升额定载荷的为特重级。

(2)起重设备根据结构的不同,可以分为梁式起重机、悬臂起重机和门式起重机。

梁式起重机是安装电动葫芦在工字梁或其他组合断面上运行的起重机,起重量一般小于 5 吨，如图 10-16 所示。梁式起重机可以分为单梁桥式起重机和双梁桥式起重机。其主要用于车间、仓库、露天堆场等处的物品装卸，常见的有梁式起重机、桥式起重机、龙门起重机、缆索起重机、运载桥等。

图 10-16　梁式起重机

悬臂起重机如图 10-17 所示，取物装置悬挂在可沿悬臂运行的起重小车上，悬臂可以回转，但不能俯仰。悬臂起重机可以细分为立柱式、壁挂式、平衡起重机三种形式。其中，立柱式悬臂起重机，由立柱和悬臂组成的，悬臂可以绕固定于基座上的定柱回转；壁挂式悬臂起重机，一般固定在墙壁上，或者可以沿墙上或其他支承结构上的高架轨道运行；平衡起重机，运用四连杆机构原理使载荷与平衡配重构成一个平衡系统，可以各角度吊运载荷。因为悬臂起重机具有结构新颖、合理、简单、操作使用方便、回转灵活、作业空间大等优点，是节能高效的物料吊运装备。所以主要用于厂矿、车间的生产线、装配线和机床的上下工件及仓库、码头等场合的重物吊运。

图 10-17　悬臂起重机

图 10-18　门式起重机

门式起重机如图 10-18 所示，由支撑在两条支腿上的主梁构成门形框架，可以直接在地面的轨道上行走，主梁两端可以具有外伸悬臂梁。门式起重机具有场地利用率高、适应面广、作业范围大、通用性强、灵活等特点，主要应用于仓库、车站、港口、码头、货场等场所。

(三)输送设备

输送设备是以搬运为主要的载运设备，有些输送机兼装卸功能。输送设备的共性是实现连续搬运，这是叉车、起重设备无法比拟的。作业连续，作业效率高，可以实现小范围的移动。在流水作业生产线上，连续输送机已成为整个工艺过程中最重要的环节之一。输送设备主要有牵引式输送机和无牵引式输送机两类。

1. 牵引式输送机

牵引式输送机主要包括带式输送机、刮板输送机、埋刮板输送机、悬挂输送机、斗式提升机等。

(1)带式输送机如图 10-19 所示，采用胶带作牵引构件，物料与输送带没有相对运动，能够避免对输送物的损坏。其噪音较小，结构简单，输送量大，输送距离长，品种多，规格全，输送物料范围广，既可输送各种散料，也可输送各种纸箱、包装袋等单件重量不大的件货。带式输送机又可以分为移动式和固定式两种，移动式带式输送机是指整个设备安装在车轮上，可以移动；固定式带式输送机是指整个设备固定安装在一个地方，不能再移动，主要用于固定输送的场合。

(2)刮板输送机如图 10-20 所示，可以分为普通型和弯曲型两种，以链条作牵引构件，利用刮板沿着料槽运动来输送物料，输送构件强度好，耐冲击好，可适应较差的工作条件，不宜输送易于碾碎的物料。

(3)埋刮板输送机如图 10-21 所示，可以分为水平型、垂直型和 Z 型三种，以链条作牵引构件，利用刮板在封闭的矩形断面壳体中输送物料，可进行水平、垂直和 Z 型运输，也可组合布置、串接输送，多点加料卸料，工作时环境清洁，不宜输送有毒、易燃易爆、磨损性、黏附性、悬浮性很强的物料。

图 10-19　带式输送机

图 10-20　刮板输送机

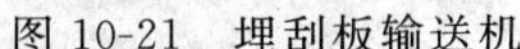
图 10-21　埋刮板输送机

图 10-22　悬挂输送机

(4)悬挂输送机如图 10-22 所示，采用高架悬空式调运，轨道可上、下、左、右转弯，吊运车的速度通常约 20 米/分钟，调运的货物一般 50 千克以下。

(5)斗式提升机如图 10-23 所示，用胶带或链条作牵引构件，利用料斗在封闭箱内提运物料。其具有占地面积小，提升高度大，有良好的密封性等优点，主要用于提升粉状、粒状、磨琢性大的物料。斗式提升机可以分为外斗式和内斗式两种。

2. 无牵引式输送机

无牵引式输送机主要有辊式输送机、滚轮式输送机、螺旋式输送机、振动输送机和气力输送机等。

(1)辊式输送机是一系列以一定间距排列的辊子组成的，用于输送成件物品或托盘货物的输送设备，主要由辊子、机架、支架、驱动部等组成，具有输送质量大、速度快、运转轻快、能实现多品种共线分流输送的特点。辊式输送机常用于搬移包装货物、托盘集装货物。由于辊子之间有空隙，所以小散件及粒状、块状物料的搬运不能采用这种输送机。

(2)滚轮式输送机与辊式输送机的原理基本相似，所不同的是滚轮式输送机采用的不是辊柱而是一个个小轮子，其外观如同算盘一样，所以也称为算盘式输送机。

(3)螺旋式输送机如图 10-24 所示，是指将带有螺旋叶片的转轴装在封闭的料槽内旋转，利用螺旋面的推力使散状物资沿着轴线方向移动的一种连续输送机械。其主要应用于化工、建材、粮油、饲料、食品、冶金、矿山、塑料、医药等行业，以及颗粒状或粉状物料的水平输送、倾斜输送、垂直输送等。

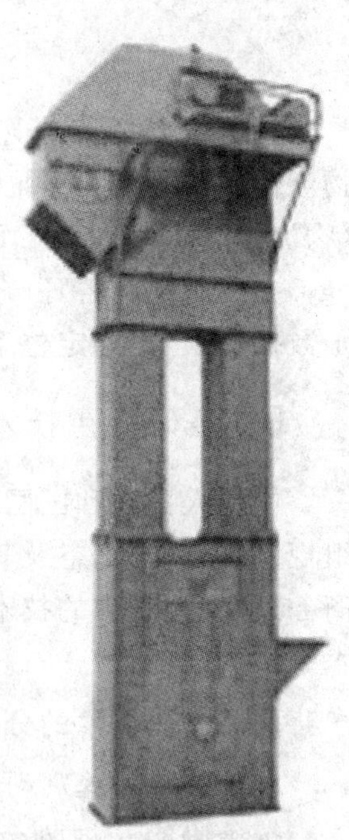
图 10-23　斗式提升机

(4)振动输送机如图 10-25 所示，是利用某一形式的激振器(机械式或电磁式)使运料槽体沿某一方向产生振动，从而将物资由一端运送到另一端的输送设备。

图 10-24 螺旋式输送机

图 10-25 振动输送机

(5)气力输送机是指沿一定的管线路径,借助于气流的裹挟作用,对散状、颗粒状或粉状物资进行输送的设备。气力输送机结构简单,能有效保护环境,被广泛应用于粮食、水泥等物资的装卸搬运。

第三节 物流信息技术

物流信息技术是现代信息技术在物流各作业环节中的应用,是物流现代化的重要标志,物流信息技术的发展推动着物流管理技术的进一步发展和变革。中华人民共和国国家标准《物流术语》(修订版)GB/T18354—2006 规定,物流信息技术(logistics information technology)指的是物流各环节中应用的信息技术,包括计算机、网络、信息分类编码、自动识别、电子数据交换、全球定位系统、地理信息系统等技术。

一、条码应用技术

中华人民共和国国家标准《物流术语》(修订版)GB/T18354—2006 规定,条形码是由一组规则排列的条、空及其对应字符组成的,用以表示一定信息的标识。条码技术是实现电子商务、供应链管理的技术基础,是物流管理现代化、提高企业管理水平和竞争能力的重要技术手段。

(一)条码技术的分类

1. 按条码的长度划分

按条码的长度划分,条码可以分为定长条码和非定长条码。定长条码表示的是一种条码字符的个数有固定长度的条码。例如,商品条码如图 10-26 所示,是定长条码。非定长条码表示的是一种条码字符的个数不固定或可变长度的条码。例如,交插 25 条码(见图 10-27)是非定长条码。定长

图 10-26 商品条码

条码因为表示的条码字符个数固定，降低了条码漏识的概率，降低了误码率；而非定长条码因为表示的条码字符个数可变，比较灵活，但在扫描阅读过程中可能产生因信息丢失而引起错误译码，其比定长条码误码率高。

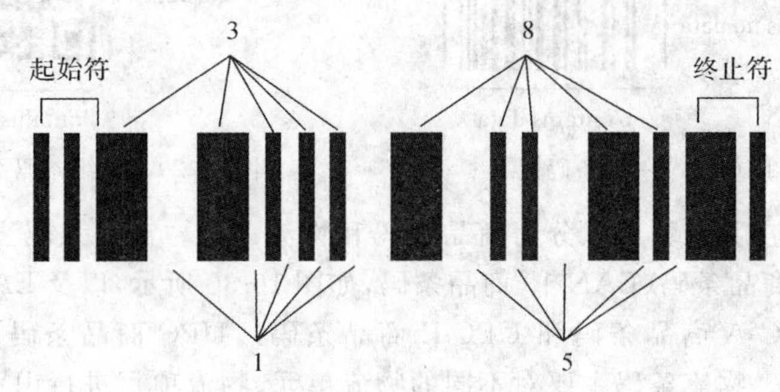

图 10-27　交插 25 条码

2. 按条码的排列方式划分

按条码的排列方式划分，条码可以分为连续型条码和非连续型条码。连续型条码表示的是一种每个条码字符的符号之间不存在间隔的条码。例如，交插 25 条码是一种连续型条码。非连续型条码是一种在每个条码字符的符号之间存在间隔的条码。例如，25 条码是一种非连续型条码。条码的密度指的是单位长度的条码所表示的条码字符的个数。连续型条码由于每个条码字符之间不存在间隔，所以密度相对较高，可表示的条码信息更多，但由于固定点尺寸内图形表达信息多，条码对条空的尺寸误差更加敏感。例如，条码印制过程偶然出现的油墨的滴点，在条码密度高的情况下，很容易造成错误译码，甚至无法读取条码。反之，非连续型条码的密度相对较低。

3. 按条码的校验方式划分

按条码的校验方式划分，条码可以分为自校验条码和非自校验型条码。自校验条码表示的是一种条码字符本身具有校验特性的条码，如 39 条码、库德巴条码、交插 25 条码是自校验条码；非自校验型条码表示的是一种条码字符本身不能完成校验工作的条码，如商品条码和 93 条码是非自校验型条码，需要在编码时进行校验码的设计。

4. 按条码的维数划分

按条码的维数划分，条码可以分为一维条码和二维条码。一维条码如图 10-28 所示，只能在横向位置表示字母、数字等条码字符信息；二维条码如图 10-29 所示，能够在横向位置和纵向位置都包含信息，可以表示字母、数字、汉字、照片、指纹等大量多形式的条码信息，相当一个可移动的数据库。使用一维条码符号的时候，需要后台数据库的支持，才能完成信息的自动采集，若后台数据库中没有录入相应的条码字符信息、和其对应的商品特征信息，通过条码扫描器识别的将只是代码，无法自动识别其所标识的物品信息，甚至会出现条码符号无法识别的现象。而二维条码使用时，不依赖后台数据库，可以单独使用完成自动信息采集和识别。

图 10-28 一维条码图　　图 10-29 二维条码图

一维条码按照应用领域，可以分为商品条码和物流条码。商品条码主要识别不同的商品项目，包括EAN商品条码(EAN-13商品条码，如图10-30所示，以及EAN-8商品条码)和UPC商品条码(UPC-A商品条码和UPC-E商品条码)，UPC商品条码通用于北美地区，EAN则是国际通用。物流条码主要对不同的物流单元、物流项目进行识别，例如，ITF条码主要用于物流单元的标识。

图 10-30 EAN-13 商品条码

按照编码原理划分，二维条码可以再分为行排式二维条码和矩阵式二维条码。行排式二维条码是在一维条码编码原理的基础上研究出来的，将多个一维条码在纵向堆积成二行或多行，从水平横向和垂直纵向位置综合表示更多的信息。例如，PDF417(见图10-31)、CODE 16K、CODE49。我国对香港地区恢复行使主权后，香港居民新发放的特区护照上采用的就是二维条码PDF417技术。矩阵式二维条码是在一个矩形空间，通过

图 10-31 PDF417 条码

黑色和白色两种像素在矩阵中的不同分布图进行编码，确定条码符号表示的信息。例如，QR Code（见图 10-32）、Data Matrix、Maxi Code、Code One、矽感 CM 码（Compact Matrix）、龙贝码等。

图 10-32　QR Code

（二）商品条码的结构

商品条码是用来表示商品项目信息的一种载体。它将商品的编码数字以平行线条式的符号代替，以便扫描器读入计算机，经解码后再转成数字代码，并由计算机处理。EAN 商品条码通常表示为 13 位数字代码。在我国，EAN-13 代码可以三种结构表示，如表 10-1所示。

表 10-1　EAN-13 代码结构表

结构种类	前缀码	厂商识别代码项	商品项目代码	校验码
结构一	$X_{13}X_{12}X_{11}$	$X_{10}X_9X_8X_7$	$X_6X_5X_4X_3X_2$	X_1
结构二	$X_{13}X_{12}X_{11}$	$X_{10}X_9X_8X_7X_6$	$X_5X_4X_3X_2$	X_1
结构三	$X_{13}X_{12}X_{11}$	$X_{10}X_9X_8X_7X_6X_5$	$X_4X_3X_2$	X_1

前缀码由 3 位数字（$X_{13}X_{12}X_{11}$）组成，是 EAN 分配给国家（或地区）编码组织的代码。前缀码由 EAN 统一分配和管理，我国分配的前缀码是 690～695。

厂商识别代码，用来在全球范围内唯一标识厂商，其中包含前缀码，由 7～9 位数字代码组成，我国企业申请条码标识时，由中国物品编码中心负责注册分配和统一管理。

商品项目代码由 3～5 位数字代码组成，由获得厂商识别代码的厂商自己负责编制，一般根据本企业生产研发产品的顺序依次给码。

为了保证条码识读设备在读取商品条码时的可靠性，我们在商品标识代码和商品条码中设置校验码。校验码根据 X_{13}～X_2 的数值按一定的数学算法计算而得，用来检验条码识读的准确性。

(三)条码技术的识读

条码技术的识读原理可以概括为：首先由条码扫描器的光源装置发出光线，照射到条码符号的图形上，条码符号中的深颜色的区域吸光率较高，反射率较低，浅颜色的区域吸光率较低，反射率较高，收集反射回来的光线，并成像在光电转换器上转换成电信号，考虑到信噪的影响，例如条码边界反射光线区模糊、漫反射、扫描距离等都会造成收集到的电信号不够规则和明显，需要通过放大电路放大条码电信号再经过整形电路整形、滤波，尽可能准确地将边缘恢复出来，形成方波信号，再经过译码器的翻译解释，转换为计算机可以识读的二进制“数字信号”，再将获得的“数字信号”作为检索词，调用数据库中的商品信息，以实现数据的自动采集和识别。

(四)条码技术的应用

条码技术目前已在世界100多个国家和地区广泛应用于贸易、物流、食品安全、医疗卫生、工业制造、建材家具、珠宝玉石、金融贸易、票证管理、电子商务、海关报关、税务报表、保险等领域，已成为全球通用的标准语言。例如，汽车制造公司为满足汽车召回制度要求，需要对整车关键零部件的装配信息(零部件的供应商、组配物料、生产班次等信息)实现自动采集、自动识别、信息的可追溯，以便在出现质量问题时，可以对同批的其他零件进行处理。这就需要采用条码技术系统对装配数据进行采集和自动识别。

二、射频识别技术

射频识别技术(radio frequency identification，RFID)，利用无线电波对记录媒体进行读写，是20世纪90年代开始兴起的一种非接触式的自动识别技术。2007年，科技部联合15部委共同编写的《中国射频识别技术政策白皮书》正式发布，明确提出射频识别技术实施进程分为培育期(2006—2008年)和成长期(2000—2012年)两个发展阶段。

(一)射频识别系统的组成

射频识别系统通常由标签、读写器和天线三部分组成。当带有信息的标签进入射频识别范围内的磁场后，天线发出射频信号，感应标签芯片中存储的信息，并传至读写器进行信息的读取，解码，然后通过计算机通信网络送至信息系统进行有关数据处理，还可以将信息系统的命令通过读写器写入标签芯片中。

1. 标签

标签通常用来存储被识别对象的相关信息，并嵌入或黏在物体上，标识目标对象。每个标签具有唯一的电子编码，来区分不同的被识别对象。根据标签的工作方式不同，可以分为主动式标签和被动式标签。根据标签的读写方式不同划分，可以分为只读型标签和读写型标签。根据标签的供电方式不同划分，可以分为有源标签和无源标签。根据标签的工作频率不同划分，可以分为低频标签、高频标签和微波标签。还可以根据射频识别标签的形状和载体不同划分，分为盘形射频识别标签、玻璃射频识别标签、塑料外壳射频识别标签、钥匙扣型射频识别标签、手表型射频识别标签和智能射频识别标签等。

2. 读写器

读写器是向标签发射信号，读取或写入信息的设备。目前市面上性价比比较高的有

YW-201、YW-601U 和 YW-601R 等。

3. 天线

天线主要负责在标签和读取器之间传递信息。天线一般可以分为全向天线、定向天线、机械天线、电调天线和双极化天线。

(二)射频识别技术的应用

射频识别技术具有非接触、阅读速度快、无磨损、不受环境影响、寿命长、便于使用、能同时处理多张卡片等特点。所以,射频识别技术广泛地应用于各行各业,如自动生产线、供应管理、销售跟踪、包裹处理、身份标识、商业自动化、交通监控、高速公路自动收费系统、安全检查、铁路调度、仓储管理等。

三、全球定位系统应用技术

中华人民共和国国家标准《物流术语》(修订版)GB/T18354—2006 规定,全球定位系统(global positioning system,GPS)是由一组卫星组成的、24 小时提供高精度的全球范围的定位和导航信息的系统。它是目前世界上应用最广泛的导航定位系统,GPS 以全天候、高精度、自动化、高效益等显著特点,赢得了广大测绘工作者的信赖。目前已遍及国民经济各个部门,并开始逐步深入人们的日常生活,如导航、定位、勘探测绘、工程施工、农业、林业、电力、军事等都用到了 GPS。

(一)GPS 的特点

1. 全球、全天候服务

GPS 的空间部分是由 24 颗工作卫星组成的,其中,21 颗用于导航,3 颗用于备用,在地球表面上任何地点、任何时间都可以连续同步观测到至少 4 颗卫星,实时提供定位与导航服务。

2. 操作简便

GPS 的接收机客户端,主要根据客户需求接收和传递空间卫星信息。该客户端设计了几百种不同的类型供用户选择,同时,自动化的程度也越来越高,体积越来越小,界面越来越友好,操作越来越简单,日趋于自然语言,极大方便了用户的使用。

3. 应用广

GPS 的优点逐渐被人们所认识,GPS 的应用范围不断扩大,不仅应用于海陆空军事技术的导航定位,而且应用于生活中的测量、测速、导航、跟踪、定位、调度、通信、智能遥控、导航、救援等。

4. 保密性强

由于 GPS 采用了扩频技术和伪码技术,使得 GPS 发送的信息不易受信噪干扰,保密性能强。

(二)GPS 的功能

GPS 的功能主要可以概括为以下几点:

1. 定位

通过 GPS 工作卫星,可以对车辆进行实时定位,在任何时候,都可以查询到车辆的具体位置，尤其在遇到突发事件的时候，可以迅速确定用户的位置，实现快速救援。例如，沙漠中迷路、探险时遇到各种紧急情况等均会用到 GPS。

2. 导航

导航是 GPS 的首要功能，用户可以使用 GPS 的导航接收机客户端，接收空间卫星发出的有关标识物的行进速度、目标位置坐标、前进方向、时间等信息，如果将行驶路线与电子地图匹配，能更好地指示合理的行驶路线，帮助用户寻找最佳路径。

3. 控制

GPS 的对讲设备有语言功能，可以实现指挥中心与 GPS 终端的语音或短信通信，有利于工作中心及时了解并控制作业过程，实现有效管理。当发生特殊情况时，可以根据车辆的位置及任务状态，临时调度，实现合理运作。

(三)GPS 的组成

GPS 主要由三部分组成：空间部分、地面监控部分和用户部分。空间部分是由均匀分布在 6 个轨道面上的 24 颗工作卫星组成。运行速度为 3800 米/秒，运行周期 11 小时 58 分。每颗卫星可覆盖全球 38%的面积，这样就可以保证在世界各地任何时间可见到至少 4 颗以上卫星，实时为用户进行定位导航服务。地面监控部分主要监测空间卫星是否在预定的轨道上运行，卫星上的各种设备是否正常工作，卫星上的时间是否一致等，并进行信息的传递。用户部分，主要用来接收卫星传来的信息，一般包括 GPS 接收机、数据处理软件和用户终端设备(如计算机、气象仪等)。

(四)GPS 的应用

GPS 技术目前已经发展成为多领域、多模式、多用途、多机型的国际性高新技术产业。它已经融入了社会发展的各个应用领域。

1. 陆上应用

陆上应用，主要包括陆上车辆定位与导航、城市智能交通管理、景点导游、野外勘测与探险、应急反应与救援、高精度时频对比、大气物理观测、大地测量、地球物理资源勘探、农业监测、生态研究、地壳运动监测、市政规划控制等。

2. 海洋应用

海洋应用，主要包括船舶远洋导航、海上救援、水下地形测量、海底寻宝、水文地质测量等。

3. 航空应用

航空应用，主要包括航空运输路线导航、低轨卫星定轨、导弹制导、航空摄影测量、航空救援等。

四、地理信息系统应用技术

中华人民共和国国家标准《物流术语》(修订版)GB/T18354—2006 规定，地理信息系统(geographical information system，GIS)是由计算机软硬件环境、地理空间数据、系统维护和使用人员四部分组成的空间信息系统，可对整个或部分地球表层(包括大气层)空间中有关地理分布数据进行采集、储存、管理、运算、分析显示和描述。

(一)GIS 的组成

1.计算机软硬件环境

GIS 的组成部分中，核心的部分是计算机硬件和软件系统。计算机硬件环境是 GIS 系统实现的载体和工具，主要由四部分组成：计算机主机、存储器、传输设备、输入设备和输出设备。计算机软件环节是开发和应用地理信息系统所必需的计算机程序，是地理信息系统的核心，主要负责存储、分析、显示地理空间数据。

2.地理空间数据

地理空间数据反映了 GIS 的地理内容，是最基础的系统组成部分，包括以地球表面空间位置为参照的自然、社会和人文景观等各种数据。

3.系统维护和使用人员

没有一个环节能无人进行，系统的实现既需要系统设计、开发和维护的专业人员，也需要系统的最终用户。系统维护和使用人员是地理信息系统开发和应用的关键，是地理信息系统重要的构成因素，决定了系统的工作方式和信息表示方式。

(二)GIS 的工作流程

地理信息系统的使用，首先需要向系统输入数据，可以使用扫描仪或键盘等输入设备，将数据输入计算机系统。然后对地理数据进行存储、加工分析和转换，可以使用网络分析、三维模型分析、数字地形高程分析等模型更好地分析和解决问题。可以使用“分层”技术，将地图中的不同构成要素，存储在不同的“层”中，再将不同的“层”要素进行重叠，就形成不同属性主题的地图，方便使用者的调阅和查询。最后将地理信息输出，在计算机显示器的屏幕上，或通过绘图仪、打印机等输出设备输出报告、表格、地图等式样。

(三)GIS 的应用

GIS 的应用领域大致可以分为基本应用和物流应用。基本应用主要包括资源管理、城市规划、土地管理、环境管理与模拟、基础设施管理、商业选址、应急响应、交通管理等内容。GIS 应用在物流环节，主要使用地理信息系统的数据功能合理组织物料活动，分析物流过程，解决路线选择、仓库选址、车辆调度等问题。例如，将货物从多个配送中心运往多个客户，可以借助 GIS 进行路径和地址分析，通过模型计算从哪个配送中心给哪个客户调运最合理，哪几个客户可以顺路顺序配送。

第四节　物流标准化

物流标准化是现代物流发展的基础，是实现全球物流大通关的必要前提，是科学化物流管理的重要手段。物流标准化对物流效率、成本、效益有重大决定作用。

一、物流标准化的概念

物流标准化是指以物流系统为对象，围绕运输、储存、装卸、包装以及物流信息处理等物流活动，制定系统内部设施、机械装备，包括专用工具等的技术标准，包装、仓储、装卸、运输等各类作业标准，以及作为现代物流突出特征的物流信息标准，并统一整个物流系统，形成全国以及与国际接轨的标准化体系。

二、物流标准化的内容

按照物流标准化的工作应用范围，可以将物流标准分为技术标准、工作标准和作业标准。

(一)物流技术标准

技术标准是指在标准化领域中需要协调统一的技术事项所制订的标准，既包括整个系统的统一标准，又包括具体子系统的技术标准。物流技术标准主要是指在物流系统中的物流基础标准和物流技术标准。

1. 物流基础标准

物流基础标准是全国统一的标准，主要包括专业计量单位标准、物流基础模数尺寸标准、物流专业名词术语标准等。

(1)专业计量单位标准，是在一般标准化基础上的专业标准化系统，是针对物流过程中每个环节里不同种商品、容器等制定出来的单位标准，既要考虑不同商品、不同容器的计量单位的统一，又要考虑与国际的接轨。除国家公布的、统一的计量标准外，还需要制订物流系统自身独有的专业计量标准。

(2)物流基础模数尺寸标准，是物流系统中各种设施建设和设备制造的尺寸依据，在此基础上可以确定出集装基础模数尺寸，确定物流建筑模数尺寸。基础模数尺寸是系统中各种标准尺寸的最小公约尺寸。在制定其他各个具体的尺寸标准时，要以基础模数尺寸为依据，规定基础模数尺寸的整数倍为标准，进而使物流系统各个环节协调配合。所以，物流基础模数尺寸通常要考虑运输设备、存储单元、包装单元和装卸设备的要求。目前，国际上通常把 600mm×400mm 作为基础模数尺寸。

(3)物流专业名词术语标准，是对物流活动中的物流基础术语、物流作业服务术语、物流技术与设施设备术语、物流信息术语、物流管理术语、国际物流术语及其定义进行确定，以防因对物流术语的理解分歧，造成物流管理工作的混乱。2001 年，中国物流与采购联合会组织专家共同制定了“物流术语标准”，起到了较好的规范作用。但是，随着近几年物流业在我国的迅速发展，以及国际物流发展的新趋势，已经出现不能满足需求的问题，由物流界各方面专家学者组成的课题组经过多次研讨，于 2006 年 6 月完成修订工作，2006 年年底正式发布中华人民共和国国家标准《物流术语》(修订版)GB/T18354—2006。

2. 物流技术标准

物流子系统的技术标准主要有：运输车船标准、作业车辆标准、传输机具标准、仓库技术标准、包装标准、托盘标准、集装箱标准、货架储罐标准等。运输车船标准，主要对火车、卡车、货船、拖挂车等运输设备制定的车厢、船舱尺寸、载重能力、运输环境等制订的标准，以确保设备之间及设备与固定设施的衔接；作业车辆标准，主要对各种作业车辆的尺寸、重量、速度等制订标准；传输机具标准，主要对输送机具和起重设备的尺寸、传输能力制订标准；仓库技术标准，主要对仓库建筑物的建筑面积、通道比例、温度湿度、照明条件、通风条件、安全设备等制订的标准；包装标准，主要对包装材料、包装尺寸、包装标志等制订的标志；托盘和集装箱标准，主要对托盘和集装箱的材料、系列尺寸、容重等制订的标准；货架储罐标准，主要对货架和储罐的储存空间、材料、载重能力、尺寸等制订的标准；信息标准，主要对物流信息的采集、识别、加工处理和传递过程的规范，包括EDI标准、条码编码标准、GPS标准、GIS标准等。我国现有标准主要有以下一些：

GB/T 18354—2006《物流术语》(修订版)

GB/T 1992—1985 集装箱名词术语

GB/T 4122.1—1996 包装术语基础

GB 8226—1987 公路运输术语

GB 12904—2003 商品条码

GB/T 12905—2000 条码术语

GB/T 13562—1992 联运术语

GB/T 15624.1—2003 服务标准化工作指南

GB/T 16828—1997 位置码

GB/T 16986—2003 EAN、UCC 系统应用标识符

GB/T 17271—1998 集装箱运输术语

GB/T 18041—2000 民用航空货物运输术语

GB/T 18127—2000 物流单元的编制与符号标记

GB/T 18768—2002 数码仓库应用系统规范

GB/T 18769—2003 大宗商品电子交易规范

GB/T 19251—2003 贸易项目的编码与符号表示导则

GB/T19680—2005 物流企业分类与评估指标

(二)物流工作标准

物流工作标准，主要是通过对物流各项工作内容、方法、程序和质量要求制定统一的标准，来提高工作效率，明确责任和权利，减少作业差错，利于监督评比。物流工作标准包括岗位职责及权限范围、工作的程序和方法、信息传递方式、工作绩效考核方法等标准。

(三)物流作业标准

物流作业标准，主要是对物流作业过程中物流设备运行标准、作业程序、作业要求等制定的标准，包括物流的运输、储存、装卸搬运、包装、流通加工和配送等要素相关作业的系列标准，是实现作业规范化、效率化及保证作业质量的基础。

三、物流标准化的方法

物流工作标准和物流作业标准一般由企业按照相应的规范要求制订。而物流技术标准中的物流基础标准是全国统一的，为了更好地衔接各环节、各系统的物流工作，需要通过标准的规格尺寸来实现。实现物流规格尺寸标准化的主要方法是先确定物流的基础模数尺寸，然后确定物流模数，最后以分割和组合的方法确定系列尺寸。

1. 确定物流的基础模数尺寸

物流基础模数尺寸是物流标准化的共同单位尺寸，是各标准的最小公约尺寸。所以确

定物流规格尺寸，需要先确定物流的基础模数尺寸。国际标准化组织 ISO 制订的物流基础尺寸标准是 600mm×400mm。

2. 确定物流模数

物流模数也就是集装基础模数尺寸，集装基础模数尺寸是最小的集装尺寸，是在物流基础模数尺寸的基础上，按倍数推导出来的各种集装设备的基础尺寸。考虑到集装设备装载空间的利用和装载单元的堆垛实际，目前主要以 1200mm×1000mm 为主，还有 1200mm×800mm 和 1100mm×1100mm 两种标准尺寸。

3. 以分割和组合的方法确定系列尺寸

物流模数确定后，依据物流模数确定有关系列的大小和尺寸，并作为物流设备定型生产的标准尺寸，确定包装容器、运输设备、集装单元、保管设备等系列尺寸。所以，物流模数是物流系统各环节标准化的核心，是形成系列化的基础。例如，1100mm×1100mm 物流模数可以分割出 60 个运输包装系列尺寸，1200mm×1000mm 物流模数可以分割出 40 个运输包装系列尺寸。

四、托盘标准化

托盘是一种便于机械化装卸、搬运和堆存货物的集装器具。以托盘为基础的商品单元是物流系统中最主要的作业单元。托盘标准化是实现物流设备标准化的基础，是实现货物联运的前提。

托盘集装的单元体积一般为 $1m^3$ 以上，其高度为 1100mm 或 2200mm，载重量为 500～2000kg。托盘的外部尺寸，ISO 规定的国际规格有六种，主要有 1200mm×1000mm、1200mm×800mm、1140mm×1140mm、1219mm×1016mm、1100mm×1100mm、1067mm×1067mm。考虑到目前在我国 1200mm×1000mm 规格托盘使用最为普遍，以及近年来 1100mm×1100mm 规格托盘生产量及占有率提升幅度最大的现状，规定了两种规格。我国《联运通用平托盘主要尺寸及公差》GB/T 2934—2007 于 2007 年 10 月 11 日由国家标准化管理委员会发布，并于 2008 年 3 月 1 日公布实施。确定了我国国家标准托盘主要有 1200mm×1000mm 和 1100mm×1100mm 两种规格，且特别注明 1200mm×1000mm 为优先推荐规格。

五、集装箱标准化

集装箱标准化的依据，主要包括 GB/T 1992—1985 集装箱名词术语、GB/T 17271—1998 集装箱运输术语、集装箱代号识别和标记等标准。

到目前为止，国际标准集装箱共有 13 种规格，分别是 1AA、1A、1AX、1BB、1B、1BX、1CC、1C、1CX、1D、1DX、1AAA、1BBB 13 种箱型。他们的宽一样(2438mm)，长度也有四种(12192mm、9125mm、6058mm、2991mm)，高度有四种(2896mm、2591mm、2438mm、<2438mm)。

为了便于统计，国际标准集装箱的标准换算单位规定为一个 20ft 的标准集装箱。为了便于对集装箱在流通和使用中识别和管理，《集装箱的代号、识别和标记》(ISO 6346—1981(E))制定了集装箱分类及标记。

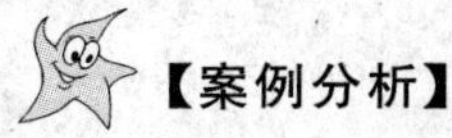

【案例分析】

RFID标准的发展

从身份识别到货品运送、食品追踪、原材料物流管理、仓库管理、货物收发以及制造行业供应链管理等领域，无线射频识别标签RFID已经慢慢走进了平常百姓的生活，也创造出一个快速成长的市场。全球最大零售商沃尔玛(Wal-Mart)要求其供应商采用RFID技术，更加扩大了这一技术在全球制造企业中的影响力。ID Tech Ex预测2016年全球RFID市场规模达到262.3亿美元。作为自动识别领域最具发展潜力的技术趋势，RFID市场正在创造出巨大的商业价值。

虽然目前RFID还未形成统一的全球标准，市场中多种标准并存，但制定统一的RFID标准已经得到业界认可。

谁也不愿放弃RFID这个酝酿巨大商机的市场，而在RFID标签的数据编码领域，各种标准的竞争最为激烈。目前全球共有五大标准组织，分别代表了国际上不同团体或者国家的利益。其中EPC是由北美UCC产品统一编码组织和EAN国际商品编码标准组织联合成立的，在全球拥有上百家成员，并且得到了零售巨头沃尔玛、制造业巨头强生和宝洁等大型企业的强力支持；还有AIM、ISO、UID三个标准，代表了一部分欧美国家和日本对RFID标准的争夺；IP—X标准的成员以非洲、大洋洲、亚洲等国家为主。目前来看，欧洲RFID标准追随美国主导的EPC标准。亚洲RFID标准仍处于推广的初级阶段。在RFID标准的制定领域，中国起步比较晚，但随着RFID产业的发展，以及中国制造企业在全球竞争中的重要地位，推动了中国在RFID标准制定领域的发展步伐。2006年6月9日，中国官方15个部委共同编制的《中国射频识别(RFID)技术政策白皮书》正式发布，明确指出：2006—2008年是培育期，2008—2012年为成长期。目前，我国RFID标准工作组已正式申请注册企事业单位96家，并设立了7个专题工作小组展开标准制定工作。

有专家指出，物联网被称为继计算机、互联网之后，世界信息产业的第三次浪潮。当前，世界不少发达国家加大了对这方面的投入，研究开发新技术，力图占据领先位置。在对物联网的开发和市场的拓展中，射频识别(RFID)技术是实现物联网的基础技术之一。据美国权威咨询机构弗瑞斯特(Forrester)预测，到2020年，世界上物物互联的业务平装无线胶订联动线装机量调查，跟人与人通信的业务相比，将达到30∶1。也就是说，物联网的规模是互联网的30倍。因此，物联网被称为下一个万亿元级的通信业务。作为物联网发展的关键技术，RFID技术得到了更多的关注。我国RFID标准的研制仍需从政府层面再到从业单位加大力度。

【案例讨论】

1. RFID与条码技术相比有何优缺点？

2. RFID标准化有何作用？

3. RFID与物联网存在什么样的关系？

【复习思考】

1. 简述物流技术的分类，并列举。
2. 如何合理选择叉车？
3. 简述条码技术的应用。
4. 物流规格尺寸标准化的方法如何实现？
5. 简述物流标准化的内容。

第十一章 物流系统与物流网络

学习目标

理解并掌握物流系统的概念、特征、组成及要素；了解物流系统的目标；熟悉物流系统分析的要点及步骤；理解物流网络、物流结点的概念；掌握物流结点的类型、含义及功能作用，了解各物流结点间的区别。

第一节 物流系统概述

研究现代物流，必须建立在系统概念的基础上。运用系统科学、系统论的观点来分析研究现代物流实践活动，把一般的物流活动、物流各个环节都视为一个物流系统，而整个物流活动则是一个大物流系统，对整个物流系统进行研究和管理，以最佳的结构和整体配合，充分发挥物流系统的功能，提高物流效率，实现整个物流合理化。

一、系统概述

1. 系统的概念

系统(system)一词来源于拉丁文的"systema"，表示"群、集合"等。系统是指由相互联系、相互作用的若干要素构成的具有一定结构和特定功能的有机整体。现代系统论认为，一切事物都是一个完整的系统，组成系统的各个部分称为系统要素或子系统。系统的概念强调各要素在本身一定功能的基础上，为实现共同的目标而建立起相互协调合作的关系，以一种协调有序的结构，发挥系统的整体作用。

2. 系统的特点

任何一个系统不论其大小都具有整体性、目的性、结构性、相关性和环境适应性的特点。

(1)整体性。系统整体由两个或两个以上既有区别又有联系的要素组成，系统体现的不是各个要素性能的简单罗列或相加，而是通过各组成要素之间的相互联系、相互作用，形成一个超越单个要素性能的最优化的系统整体。系统追求整体效率最大化，整体性是系统的最基本的特征。

(2)目的性。一切系统都具有某种特定的明确目标，各个要素是为达到特定的目标而集合在一起的。在一个多层次的系统中，大系统有总的目标，各个子系统也有自己的分目标，各子系统不仅要服从总目标，还要相互协调配合，共同达成系统的总目标。

(3)结构性。系统具有一定结构，保障系统的有序性，从而使系统具有一定的功能。系统规律通过要素之间的结构来体现，要素的功能通过结构转化为系统的功能。

(4)相关性。任何一个系统，其各个要素之间都是按照一定的相互关系联结在一起的，各要素之间是一种相互联系、相互作用、相互依存、相互制约的关系。系统相关性是系统建立并且稳定运行的基础和条件。

(5)环境适应性。系统存在于环境之中，环境的制约是系统形成和存在的条件。当环境发生变化时，系统的结构、功能也会随之改变，以便适应环境，确保系统的正常运行。

二、物流系统的概念和基本模式

1.物流系统的概念

用系统的观点和方法来研究物流活动是现代物流学的核心问题，也是现代物流管理的基本方法。物流系统是指在一定时间和空间里，由所需输送的物料、包装设备、装卸搬运机械、运输工具、储存设施、人员和通信联系等若干相互联系与制约的要素所构成的具有特定物流功能的有机整体。物流系统管理的目标是实现资源的空间效益和时间效益，在保证企业生产的前提条件下，实现各种物流环节的合理衔接，并取得最佳的经济效益。

要实现物流管理的目标，就不能只要求物流过程某一环节的合理化，而是要使物流系统整体优化组合，达成物流合理化。对物流大系统来说，在物流功能环节，也就是各个子系统之间，存在着互相制约、互相依存的关系，有时甚至是矛盾的。要把物流系统的诸种功能或子系统联系起来，进行综合分析研究，以谋求物流大系统的整体经济效益。比如在包装环节，少用包装材料或用低质的包装材料，片面地强调节省包装材料和包装费用，在运输和装卸搬运过程中，容易造成货物破损，从物流系统全过程来看，虽然包装环节费用降低了，但由于包装质量差反而造成了另一种浪费。因此，在现代物流活动的组织管理中，运用系统的观点和方法设计处理物流活动的各个环节，使物流系统中各个子系统紧密衔接，互相适应，为物流大系统取得最好的、整体的经济效益创造条件，把物流系统整合成一个有机整体，以促进物流潜力的发挥。

2.物流系统的基本模式

物流系统是由运输、储存、包装、装卸搬运、配送、流通加工、信息处理等基本功能要素所构成的有机整体。物流系统所处的更大的系统就是物流系统的环境，它是物流系统处理的外部条件，物流系统与外部环境的相互作用，表现为物流系统和其他的一般系统一样，具有输入、处理(转化)、输出、限制(制约)和反馈五大基本功能(见图 11-1)。

(1)输入。物流系统的输入是外部环境对系统的直接输入，是通过提供资源、劳动力、设备等手段对系统发生作用，内容主要包括资源和信息，如各种原材料、产品、资金、劳动力、合同、信息以及生产、销售、需求等各种计划。

(2)输出。物流系统的输出是对系统的直接输出，是在外部环境一定的限制下经过系统处理后的物流和信息的输出。如各种物品的场所转移、报表的传递、合同的履行、劳务服务等。

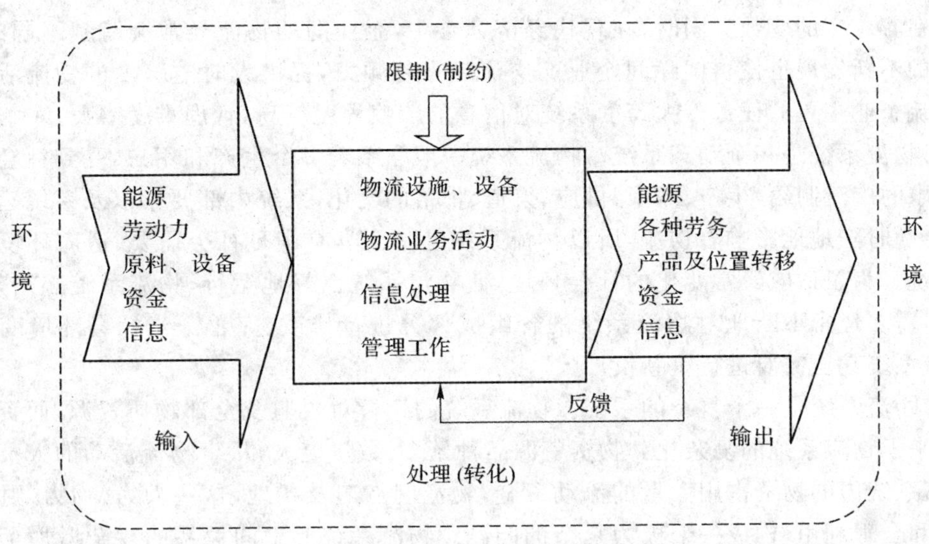

图 11-1 物流系统的基本模式

(3)处理(转化)。物流系统从"输入"到"输出"之间所进行的生产、供应、销售和服务等物流业务活动,也就是物流系统的处理(或转化)过程。其主要内容有:各种生产设备、设施(车间、机器、车辆、库房、货场等)的建设;各物流企业的物流业务活动(运输、储存、包装、装卸搬运等);各种物流信息的数据处理;各项物流管理工作;等等。

(4)限制(制约)。由于外部环境也会受到诸如资源条件、能源限制、需求变化、运输能力、价格影响、市场调节、仓库容量、政策的变化等各种因素的影响,从而对物流系统施加一定的约束,称为外部环境对物流系统的限制(制约)。

(5)反馈。主要指信息反馈,物流系统在输入到输出的转化过程中,需要把输出结果返回给输入,而且由于受系统内外环境的限制(制约),不一定按原来计划实现,往往使系统的输出达不到预期的目标,因此也需要将输出结果返回到输入,进行调整,这一过程称为"信息反馈"。如各种物流活动分析、各种统计报表数据、典型调查、工作总结、市场行情信息、国内外物流动态等。通过限制和反馈,使物流系统成为一个闭合的系统。

三、物流系统的基本特征

物流系统是一个复杂而庞大的系统,它将一定时间和空间里的物流活动作为一个整体来处理。物流系统作为一个系统,具有一般系统共有的特点,即整体性、目的性、结构性、相关性和环境适应性,同时作为一个特殊系统,还具有一些特有的特征。

(1)物流系统是一个人机系统。物流系统是由人和形成劳动手段的设备、工具所组成的。它表现为物流劳动者运用交通运输工具、装卸搬运机械、仓库、港口、车站、信息处理工具等设施设备,来实现物流系统的各种功能。在这一系列的物流活动中,人是系统的主体。因此在研究物流系统的过程中,要始终把如何发挥人的主观能动作用放在首位,把人和物有机地结合起来加以考察和分析,以实现物流活动的效益最大化。

(2)物流系统是一个大跨度系统。其表现在两个方面,一是时间跨度大,二是地域跨度大。随着信息技术和网络技术的迅速发展和广泛应用,企业在采购、生产、销售中所用的时间也存在着一定的变数。同时，在现代经济社会中，企业间的物流经常会跨越不同的区域，国际化的不断发展也使得国际间企业的交流越来越频繁，提供大时空跨度的物流活动将会成为物流企业主要的任务。大跨度系统对信息的依赖程度较高，管理难度增大。

(3)物流系统是一个动态系统。物流系统一般联系着多个生产和用户，受到社会生产和社会需求的广泛制约，生产、需求、供应、渠道、价格的变化，系统内部要素以及系统运行的变化，都会随时随地地影响着物流，所以物流系统是一个具有满足社会需要、适应环境能力的动态系统。为了适应经常变化的社会环境，使物流系统良好地运行，物流系统必须是灵活、可变的，需要经常不断地对物流系统的各组成部分进行修改、完善。当社会环境变化较大时，物流系统甚至需要进行重新设计。

(4)物流系统是一个复杂的系统。物流系统的运行对象遍及全部物质资源，而资源的多样性带来了物流系统的复杂化。物资资源品种繁多、数量庞大，从事物流活动的人员队伍庞大，物流系统内的物资占用大量的流动资金，物流网点遍及各地，这些人力、物力、财力资源的组合和合理利用，构成一个极为复杂的问题。物流系统要素间关系的复杂增加了物流系统的复杂性。物流系统要把各个子系统有机地联系起来，需要大量的物流信息，收集、处理和传递有效的物流信息，也是一项复杂的工作。物流系统的边界是广阔的，其范围横跨了生产、流通、消费三大领域，这一庞大的范围，给物流组织系统带来了很大的困难。随着科学技术的进步、生产的发展、市场的扩大、物流技术的提高，物流系统的边界范围还将不断地扩张。

(5)物流系统是一个多目标函数系统。物流系统的总目标是为企业服务，实现其经济效益。每个子系统都是围绕实现系统总目标设定的，但就是这种多目标常常表现出“效益背反”性，也就是物流系统要素之间存在着非常强的“背反”现象，要同时实现物流时间最短、服务质量最佳、物流成本最低是不可能的，因此要妥当处理，稍有不慎就会得到总体恶化的结果。例如在运输子系统中，为了提高运输速度，将运输方式由公路运输改为航空运输，可能会增加运输成本；在仓储子系统中，为了加速资金周转、减少资金占用，就要降低库存，而要保证充分供应和生产，又需要加大库存量，必然会占用更多资金。显然，物流系统需要建立多目标函数，并在多目标中求得物流的最佳效果。

四、物流系统的目标

物流系统是社会经济系统的一个部分，其目标便是获得最大的宏观经济效益和微观经济效益。物流的宏观经济效益是指一个物流系统的建立对社会经济效益的影响。物流系统不但能创造一定的经济效益，产生有利的影响，同时还会对社会其他方面产生诸如噪音、环境污染等不益的影响。物流系统的微观经济效益是指该系统本身在运行后获得的企业效益，主要表现在创造的利润上。虽然微观效益能直接体现物流系统的价值，但建立和运行物流系统时，也要从全局出发，考虑其宏观效益。具体来讲，物流系统要实现以下 5 个目标：

(1)服务性目标(service)。物流系统在生产与再生产、生产与消费者之间起着桥梁和纽带作用，以配货、送货的方式进行物流活动，这些都是其服务性的体现。以用户为中心、用户至上的服务意识，快速准时供货，对运送的货物做到无缺货、无损伤、无丢失等，且运送费用适宜，这也是其服务性目标的具体体现。

(2)快速、及时性目标(speed)。按照用户指定的时间和地点等要求,把货物及时、快速地运送到目的地。及时性不但是服务性的延伸,也是社会对物流提出的要求,更是社会发展进步的要求。快速、及时、准时既是一个传统目标,更是一个现代目标。利用有效的运输工具和合理的配送计划,采取快递方式、直达物流、时间表系统等物流管理方式和技术,就是这一目标的体现。

(3)有效利用空间目标(space saving)。在对物流系统的设计、建设和应用中,应充分利用物流设施的空间,建立立体化仓库等。在物流基地、物流中心、配送中心的规划建设中,更要充分考虑城市市区面积的有效利用。要逐步发展立体化设施和有关物流机械,求得空间的有效利用,缓解城市土地资源紧缺的问题。

(4)规模适当化目标(scale optimization)。为求得物流的规模效益,应以物流规模作为物流系统的目标。要充分研究物流集约化的程度,合理建设物流中心和物流集聚区,就是物流规模化目标的具体体现。应考虑物流设施集中与分散的均衡配置,机械化与自动化的合理利用程度,物流信息系统的集中化所要求的计算机等设备的利用等多方面的问题。

(5)库存控制目标(stock control)。库存控制是现代物流管理的一个重要组成部分,良好的库存管理水平和库存的集约使用,能减少物品的库存量,因而会减少库存资金的占用,减少库存管理的费用和库存损耗。采用先进的库存管理方法和手段,合理确定库存结构、库存方式、库存数量、库存分布即是这一目标的体现。

上述物流系统的目标简称为"5S",要实现以上物流目标,就要对物流系统进行网点的合理布局,缩短物流运输线路,采用先进的管理方法和技术,使物流活动合理化、现代化,从而降低其总成本。

五、物流系统中的效益背反关系

在物流系统的规划、设计、建设与应用中,必须详细分析物流系统要素之间的"背反"现象,要考虑和平衡物流系统中存在的各种各样的制约关系,使物流系统成为能够适应市场变化、合理的、高效的、低成本的物流系统。

1. 构成物流服务子系统功能之间的约束关系

如果各子系统的功能不均衡,也会影响到物流系统的整体能力。比如运输能力很强,而装卸搬运能力不足,必然会造成运输工具的闲置和浪费;反之,如果加工效率非常高,运输能力不足和装卸搬运环节薄弱,也会造成车间成品、半成品的积压。

2. 构成物流成本的各个环节费用之间的制约关系

如果为了降低库存成本而采取小批量订货,则因运输次数增加而导致运输成本的增加。为保证及时供货而增加库存数量,那么就会增加库存管理费用,并且会占用更多的资金,运输费用和保管费用之间存在着一定的制约关系。

3. 各子系统的功能和所耗费用之间的制约关系

任何子系统功能的增加和改进都必须投入资金。如要提高包装效率,增强包装功能,就要购置先进的包装设备或改进包装技术。增加物流信息系统管理的功能,就必须更新相关硬件和应用开发计算机管理软件。在实际中必须考虑在财力许可的范围内改善物流系统的功能。

4. 物流服务和物流成本之间的制约关系

物流服务与物流成本是一对矛盾，它们之间存在着"收益递减"的关系。如果要提高物流系统的服务水平，物流成本往往也要增加。比如，为提高运输速度、做到快速供货，采用小批量运输和更加先进的运输工具，必然会增加运输成本。但是，随着物流服务水平的提高与服务内容的增加，物流所取得的收益由于物流成本的递增也会产生递减的现象，即当企业处于高水平物流服务时，增加服务成本，而物流服务水平却不能按比例相应提高。

第二节　物流系统的构成

由诸多的物流要素或物流子系统组成大物流系统，通过对物流系统中一般要素、功能要素、支撑要素和物质要素等各类要素的有机整合和充分利用，发挥各个具体要素的功能作用，形成一个高效的物流系统。物流系统也有不同的分类方法，从不同的角度来体现物流系统的功能，如按物流活动的空间范围分为地区、国内、国际物流系统；按其属性分为社会和企业物流系统，企业物流系统还可再分为生产企业、商业企业、物流企业。不管哪一类系统，作为一个实体的物流系统来讲，它主要由物流作业系统和物流信息系统两个分系统构成。

一、物流系统的基本要素

由物流系统的概念可知，物流系统是由物流要素或子系统所构成的。组成物流系统的要素非常多，人们最常用的方法就是通过分类来深入认识物流系统的诸要素。从企业经营管理、物流功能等不同角度，可以分为一般要素、功能要素、支撑要素和物质要素等几大类，每一类中又包含着多个要素。

1. 物流系统的一般要素

物流系统的一般要素由人、财、物和信息等要素构成。

人（劳动者）的要素，是物流系统中的核心要素、第一要素，是物流系统的主体，因为人是系统中最活跃、最具有能动性的因素，是保证物流活动得以顺利进行和提高管理水平的最关键的因素。提高人的素质，才能建立一个合理化的物流系统，保证其有效运转。

财（资金）的要素，是物流活动中不可缺少的一个要素。物流活动中的交易、物流服务等都是以货币为媒介的，建设物流系统也需要大量资金的投入。资金是保证物流系统得以运转的经济基础。

物的要素，包括物流系统所传递的原材料、成品、半成品等物品，也包括维持物流系统自身运行所需要的能源、动力等物质条件，还包括物流设施、工具、各种消耗材料等劳动对象。物的要素是物流系统存在和发展的物质基础。

信息要素，是伴随物流活动发生的，与物流活动相关的各种信息。物流信息包括物流管理活动和物流业务活动中有关的计划、预测、动态（运输量、收货量、发货量、库存量）的信息及有关的费用信息、生产信息、市场需求信息等。在物流管理中对信息的管理尤为重要，发挥信息技术和网络的作用，及时、正确地收集、汇总、传递信息，并保证其真实、可靠，还要发挥信息反馈的功能。

2.物流系统的功能要素

物流系统的功能要素指的是物流系统所具有的基本能力。这些基本能力有效地组合、联结在一起,形成物流的总功能,便能合理、有效地实现物流系统的总目标。物流系统的功能要素一般包括运输、储存保管、装卸搬运、包装、流通加工、配送、信息处理等。

(1)运输要素。运输的主要职能是实现物料的空间位置移动,从而实现空间价值。运输是物流系统的核心功能之一,在物流活动中处于中心地位。运输功能主要取决于运输通道、运输方式及运输工具的选择。在实际的物流活动中,要从运输能力、运输费用、运输时间、货物安全性等方面综合考虑,合理利用运输工具及运输路线,以实现安全、迅速、准时、价廉的目的。

(2)储存保管要素。储存保管也是物流系统的一个核心功能要素,与运输一起构成了物流系统的两大支柱。储存保管功能主要是通过在仓库中对货物的堆存、保管、保养、维护等活动来体现。储存保管功能主要取决于仓库的类型、功能及管理手段。对储存保管活动的管理,包括仓储管理和库存控制两部分,应力求提高保管效率,降低损耗,加速物资和资金的周转。

(3)装卸搬运要素。装卸搬运功能随着运输和储存而产生,起着衔接运输、储存、包装、流通加工等物流活动的作用,另外,其功能还体现在储存保管中为进行检验、维护、保养而进行的装卸搬运活动。通常在整个物流活动中,装卸搬运出现频率最高,也是容易造成货物损坏的重要原因。在装卸搬运活动的管理中,要合理选择装卸搬运方式,合理建设、配置和使用机械化、自动化、智能化的装卸搬运设施和设备,以提高装卸搬运效率。

(4)包装要素。包装功能主要是为保证货物的完好、方便储运、促进销售和提高物流效率的一项功能。包装活动包括产品的出厂包装,生产过程中在制品、半成品的包装,以及在物流过程中换装、分装、再包装等。对包装活动的管理,主要是根据物流方式、销售要求和全部物流过程的经济效果,来确定包装材料和包装形式。

(5)流通加工要素。流通加工是物品从生产领域向消费领域流动的过程中,为了促进产品销售、维护产品质量,对物品进行的辅助加工活动。如金属、玻璃的切割、钻孔作业,商品的装袋、贴标签、配货、挑选等作业。流通加工通过对物品的进一步辅助性加工,不仅弥补了生产过程中加工程度的不足,而且满足了不同用户的多样化需求,更好地衔接生产与需求环节,提高了商品附加价值和差异化,使流通过程更加合理化。

(6)配送要素。配送是面向城区和区域,短距离、多频次的商品送达服务,是以配货、送货形式最终实现商品的位移。配送既有运输的功能,又有自身的特点。在现代物流中,配送已不局限于送货运输,而是集运输、储存保管、装卸搬运、包装、流通加工、信息处理、经营、服务于一身,成为物流的一个缩影。对配送活动的管理,主要包括配送方式与模式的选择、配送业务的组织以及配送中心的规划设计、运营管理等。

(7)信息处理要素。物流系统的高效运转离不开物流信息技术的保证。物流信息和运输、储存保管等各个环节都有密切关系,在物流活动中起着神经系统的作用,物流信息使物流系统成为一个有机系统。物流信息处理包括对与物流活动有关信息的搜集、整理、分析、储存、传递和使用。随着现代信息技术、通信技术和网络技术的迅速发展,使得物流信息处理更加准确、迅速、及时,节省了大量费用,促进了物流系统功能的充分发挥,提高了物流系统运作的效率。

3.物流的支撑要素

物流系统处于复杂的社会经济系统中,必然要受到其他系统的限制和制约,要确立物流系统的地位,协调与其他系统之间的关系及物流各子系统之间的关系,需要很多的支撑手段,如体制制度、法律规章、行政法规、技术标准化等,这些支撑手段就是物流系统的支持要素。物流系统的支撑要素决定了物流系统的结构、组织和管理方式,它一方面可以规范物流系统的活动,另一方面为物流系统本身的存在和发展提供一定的保障条件。

(1)体制制度。经济体制和管理制度决定着物流系统的结构、组织、管理方式等,国家或地区能够提供政策支持,明确物流系统的管理、地位及范畴,对其进行指挥和控制,这是物流系统发展的重要保障。因此,有了政府政策的支持,物流系统才能确立在社会经济中的地位。

(2)法律规章。物流系统的运行,不可避免地涉及企业或人的权益问题。法律规章一方面限制和规范物流系统的活动,使之与更大的系统协调,另一方面也给予物流系统正常运行以保障,使物流系统能够规范地运行。如物流服务合同的执行、权益的划分、责任的确定等,都要靠法律规章来维系。

(3)行政命令。物流系统和一般系统不同之处在于,物流系统关系到国家的经济命脉和国家的安全,因此,行政命令等手段也常常是支持物流系统正常运转的重要支持要素。

(4)技术标准化。技术标准化是保证物流环节协调运行,保证物流系统与其他系统在技术上实现联结的重要支撑条件。如果包装箱尺寸与集装箱尺寸模数不统一,必然造成集装箱的空间浪费。国家制定的物流术语规范也是技术标准化的一个重要内容。

4.物流系统的物质要素

物流系统的建立和运行,需要大量的技术装备或手段,如物流设施、物流装备、信息网络和企业管理组织等,所有这些都构成了物流系统的物质基础要素,这些要素对实现物流和某一方面的功能是必不可少的。物质要素的功能和水平决定了物流系统的水平,其结构和配置决定着物流合理化及物流效率。

(1)物流设施。它是组织物流系统运行的基础物质条件,包括港口、仓库、公路、铁路、航线等。

(2)物流设备。它是保证物流系统启动的条件,包括物流设施、包装设备、运输装备、装卸机械、流通加工设备等。

(3)信息设备。它是掌握和传递物流信息的物质手段,包括通信设备及线路、传真设备、计算机及网络设备等。

(4)组织及管理。它是物流网络的“软件”,起着联系调动、协调、指挥要素的作用,以保障物流系统目的的实现。

二、物流系统的分类

由于不同物流活动的对象、目的和形式不同,形成了不同类型的物流系统。按照物流活动的空间范围和属性,可以对物流系统从不同角度进行分类。

(一)按照物流活动的空间范围分类

按照物流活动的空间范围不同,可分为地区物流系统、国内物流系统和国际物流系统。

1. 地区物流系统

地区物流可以按照行政区域、经济圈、地理位置等进行划分,根据各个地区的特点组织好物流活动。地区物流系统对于提高该地区企业物流活动的效率以及保障当地居民的生活福利环境,有不可或缺的作用。如物流中心的建设,要将物流问题与城市建设规划统一考虑。

2. 国内物流系统

物流作为国民经济的一个重要方面,也应该纳入国家总体规划之中。应充分发挥政府的行政作用,使政府在宏观调控中向物流行业倾斜,制定有利于物流发展的政策、法律、法规,推进国家整体物流系统的发展。全国物流系统的构建必须从全局出发,消除部门分割、地区分割的壁垒,加强物流基础设施建设,促进物流设施、机械的标准化,开发新技术,引进物流专门人才,使国内物流系统得以迅速发展。

3. 国际物流系统

随着经济的全球化、一体化和信息技术、互联网的迅猛发展,国家与国家之间的经济交流越来越强化,跨国企业越来越多,因此要促进国际经济的协作与交流,寻求在国际范围内的资源优化配置,建立国际物流系统,同时也促进了国内经济的良好发展。

(二)按照物流系统的属性不同分类

按照物流系统的属性不同,可分为社会物流系统和企业物流系统。

1. 社会物流系统

社会物流系统又称为大物流系统,包括石油、天然气、粮食的储运系统,以及港口的储运系统、军需物资的调运系统、城市垃圾处理系统等。社会物流系统是国民经济的命脉,布局是否合理、渠道是否畅通至关重要。因此,必须进行科学管理和有效控制,采用先进的技术手段保证其高效率、低成本运行,为国家创造巨大的经济效益和社会效益。

2. 企业物流系统

企业是为社会提供产品或某些服务的一个经济实体,企业活动的基本机制是"投入—转换—产出"。生产性企业投入原材料、人力等资源,经过加工制造转换为产品;流通性企业投入人力和运输设备,转换为对用户的服务。在企业经营范围内,由生产或服务活动所形成的物流系统统称为企业物流系统。企业物流系统包括生产企业物流系统、商业企业物流系统和物流企业物流系统三种不同的企业物流系统。

(1)生产企业物流系统

生产企业物流系统按照物流活动的作用不同,可分为供应物流、销售物流、生产物流、回收物流和废弃物物流等。

①供应物流,是生产企业购入原材料、零部件或商品的物流过程,包括原材料等一切生产要素的采购、进货、运输、储存、库存管理和用料管理。

②销售物流,是售出产品或商品的物流过程,包括产成品的储存保管、配送、发货、运输、订货处理与客户联系等活动。

③生产物流，是从工厂的原材料入库到产成品完工入库的过程，包括生产计划与控制、厂内运输(搬运)、在制品储存与管理等活动。

④回收物流，是对生产活动中的一些物料的回收和利用，包括废旧物料、边角余料等的回收利用。

⑤废弃物物流，是企业对废弃物的运输、装卸和处理。

(2)商业企业物流系统

商业企业物流系统没有涉及生产环节，相比生产企业物流系统要简单得多，它最重要的部分就是配送中心或物流中心。

(3)物流企业物流系统

物流企业物流系统也就是第三方物流系统，基本上由运输系统、仓储系统、信息系统等组成。

三、物流系统的组成

在物流系统的组成中，从组成物流系统的功能要素上看，基本上包括了物流的作业环节以及在物流作业过程中对物流信息的处理，因此，可以说物流系统是由物流作业系统和支持物流系统运作的物流信息系统组成的。当然，要实现这些子系统的功能，必然需要具有相应的运输、包装、通信等硬件和配套的管理软件的支撑。物流系统的组成如图 11-2 所示。

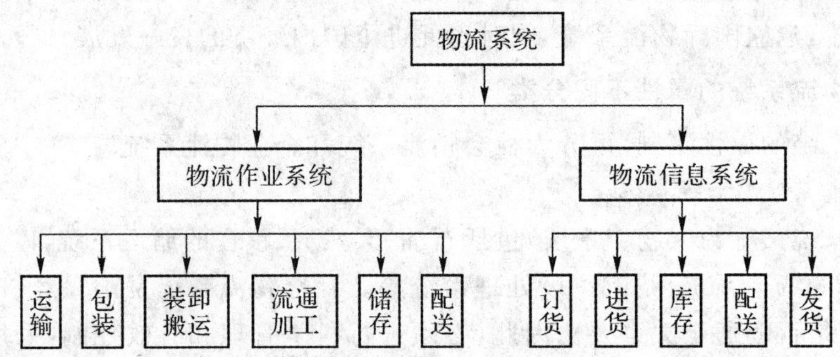

图 11-2　物流系统的组成

1.物流作业系统

物流作业系统就是指在货物的包装、运输、储存、流通加工、配送等作业环节中，引入各种先进的技术和手段，将物流作业的各项功能有机地整合成一个具有高效率的系统。比如物流中心或配送中心的物流作业系统，就包含着装卸搬运、储存、流通加工等诸多功能环节。如储存保管环节，也是需要装卸搬运机械、大型立体仓库、高效的仓储管理软件等密切配合，才能实现高效仓储的要求。

2.物流信息系统

物流信息系统就是指在对采购、生产、销售、库存等过程的管理中，通过使用先进的设备和软件，收集、处理、发送各种有效信息的系统。通过实现通信信息、通信线路、通信手段的网络化，物流信息系统能够发挥对各个功能系统的指挥、控制作用。在企业活动中，物流信息系统通常和其他的功能(如采购、生产、销售系统等)有机地联系起来，使得从订货到发货的信息活动更加通畅、透明，从而提高了物流作业系统的运作效率。

第三节　物流系统分析

一、物流系统分析的概念和实质

1. 物流系统分析的概念

在进行物流系统设计前，必须进行系统分析。所谓物流系统分析，是指从物流系统的整体利益出发，根据系统的目标要求，运用科学的分析工具和计算方法，对系统目标、功能、环境、费用和效益进行充分的调研、搜集、比较、分析和数据处理，并建立若干备选方案和必要的模型，进行系统仿真实验，比较分析和评价实验结果等，将取得的综合资料提供给决策者使用。

2. 物流系统分析的实质

物流系统分析作为一种决策工具，其主要目的是为决策者提供直接判断和制定最优方案的信息和资料。进行系统分析时，要把任何对象都看做是系统，以系统的整体最优化作为工作目标，并力求建立数量化的目标函数。通过应用数学的基本知识和优化理论，建立多种方案进行比较、遴选，使方案既有定性的文字描述，又能以量化的数字来显示方案间的差异。对于一些无法计量的问题和有关因素，可以按照科学的推理方法和步骤，运用直觉、判断及经验加以考虑和衡量，力求分析均能符合逻辑的原则和事物的发展规律。通过系统分析拟订方案的费用、效益、功能和可靠性等各项技术经济指标，定性和定量的分析、确定各要素(子系统)之间的关系，对各种因素进行优化、选优，逐级协调各组成部分之间的关系，进行有机的综合，形成一个协调一致的最优系统。所以说，系统分析是系统设计过程中的关键步骤。

二、物流系统分析的内容和要素

1. 物流系统分析的内容

物流系统分析的内容广泛，既要对物流系统的外部环境进行分析，又要对物流系统内部各环节、各要素进行分析，目的是研究如何使物流系统的整体效应达到最优化。物流系统的外部分析包括对国家相关政策、法规以及生产状况、消费状况进行分析；内部分析主要从新系统的投资方向、工程规模、节点的选择与布局、设施设备的配置、管理模式等方面进行分析。物流系统的具体分析内容主要有：

(1)节点的选择和布局方面。结合国家、地区的物流规划，分析物流中心、配送中心、物流集聚区等的选址及建设数量，要对交通运输、市场状况、能源供应等进行分析，论证其建设的合理性、可行性。

(2)物资需求量、需求对象、需求构成等方面的内容。

(3)物流系统中各个环节中有关物流活动的数据，如供货情况、销售情况、市场分布等。

(4)资金管理方面。物流费用的预算控制、成本盈亏分析。

(5)新技术、新设备、新产品的开发与投入。

(6)库存的管理与控制、运输方式的选择、运输条件状况等。

2. 物流系统分析的要素

物流系统分析的基本因素主要包括目的、可行方案、模型、费用和效益、评价基准。

(1)目的。是决策的出发点,为了正确获得决定最优化物流系统方案所需的各种有关信息,物流系统分析人员的首要任务就是要充分了解建立物流系统的目的和要求,同时还应确定物流系统的构成和范围。

(2)可行方案。一般情况下,为实现某一目的,总会有几种可采取的方案或手段,这些方案彼此之间可以替换。比如可以选择不同的生产设备、工艺路线进行生产,选择不同的运输工具进行运输,这些方案都能达到各自的目的,但总是各有利弊的,而选择一种最合理的方案是物流系统分析研究和解决的问题。

(3)模型。是对实体物流系统抽象的描述,它可以将复杂的问题转化为便于处理的形式。即使在尚未建立实体物流系统的情况下,也可以借助一定的模型来有效地求得物流系统设计所需要的参数,并据此确定各种制约条件。同时,我们还可以利用模型来预测各种可行方案的性能、费用和效益,有利于对各种方案进行分析和比较。

(4)费用和效益。是分析和比较可行方案的重要标志。用于方案实施的实际支出就是费用,达到目的所取得的成果就是效益,效益包括经济效益和社会效益。衡量一个物流系统实施方案是否可行,一个物流系统运行的价值大小,主要看其费用—效益比。一般说来,效益大于费用的设计方案是可取的,反之则不可取。

(5)评价基准。是物流系统分析中确定各种替代方案优先顺序的标准。通过评价标准对各方案进行综合评价,确定各方案的优先顺序。评价基准一般根据物流系统的具体情况而定,费用与效益的比较是评价各方案的基本手段。

三、物流系统分析的要点和步骤

1. 物流系统分析的要点

物流系统分析注重逻辑思维推理的方法,根据物流系统所要达到的目的,在分析过程中提出一系列的“为什么”,寻求各个问题的最终的、圆满的答案。这些“为什么”归纳起来就是“5W1H”,即:What,Why,When,Where,Who,How。“5W1H”的主要含义是:

(1)系统分析的对象是什么,即要做什么?(What)

(2)系统的目的是什么,即为什么要建立这个系统?(Why)

(3)系统在什么时候、什么情况下才能发挥作用、达到目的,即何时做?(When)

(4)系统在什么地方使用,即在何处做?(Where)

(5)系统中的哪些环节、要素发生作用,即谁来做?(Who)

(6)怎样做才能解决问题,即如何做?(How)

2. 物流系统分析的步骤

物流系统分析通常包括界定问题、确定目标、搜集资料,拟定并提出初步方案、建立模型并分析、系统评价及确认等步骤,如图 11-3 所示。

(1)界定问题。问题的界定对物流系统设计十分重要,主要是明确问题的性质和问题的构成范围。既要研究外部环境和系统内部因素形成的一定的本质属性,还要研究问题要素、

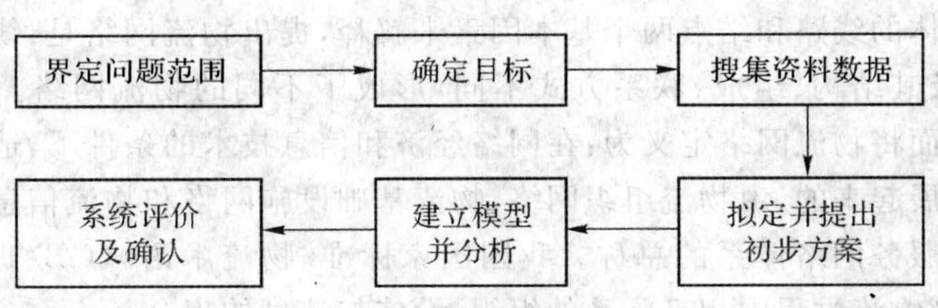

图 11-3 物流系统分析的步骤

要素间的相互关系。物流系统的界定应充分考虑新系统的期望值、运作规则、约束和选优方案准则等因素，研究系统的目标、水平、效益和目的。要注意提出问题的片面性和全局性，尤其是按照一定的目的要求，将具有关联性质的、隐含性质的问题、目的分析透彻。

(2)确定目标。要确定出具体的目标来解决提出的问题。系统具有多方面的功能，也是由多方面因素决定的，因此确定的目标也要相应地有若干个，每个目标都要由一定的指标、标准来衡量。物流系统有总目标，也有各个子系统的分目标，要协调好各个目标，注意目标的整体性和可行性，最终确保物流系统整体效益最大。

(3)搜集资料。搜集分析系统时所必要的数据、资料，要保证收集的数据、资料准确、可靠。收集资料可采用调查、观察、实验、引用等方式，为系统分析做好准备。

(4)拟定并提出初步方案。系统目的明确、功能确定、数据资料收集完备后，就可以搭建系统的轮廓，拟定出多套可行方案。

(5)建立模型。为了对各个方案进行比较，需要建立系统的各类模型，做进一步的分析。建立的模型要求保持足够的精度、简单实用和尽量借鉴标准形式。通过模型的建立，可以找出系统功能和目标的主要因素及其相互之间的影响程度，确认总目标、分目标的约束条件和实现途径。

(6)系统的优化。运用最优化的理论和方法，借助计算机计算和仿真技术，对各个可行方案的模型进行仿真和优化计算，求出各个方案下的最优解。

(7)系统评价及确认。根据系统模型仿真得到的各个方案的解，在考虑了前提条件、约束条件和反馈的信息后，对各个方案的解进行分析、比较，结合经验和知识来决定最优解，从而为选择系统方案提供足够的信息。

第四节 物流网络概述

一、物流网络的内涵

1. 物流网络

目前，对物流网络还没有统一的定义，国内外的相关学术论著从不同的侧面对物流网络的内涵进行了界定。如朱道立教授从微观的企业角度将物流网络定义概括为：物流网络是指产品从供应地向销售地移动的流通渠道。缪立新教授从网络角度进行了阐述：物流网络是指实现物流系统各项功能要素之间所形成的网络，包括物理层面上的网络和信息网络。

王之泰教授从实体的线路和结点两个基本因素来解释，提出物流网络是：线路和结点相互关系、相互配置以及其结构、组成、联系方式不同，形成了不同的物流网络。鞠颂东教授从组织、设施、信息方面将物流网络定义为：在网络经济和信息技术的条件下，适应物流系统化和社会化的要求发展起来的，由物流组织网络、物流基础设施网络和物流信息网络三者有机结合而形成的物流服务网络体系的总称。我国国家标准《物流术语》(GB/T 18354—2006)将物流网络定义为"物流过程中相互联系的组织、设施与信息的集合"。

鞠颂东教授对物流网络的定义基本上与《物流术语》规范是一致的，可依据此定义来理解物流网络。根据物流网络各个组成部分的特点和相关性，将物流网络分为物流组织网络、物流基础设施网络和物流信息网络三个子网。物流组织网络是物流网络运行的组织保障，物流基础设施网络是物流网络高效运作的基本前提和条件，物流信息网络是物流网络运行的重要技术支撑。实际上，物流组织、基础设施、信息网络的运行也离不开物流结点和物流线路。因此，理解了物流结点和物流线路，就能对物流网络有一个基本的认识。

在物流的过程中，如果按其运动的程度即相对位移大小观察，是由许多运动过程和许多相对停顿过程组成的。一般情况下，不管相同形式的两次运动过程还是不同形式的两种运动过程，期间都要有暂时的停顿，而一次暂时停顿也往往连接两次不同的运动。物流过程便由这种多次的"运动—停顿—运动—停顿"所组成。因此，物流网络结构可以看做是由执行实体移动职能的运输线路和执行相对停顿职能的物流结点两种基本元素组成。物流活动都是在物流线路和结点上进行的，在线路上进行的活动主要是运输，包括：集货运输、干线运输、配送运输等。物流功能要素中的所有功能，如包装、装卸搬运、储存保管、配送、流通加工等，都是在结点上完成的。物流网络的水平高低、功能强弱取决于网络中两个基本元素的配置及其本身的质量和功能。

物流网络可以从不同的角度来划分：从物流服务功能的角度看，包括运输网络、仓储网络、配送网络等；从物流网络服务范围看，有企业内部物流网络、企业外部物流网络和综合物流网络；从运作形态来看，有物流基础设施网络、物流信息网络和物流组织网络。网络技术的迅速发展使得物流服务提供商之间越来越关注信息和资源的共享问题，信息技术使得传统的物流网络逐渐转变为增值型的物流网络，即物流资源共享、为客户提供高效服务的物流网络。物流网络具备服务性、开放性、信息的先导性、外部性和规模效应等基本特征。物流网络是物流一体化的结果形态，其目标是提高物流系统的运作能力，实现物流效益的总体最优。

2. 物流结点

物流结点是物流网络中连接物流线路的结节之处，又称物流节点。它的主要功能是衔接不同运输手段的转运和单一运输方式的任务流程，完成流通加工、仓储及物流设施的管理和调度。此外，物流结点也是物流信息收集、处理、传递的集中地。

物流结点的种类很多，在不同线路上结点的名称也各不相同，这主要是在物流学科形成之前，受交通运输、外贸、商业等领域各自发展影响，而形成的一种行业性叫法。在铁路运输领域有货运站、专用线货站、货场、转运站、编组站等称谓，在公路运输领域有货场、车站、转运站、枢纽等称谓，在航空运输领域有货运机场、航空港等叫法，在商贸领域有流通仓库、储备仓库、转运仓库、配送中心、分货中心等叫法。

物流结点的发展趋势之一是集约化程度越来越高，功能越来越强.原来单一功能的仓库、站、场等物流设施都力求摆脱原有设施的局限性，出现了功能的扩展和延伸。一个完善的物流网络，只要网络覆盖的地域比较广泛，网络比较复杂，都需要物流结点来联结各种不同的物流线路。物流结点在网络中的作用不同，有的只在局部网络范围中起作用，有的则会影响到整个物流网络，因此物流结点的规划与建设尤为重要。

3. 物流线路

物流线路是指在物流活动中货物移动的方式和路线。广义的物流线路是指所有可以行使和航行的陆地、水中、空中路线，狭义的物流线路仅指已经开辟的、可以按规定进行物流经营的路线和航线。物流线路上的活动是靠结点组织和联系的，如果离了结点，物流线路上的运动必然陷入瘫痪。在物流线路上进行的活动主要是运输，包括集货运输、干线运输、配送运输等。运输线路是供运输工具定向移动的通道，是运输工具赖以运行的物质基础。物流线路主要有铁路线路、公路线路、水运线路、空运线路、管道线路等几种类型。

二、物流结点的功能及作用

物流结点是现代物流中具有较重要地位的组成部分，物流功能要素中的所有功能要素，如包装、装卸、储存保管、分货、配货、流通加工等，都是在结点上完成的。结点处在能联结系统的位置上，物流网络系统的总体功能和水平往往要通过结点来体现，以达成系统总体的协调、顺畅和最优化。尤其是执行中枢功能的物流结点，也称物流枢纽，对系统功能的充分发挥更是起着至关重要的作用。综观物流结点在物流系统中的作用，物流结点主要是以储存功能、衔接功能、信息功能、管理功能等在物流系统中发挥着作用。

1. 储存功能

储存功能是物流结点的最基本、最重要的功能。在物流活动中，任何物料在没有进入生产加工、消费和运输等活动之前，或在这些活动结束之后，必然需要临时或较长时间的存放在某个位置，这就需要物流结点发挥储存功能的作用。在现代物流领域，储存对整个物流过程起着调节作用，也称作“调节阀”作用。比如建设自动化、智能化的立体仓库，充分利用和发挥物流结点的储存功能，提高物流的效率和效益。

2. 衔接功能

物流结点将各个物流线路联结成一个系统，使各个线路通过结点变得更为贯通而不是互不相干，这种作用称之为衔接作用。在物流未系统化之前，不同线路之间的衔接有很大困难，例如轮船的大量输送线和短途汽车的小量输送线，两者输送形态、输送装备都不相同，再加上运量的巨大差异，所以往往只能在两者之间有长时间的中断后再逐渐实现转换，这就使两者不能贯通。物流结点利用各种技术的、管理的方法可以有效地起到衔接作用，将中断转化为通畅。

物流结点的衔接作用可以通过多种方法实现，主要有：

(1)通过转换运输方式衔接不同运输手段；

(2)通过加工，衔接干线物流及配送物流；

(3)通过储存，衔接不同时间的供应物流和需求物流；

(4)通过集装箱、托盘等集装处理，衔接整个“门到门”运输，使之成为一体。

3. 信息功能

对于整个物流系统或与物流结点相连接的物流活动，对物流信息的收集、处理和传递等工作都相对集中在物流结点，这种信息功能在现代物流系统中起着非常重要的作用，也是把复杂的物流单元能够联结成一个有机整体的重要保证。在现代物流系统中，每一个结点都是物流信息的一个点，若干个这种类型的信息点和物流系统的信息中心结合起来，便成了指挥、管理、调度整个物流系统的信息网络，这是物流系统建立的前提条件。

4. 管理功能

物流系统的管理设施和指挥机构往往集中设置于物流结点之中，绝大多数物流结点都是集管理、指挥、调度、信息、衔接及货物处理为一体的物流综合设施。整个物流系统运转的有序化和正常化，物流系统的效率和水平取决于物流结点的管理职能实现的情况。在现代物流业中，应用各种先进的管理思想、管理方法、管理手段，来提高管理水平，尤其是 MRP、ERP 等系统的应用更是促进了管理功能的充分发挥。

三、物流结点的分类

现代物流网络中具有多种类型的结点，结点在网络中的地位不同，不同领域的结点也起着各自不同的作用，发挥着各自不同的职能。根据结点在物流网络中不同的职能、作用和所处的层次，可以对物流结点进行多种分类。

(一)按职能不同进行分类

按物流结点的职能不同，可以分为转运型结点、储存型结点、流通型结点和综合性结点。

1. 转运型结点

转运型结点以连接不同运输方式或同种运输方式的不同运输工具为主要职能的结点。铁路运输线上的货站、编组站，水路运线上的港口、码头，航空运输中的空港，都属于此类结点，货物在这种结点上停滞时间较短。转运型结点除了按运输方式设置外，还可以按运输的对象设置，尤其是那些物流量大、储运过程有特殊要求的货物，常通过专用转运站进行转运作业，如常见的专用转运站有集装箱转运站、煤炭转运站、石油转运站等。

2. 储存型结点

储存型结点是以存放货物为主要职能的结点，如储备仓库、原材料仓库、中转仓库、货栈等，都属于此种类型的结点，货物在这种结点上停滞时间较长。在物流网络中，储存型结点可以是枢纽型结点，也可以是普通结点。尤其是作为战略性储备的仓库，通常不在枢纽上。储存型结点除了货物存放功能外，还要提供保管保养功能。特别是煤炭、石油等战略性储备仓库，货物储存的时间通常较长。因此，在库房位置选择上，合适的地理气象环境条件、安全性等因素要比交通运输条件更重要。

3. 流通型结点

流通型结点是以服务于商品流通为主要职能的结点，主要发挥商品集散、中转、配送等主要功能。与转运型结点不同，流通型结点往往与商流相结合，多数的流通企业拥有此类结点。流通仓库、流通中心、配送中心等属于这类结点。流通型结点的主体设施仍然是仓库或类似仓库的设施，但与储存型结点有一定的区别。流通型结点的位置通常位于交通枢纽并接近货源，其对吞吐作业能力、信息管理能力都要求较高，而对商品养护、保管方面的能力要求会低于储存型结点。

4. 综合性结点

综合型结点是指一个结点上集合了多种功能的大型物流结点,有完善的设施,多种功能在结点中有机结合于一体,是有效衔接并高度信息化的集约型结点。这类结点是适应物流大量化、复杂化、集成化、精确化要求的产物。物流中心、物流基地、物流园区等属于这类结点。综合性结点是不同的物流线路共同的交汇点,是一些小的物流结点集约成的结果,它的集约功能、综合功能非常强,是适应现代物流产业社会化、高效率化的要求,是现代物流结点的发展方向之一。

(二)按作用不同进行分类

根据作用的不同,物流结点可以分为集货中心、分货中心、配送中心、转运中心、仓储中心和加工中心等几类。

1. 物流集货中心

物流集货中心主要功能是将零星的、分散的货物集中成批量货物的物流结点。这类中心通常多分布在小企业群、农业区、果业区、牧业区等地域,所进的货物多是包装程度低或没有包装的小批量、分散的货物,一般运输距离短,运输方式简单。这些货物在集贸中心对原始货物进行分级、分拣、除杂、剪裁等初级加工或进行精细加工后,对货物进行批量包装,使零星货物形成大包装或集装箱、托盘形式的包装,以达到大批量、高速度、高效率、低成本的运输要求。如对收集的苹果等水果,经过分拣,将成色、大小、形状、重量一致的水果分别包装,这样通过简单处理便于销售并能提高收益。对分散的小批量、规格质量混杂而不易进行批量运输和销售的货物,按照技术加工不同要求组合成较大的包装或进行储存,从而实现大批量、高效率、低成本的运输,并有利于配送和销售。

2. 物流分货中心

物流分货中心是指专门或主要从事分货业务的物流结点。其主要功能是将大批量运到的货物分成批量较小的货物,以便于送到相关的客户,满足不同客户的需求。这种中心运进货物时通常采用大批量、低成本运输方式,如轮船、整列火车或整车箱,货物大多是大规模包装、集装或散装的。运出的货物则是按照客户要求和销售批量的要求,分装加工成较小包装的货物,形成小的销售起点或小的批发起点。

3. 物流配送中心

配送中心是指专门从事配送业务的物流结点,主要业务包括集货、储存、分货、配货及配装送货等。配送中心必须根据用户的订货要求,将所需货物集中、大批量地进货,备齐所需各种货物,并保持足够的储备量,以满足用户的需求,并避免造成低库存或零库存的企业生产经营中断。为了满足不同用户的发货要求,还要把大批量进的货物进行分拣、包装,然后配送到用户指定的收货位置。

4. 物流转运中心

物流转运中心是指承担货物中转运输的物流结点,也称转运站、货运站。转运中心通常是大型物流中心,可以是诸如汽车与汽车、轮船与轮船等同种运输方式之间的转运,也可以是汽车与火车、汽车与飞机、火车与轮船等不同运输方式之间的转运。在运输业,把这种运输组织方式称为联运,这类中心称为货运站。综合型转运中心需要设置相应运输工具的线路，如火车轨道、轮渡码头等，而且要求具有集货、分拣、配送等功能。

5. 物流仓储中心

物流仓储中心是指主要从事储存的物流结点，是企业物流系统中一个不可缺少的组成部分。为了按时交付客户所需货物，除了快速运输外，企业还需要有一定的货物库存。仓储中心的目的在于保持对生产、销售、供给等活动进行调节。这类中心实际上是以储存功能为主的，具备集货、储存、分货、送货功能的大型仓库。通过商品存储，还可以降低运输成本，提高运输效率，更好地满足用户个性化需求。

6. 物流加工中心

物流加工中心是指以流通加工为主要功能的物流结点。这类物流结点侧重于对原材料、产品等流通加工需要，配有专用设备和生产设施，将运抵的货物经过流通加工后运达用户或使用地点。对货物进行的再加工，是为了促进销售、维护产品质量和提高物流效率。物流加工中心多分布在原料、产品产地或消费地，经过加工的货物，可以更好地适应用户的具体要求，有利于销售。虽然此类加工工艺并不复杂，但带有生产加工的基本特点，因而对流通加工的对象、种类均有一定的限制与要求。物流过程的加工特点是将加工对象的储存、加工、运输、配送等形成连贯的一体化作业。

(三)按层次不同进行分类

物流结点按照层次的不同可以分为物流基地、物流中心和配送中心。

1. 物流基地

物流基地是集约了综合性的、超大规模的物流设施和基础服务设施，起到综合功能和指挥、管理作用的特大型物流结点。物流基地具有综合运输、多式联运、干线终端等大规模处理货物和提供服务的功能，面向全社会服务。物流基地是集约化的、大规模的物流设施集中地和多种物流线路的交汇地，在物流基地之间进行快速、直达、大量干线运输，尤其是多式联运的干线运输。物流基地可以全面处理储存、装卸搬运、包装、流通加工、不同运输方式转换、信息处理和调度指挥工作。物流基地的建设是城市可持续发展的要求，是解决物流线路分割、降低城市国民经济运行总成本的需要，通过物流基地可以改善城市之间的物流系统，提高城市间物流活动的效率。

2. 物流中心

物流中心是大规模或中等规模的、带有一定综合性的物流结点，主要具有分销功能，在局部领域进行经营服务。物流中心可以与干线运输相衔接，也可以从物流基地转运。从国民经济系统要求出发，建立的物流中心是以城市为依托、开放型的物品储存、运输、包装、装卸等综合性的物流业务基础设施。物流中心是组织、衔接、调节、管理物流活动的较大的物流结点，主要从供应者手中受理大量的多种类型货物，进行分类、包装、保管、流通加工、信息处理，并按用户要求完成配货、送货等作业，以达成物流系统化、效率化的目标。物流中心的建设与城市规划、经济圈的经济运行有着极密切的关系，因此要合理规划物流中心的位置、数量、规模及其功能，要提高物流中心内部各功能区及货物流向的有效性，尽量简化物流中心的运作程序，降低货物损坏率，提高运作效率。

3. 配送中心

前面章节按照配送中心的业务对配送中心进行了描述，下面从不同角度再次描述。配送中心是以组织配送性销售或供应，执行实物配送为主要职能的流通型结点。配送中心是面向特定用户和特定市场，在局部范围内向最终用户提供送货等服务功能的结点。配送中心的配送功能健全，有完善的信息网络，能够以多品种、小批量为特定用户服务，它的服务范围较小，并以配送为主、储存为辅。

配送中心为了提高编组送货的效率和效益，需要采取零星集货、批量进货工作以及对货物的分整、配备等工作，也就是具有了集货中心和分货中心的职能。配送过程中，为解决生产中大批量、少规格和消费中的小批量、多样化要求的矛盾，按照用户对货物的不同要求对商品进行分装、配装等加工活动，因此要具有流通加工的功能。配送中心最突出的功能就是对客户的服务功能，要以顾客需要为导向，为满足顾客需要而开展配送服务。每个配送中心对服务、运输、加工、管理等某一功能的重视程度不同，就决定着该配送中心的性质、选址、规模和设施等也随之变化。

四、物流线路的类型

物流线路按运输设备及运输工具不同分类，主要有铁路线路、公路线路、水运线路、空运线路、管道线路等几种类型。

1. 铁路线路

铁路线路是利用铁路设施、设备进行货物运输的路线，是机车车辆和列车运行的基础。铁路线路是由路基、桥隧建筑物（桥梁、涵洞、隧道等）和轨道（主要包括钢轨、联结零件、轨枕、道床、道岔等）组成的一个整体的工程结构。在铁路线路上，根据托运货物的数量、性质、包装、体积、形状和运送等条件，可以采用整车、零担、混装运输和集装箱运输等不同的运输方式。铁路线路是最常用、比较经济的运输线路，尤其适合煤炭、木材等大量的运输以及集装箱、大型机械设备的输送。铁路线路和公路线路相比，运输速度快，一次完成的运输量大，但也会受到现有线路和调度的限制。我国客运、货运分流的规划，尤其是高速铁路、快速铁路、轻轨等建设，更是促进了铁路线路的发展。

2. 公路线路

公路线路是由路基、路面、桥梁、涵洞、渡口码头、隧道、绿化、通信、照明等设备及其他沿线设施组成的一个整体的工程结构。路面是用各种筑路材料分层铺筑在公路路基上以供车辆行驶，路面的质量直接影响着行车的速度和安全性，因此，要求路面要有足够的强度、稳定性、平整度和粗糙度，以保证车辆在路上安全、舒适、快速行驶。公路线路主要使用汽车进行整车运输、零担运输或集装箱运输，公路线路适合小批量、零散性的货物运输，运用公路线路运输更加便捷，更能送货到客户。公路线路四通八达，既有国家级、省级的高速公路、一级公路，又有县、乡级公路。我国制定的村村通政策，更是促进了公路线路的发展和利用。

3. 水运线路

水运线路是使用船舶运送客、货的一种运输线路，水运线路由船舶、航道和港口组成。水运线路包括海运、河运、湖泊等运输路线。水运线路主要承担大数量、长距离的水上运输，是在干线运输中起主力作用的运输形式。在内河及沿海，水运也常作为小型运输工具使用，担任补充及衔接大批量干线运输的任务。水运线路的主要优点是运输能力大、运输成本低、投资少、劳动生产率高，能进行低成本、大批量、远距离的运输。缺点是运输速度慢，受港口、水位、季节、气候影响较大。

4. 空运线路

空运线路，即航空运输线路，是使用飞机、飞行器运送货物的运输线路。航空运输分客机、客货混载和运输机三种，主要有班机运输、包机运输、集中托运、航空快递等运输经营方式。空运的特点是运输速度快，机动性能好，几乎可以飞越各种天然障碍，可以到达其他运输方式难以到达的地方。货物损坏少，适合于时间性强的小批量货物或贵重货物的运输。但也存在着飞机造价高、能耗大、运输能力小、成本很高、技术复杂等方面的不足。因此，空运线路只适宜长途旅客运输以及体积小和价值高的物资、鲜活产品及邮件等货物运输。

5. 管道线路

管道线路是使用管道设备、设施来完成物质资料运送的运输线路。管道线路有干管、沿线阀室，经过河流、铁路、公路、峡谷等的穿（跨）越结构物，管道防腐用的阴极保护设施等。管道线路有多种类型，按管道的材料可以分为金属管道、塑料管道、玻璃钢管道线路等；按管道的应用范围可以分为输气管道、输油管道线路等；按管线的铺设方式分，主要有地下、地上和架空管道线路。管道线路的优点是运输量大、能耗小、安全可靠、成本较低、不受气候的影响和建设的工程量小，但存在着线路固定、输送地点和输送对象有局限性的弱点。管道线路尤其适合较远距离输送石油、天然气等。

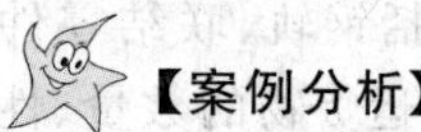

【案例分析】

北京现代：高效物流系统支撑企业高速发展

北京现代汽车有限公司是一家现代化轿车生产企业，位于北京顺义，由北京汽车投资有限公司和韩国现代自动车株式会社共同出资设立，注册资本 27.1 亿元人民币，中韩双方各占 50％的投资比例。

创造中国汽车业神话

2002 年 4 月 29 日北京现代中韩双方在北京签署战略合作协议，10 月 18 日公司正式挂牌，11 月 18 日全面投产，12 月 23 日第一辆索纳塔轿车下线。成立的第一年（到 2003 年年底），即以产销 5 万多辆轿车的成绩跻身中国轿车生产企业前 10 名；从投产到第 10 万辆轿车下线仅用了 520 天；2005 年 4 月，产能达到 15 万辆，每经过 106 秒就有一辆整车驶下生产线；目前，更以月产销 1 万多辆在中国中高端轿车市场牢牢占据第 5 名的位置。北京现代正以高效率的“现代速度”滚动发展，创造着中国汽车工业的一个又一个奇迹。

毋庸置疑，高速增长的北京现代背后一定有与之发展相匹配的高效而强大的物流系统的支撑。北京现代没有设置独立的物流部，而是将涉及轿车生产与销售的全部物流活动分为 4 部分。其中，调配物流（即通常所说的采购物流）由采购部负责，生产物流由生产部具体安排，销售物流由销售部管理，三个部门各司其职，通过信息系统实现部门间相互沟通、协调一致。而在配件物流方面，北京现代正在与韩国现代商谈成立合资公司，负责售后零部件的管理与配送。下面主要对生产物流与销售物流进行介绍。

独特的生产物流系统

对于汽车制造企业来讲，生产物流尤其是零部件入厂物流是实现准时化生产的关键，也是难点所在。生产一辆轿车不仅需要上百道工序、上万种零部件，而且对零部件的准时供应提出了极为严格的要求。如何将每一生产环节所需的零部件在正确的时间送达正确的工位，绝对是每个企业面临的最严峻的挑战。

北京现代生产物流直接与生产挂钩，严格按照生产计划进行。北京现代在每月的第三周召开生产、销售计划会，决定下月与未来 3 个月的生产计划(确定车型与产量)，据此计算出相应的物流量，再根据每天的生产数量由计算机系统对每种零部件的具体要货量进行细分。北京现代每天与供应商进行信息沟通，通过“伙伴系统”将生产计划与要货指令传递给供应商，后者按此制订本企业计划，安排生产与送货，与北京现代保持高度协调一致。目前，北京现代所需的零部件国产率约为 77%。在 68 家供应商中，有 36 家将业务外包给第三方物流公司。

生产管理部物流科主要负责以下几项工作：一是接货、卸货；二是储存、保管；三是出库；四是上线；五是不良品与空器具回收。其采取了科学的物流管理流程以及对物流过程实施科学的管理。

北京现代对北京轻汽的老厂房边改造边生产，按照需要合理规划，使生产物流系统已经达到了一定水平。

高效的销售物流系统

中国汽车市场逐渐成熟，用户需求日益多样化，对产品、服务的要求也越来越高，越来越严格。北京现代选择了汽车整体服务方式——4S 店作为其主要销售和售后的对外窗口。截止到目前，北京现代的 150 多家 4S 专卖店遍布在华东、华南、西南、西北、东北五大区域，一个新型的现代化营销服务网络体系已成规模。

北京现代物流管理科业务范围包括：销售订单处理、订单分配、入库管理、出库管理、合格证管理、资金结算与信息查询等。其采用 AS 400 系统实现高效业务管理，并通过 ASP 系统与生产部衔接，及时传递订购车辆的品种、型号、颜色、配置、要货时间等信息。

北京现代销售物流管理的先进性方面，表现在从韩国引进的整车位置码管理系统，即按照单车需要面积分割仓储场地，给每块地分配一个号码；在车辆入库时，由信息系统给每辆车指定一个位置，停车入位后扫描车辆条码与位置条码，系统即知道哪里放了什么车，哪里还有空位置，下次再指派给别的车。其好处是方便调配，大大加快了提车速度，降低了差错率。随着产能提高，仓储面积越来越紧张，北京现代就根据实际需要对位置码管理法加以改进——按照订单生产的轿车仍采用位置码管理，而根据计划生产的常销车则采用相对紧凑的方式，同型号车集中存放，这样使实际库存能力由 4180 辆增加到 6000 多辆。

现在，客户从下单到收到整车，如果是完全按照订单生产的轿车，约需要 15 天时间；而按照计划生产的轿车只需要一周左右。这样的效率，完全满足了市场需求。

为持续发展不断改进

北京现代取得了一定的成绩，提前实现了发展规划中的前两期目标，目前正在规划第三期改造。

同时，北京现代也看到了自身在物流管理与运作水平方面与韩国现代的差距：一是企业信息系统有待进一步完善，以提高作业效率与准确率；二是改变观念，增强服务意识；三是提高装备水平，如规范运输车辆标准，使物流更顺畅，并保证零部件与整车的发运质量。

目前，北京现代正进行着一系列改革举措。如理想的生产物流模式是提高零部件直序列送货的比例。2005 年，北京现代把现在 25％的厂家直序列（按照北京现代的生产节拍，零部件从供应商的工厂直接装车、运输、配送到生产线）和 15％的出库直序列（按照北京现代的生产节拍，零部件从分布在北京现代工厂周边的仓库中直接装车、运输、配送到生产线）提高到各占 40％，北京现代不再考虑这部分零部件的库存，而是由供应商或其物流公司负责直接送到生产线旁；其余 20％的小型零部件暂存在北京现代的仓库中，由物流工人负责上线。当然，这样做需要绝对地及时准确，否则将直接影响到生产。

在整车物流方面，中远物流公司和长久物流公司正分别在北京和武汉为北京现代各建设一座汽车中转库，除用于车辆存放外更加注重其分拨功能，可以视为分拨中心。其目的是：缩短供应时间，节省供应商的流动资金，减少北京现代的厂内库存，但宗旨是不能增加二次运输成本。

一切都在有条不紊地进行，一切又都超出了常规发展速度。北京现代这个充满朝气的企业正在快马扬鞭，奔向新的辉煌。

（资料来源：根据中国物流与采购联合会网站案例改写，http://www.chinawuliu.com.cncflpnewss/content1/200911/765 30818.html）

【案例讨论】

1. 北京现代的生产与销售物流系统在整个物流系统中起到了怎样的作用？
2. 根据本案例，你认为怎样应用和发展物流系统来提高物流效率？

【复习思考】

1. 简述物流系统的要素。
2. 简述物流系统的基本特征。
3. 简述物流系统中存在的效益背反关系。
4. 简述物流系统的组成。
5. 简述物流分析的要素和步骤。
6. 物流结点有哪几种分类方法，各包括哪些物流结点？
7. 物流结点有什么功能作用？
8. 物流线路有哪些类型？

第十二章　供应链管理

学习目标

了解供应链的含义与构成、供应链管理的含义与内容;重点掌握供应链的四大支点和管理思想、供应链管理的管理八大原理;掌握供应链管理与物流管理的区别和联系;理解供应链风险成因及对策分析。

第一节　供应链概述

一、供应链的含义与构成

1.供应链的含义

供应链(supply chain,SC)的概念是在企业管理理念不断变化的过程中逐步形成的。

早期的观点认为供应链是制造企业中的一个内部过程,即企业从外部采购原材料和零部件,通过生产加工活动将其转换为产品,再经销售活动传递到零售商和用户的过程。传统的供应链概念局限于企业的内部操作层上,注重企业自身的资源利用。

后来供应链的概念注意了与其他企业的联系,注意了供应链的外部环境,一些研究者认为它应是一个"通过链中不同企业的制造、组装、分销、零售等过程将原材料转换成产品,再到最终用户的转换过程",这是更大范围、更为系统的概念。如美国的管理学家史迪文斯(Stevens)认为:通过增值过程和分销渠道控制从供应商的供应商到用户的用户的流就是供应链,它开始于供应的源点,结束于消费的终点。哈里森(Harrison)认为:供应链是执行采购原材料,将它们转换为中间产品和成品,并且将成品销售到用户的功能网链。管理学家伊文斯(Evens)认为:供应链是通过前馈的信息流和反馈的物流及信息流,将供应商、制造商、分销商、零售商,直到最终用户连成一个整体的模式。这些概念都注意到了供应链的完整性,考虑了链中所有成员操作的一致性。

而到了最近,供应链的概念更加注重围绕核心企业的网链关系,如核心企业与供应商、供应商与供应商的供应商乃至与一切前向的关系,核心企业与用户、用户的用户及一切后向的关系。此时对供应链的认识形成了一个网链的概念。如丰田、耐克、尼桑、麦当劳和苹果等公司的供应链管理都从网链的角度来实施。这时的概念强调在供应链中通过建立战略伙伴关系与重要的供应商和用户更有效地开展工作。

在学术界较为流行的供应链定义是:供应链是围绕核心企业,通过对信息流、物流、资金流的控制,从采购原材料开始,到制成中间产品及最终产品,最后由销售商把产品送到客户手中的,将供应商、制造商、分销商、零售商及最终用户连成一个整体的功能结构。它是一条供应商到用户的物流链、信息链、资金链,更是一条增值链。

2.供应链的基本结构

一般来说,构成供应链的基本要素包括:

(1)供应商:是指给生产厂家提供原材料或零件的企业。

(2)制造商:产品生产的最重要环节,负责产品生产、开发和售后服务等。

(3)分销商:为实现将产品送到经营地理范围每一角落而设的产品流通代理企业。

(4)零售商:零售企业将产品销售给消费者的企业。

二、供应链的基本特点

任何事物的发展都具有自己的特征,供应链亦如此,其具有以下特点。

1.供应链系统的一致性

供应链是由供需关系结成的网链结构,供应链中的"供"与"需"总是相对而言、相伴而生、相互促进和互为条件的。供应链中的物品、设备、设施之间的配合性,技术之间的兼容性,组织之间的系统性,能力之间的匹配性等都体现了供应链系统一致性的要求,最终体现为供应链整体目标的一致性和利益的一致性。

2.供应链系统的动态性

供应链的核心企业为了保持和不断提升供应链的竞争能力,会不断对供应链的节点企业进行动态更新,节点企业为了自身利益也会不断地根据市场环境及自身条件进行战略调整,甚至重新选择供应链。因此,供应链上任一节点企业变动都会引起供应链上一系列的连锁反应,这就使得供应链具有明显的动态性。

3.供应链结构的复杂性

组成供应链的一些节点企业在供应链中相对于核心企业的跨度或者说层次在不同的时间、不同的地点、不同的交易活动中往往是不同的,由此引发供应链活动的不规范和不可预测。从另一方面来看,供应链往往由多个、多类型甚至多国的企业构成,所以纵横交错组成复杂的状态,决定了供应链结构模式和运作模式必然是十分复杂的。

4.供应链边界的相对性

供应链供需关系的边界可以延伸很远,但供应链经营主体主要关心的、研究的是供需关系紧密、价值地位重要的关键环节,因而,不同供应链运作主体研究供应链时对供应链网链结构的边界往往有一个界定,显然,不同主体对供应链边界的界定范围可能不同,故研究供应链时其边界具有相对性。

5.供应链价值的增值性

将产品开发、供应、生产、营销、市场一直到服务都联系在一起的供应链看成是一个整体,使企业从系统的观点出发思考增值过程:一方面要根据客户的需求,不断增加产品的技术含量和附加值，另一方面要不断地消除客户所不愿意支付的一切无效劳动与浪费，使投入市场的产品同竞争对手的相比，能为客户带来真正的效益和满意的价值，同时使客户认可的价值大大超过总成本，从而为企业带来应有的利润。所以，供应链是一条名副其实的增值链，这是每一个节点企业都获得利润的基本前提。

6.供应链节点的交叉性

一个节点企业既可以是这个供应链的成员，同时又可以是另一个供应链的成员，市场众多相互交错的供应链体系，增加了协调节点企业管理的难度。

三、供应链的类型

由于供应链主导企业、主导产品、流通渠道等不同，实际运作的供应链各有特色，有多种类型。为了更好地认识供应链，我们从不同角度对供应链进行划分。

1.内部供应链和外部供应链

从制造企业供应链的发展过程来分，可以将供应链划分为内部供应链和外部供应链两类。

所谓内部供应链，是将采购的原材料、零部件，通过生产转换和销售等环节传递到制造企业的用户的过程，作为制造企业中的一个内部过程看待。企业基于计算机及其局域网的物料需求计划(MRP)、制造资源计划(MRPII)等管理信息系统的建立与发展最初就是起源于企业内部供应链的需要而产生的。

外部供应链注重与外部资源、与其他企业的合作和联系，注重供应链的外部环境的变化对核心企业的影响，它偏向于供应链中不同企业的制造、组装、分销、零售等过程，即将原材料转换成产品到最终用户的整个转换过程。基于 Internet、Intranet、Extranet 的企业资源计划(ERP)管理系统，其形成就是满足供应链外部扩展需要的，进而使供应链管理涉及扩展企业、合作伙伴、共享信息、协同运作问题的解决。

2.稳定的供应链和动态的供应链

从供应链存在的稳定性来分，可以将供应链分为稳定的供应链和动态的供应链两类。

稳定的供应链是指构成供应链的、具有供需关系节点的企业之间的关系相对稳定，这主要取决于市场需求的稳定性。需求单一的市场组成的供应链，其动态性较弱、市场稳定性较强、市场脉搏容易把握。对于需求变化相对频繁、复杂的市场环境下组成的供应链，其动态性必然较高，因需求的变化，必然导致供需关系的变化，进而导致供应链的变化。在实际运作中，需要根据不断变化的需求，相应地改变供应链的组成，对供应商和用户进行重新选择。供应链的稳定性是相对的，而动态性是绝对的。

3.平衡的供应链和倾斜的供应链

根据供应链容量与用户需求的关系分，可以将供应链划分为平衡的供应链和倾斜的供应链。当资源一定时，每一个供应链都具有一定的、相对稳定的设备容量和生产能力(所有节点企业能力的综合，包括供应商、制造商、运输商、分销商、零售商等)。但用户需求处于不断变化的过程中。

当供应链的容量能满足用户需求时，供应链处于平衡状态，称之为平衡供应链。而当市场变化加剧，造成供应链成本增加、库存增加、浪费增加等现象时，企业不是在最优状态下运作，供应链则处于倾斜状态。同样，当供应链的能力远远超过市场用户的需求时，节点企业利润受阻，运营状态受到影响，供应链的平衡状态被打破，趋于倾斜状态，供应链需要自然调节，寻求新的平衡。

平衡的供应链可以实现各主要职能（采购/低采购成本、生产/规模效益、分销/低运输成本、市场/产品多样化和财务/资金周转快）之间的均衡。

4. 有效性供应链和反应性供应链

根据供应链的功能模式（物理功能和市场中介功能）分，可以把供应链划分为有效性供应链（efficient supply chain）和反应性供应链（responsive supply chain）两类。有效性供应链主要体现供应链的物理功能，即以最低的成本将原材料转化成零部件、半成品、产品，以及在供应链中的运输等；反应性供应链主要体现供应链的市场中介功能，即把产品分配到满足用户需求的市场，对未预知的需求做出快速反应等。两种类型的供应链的比较如表 12-1 所示。

表 12-1　反应性供应链与有效性供应链的比较

比较内容	反应性供应链	有效性供应链
基本目标	尽可能地使不可预测的需求遭受最小的损失	以最低的成本供应可预测的需求
制造核心	配置多余的缓冲库存	保持高的平均利润率
提前期	大量投资以缩短提前期	控制成本的前提下，提前期尽可能短
产品设计策略	用模块化设计以尽可能延迟产品差别	绩效最大化而成本最小化
供应商的选择指标	以速度、柔性、质量为核心	以成本和质量为核心

四、供应链的四个流程

供应链一般包括物资流通、商业流通、信息流通、资金流通四个流程。四个流程有各自不同的功能以及不同的流通方向。

1. 物资流通

物资流通主要是物资（商品）的流通过程，这是一个发送货物的程序。该流程的方向是由供货商经由厂家、批发与物流、零售商等指向消费者。由于长期以来企业理论都是围绕产品实物展开的，因此目前物资流通受到人们广泛重视。许多物流理论都涉及如何在物资流通过程中在短时间内以低成本将货物送出去。

2. 商业流通

商业流通主要是买卖的流通过程，这是接受订货、签订合同等的商业流程。该流程的方向是在供货商与消费者之间双向流动的。目前商业流通形式趋于多元化：既有传统的店铺销售、上门销售、邮购的方式，又有通过互联网等新兴媒体进行购物的电子商务形式。

3. 信息流通

信息流通是商品及交易信息的流程。该流程的方向也是在供货商与消费者之间双向流动的。过去人们往往把重点放在看得到的实物上，因而信息流通一直被忽视。甚至有人认为，国家的物流落后同它们把资金过分投入物质流程而延误对信息的把握不无关系。

4. 资金流通

资金流通就是货币的流通，为了保障企业的正常运作，必须确保资金的及时回收，否则企业就无法建立完善的经营体系。该流程的方向是由消费者经由零售商、批发与物流、厂家等指向供货商。

五、供应链的主要活动

根据供应链的概念，它涵盖着从原材料的供应商开始，经过工厂的开发、加工、生产至批发、零售等过程，最后到达用户之间有关最终产品或服务的形成和交付的每一项业务活动。因此供应链的内容也涵盖了生产理论、物流理论和营销理论。供应链的主要活动包括以下三种。

1. 商品的开发和制造

①商品的规划、设计、商品化；②需求预测和生产计划；③商品生产和质量管理。

2. 商品的配送

①确保销售途径；②按时配送；③降低物流成本。

3. 商品的销售和售后服务

①销售；②品种齐全、及时的商品补充；③销售数据和销售额的管理；④了解问题，确定活动方针。

第二节 供应链管理

一、供应链管理的含义与内容

1. 供应链管理的含义

计算机网络的发展进一步推动了制造业的全球化、网络化过程。虚拟制造、动态联盟等制造模式的出现，更加迫切需要新的管理模式与之相适应。传统的企业组织中的采购(物资供应)、加工制造(生产)、销售等看似整体，但却是缺乏系统性和综合性的企业运作模式，已经无法适应新的制造模式发展的需要，而那种大而全、小而全的企业自我封闭的管理体制，更无法适应网络化竞争的社会发展需要。因此，供应链的概念和传统的销售链是不同的，它已跨越了企业界限，从建立合作制造或战略伙伴关系的新思维出发，从产品生命线的源头开始，到产品消费市场，从全局和整体的角度考虑产品的竞争力，使供应链从一种运作性的竞争工具上升为一种管理性的方法体系，这就是供应链管理提出的实际背景。

供应链管理是一种集成的管理思想和方法，它执行供应链中从供应商到最终用户的物流的计划和控制等职能。例如，伊文斯(Evens)认为：供应链管理是通过前馈的信息流和反馈的物料流及信息流，将供应商、制造商、分销商、零售商，直到最终用户连成一个整体的管理模式。菲利浦(Phillip)则认为，供应链管理不是供应商管理的别称，而是一种新的管理策略，它把不同企业集成起来以增加整个供应链的效率，注重企业之间的合作。最早人们把供应链管理的重点放在管理库存上，作为平衡有限的生产能力和适应用户需求变化的缓冲手段，它通过各种协调手段，寻求把产品迅速、可靠地送到用户手中所需要的费用与生产、库存管理费用之间的平衡点，从而确定最佳的库存投资额。因此其主要的工作任务是管理库存和运输。现在的供应链管理则把供应链上的各个企业作为一个不可分割的整体，使供应链上各企业分担的采购、生产、分销和销售的职能成为一个协调发展的有机体。

2. 供应链管理的内容

(1)计划：这是供应链管理的策略性部分。你需要有一个策略来管理所有的资源，以满足客户对你的产品的需求。好的计划是建立一系列的方法监控供应链，使它能够有效、低成本地为顾客递送高质量和高价值的产品或服务。

(1)采购：选择能为你的产品和服务提供货品和服务的供应商，和供应商建立一套定价、配送和付款流程，创造方法监控和改善管理，并把对供应商提供的货品和服务的管理流程结合起来，包括提货、核实货单、转送货物到你的制造部门并批准对供应商的付款等。

(2)制造：安排生产、测试、打包和准备送货所需的活动，是供应链中测量内容最多的部分，包括质量水平、产品产量和工人的生产效率等的测量。

(3)配送：很多"圈内人"称之为"物流"，是调整用户的订单收据、建立仓库网络、派递送人员提货并送货到顾客手中、建立货品计价系统、接收付款。

(4)退货：这是供应链中的问题处理部分。建立网络接收客户退回的次品和多余产品，并在客户应用产品出问题时提供支持。

3. 供应链管理的流程

(1)交付。包括订单管理、仓储/执行、定制化/延迟、交付设施、运输、电子商务交付、管理客户/客户伙伴关系、售后技术支持、客户数据管理。

(2)退货。包括收货和仓储、运输、修理和翻新、沟通、管理客户预期。

(3)执行。包括战略和领导、竞争力标杆、产品/服务创新、产品/服务数据管理、流程存在和控制、测量、技术、商务管理、质量、安全、行业标准。

二、供应链管理的目标和作用

1. 供应链管理的目标

供应链管理的目标是在满足客户需要的前提下，对整个供应链(从供货商、制造商、分销商到消费者)的各个环节进行综合管理，例如从采购、物料管理、生产、配送、营销到消费者的整个供应链的货物流、信息流和资金流，把物流与库存成本降到最小。将顾客所需的正确的产品(right product)能够在正确的时间(right time)、按照正确的数量(right quantity)、正确的质量(right quality)和正确的状态(right status)送到正确的地点(right place)，并使总成本达到最佳化。

一个公司采用供应链管理的最终目的有三个：

(1)提升客户的最大满意度(提高交货的可靠性和灵活性)。

(2)降低公司的成本(降低库存，减少生产及分销的费用)。

(3)企业整体"流程品质"最优化(错误成本去除，异常事件消弭)。

2. 供应链管理的作用

供应链管理的目的就是通过加强供应链中各个活动和实体间的信息交流和协调，增大物流和资金流的流量和流速，保持各种流的顺畅流通，实现供需平衡，从而达到供应链整体绩效的提高。因此，供应链管理不是追求某一环节成本最低，而是用系统方法进行供应链管理，实现供应链总成本最低。

有效的供应链管理可缩短产品的生产周期，提高产品质量和服务质量，提高企业的整体柔性，减少库存，使企业具有低耗、高效、高应变能力，从而提升整个供应链系统的效率和费用的有效性，使系统效益最大、总成本最低，使社会资源得到合理利用。

供应链管理与传统物流管理模式有着明显的区别，主要体现在：一是供应链管理把供应链中所有节点企业看作一个整体，供应链管理涵盖整个物流过程，包括从供应商到最终用户的采购、制造、分销、零售等职能领域；二是供应链管理强调和依赖战略管理，它影响和决定了整个供应链的成本和市场占有份额；三是供应链管理关键的是需要采用集成的思想和方法，而不仅是节点企业资源的简单连接；四是供应链管理具有更高的目标，通过协调合作关系达到高水平的服务。

三、供应链的四大支点和管理思想

供应链管理的实现，是把供应商、生产厂家、分销商、零售商等在一条供应链上的所有节点企业都联系起来进行优化，使生产资料以最快的速度，通过生产、分销环节变成增值的产品，到达有消费需求的消费者手中。这不仅可以降低成本，减少社会库存，而且使社会资源得到优化配置。更重要的是，通过信息网络、组织网络，实现了生产及销售的有效链接和物流、信息流、资金流的合理流动，最终把合适的产品以合理的价格，及时送到消费者手上。计算机产业的戴尔公司在其供应链管理上采取了极具创新的方法，体现出有效的供应链管理优越性。构造高效供应链可以从以下四个方面入手。

1. 以顾客为中心

从某种意义上讲，供应链管理本身就是以顾客为中心的“拉式”营销推动的结果，其出发点和落脚点，都是为顾客创造更多的价值，都是以市场需求的拉动为原动力。顾客价值是供应链管理的核心，企业是根据顾客的需求来组织生产；以往供应链的起始动力来自制造环节，先生产物品，再推向市场，在消费者购买之前，是不会知道销售效果的。在这种“推式系统”里，存货不足和销售不佳的风险同时存在。现在，产品从设计开始，企业已经让顾客参与，以使产品能真正符合顾客的需求。这种“拉式系统”的供应链是以顾客的需求为原动力的。

供应链管理始于最终用户。其架构包括以下三个部分：

(1)客户服务战略。客户服务战略决定企业如何从利润最大化的角度对客户的反馈和期望作出反应。第一步是对客户服务市场细分，以确定不同细分市场的客户期望的服务水平。第二步应分析服务成本，包括企业现有的客户服务成本结构和为达到不同细分市场服务水平所需的成本。第三步是销售收入管理，这一步非常重要，但常被企业忽视。当企业为不同客户提供新的服务时，客户对此会如何反应？是购买增加而需要增加产能，还是客户忠诚度上升，使得企业可以提高价格？企业必须对客户作出正确反应，以使利润最大化。

(2)需求传递战略。需求传递战略则是企业以何种方式将客户需求与产品服务的提供相联系。企业采取何种销售渠道组合把产品和服务送达客户，这一决策对于客户服务水平和分销成本有直接影响。而需求规划,即企业如何根据预测和分析,制订生产和库存计划来满足客户需求,是企业最为重要的职能之一。良好的需求规划是成功地满足客户需求、使成本最小化的关键。

(3)采购战略。采购战略决定企业在何地、怎样生产产品和提供服务。关键决策是自制还是外购,这直接影响企业的成本结构和所承担的劳动力、汇率、运输等风险;此外,企业的产能如何规划布置,以及企业如何平衡客户满意和生产效率之间的关系,都是很重要的内容。

2.强调企业的核心竞争力

在供应链管理中,一个重要的理念就是强调企业的核心业务和竞争力,并为其在供应链上定位,将非核心业务外包。由于企业的资源有限,企业要在各式各样的行业和领域都获得竞争优势是十分困难的,因此它必须集中资源在某个自己所专长的领域,即核心业务上。这样就实现了在供应链上定位,成为供应链上一个不可替代的角色。

企业核心竞争力具有以下特点:第一点是仿不了,就是别的企业模仿不了,它可能是技术,也可能是企业文化。第二点是买不来,就是说这样的资源没有市场,市场上买不到。所有在市场上能得到的资源都不能成为企业的核心竞争力。第三点是拆不开,强调的是企业的资源和能力具有互补性,有了这个互补性,分开就不值钱,合起来才值钱。第四点是带不走,强调的是资源的组织性,好多资源可能像个人,好比你拿到了 MBA 学位,这时候你的身价就高了,你可以带走。这样的资源本身不构成企业的核心竞争力,带不走的东西包括互补性,或者它是属于企业的,好比专利权,如果专利权属于个人,这个企业就不具有竞争力。一些优秀企业之所以能够以自己为中心构建起高效的供应链,就在于它们有着不可替代的竞争力,并且凭借这种竞争力把上下游的企业串在一起,形成一个为顾客创造价值的有机链条。

3.相互协作的双赢理念

传统的企业运营中,供销之间互不相干,是一种敌对争利的关系,系统协调性差。企业和各供应商没有协调一致的计划,每个部门各搞一套,只顾安排自己的活动,影响整体最优。与供应商和经销商都缺乏合作的战略伙伴关系,且往往从短期效益出发,挑起供应商之间的价格竞争,失去了供应商的信任与合作基础。市场形势好时对经销商态度傲慢,市场形势不好时又企图将损失转嫁给经销商,因此得不到经销商的信任与合作。而在供应链管理的模式下,所有环节都看作一个整体,链上的企业除了自身的利益外,还应该一同去追求整体的竞争力和盈利能力。因为最终客户选择一件产品,整条供应链上所有成员都受益;如果最终客户不要这件产品,则整条供应链上的成员都会受损失。可以说,合作是供应链与供应链之间竞争的一个关键。

在供应链管理中,不但有双赢理念,更重要的是通过技术手段把理念形态落实到操作实务上。关键在于将企业内部供应链与外部的供应商和用户集成起来,形成一个集成化的供应链。而与主要供应商和用户建立良好的合作伙伴关系,即所谓的供应链合作关系,是集成化供应链管理的关键。此阶段企业要特别注重战略伙伴关系管理,管理的重点是以面向供应商和用户取代面向产品,增加与主要供应商和用户的联系,增进相互之间的了解(产品、工艺、组织、企业文化等),保持相互之间一定的一致性,实现信息共享等。企业应通过为用户提供与竞争者不同的产品和服务或增值的信息而获利。供应商管理库存和共同计划、预测与库存补充的应用就是企业转向改善、建立良好的合作伙伴关系的典型例子。通过建立良好的合作伙伴关系，企业就可以更好地与用户、供应商和服务提供商实现集成和合作，共同在预测、产品设计、生产、运输计划和竞争策略等方面设计和控制整个供应链的运作。对于主要用户，企业一般建立以用户为核心的小组，这样的小组具有不同职能领域的功能，从而更好地为主要用户提供有针对性的服务。

4. 优化信息流程

信息流程是企业内员工、客户和供货商的沟通过程，以前只能以电话、传真，甚至面见达成信息交流的目的。现在能利用电子商务、电子邮件，甚至互联网进行信息交流，虽然手段不同，但内容并没有改变。而计算机信息系统的优势在于其自动化操作和处理大量数据的能力，使信息流通速度加快，同时减少失误。然而，信息系统只是支持业务过程的工具，企业本身的商业模式决定着信息系统的架构模式。

为了适应供应链管理的优化，必须从与生产产品有关的第一层供应商开始，环环相扣，直到货物到达最终用户手中，真正按链的特性改造企业业务流程，使各个节点企业都具有处理物流和信息流的自组织和自适应能力。要形成贯穿供应链的分布数据库的信息集成，从而集中协调不同企业的关键数据。所谓关键数据，是指订货预测、库存状态、缺货情况、生产计划、运输安排、在途物资等数据。

为便于管理人员迅速、准确地获得各种信息，应该充分利用电子数据交换、Inter-net 等技术手段，实现供应链的分布数据库信息集成，达到共享采购订单的电子接收与发送、多位置库存控制、批量和系列号跟踪、周期盘点等重要信息。

思科公司是运用因特网实现虚拟供应链的典范，超过 90％的公司订单来自因特网，而思科的工作人员直接过手的订单不超过 50％。思科公司通过公司外部网连接零部件供应商、分销商和合同制造商，以此形成一个虚拟的、适时的供应链。当客户通过思科的网站订购一种典型的思科产品如路由器时，所下的订单将触发一系列的消息给其生产印刷电路板的合同厂商，同时分销商也会被通知提供路由器的通用部件如电源，组装成品的合同制造商通过登录到思科公司的外部网并连接至其生产执行系统，可以事先知道可能发生的订单类型和数量。信息整合也使整个供应链上的企业都能共享有用的信息。例如，沃尔玛与宝洁公司共享宝洁产品在沃尔玛零售网络中的销售信息，使宝洁能够更好地管理这些产品的生产，从而也保障了沃尔玛商场中这些产品的供货。

要成功地实施供应链管理，使供应链管理真正成为有竞争力的武器，就要抛弃传统的管理思想，把企业内部以及节点企业之间的各种业务看做一个整体功能过程，形成集成化供应链管理体系。通过信息、制造和现代管理技术，将企业生产经营过程中有关的人、技术、经营管理三要素有机地集成并优化运行。通过对生产经营过程的物料流、管理过程的信息流和决策过程的决策流进行有效的控制和协调，将企业内部的供应链与企业外部的供应链有机地集成起来进行管理，达到全局动态最优目标，以适应在新的竞争环境下市场对生产和管理过程提出的高质量、高柔性和低成本的要求。

四、供应链管理的八大原理

1. 资源横向集成原理

资源横向集成原理揭示的是新经济形势下的一种新思维。该原理认为:在经济全球化迅速发展的今天,企业仅靠原有的管理模式和自己有限的资源,已经不能满足快速变化的市场对企业所提出的要求。企业必须放弃传统的基于纵向思维的管理模式,朝着新型的基于横向思维的管理模式转变。企业必须横向集成外部相关企业的资源,形成"强强联合,优势互补"的战略联盟,结成利益共同体去参与市场竞争,以实现提高服务质量的同时降低成本、快速响应顾客需求的同时给予顾客更多选择的目的。

不同的思维方式对应着不同的管理模式和企业发展战略。纵向思维对应的是"纵向一体化"的管理模式,企业的发展战略是纵向扩展;横向思维对应的是"横向一体化"的管理模式,企业的发展战略是横向联盟。该原理强调的是优势资源的横向集成,即供应链各节点企业均以其能够产生竞争优势的资源来参与供应链的资源集成,在供应链中以其优势业务的完成来参与供应链的整体运作。该原理是供应链系统管理最基本的原理之一,表明了人们在思维方式上所发生的重大转变。

2. 系统原理

系统原理认为,供应链是一个系统,是由相互作用、相互依赖的若干组成部分结合而成的具有特定功能的有机整体。供应链是围绕核心企业,通过对信息流、物流、资金流的控制,把供应商、制造商、分销商、零售商直到最终用户连成一个整体的功能网链结构模式。

首先,供应链的系统特征体现在其整体功能上,这一整体功能是组成供应链的任一成员企业都不具有的特定功能,是供应链合作伙伴间的功能集成,而不是简单叠加。供应链系统的整体功能集中表现在供应链的综合竞争能力上,这种综合竞争能力是任何一个单独的供应链成员企业都不具有的。其次,体现在供应链系统的目的性上。供应链系统有着明确的目的,这就是在复杂多变的竞争环境下,以最低的成本、最快的速度、最好的质量为用户提供最满意的产品和服务,通过不断提高用户的满意度来赢得市场。这一目的也是供应链各成员企业的共同目的。第三,体现在供应链合作伙伴间的密切关系上。这种关系是基于共同利益的合作伙伴关系,供应链系统目的的实现,受益的不只是一家企业,而是一个企业群体。因此,各成员企业均具有局部利益服从整体利益的系统观念。第四,体现在供应链系统的环境适应性上。在经济全球化迅速发展的今天,企业面对的是一个迅速变化的买方市场,要求企业能对不断变化的市场作出快速反应,不断地开发出符合用户需求的、定制的"个体化产品"去占领市场以赢得竞争。新型供应链(有别于传统的局部供应链)以及供应链管理就是为了适应这一新的竞争环境而产生的。第五,体现在供应链系统的层次性上。供应链各成员企业分别都是一个系统,同时也是供应链系统的组成部分;供应链是一个系统,同时也是它所从属的更大系统的组成部分。从系统层次性的角度来理解,相对于传统的基于单个企业的管理模式而言,供应链管理是一种针对更大系统(企业群)的管理模式。

3. 多赢互惠原理

多赢互惠原理认为,供应链是相关企业为了适应新的竞争环境而组成的一个利益共同体,其是建立在共同利益的基础之上,供应链各成员企业之间是通过一种协商机制来谋求一种多赢互惠的目标。供应链管理改变了企业的竞争方式，将企业之间的竞争转变为供应链之间的竞争，强调核心企业通过与供应链中的上下游企业之间建立战略伙伴关系，以强强联合的方式，使每个企业都发挥各自的优势，在价值增值链上达到多赢互惠的效果。

供应链管理在许多方面都体现了多赢互惠的思想。例如，供应链中的"需求放大效应"使得上游企业所获得的需求信息与实际消费市场中的顾客需求信息存在很大的偏差，上游企业不得不维持比下游企业更高的库存水平。需求放大效应是需求信息扭曲的结果，供应链企业之间的高库存现象会给供应链的系统运作带来许多问题，不符合供应链系统整体最优的原则。为了解决这一问题，近年来在国外出现了一种新的供应链库存管理方法——供应商管理用户库存(VMI)，这种库存管理策略打破了传统的各自为政的库存管理模式，体现了供应链的集成化管理思想，其结果是降低了供应链整体的库存成本，提高了供应链的整体效益，实现了供应链合作企业间的多赢互惠。再如，在供应链相邻节点企业之间，传统的供需关系是以价格驱动的竞争关系，而在供应链管理环境下，则是一种合作性的双赢关系。

4.合作共享原理

合作共享原理具有两层含义，一是合作，二是共享。合作原理认为：由于任何企业所拥有的资源都是有限的，它不可能在所有的业务领域都获得竞争优势，因而企业要想在竞争中获胜，就必须将有限的资源集中在核心业务上。与此同时，企业必须与全球范围内的在某一方面具有竞争优势的相关企业建立紧密的战略合作关系，将本企业中的非核心业务交由合作企业来完成，充分发挥各自独特的竞争优势，从而提高供应链系统整体的竞争能力。共享原理认为：实施供应链合作关系意味着管理思想与方法的共享、资源的共享、市场机会的共享、信息的共享、先进技术的共享以及风险的共担。

信息共享是实现供应链管理的基础，准确可靠的信息可以帮助企业作出正确的决策。供应链的协调运行建立在各个节点企业高质量的信息传递与共享的基础之上，信息技术的应用有效地推动了供应链管理的发展，它可以节省时间和提高企业信息交换的准确性，减少了在复杂、重复工作中的人为错误，因而减少了由于失误而导致的时间浪费和经济损失，提高了供应链管理的运行效率。共享信息的增加对供应链管理是非常重要的。由于可以做到共享信息，供应链上任何节点的企业都能及时地掌握市场的需求信息和整个供应链的运行情况，每个环节的物流信息都能透明地与其他环节进行交流与共享，从而避免了需求信息的失真现象，消除了需求信息的扭曲放大效应。

5.需求驱动原理

需求驱动原理认为：供应链的形成、存在、重构，都是基于一定的市场需求而发生的，并且在供应链的运作过程中，用户的需求是供应链中信息流、产品/服务流、资金流运作的驱动源。在供应链管理模式下，供应链的运作是以订单驱动方式进行的，商品采购订单是在用户需求订单的驱动下产生的，然后商品采购订单驱动产品制造订单，产品制造订单又驱动原材料(零部件)采购订单，原材料(零部件)采购订单再驱动供应商。这种逐级驱动的订单驱动模式，使供应链系统得以准时响应用户的需求，从而降低了库存成本，提高了物流的速度和库存周转率。

基于需求驱动原理的供应链运作模式是一种逆向拉动运作模式，与传统的推动式运作模式有着本质的区别。推动式运作模式以制造商为中心，驱动力来源于制造商，而拉动式运作模式是以用户为中心,驱动力来源于最终用户。两种不同的运作模式分别适用于不同的市场环境,有着不同的运作效果。不同的运作模式反映了不同的经营理念,由推动式运作模式向拉动式运作模式的转变,反映的是企业所处环境的巨变和管理者思想认识上的重大转变,反映的是经营理念从"以生产为中心"向"以顾客为中心"的转变。

6. 快速响应原理

快速响应原理认为:在全球经济一体化的大背景下,随着市场竞争的不断加剧,经济活动的节奏也越来越快,用户在时间方面的要求也越来越高。用户不但要求企业要按时交货,而且要求的交货期越来越短。因此,企业必须能对不断变化的市场作出快速反应,必须要有很强的产品开发能力和快速组织产品生产的能力,源源不断地开发出满足用户多样化需求的、定制的"个性化产品"去占领市场,以赢得竞争。

在当前的市场环境里,一切都要求能够快速响应用户需求,而要达到这一目的,仅靠一个企业的努力是不够的。供应链具有灵活快速响应市场的能力,通过各节点企业业务流程的快速组合,加快了对用户需求变化的反应速度。供应链管理强调准时,即准时采购、准时生产、准时配送,强调供应商的选择应少而精,强调信息技术应用等,均体现了快速响应用户需求的思想。

7. 同步运作原理

同步运作原理认为:供应链是由不同企业组成的功能网络,其成员企业之间的合作关系存在着多种类型,供应链系统运行业绩的好坏取决于供应链合作伙伴关系是否和谐,只有和谐而协调的关系才能发挥最佳的效能。供应链管理的关键就在于供应链上各节点企业之间的联合与合作以及相互之间在各方面良好的协调。

供应链的同步化运作,要求供应链各成员企业之间通过同步化的生产计划来解决生产的同步化问题,只有供应链各成员企业之间以及企业内部各部门之间保持步调一致时,供应链的同步化运作才能实现。供应链形成的准时生产系统,要求上游企业准时为下游企业提供必需的原材料(零部件),如果供应链中任何一个企业不能准时交货,都会导致供应链系统的不稳定或者运作的中断,导致供应链系统对用户的响应能力下降,因此保持供应链各成员企业之间生产节奏的一致性是非常重要的。

协调是供应链管理的核心内容之一。信息的准确无误、畅通无阻,是实现供应链系统同步化运作的关键。要实现供应链系统的同步化运作,需要建立一种供应链的协调机制,使信息能够畅通地在供应链中传递,从而减少因信息失真而导致的过量生产和过量库存,使整个供应链系统的运作能够与顾客的需求步调一致,同步化响应市场需求的变化。

8. 动态重构原理

动态重构原理认为:供应链是动态的、可重构的。供应链是在一定的时期内、针对某一市场机会、为了适应某一市场需求而形成的,具有一定的生命周期。当市场环境和用户需求发生较大的变化时,围绕着核心企业的供应链必须能够快速响应,能够进行动态快速重构。

市场机遇、合作伙伴选择、核心资源集成、业务流程重组以及敏捷性等是供应链动态重构的主要因素。从发展趋势来看,组建基于供应链的虚拟企业将是供应链动态快速重构的核心内容。

第三节　物流管理与供应链管理的关系

一、物流管理与供应链管理异同

近年来，物流管理与供应链管理成为业界热门词汇。现今在全球学术界、企业界对物流与供应链管理的三种具有代表性的观点，分别是：异名同质观、统合观、战略观。

1. 异名同质观

持异名同质观的人士认为，供应链管理与物流管理是同一本质，不同的名称而已。物流管理本身是一个不断变化和更新的概念。它从第二次世界大战时的军事物流引申到战后的企业内部物流，20 世纪 90 年代再演变到跨企业的物流管理。物流管理是为了最大满足客户需求，而对产品、服务和相关信息从起源点到最终消费点有效的、高效的流动和储存进行的计划、实施与控制过程。而供应链管理则是在提供产品、服务和信息的过程中，对从终端用户到原始供应商之间关键商业流程进行集成，从而为客户和其他所有流程参与者增值。从理论上来说，这两个概念并没有太大的区别。北美各界虽然基本统一了对物流管理与供应链管理的定义（物流管理是供应链管理的一部分），但是欧洲却坚持使用“物流管理”来表达供应链管理的理念。

2. 统合观

持统合观的人士认为，物流管理是供应链管理的一部分。物流与营销、运作、采购、战略策划、信息技术、销售一起组成了供应链。物流管理从来都是一个供应链导向的概念，是对从起源点到消费点的整个流程的管理。但在实际运作中，物流部的职能大多只是负责企业下游的运输与配送，远没有达到其理论所涵盖的范围。面对这种大概念、小职能现象，有的人取其概念而将物流职能扩大化，有的则取其职能而将物流概念缩小化。统合观的人士采用供应链管理的新概念来实施新的管理理念，以区别于传统的物流职能。

3. 战略观

持战略观的人士认为，供应链管理并不是物流、营销、运作、采购的统合，而是这些领域的战略成分的整合。比如说在采购部，一个长期采购合同的谈判是战略决策，而发出采购订单是战术行为。供应链管理总监会参与合同的谈判，但不会参与采购订单的生成与发送。同样，在物流部，选择一个第三方物流供应商是战略决策，而仓库中拣选商品与包装则是战术行为。对战略派人士来说，供应链管理是协调企业之间的跨职能的决策。

在持战略观的企业里，通常会设立供应链管理总监的职位（有些企业也有信息资讯总监，如和光商务），直接向总裁汇报。这个部门与物流部、采购部、信息技术部、营销部、客户服务部会有很多的沟通与合作，但没有上下级关系。各职能部门继续管理日常的战术运作，但战略上的决策则必须由跨职能的供应链管理部门来进行研究和决定，并协调实施。由于供应链管理总监直接向总裁汇报，不隶属任何职能部门，所以能不局限于职能部门的框架，能够最大限度地寻求整个供应链的整体优化，而不是某个单一部门的局部优化。

二、物流管理在供应链管理中的地位

一般认为,供应链是物流、信息流、资金流的统一,那么,物流管理很自然地成为供应链管理体系的重要组成部分。供应链管理与物流管理的区别在哪里?一般而言,供应链管理涉及制造问题和物流问题两个方面,物流涉及的是企业的非制造领域问题。两者的主要区别表现在:

(1)物流涉及原材料、零部件在企业之间的流动,而不涉及生产制造过程的活动。

(2)供应链管理包括物流活动和制造活动。

(3)供应链管理涉及从原材料到产品交付给最终用户的整个物流增值过程,物流涉及企业之间的价值流过程,是企业之间的衔接管理活动。

物流管理在供应链管理中有着重要的作用。这一点可以通过价值分布来考查。物流价值(采购和分销之和)在各种类型的产品和行业中都占到了整个供应链价值的一半以上,制造价值不到一半。在易耗消费品和一般工业品中,物流价值的比例更大,达80%以上。说明供应链是一个价值增值链过程,应有效地管理好物流过程,提高供应链的价值增值水平。物流管理不再是传统的保证生产过程连续性的问题,而是要在供应链管理中发挥重要作用:创造用户价值,降低用户成本;协调制造活动,提高企业敏捷性;提供用户服务,塑造企业形象;提供信息反馈,协调供需矛盾。要实现这几个目标,物流系统应做到准时交货,提高交货可靠性,提高响应性,降低库存费用等。

现代市场环境的变化,要求企业加速资金周转,快速传递与反馈市场信息,不断沟通生产与消费的联系,提供低成本的优质产品,生产出满足顾客需求的顾客化的产品,提高用户满意度。因此,只有建立敏捷而高效的供应链物流系统才能达到提高企业竞争力的要求。供应链管理将成为21世纪企业的核心竞争力,而物流管理又将成为供应链管理的核心能力的主要构成部分。

三、物流供应链管理的发展趋势

在21世纪,全过程可视的实时管理和高效率运作将使供应链管理实现划时代的广泛应用。随着经济的进步,我们可以看到物流供应链管理战略的发展趋势,主要表现在以下几个方面。

1.时间与速度方面

越来越多的公司已认识到时间与速度是影响市场竞争力的关键因素之一。现在对时间与速度的重视已扩大至其他领域,尤其是在供应链环境下,时间与速度已被看做是提高整体竞争优势的主要来源,一个环节的拖沓往往会影响整个供应链的运转。供应链中的各个企业通过各种手段实现它们之间物流、信息流的紧密连接,以达到对最终客户要求快速反应、减少存货成本、提高供应链整体竞争水平的目的。

2.质量方面

物流供应链管理涉及许多环节,需要环环紧扣,并确保每一个环节的质量。因为一个环节如运输服务质量的好坏,直接影响到供应商备货的数量、分销商仓储的数量,最终影响用户对产品质量、时效性以及价格的评价。厂商们开始认识到,即使其产品在其他方面都有出色的表现，一旦交付延迟或损坏，都是客户所不能接受的。劣质的物流业绩会毁灭产品在其他方面的出色表现。

3. 组织方面

当前对物流供应链管理有重要影响的一个趋势是货主开始考虑减少物流供应商的数量，这个趋势非常明显与迅速。跨国公司客户更愿意将它们的全球物流供应链外包给少数几家，最好是一家物流供应商。因为这样不仅有利于管理，而且有利于在全球范围内提供统一的标准服务，更好地显示出全球供应链管理的整套优势。虽然跨国公司希望只采用有操作全球供应链能力的少数几家物流供应商，但目前还没有一家物流供应商声称能够完全依靠自身实力满足，因此，物流供应商间的联盟应运而生。

4. 资产生产率方面

另一个将改变物流供应链管理的因素是货主越来越关心资产生产率。在改进资产生产率方面，一直很受重视的是存货水平的减少和存货周转的加快，因为存货所发生的费用是资产占用的重头部分，减少存货可以减少存货成本。固定设施如仓库的投资也是影响资产生产率的重要方面。通过减少存货和利用公共仓库而减少自有仓库已成为明显的趋势。与此类似的还有减少自有运输工具增加外包。

5. 客户服务方面

还有一个对物流供应链管理具有影响的趋势是对客户服务与客户满足的重视。传统的量度是以“订单交货周期”、“完整订单的百分比”等来衡量的，而目前更注重客户对服务水平的感受，服务水平的量度也以它为标准。例如，一些公司已采用订单准时交送的百分比、订单完整收到的百分比（货损货差率）、账单准确的百分比等指标。客户服务重点转变的结果便是重视与物流公司的关系，并把物流公司看成是提供高服务水平的合作者。

第四节　供应链风险成因及对策分析

在经济衰退时期，供应链销售额下降，现金流入量减少，而未完成的固定资产投资仍需大量资金的继续投入。通过对节点企业风险的识别与判断，进行风险调整和优化，将大大加强整个供应链的风险控制。

一、供应链风险的成因分析

1. 供应链组成要素形成的风险

(1)机会主义风险。由于信息的不对称，供应链合约的一方从另一方那儿得到剩余的收益，使合约破裂，导致供应链的危机。在整个供应链管理环境中，委托人往往比代理人处于一个更不利的位置，代理企业往往会通过增加信息的不对称，从委托合作伙伴那儿得到最大的收益。

(2)信息沟通障碍风险。由于每个企业都是独立经营和管理的经济实体，供应链实质上是一种松散的企业联盟，当供应链规模日益扩大，结构日趋繁复时，供应链上发生信息错误的机会也随之增多。信息传递延迟将导致上下游企业之间沟通不充分，对产品的生产以及客户的需求在理解上出现分歧,不能真正满足市场的需要。同时会产生牛鞭效应,导致过量的库存。

(3)企业运作风险。现代企业生产组织强调集成、效率,这样可能导致生产过程刚性太强,缺乏柔性,若在生产或采购过程的某个环节上出现问题,很容易导致整个生产过程的停顿。

(4)渠道成员风险。分销商是市场的直接面对者,要充分实施有效的供应链管理,必须做好分销商的选择工作。在供应链中,如果分销商选择不当,会直接导致核心企业市场竞争的失败,也会导致供应链凝聚力的涣散,从而导致供应链的解体。

(5)物流运作风险。物流活动是供应链管理的纽带,这就需要供应链各成员之间采取联合计划,实现信息共享与存货统一管理。但在实际运行中是很难做到这一点的,导致在原料供应、原料运输、原料缓存、产品生产、产品缓存和产品销售等过程中可能出现衔接失误,这些衔接失误都可能导致供应链物流不畅通而产生风险。

2.供应链外部环境风险

(1)市场需求识别风险。供应链的运作是以市场需求为导向的,供应链中的生产、运输、供给和销售等都建立在对需求准确预测的基础之上。市场竞争的激化,大大增强了消费者需求偏好的不确定性,使准确预测的难度加大,很容易增加整个供应链的经营风险。如果不能获得正确的市场信息,供应链无法反映出不断变化的市场趋势和顾客偏好。一条供应链也会由于不能根据新的需求改变产品和供应物,而不能进入一个新的细分市场。最后,市场机会也会由于不能满足顾客快速交货的需要而丧失。

(2)经济波动风险。市场经济的运行轨迹具有明显的周期性,繁荣和衰退交替出现,这种宏观经济的周期性变化,使供应链的经营风险加大。在经济繁荣时期,供应链在市场需求不断升温的刺激下,会增加固定资产投资,进行扩大再生产,增加存货、补充人力,相应地增加了现金流出量。而在经济衰退时期,供应链销售额下降,现金流入量减少,而未完成的固定资产投资仍需大量资金的继续投入。此时市场筹资环境不理想,筹资成本加大。这种资金流动性差的状况增大了供应链的经营风险。

(3)经济政策风险。当国家经济政策发生变化时,往往会对供应链的资金筹集、投资及其他经营管理活动产生极大影响,使供应链的经营风险增加。例如,当产业结构调整时,国家往往会出台一系列的产业结构调整政策和措施,对一些产业的鼓励,给供应链投资指明了方向;对另一些产业的限制,使供应链原有的投资面临着遭受损失的风险,供应链需要筹集大量的资金进行产业调整。

(4)法律环境风险。国家法律代表国家的利益,制约着人们的行为。供应链成员所面临的法律环境的变化也会诱发供应链经营风险。每个国家的法律都有一个逐渐完善的过程,法律法规的调整、修订等不确定性,有可能对供应链运转产生负面效应。

二、供应链成员对待风险的态度

1.风险爱好型企业

对于风险爱好型企业来说,它不顾可能发生的危险,仍实施某项行为和进行某项决策活动。其效用函数是凸型的,期望效用必然小于概率事件的期望效用。风险爱好型企业获随机收益比获取确定收益所承担的风险要大，而机会则小。该类企业倾向于风险投资，遵循风险越大收益越大的经营信条；其有利的一面是易抓住市场机会，于风险处获取第一桶金；其弊端是遇到风险有可能颗粒无收，甚至一蹶不振。

2.风险厌恶型企业

风险厌恶型企业较保守，回避可能发生的风险。其效用函数是凹型的，期望效用必然大于概率事件的期望效用。风险厌恶型企业宁愿获取确定收益而不愿获取随机收益或不确定收益，即尽可能回避风险。此种类型的企业容易错过良好的潜在商机，由于担心投资决策失误而不敢贸然进入投资回报率高的行业，发展相对缓慢。

3.风险中性型企业

风险中性型企业既不冒险也不保守，而是介于风险爱好与风险厌恶之间。我们可以看出，概率事件的结果与概率事件本身无差别。这类企业属于理智型投资偏好类型，投资选择在仔细分析市场机会的前提下，敢于抓住商机又不贸然行动，即寻求稳妥又不固步自封。

三、供应链风险防范对策

1.加强节点企业的风险管理

供应链从采购、生产到销售的过程是由多个节点企业共同参与而形成的串行或并行的混合网络结构。其中某一项工作既可能由一个企业完成，也可能由多个企业共同完成。供应链整体的效率、成本、质量指标取决于节点指标。由于供应链整体风险是由各节点风险传递而成。因此，通过对节点企业风险的识别与判断，进行风险调整和优化，将大大加强整个供应链的风险控制。

2.建立应急处理机制

在供应链管理中，对突发事件要有充分的准备。对于一些偶发但破坏性大的事件，可预先制定应变措施，制定应对突发事件的工作流程，建立应变事件的小组。同时，要建立一整套预警评价指标体系，当其中一项以上的指标偏离正常水平并超过某一“临界值”时，发出预警信号，及时做出处理。

3.加强信息交流与共享，提高信息沟通效率

供应链企业之间应该通过建立多种信息传递渠道，加强信息交流和沟通，增加供应链透明度，加大信息共享程度来消除信息扭曲。比如共享有关预期需求、订单、生产计划等信息，从而降低不确定性、降低风险。

4.优化合作伙伴选择，形成价值同盟

供应链合作伙伴选择是供应链风险管理的重要一环。一方面要充分利用各自的互补性以发挥合作竞争优势，另一方面也要考虑伙伴的合作成本与适应性。合作伙伴应将供应链看成一个整体，而不是由采购、生产、销售各环节构成的分离的功能模块。只有链上伙伴坚持并最终执行对整条供应链的战略决策，供应链才能真正发挥成本优势，占领更大的市场份额，达到供应链价值的最大化，实现各成员的共赢。

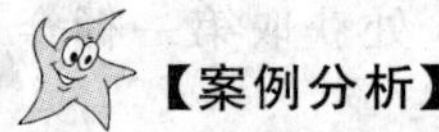
【案例分析】

柯达公司需求驱动型的供应链

设想一下，五年内80%的生意都消失掉了，你会如何应对？要做的显然不只是开发一款跟上时代潮流的新产品那么简单。

对柯达公司来说，一张照片胜过千言万语，而数字照片的效果则要相当于传统胶卷的两倍。到了2003年，数字摄影技术已经极大地减少了传统胶卷的使用，同时也很大程度地减少了柯达公司的业务。

“在过去五年的时间里，柯达公司80%的传统业务都消失了，”甲骨文公司(Oracle)的高级产品策略总监约翰·博姆戴兹说。虽然现在柯达公司是北美地区数码相机的销量冠军，但是这种业务对该公司来说是一个全新的世界。

这种剧烈的市场变化使得柯达公司必须对自己的商业模式及供应链作出深刻的变革。柯达公司2005年的销售额为143亿美元，其产品和服务主要包括四类：消费数码成像、胶卷和洗印系统、医疗成像和图片通信。

2003年，柯达公司对自己的业务进行了一次全面的改革，集中精力将业务重点从传统洗印转向数码技术。同时，为了适应新业务的需要，该公司重塑自己的供应链，也从传统模式转向了需求驱动型的供应链模式。

这些行动现在开始起作用了。

“到2008年，我们预期柯达公司在自己的各个业务领域都将成为该板块的行业领导者，”柯达的董事长兼CEO安东尼奥·佩雷兹在公司的2005年年报中这样说道。2007年，该公司超过一半的销售收入都来自数码产品和服务，这在柯达公司的历史上还是第一次。“我们现在的核心产品体系、组织结构和领导团队已经就位，可以确保我们完成后半段的改革，”佩雷兹说。

这场改革的一个关键因素就是柯达公司的供应链战略。柯达公司的供应商及物流运营经理麦克尔·卡塔拉尼说，作为公司为现金流松绑的计划的一部分，柯达需要向需求驱动型的业务模式进行转变。他说：“需求驱动不仅仅指的是物流，这同时也是柯达公司的一个整体企业目标。

对于柯达公司来说，首先要为一个需求驱动型的供应链制订出合适的规则。卡塔拉尼说，该公司参照丰田汽车的做法，开始在制造业务中实施需求驱动型的管理方法，然后再将这个流程延伸到物流业务上。

这种做法的目标就是要减少存货和成本，降低供应链循环周期。柯达公司不仅达到了这些目标，而且还取得了其他一些效果，包括更有效的仓储管理和一个更加可靠的日常物流体系。

人是一切改革成功的关键。柯达公司需求驱动型改造的第一步就是要培养一个在高级管理层支持下的跨职能部门的团队。

柯达公司的物料管理经理雷·格尔巴赫说：“我们的决策团队需要来自于各个部门的关键代表，包括制造、采购、物流和供应链等各个部门。”这样做的一个好处，就是让这些高级的部门经理愿意参与到柯达的改革过程中来。

入厂物流的组织是一个典型的问题。以前都是每一家供应商自己把货物运送到柯达的工厂。为了过渡到需求驱动型的供应链,柯达公司完全和供应商共同承担了零担货物的运输。按照新的需求驱动型改革计划,柯达公司将供应商的货物按照地域进行整合,增加了向工厂运送货物的频率,卡车所运的货物也来自多家供应商。此外,该公司还对企业自身以及供应商进行了供应链的标准化改造,这样就可以及时发现异常的现象。

柯达公司同时实施了新型的交叉理货技术。交叉理货是供应商和工厂之间的中间步骤。格尔巴赫说:"我们每天如果把货物从供应商处运到交叉配货中心 1~2 次,就要再把货物运到工厂 5~6 次。这额外的一步抵消了更多的繁杂工序——包括不必要的货物存放和取货流程。"

柯达公司的供应链改造取得了巨大的成就。该公司某些领域的循环时间减少了 70%,整个系统的存货空间利用值也得以提高。

更重要的是,通过设置标准化的流程和信息化处理手段,柯达公司现在可以在问题出现之前将其解决。目前,该公司可以至少提前一天会得知原材料将出现短缺现象。在旧有体制下,柯达公司直到原材料到达工厂之后才会弄清楚是否有问题出现。事实上,需求驱动型物流也帮助柯达公司极大地减少了安全存货和材料损坏率。

公司不同部门间的关系也有了改进。"新的体制也延伸了我们供应链思维能力。以前,只要材料到了或者被运出去了,我们就认为完成了自己的工作,但是实际上如果顾客或生产部门得不到货物,就会产生一个大问题了。"格尔巴赫说。

柯达公司的成功之道是采用了当今一些领先的需求驱动型做法,这其中就包括随市场的变化而变化。

AMR 研究公司的供应链研究主任史蒂夫·霍克曼说:"一家企业如何协调市场目前和未来的需求是决定供应链得失的关键。"企业现在都在缩短产品的循环周期,增加产品的组合以及加大全球化的步伐。霍克曼说,为了迎接这些挑战,企业需要采取清晰的策略去管理供应链,使其变得更全面。需求驱动型的供应链能否施行,关键的前提是企业要实施供应链衡量标准,并使其与公司的盈利目标相适应。毕竟,供应链成本对企业来说是一个主要问题。Aberdeen 最近的一项研究表明,成本是企业所关心的第三大物流问题。供应链可视性和协同性则是第一位和第二位的。

对需求驱动型的供应链来说,可视性是另外一个重要的工具。全球贸易管理技术和服务公司的首席执行官吉姆·普罗宁格说,实施可视性的关键是一些软件工具的应用,以帮助管理存货、供应商、交通和物流流程。对任何实施全球化采购的企业来说,可视性都是最根本的要求。你不能随便就把交货期由 4 天变为 40 天或者甚至是 100 天。企业必须能够对存货进行控制。

(资料来源:根据中华考试网案例改写,http://www.examw.com/wuliuanli105007)

【案例讨论】

1. 简述柯达公司从传统模式转向需求驱动型供应链模式的背景。
2. 理解柯达公司转向需求驱动型供应链新模式的做法和突破点。
3. 理解柯达公司需求驱动型供应链可视性重要工具的关键作用。

【复习思考】

1. 什么是供应链？其有哪些特征？
2. 供应链管理的含义及内容是什么？
3. 供应链的四大支点和管理思想分别是什么？
4. 简述供应链管理与物流管理的区别和联系。
5. 简述供应链风险成因及对策分析。

第十三章　物流运作模式

学习目标

运作模式的选择关系到企业发展现代物流的成败。通过本章的学习，需要学生熟悉物流运作三种模式的区别与选择；掌握第三方物流模式的内涵；掌握物流模式的选择；了解第四方物流。

第一节　物流运作的三种模式

物流运作的三种模式分别为自营物流、物流联盟和第三方物流。

一、自营物流

企业借助自身的物质条件，自行开展经营的物流，就是自营物流。

（一）自营经营方式

常见的物流自营经营方式有：

（1）将分散在不同组织部门的物流活动整合为一个部门加以运作管理，实现跨业务单位的内部物流管理一体化。

（2）开发内部的水平物流组织或跨职能物流组织，该组织按照业务过程或工作流程进行，而不按照任务或职能划分，以实现跨任务协作、以顾客为中心。

（3）建立物流服务部，内部的物流服务部门以市场为导向，并向内部的服务对象索取费用，且内部顾客不再享有免费或低价服务，物流部门可为外部顾客提供服务，内部顾客也可以任选外部供应商提供服务。

（4）成立物流子公司，代理企业专司物流业务管理，对物流业务统一指挥并实行独立核算、自负盈亏，多余的物流能力可参与社会经营，避免物流能力闲置和浪费。

（二）自营企业特征

具有以下特征的企业适合依靠自身力量解决物流问题：

（1）业务集中在企业所在城市，送货方式比较单一。由于业务范围不广，企业独立组织配送所耗费的人力不是很大，所涉及的配送设备也仅仅限于汽车以及人力车而已，如果交由其他企业处理，反而浪费时间、增加配送成本。

(2)拥有覆盖面很广的代理、分销、连锁店，而企业业务又集中在其覆盖范围内。这样的企业一般是从传统产业转型或者依然拥有传统产业经营业务的企业，如电脑生产商、家电企业等。

(3)对于一些规模比较大、资金比较雄厚、管理能力强的企业，比较适合自营物流。

(4)物流对企业具有非常重要的战略地位。例如货物配送量巨大，企业有必要投入资金建立自己的配送系统以强化对供应和分销渠道的控制。亚马逊网站斥资建立遍布美国重要城市的配送中心，将主动权牢牢掌握在自己手中。

(三)自营物流的作用

1. 积极作用

传统的自营物流主要源于生产经营的纵向一体化，企业自备仓库、送货车辆等物流设施，内部设立综合管理部门统一企业物流运作。这种自营物流服务还停留在简单的生产管理环节，对IT企业来说物流活动完全是一种附属产物，不能带来产品增值。但是企业采用自营物流模式具有积极作用：

(1)掌握控制权。对于企业内部的采购、加工和销售环节，原材料和产成品的性能、规格，供应商以及销售商的经营能力，企业自身掌握最详尽的资料。企业自营物流，可以运用自身掌握的资料有效协调物流活动的各个环节，能以较快的速度解决物流活动管理过程中出现的问题，获得供应商、销售商以及最终顾客的第一手信息，以便随时调整自己的经营战略。

(2)盘活企业原有资产。企业选择自营物流，可以在改造企业经营管理结构和机制的基础上盘活原有物流资源，带动资金流转，为企业创造利润空间。

(3)降低交易成本。选择物流第三方，由于信息的不对称性，企业无法完全掌握物流服务商完整、真实的资料。而企业通过内部行政权力控制原材料的采购和产成品的销售，不必为运输、仓储、配送和售后服务的佣金问题进行谈判，避免多次交易花费以及交易结果的不确定性，降低交易风险，减少交易费用。

(4)提高企业品牌价值。企业自建物流系统，就能够自主控制营销活动，一方面可以亲自为顾客服务到家，使顾客近距离了解企业、熟悉产品；另一方面，企业可以掌握最新的顾客信息和市场信息，并根据顾客需求和市场发展动向对战略方案作出调整。

2. 消极作用

采用自营物流模式亦存在以下负面效应：

(1)增加了企业投资负担，削弱了企业抵御市场风险的能力。企业为了自营物流，就必须投入大量的资金用于仓存设备、运输设备以及相关的人力资本，这必然会减少企业对其他重要环节的投入，削弱企业的市场竞争能力。

(2)配送效率低下，管理难于控制。对于绝大多数企业而言，物流部门只是企业的一个后勤部门，物流活动也并非为企业所擅长。在这种情况下，企业自营物流就等于迫使企业从事不擅长的业务活动，企业的管理人员往往需要花费过多的时间、精力和资源去从事辅助性的工作，结果是辅助性的工作没有抓起来，关键性业务也无法发挥出核心作用。

(3)规模有限,物流配送的专业化程度非常低,成本较高。对于规模不大的企业,其产品数量有限,采用自营物流,不能形成规模效应,一方面导致物流成本过高,产品在市场上的竞争能力下降;另一方面由于规模有限,物流配送的专业化程度非常低,不能满足企业的需要。

(4)无法进行准确的效益评估。由于许多自营物流的企业采用内部各职能部门彼此独立的完成各自的物流,没有将物流分离出来进行独立核算,因此企业无法计算出准确的产品物流成本,无法进行准确的效益评估。

二、物流联盟

根据国家标准《物流术语》的描述,物流联盟(logistics alliance)是指两个或两个以上的经济组织为实现特定的物流目标而采取的策略安排。

联盟是介于独立的企业与市场交易关系之间的一种组织形态,是企业间由于自身某些方面发展的需要而形成的相对稳定的、长期的契约关系。物流联盟是以物流为合作基础的企业战略联盟,它是指两个或多个企业之间,为了实现自己物流战略目标,通过各种协议、契约而结成的优势互补、风险共担、利益共享的松散型网络组织。其目的是实现联盟参与方的"共赢"。在现代物流中,是否组建物流联盟,作为企业物流战略的决策之一,其重要性是不言而喻的。在我国,物流水平还处于初级阶段,组建联盟便显得尤为重要。物流联盟具有以下特点:相互依赖、核心专业化和强调合作。

1.物流联盟产生的原因

(1)利益是物流联盟产生的最根本原因。企业之间有共享的利益是物流联盟形成的基础。在西方发达国家物流成本占 GDP 的 10%左右,而我国占 15%~20%,如此大的差距与我国物流产业的效率低下形成鲜明的对比,生产运输企业通过物流或供应链的方式形成联盟,有利于提高企业的物流效率,实现物流效益的最大化。

(2)大型企业为了保持其核心竞争力,通过物流联盟方式把物流外包给一个或几个第三方物流公司。如英国的 laura ashley 是一家时装和家具零售商和批发商,从一个以家庭为基础的商业企业发展到在全球 28 个国家有 540 个专卖店的企业。从 20 世纪 80 年代开始,laura ashley 公司使用联邦快递的服务来经营北美地区业务,在 90 年代初,laura ash 面临着一个物流问题:即陈旧和集中的存货系统使公司在正常的基础上很难提供充足数量的产品,laura ashley 公司的仓储和供应网络会延迟送货时间,尤其在英国以外的国家。为了提升竞争地位,增加核心竞争力,laura ashley 公司决定与联邦快递结盟,外包其关键性的物流功能,如存货控制和全球物流配送。于是在 1992 年 3 月,公司外包其未来 10 年内的总计 2.25 亿美元的全球物流服务项目给联邦快递公司。laura ashley 公司减少了其一半的库存货物,减少了 10%~12%物流费用。补货控制在 48 小时内,提高了产品的供货质量。尤其重要的是那些"易损"的产品现在能够更可靠、频繁和准时的配送。

(3)中小企业为了提高物流服务水平,通过联盟方式解决自身能力的不足。近年来随着人们消费水平的提高,零售业得到了迅猛的发展,这给物流业带来了发展机遇的同时,也带来了新的挑战。因物流发展水平的长期落后,如物流设备、技术落后、资金不足、按行政条块划分物流区域等,很多企业尤其是中小企业不能一下子适应新的需求。因此,可以通过联盟的方式来解决这个矛盾。

(4)以第四方物流为中心,对物流服务的各个机构尤其是第三方物流公司进行整合,在数量上和质量上服务能力都大大提高,解决单靠一家企业或第三方物流机构不能完成的问题,因此产生新的联盟方式。

(5)国际互联网技术的广泛应用使跨地区的物流企业联盟成为可能。由于信息高速公路的建成,使得世界距离大大缩短,异地物流企业利用网络也可以实现信息资源共享,为联盟提供了有利的条件。

(6)我国物流企业面对跨国物流公司的竞争压力,可以通过物流联盟形式来应对。中国加入 WTO,这给国外的投资商带来无限的商机,而具有巨大潜力的物流业当然也成了令其眼红的一块"肥肉",世界最大的物流公司丹麦的马士基公司正全面进军中国的物流业,并在上海建立全国配送中心,便是明证。面对如此强劲的竞争对手,我国的物流企业只有结成联盟,通过各个行业和从事各环节业务的企业之间的联合,实现物流供应链全过程的有机融合,通过多家企业的共同努力来抵御国外大型物流企业的入侵,形成一个强大的力量,共进退、同荣辱,才有可能立于不败之地。

2. 物流联盟的优势

(1)大企业通过物流联盟迅速开拓全球市场,如 laura ashley,正是与联邦快递联盟,完成其全球物流配送,从而使业务在全球范围内展开。

(2)长期供应链关系发展成为联盟形式,有助于降低企业的风险。单个企业的力量是有限的,它对一个领域的探索失败了损失会很大,如果几个企业联合起来,在不同的领域分头行动,就会减少风险。而且联盟企业在行动上也有一定协同性,因此对于突如其来的风险,能够共同分担,这样便减少了各个企业的风险,提高了抵抗风险的能力。

(3)企业(尤其是中小企业)通过物流服务提供商结成联盟,能有效地降低物流成本(通过联盟整合,可节约成本 10%~25%),提高企业竞争能力。由于我国物流业存在着诸多不利因素,让这些企业进行联盟能够在物流设备、技术、信息、管理、资金等各方面互通有无,优势互补,减少重复劳动、降低成本,达到共同提高、逐步完善的目的,从而使物流业朝着专业化、集约化方向发展,提高整个行业的竞争能力。此外,物流联盟有助于物流合作伙伴之间在交易过程中减少相关交易成本。物流合作伙伴之间经常沟通与合作,互通信息,建立起相互信任,减少履约风险;即使在服务过程中产生冲突,也可通过协商加以解决,从而避免无休止讨价还价,甚至提出法律诉讼产生费。

(4)第三方物流公司通过联盟有利于弥补在业务范围内服务能力的不足。如联邦快递公司发现自己在航空运输方面存在明显的不足,于是决定把一些不是自己核心竞争力的业务外包给 fritz 公司,与 fritz 公司联盟,作为它的第三方物流提供商。

3. 物流联盟的方式及不足

供应链联盟可分类为资源补缺型、市场营销型和联合研制型三种。物流联盟的方式可分为以下几种方式:

(1)纵向:即垂直一体化,这种联盟方式是基于供应链一体管理的基础形成的,即从原材料到产品生产、销售、服务形成一条龙的合作关系。垂直一体化联盟能够按照最终客户的要求为其提供最大价值的同时,也使联盟总利润最大化。但这种联盟一般不太稳固,主要是在整个供应链上,不可能每个环节都能同时达到利益最大化,因此打击了一些企业的积极性,使它们有随时退出联盟的可能。

(2)横向:即水平一体化,由处于平行位置的几个物流企业结成联盟,包括第三方物流。这种联盟能使分散物流获得规模经济和集约化运作,降低了成本,并且能够减少社会重复劳动。但也有不足的地方,如它必须有大量的商业企业加盟,并有大量的商品存在,才可发挥它的整合作用和集约化的处理优势。此外,这些商品的配送方式的集成化和标准化也不是一个可以简单解决的问题。

(3)混合模式:既有处于上下游位置的物流企业,也有处于平行位置的物流企业的加盟。

(4)以项目为管理的联盟模式:利用项目为中心,由各个物流企业进行合作,形成联盟。这种联盟方式只限于一个具体的项目,使联盟成员之间合作的范围不广泛,优势不太明显。

(5)基于 web 的动态联盟。

由于市场经济条件下的激烈竞争,为了占据市场的领导地位,供应链应成为一个动态的网络结构,以适应市场变化、柔性、速度、革新、知识的需要,不能适应供应链需求的企业将被淘汰,并从外部选择优秀的企业进入供应链。供应链从而成为一个能快速重构的动态组织,实现供应链的动态联盟。但这种联盟方式缺乏稳定性。

4. 建立强有力的物流联盟

建立强有力的物流联盟应遵循以下原则:

(1)联盟要给成员带来实实在在的利益。联盟采取的每一项措施都要考虑每个成员的利益,使联盟的每个成员都是受益者,并能协调处理成员间的摩擦,提高客户服务能力,减少成本和获得持久的竞争优势。

(2)联盟战略目标与企业的物流战略一致或部分一致。联盟是一个独立的实体,是一个系统一体化的组织,联盟成员需采取共同目标和一致的努力,优化企业的外部行为,共同协调并实现联盟的目标。

(3)联盟成员的企业文化的精神实质基本一致。企业文化往往决定着企业的行为,只有企业文化大体相同的企业才有可能在行为上取得一致,从而结盟。

(4)联盟成员的领导层相对稳定。如果联盟成员经常更换领导层,后一任领导可能不认同前一任领导的决策,导致联盟不稳定性加大,因此领导层的相对稳定是联盟长期稳固发展的重要因素。

三、第三方物流

我国的国家标准《物流术语》中,对于第三方物流的表述是:"由供方与需方以外的物流企业提供物流服务的业务模式。"即:第三方物流是相对"第一方"发货人和"第二方"收货人而言的,它既不属于第一方,也不属于第二方,而是通过与第一方或第二方的合作来提供专业化的物流服务。第三方物流是指提供部分或全部物流功能服务的一个外部提供者,是物流专业化和社会化的一种形式。

1. 第三方物流的产生

第三方物流是社会分工向细化发展的结果。在社会生产进一步分工和市场竞争加剧的形势下,当各企业纷纷将企业的资金、人力、物力集中到核心业务上,以期增强核心竞争力时,也催生了社会化分工协作带来的另一个现象,那就是专业化分工重组的结果导致许多非核心业务分离出来，形成了许多具有专业职能的新行业，其中就包括物流业。将物流业务委托给第三方专业物流公司负责，将物流业务外包不仅可以降低物流成本，也可以完善物流活动的服务功能，提高客户满意度。

第三方物流的产生也是新型管理理念发展的结果。从 20 世纪 90 年代后，信息技术特别是计算机技术和网络技术的快速发展推动着管理技术和思想的更新，产生了供应链、虚拟企业等一系列强调外部协调和合作的新型管理理念，既增加了物流活动的复杂性，又对物流活动提出了快速反应、有效客户管理、零库存等更高要求。作为第三方物流，它是适应市场竞争的产物，是整个管理的集成化、系统化过程中乃至企业联盟中的重要部分。第三方物流参与一个公司的供应链的程度，他们所起的作用可以表现在各个层次上。例如，在实施供应链最基本的功能层次上，第三方物流公司可以通过为其他企业确定和安排一批货物的高效运输路径，来使后者在产品开发上获得良好的条件。

第三方物流的发展影响一个国家物流业的整体发展水平。物流作为联系客户和消费者的重要环节，其质量和水平直接影响到企业与客户的关系和企业市场地位，社会迫切需要有专门的企业提供高水平的专业化物流服务。第三方物流就是在这种条件下产生的，并因其适应现代市场经济环境而得到迅速推广，如今在发达国家已成为主流的物流模式。西方国家的物流业发展证明，独立的第三方物流要占社会物流的50%，物流产业才能形成。所以，第三方物流的发展程度反映和体现着一个国家物流业发展的整体水平。

2. 第三方物流的利与弊

在当今竞争日趋激化和社会分工日益细化的大背景下，物流外协具有明显的优越性，具体表现在：

(1)企业集中精力于核心业务。由于任何企业的资源都是有限的，很难成为业务上面面俱到的专家。所以，企业应把自己的主要资源集中于自己擅长的主业，而把物流等辅助功能留给物流公司。如美国通用汽车的萨顿工厂通过与赖德专业物流公司的合作，取得了良好的效益。萨顿集中于汽车制造，而赖德管理萨顿的物流事务。赖德接洽供应商，将零部件运到位于田纳西州的萨顿工厂，同时将成品汽车运到经销商那里。萨顿使用电子数据交换进行订购，并将信息发送给赖德。赖德从分布在美国、加拿大和墨西哥的 300 个不同的供应商那里进行所有必要的小批量采购，并使用特殊的决策支持系统软件来有效地规划路线，使运输成本最小化。

(2)灵活运用新技术，实现以信息换库存，降低成本。当科学技术日益进步时，专业的第三方物流供应商能不断地更新信息技术和设备，而普通的单个制造公司通常一时间难以更新自己的资源或技能；不同的零售商可能有不同的、不断变化的配送和信息技术需求，此时，第三方物流公司能以一种快速、更具成本优势的方式满足这些需求，而这些服务通常都是制造商一家难以做到的。

(3)减少固定资产投资，加速资本周转。企业自建物流需要投入大量的资金购买物流设备，建设仓库和信息网络等专业物流设备。这些资源对于缺乏资金的企业特别是中小企业是个沉重的负担。而如果使用第三方物流公司不仅可以减少设施的投资，还解放了仓库和车队方面的资金占用，加速了资金周转。

(4)提供灵活多样的顾客服务，为顾客创造更多的价值。假如你是原材料供应商，而你的原材料需求客户需要迅速补充货源,你就要有地区仓库。通过第三方物流的仓储服务,你就可以满足客户需求,而不必因为建造新设施或长期租赁而调拨资金使自己在经营灵活性上受到限制。如果你是最终产品供应商,利用第三方物流还可以向最终客户提供超过自己提供给他们的更多样的服务品种(如提供本企业一时不能满足客户要求的暂时缺货、短时的仓储管理等服务),为顾客带来更多的附加价值,使顾客满意度提高。

当然,与自营物流相比较,第三方物流在为企业提供上述便利的同时,也会给企业带来诸多的不利,主要有:企业不能直接控制物流职能;不能保证供货的准确和及时;不能保证顾客服务的质量和维护与顾客的长期关系;企业将放弃对物流专业技术的开发等。比如,企业在使用第三方物流时,第三方物流公司的员工经常与你的客户发生交往,此时,第三方物流公司会通过在运输工具上喷涂它自己的标志或让公司员工穿着统一服饰等方式来提升第三方物流公司在顾客心目中的整体形象,从而取代你的地位。

第二节 物流模式的选择

企业在进行物流模式的选择决策时,应根据自己的需要和资源条件,综合考虑以下主要因素,慎重选择物流模式,以提高企业的竞争力。

1. 物流对企业的重要性和企业管理物流的能力

企业采用何种物流模式来发展自身的物流业务,主要取决于下列两个因素的平衡:物流对企业的重要性和企业管理物流的能力。如图 13-1 所示。如果公司对客户服务要求高,物流成本占总成本的比重大,且已经有高素质的人员对物流运作进行有效的管理,那么该企业就不应将物流活动外包出去,而应当自营。沃尔玛就是这样一个供应渠道管理非常出色的公司。

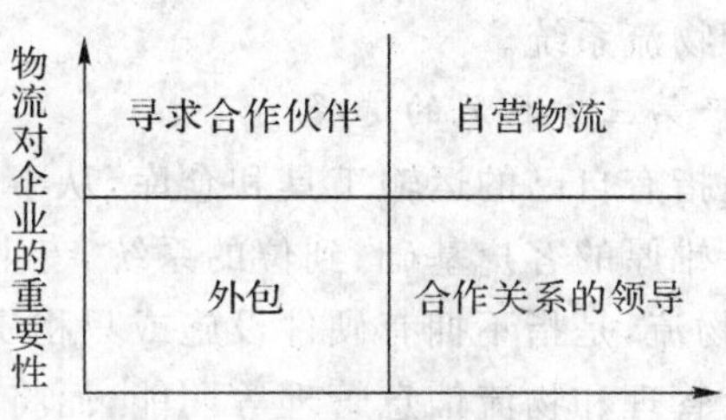

图 13-1 物流模式决策图

如果对于一家公司来说,物流并不是其核心战略,企业内部物流管理水平也不高,那么将物流活动外包给第三方物流供应商就有利于降低成本,提高客户服务水平。戴尔公司认为其核心竞争力是营销和制造高科技的个人电脑硬件,而不是物流,因此戴尔电脑在世界各地直销时,就与几家第三方物流企业合作,取得了巨大的成功。

如果物流在企业战略中起关键作用,但自身物流管理水平却较低,对这类企业来说,组建物流联盟将会在物流设施、运输能力、专业管理技巧上受益极大。

对于物流在其战略中不占关键地位,但其物流水平却很高的企业来说,可以寻找伙伴共享物流资源，通过增大物流量获得规模效益，降低成本。

2. 企业产品自身的物流特点

对于大宗工业品原料的回运或鲜活产品的分销，应利用相对固定的专业物流服务商和短渠道物流；对于全球市场的分销，宜采用地区性的专业物流公司提供支援；对于产品线单一的或为主机厂做配套零件的企业，则应在龙头企业的领导下自营物流；对于技术性较强的物流服务如口岸物流服务，企业应采用委托代理的方式。

3. 企业的规模和实力

一般来说，大中型企业由于实力较雄厚，有能力建立自己的物流系统，制订合适的物流需求计划，保证物流服务的质量。另外，还可以利用过剩的物流网络资源拓展外部业务，为别的企业提供物流服务。而小企业则受人员、资金和管理资源的限制，物流管理效率难以提高。此时，企业为把资源用于主要的核心业务，就应把物流管理交给第三方物流公司。

4. 第三方物流公司的客户服务能力

在选择物流模式时，尽管成本很重要，但第三方物流为本企业及企业顾客提供服务的能力更为重要。也就是说，第三方物流在满足企业对原材料及时需求的能力和可靠性、对企业的零售商和最终顾客变化的需求的反应能力等方面应该作为首要的因素来考虑。

5. 物流系统总成本

在选择自营还是物流外包时，必须弄清楚两种模式物流系统总成本的情况。其计算公式为：

物流系统总成本＝总运输成本＋库存维持费用＋批量成本＋总固定仓储费用
＋总变动仓储费用＋订单处理和信息费用＋顾客服务费用　(13.1)

这些成本之间存在着二律背反现象：减少仓库数量时，可降低保管费用，但会带来运输距离和次数的增加而导致运输费用增加。如果运输费用的增加部分超过了保管费用的减少部分，总的物流成本反而增大。所以，在选择和设计物流系统时，要对物流系统的总成本加以论证，最后选择成本最小的物流系统。

6. 自拥资产和非自拥资产第三方物流的选择

自拥资产第三方物流，是指有自己的运输工具和仓库，从事实实在在物流操作的专业物流公司。它们有较大的规模、雄厚的客户基础、到位的系统，专业化程度较高，灵活性受到一定限制。非自拥资产第三方物流，是指不拥有硬件设施或只租赁运输工具等少量资产，它们主要从事物流系统设计、库存管理和物流信息管理等职能，而将货物运输和仓储保管等具体作业活动由别的物流企业承担。但对系统运营承担责任的物流管理公司，这类公司运作灵活，能制定服务内容，可以自由混合、调配供应商，管理费用较低。企业应根据自己的要求对两种模式加以选择和利用。

第三节　第四方物流

一、第四方物流概述

(一)第四方物流概念

第四方物流是1998年由美国埃森哲咨询公司率先提出的，是专门为第一方、第二方和第三方提供物流规划、咨询、物流信息系统、供应链管理等活动。第四方并不实际承担具体的物流运作活动。

第四方物流是一个供应链的集成商，是供需双方及第三方物流的领导力量。它不是物流的利益方，而是通过拥有的信息技术、整合能力以及其他资源提供一套完整的供应链解决方案，以此获取一定的利润。它是帮助企业实现降低成本和有效整合资源，并且依靠优秀的第三方物流供应商、技术供应商、管理咨询以及其他增值服务商，为客户提供独特的和广泛的供应链解决方案。

(二)第四方物流的服务内容

(1)再造。当商业或生产管理基本流程已不再适应供应链整体效益最大化目标时，重新设计适应经营环境和新技术条件的基本流程。

(2)转型。改善特定供应链功能，包括业务与营运计划、供应链技术、生产策略、采购策略、产品发展、运输管理、配销管理、存货管理、客户支持等事项。

(3)执行。构建企业流程再造与系统整合、营运转换的团队。

(4)实践。第四方物流负责处理多重供应链的流程，范围超过传统的第三方物流运输与仓储管理，包括生产、采购、行政、需求预测、网络管理、配销、运输、供应链信息科技、客户支持以及存货管理等事项。

(三)第四方物流的特征

与第三方物流注重实际操作相比，第四方物流更多地关注整个供应链的物流活动，这种差别主要体现在以下几个方面，并形成第四方物流独有的特点。

1.提供一整套完善的供应链解决方案

第四方物流有能力提供一整套完善的供应链解决方案，是集成管理咨询和第三方物流服务的集成商。第四方物流和第三方物流不同，不是简单地为企业客户的物流活动提供管理服务，而是通过对企业客户所处供应链的整个系统或行业物流的整个系统进行详细分析后提出具有中观指导意义的解决方案。第四方物流服务供应商本身并不能单独地完成这个方案，而是要通过物流公司、技术公司等多类公司的协助才能将方案得以实施。

第三方物流服务供应商能够为企业客户提供相对于企业的全局最优，却不能提供相对于行业或供应链的全局最优，因此第四方物流服务供应商就需要先对现有资源和物流运作流程进行整合和再造，从而达到解决方案所预期的目标。第四方物流服务供应商整个管理过程大概设计四个层次，即再造、变革、实施和执行。

2. 通过影响整个供应链增加价值

第四方物流是通过对供应链产生影响的能力来增加价值，在向客户提供持续更新和优化的技术方案的同时，满足客户特殊需求。第四方物流服务供应商可以通过物流运作的流程再造，使整个物流系统的流程更合理、效率更高，从而将产生的利益在供应链的各个环节之间进行平衡，使每个环节的企业客户都可以受益。如果第四方物流服务供应商只是提出一个解决方案，但是没有能力来控制这些物流运作环节，那么第四方物流服务供应商所能创造价值的潜力也无法被挖掘出来。因此，第四方物流服务供应商对整个供应链所具有的影响能力直接决定了其经营的好坏，也就是说，第四方物流除了具有强有力的人才、资金和技术以外，还应该具有与一系列服务供应商建立合作关系的能力。

3. 成为第四方物流企业需具备一定的条件

成为第四方物流企业需具备：能够制定供应链策略、设计业务流程再造、具备技术集成和人力资源管理的能力；在集成供应链技术和外包能力方面处于领先地位，并具有较雄厚的专业人才；能够管理多个不同的供应商并具有良好的管理和组织能力等。

(四)第四方物流的运作模式

第四方物流结合自身的特点可以有三种运作模式来进行选择，虽然它们之间略有差别，但都是要突出第四方物流的特点。

1. 协同运作模型

在协同运作模式下，第四方物流只与第三方物流有内部合作关系，即第四方物流服务供应商不直接与企业客户接触，而是通过第三方物流服务供应商将其提出的供应链解决方案、再造的物流运作流程等实施。这就意味着，第四方物流与第三方物流共同开发市场，在开发的过程中第四方物流向第三方物流提供技术支持、供应链管理决策、市场准入能力以及项目管理能力等，它们之间的合作关系可以采用合同方式绑定或采用战略联盟方式形成。

2. 方案集成商模式

在方案集成商模式下，第四方物流作为企业客户与第三方物流的纽带，将企业客户与第三方物流连接起来，这样企业客户就不需要与众多第三方物流服务供应商进行接触，而是直接通过第四方物流服务供应商来实现复杂的物流运作的管理。在这种模式下，第四方物流作为方案集成商除了提出供应链管理的可行性解决方案外，还要对第三方物流资源进行整合，统一规划为企业客户服务。

3. 行业创新者模式

行业创新者模式与方案集成商模式有相似之处：都是作为第三方物流和客户沟通的桥梁，将物流运作的两个端点连接起来。两者的不同之处在于：行业创新者模式的客户是同一行业的多个企业，而方案集成商模式只针对一个企业客户进行物流管理。这种模式下，第四方物流提供行业整体物流的解决方案，这样可以使第四方物流运作的规模更大限度地得到扩大，使整个行业在物流运作上获得收益。

第四方物流无论采取哪一种模式，都突破了单纯发展第三方物流的局限性，能真正实现低成本运作以及最大范围的资源整合。因为第三方物流缺乏跨越整个供应链运作以及真正整合供应链流程所需的战略专业技术，第四方物流则可以不受约束地将每一个领域的最佳物流提供商组合起来，为客户提供最佳物流服务，进而形成最优物流方案或供应链管理方案。而第三方物流要么独自，要么通过与自已有密切关系的转包商来为客户提供服务，它不太可能提供技术、仓储与运输服务的最佳结合。

二、第四方物流与第三方物流的区别

(1)第三方物流建立在企业物流业务外包的基础上，第四方物流是建立在第三方物流基础上的企业物流规划，集中资源进行物流软件的开发、运营和管理，促进企业运作效率的提高。

(2)第四方物流能够提供比第三方物流范围更广泛的服务，包括进入市场的技术，供应链策略技能、能力及计划管理专家。

(3)第四方物流是物流软件的运营者，第三方物流是物流硬件服务的供应商。

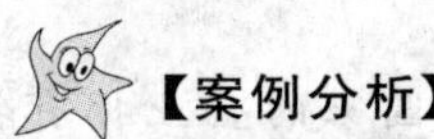

【案例分析】

海尔为什么自己发展物流

企业对物流的需求首先是为了降低成本，在这个方面，海尔也不例外，海尔也同样会遇到如何降低成本的问题。以彩电为例，海尔虽然没有参与价格战，但是，并不等于海尔没有成本问题、没有价格方面的问题。因此，从基本层面上，和其他企业对物流的需求一样，海尔发展物流首先是为了降低成本。从更高层面上，海尔物流更重要的是海尔国际化的需要，是提高竞争力的需要，是实现电子商务的需要，等等。但是，问题的关键是海尔自己发展物流，还是购买第三方物流。海尔选择了自己发展物流的道路。

那么，海尔为什么自己发展物流呢？

由于海尔的知名度和影响力，物流界十分关注着海尔物流的发展，对海尔发展物流也是众说纷纭。一种观点认为，像海尔、TCL、美的、科龙，都号称要拿出几个亿来自己做物流，把自己的分销网络改造一下就变成物流网络，物流分销相互支持，它们的想法很简单，或者有些天真。理由是，一个企业的资源是有限的，比如海尔在制造上做得最好，必须要达到10分；那么物流不是海尔的核心能力，在知识和资源方面都不是最好，因此，能达到8分就不错了。如果是由第三方物流公司来做，情况就不一样了。它有知识和经验，而且能100%地专注，100%地投入。

另一种观点认为，由于国内的第三方物流尚未成熟，无论是第三方物流，还是第四方物流，在中国发展尚需时日。在未来一段时期内，国内有实力的大型制造业企业发展物流也是一种必然，发展到一定程度再社会化，或者说大型制造业企业自己发展物流是出于无奈。海尔自己发展物流也是出于无奈。

首先，物流也有一个度的问题，无论是传统物流，还是供应链条件下的物流，不能认为物流无所不包，物流总有能够做的部分和不能够做的部分。

如果物流无限延伸就会涉及企业的商业秘密，比如，通过采购计划就可以了解到企业的生产经营计划、新产品开发等商业秘密等。海尔的物流是从源头做起、从采购做起，因此，出于商业考虑，海尔开始自己做物流无可厚非。

尽管在海尔“三个转移”的思路中提出了“从制造业向服务业转移”的产业方向，但是，海尔目前仍然是一个制造企业，因此，海尔不能像有些国外的跨国公司那样，把生产和分销全部外包出去，当然，如果全部外包出去就不需要更多的物流。如果海尔也将自己的生产部分外包出去，那么，起码可以省去物流中的采购部分，但是，目前国内的工业基础，不允许海尔全面外包。海尔从制造业向服务业转移还需要一个过程，海尔还需要生产，只要海尔需要生产就需要采购、运输、库存管理等物流。

企业外部物流可以外包，但是企业内部的物流也外包吗？显然，在目前条件下是不现实的，首先是没有哪个企业有能力为海尔做物流。以用于国际市场的国际采购为例，由于外贸和外汇制度，中间环节必然产生关税，这样，就会占用更多的资金，就会加大成本，即便不是，国内的供应商能够独立完成国际采购的商流和物流并且可以在网上交易的企业也是凤毛麟角。国内一些物流企业希望为海尔做物流，供应链下游的可以做，在供应链上游，比如，在国际采购方面，短期内，海尔自身采购的优势是无法取代的，海尔就必须自己发展物流，至少内部的物流必须自己实现。

中国的大型企业和在中国本地化的外国知名企业不同，来自发达国家的企业拥有物流方面的人才和经验，事实上，一些国内的物流企业正是在国外大型跨国公司的教授下发展起来的。而国内的企业没有，海尔也不例外，在发展物流之前，海尔也没有物流人才和经验，如果海尔自己不搞物流，那么，海尔的物流就会和许多中国企业一样停留在概念上，就不会培养人才，不会积累经验，不论内部和外部的物流都谈不上，购买物流作为一种产品、服务或者解决方案和其他事物没有什么不同，企业作为购买者或者用户首先必须真正了解物流，如果海尔的物流只停留在企业领导的口头上、书面上，那么，就是社会上的其他企业可以为其提供物流服务了，海尔也没有能力购买和享用。

从道理上讲，海尔物流应当选择第三方物流企业，但是，事实上很可能是没有哪个企业能够或者愿意承担海尔所要求的物流。为什么这样说呢？看一看海尔已经建设的物流设施，大家就一目了然了，想必国内没有哪个企业能够按照海尔的水准为其做物流。

物流是海尔的竞争力

在初级竞争的条件下，商品竞争的要素主要是价格和质量，企业通过价格可以吸引更多的购买者，通过质量取得消费者的信任，建立品牌。在这个时期，除了特殊商品外，对于一般商品，用户对时间的要求不是特别严格。但是，目前的市场竞争进入了更高的阶段，除了价格质量之外，还涉及服务，送货、维修等上门服务是否及时，这就涉及物流。

在目前的条件下，信息经济也好、新经济也罢，首先是品牌，既要保证用户获得物美价廉或物有所值的商品，同时，又要按照用户的要求在规定的时间(甚至不能早也不能晚)内送到用户指定的地点以及后期的售后服务(售后服务也有时间的问题)，也只有满足以上条件，才能吸引用户，企业才能提高竞争力。

在中国市场上，汇集了众多的家用电器品牌，有本土的，有国外的，在众多的企业和产品中，海尔的技术是不是最先进的？海尔产品的质量是不是最好的？海尔产品的价格是不是最低的？不是，或者不全是，然而，海尔却能够鹤立鸡群。为什么？这就涉及什么是竞争力？

100%的出厂合格率，不能保证100%的出售合格率，不能保证100%的使用合格率。任何一个商品在使用过程中都有出现问题的可能性，商品出现问题是很正常的，问题的关键是用户遇到了问题该怎么办？

许多消费者都会遇到这样的问题，商品在使用过程中出现了问题，不知道找谁？知道找谁了，打不通电话，打通电话没有人接，找不到人，找到人，迟迟不能解决，互相推脱，以上现象比比皆是。但是，消费者购买海尔的产品，感觉就完全不一样了(是完全不是绝对)。只要用户购买了海尔的商品，就会及时收到商品，及时获得服务，用户不久就听到海尔的声音，询问使用情况，征求意见，更重要的是用户遇到了问题，可以很容易打通海尔服务热线的电话，用户就得到答复。这就是海尔的优势，就是海尔的竞争力。

企业竞争是供应链的竞争，是物流能力的竞争，是速度的竞争。

1997 年，在北京市场海尔空调热销，当空调一天销售超过 1000 台时，安装人员不足，海尔就空运人员过来安装。一位外商要订购 7 个集装箱的海尔产品，要求两天之内发出货物，当时正是周五下午，这意味着给海尔人的时间只有 3 小时。订单就是命令，海尔人最后用 3 个小时办完了通常需要 7 天才能办完的所有事情，当晚 9 点钟，货物全部装上船。一位中东经销商要求一个世界著名的老牌公司改包装箱，得到的答复是要用 6 个月。情急之下他找到了海尔，得到的答复是 15 天。15 天后该经销商如期拿到了新包装箱。2000 年，海尔集团仅仅花了 2 个月的时间(国际上的最高纪录是 3 个月)就开发出海尔"美高美"彩电，创造了彩电开发的一个奇迹。所有这一切都是因为海尔的物流，物流已经成为海尔的一种核心竞争力。

在中国的家用电器市场，价格大战烽烟四起，一轮接着一轮的价格战"没完没了"，价格无疑是吸引用户购买的主要因素，但是，单纯通过价格手段，或者，盲目追求价格而影响质量，那么，企业的发展就进入了怪圈，可能导致恶性循环。大多数国内企业都不知不觉地进入了这个价格误区，但是，海尔却没有"凑热闹"。

相反，海尔迈着坚实的步伐一步一个脚印地建立着自己的分销系统，海尔在全国建立数十个电话服务中心，向用户提供全天候、全方位和全免费服务。这也许是为什么海尔希望在分销系统之上建立物流网络的一个原因。

海尔物流规划

物流之所以被称之为"第三利润源泉"，是因为这种利润不直观、不容易挖掘。不仅如此，现代物流是一个高度集成的领域，涉及许多专业或行业，因此，必须采取科学的态度发展物流，海尔的做法值得大家借鉴。

1. 海尔物流调查

在海尔国际化过程中，通过参与国际竞争，海尔不断地认真分析和研究国际著名跨国公司，特别是《FORTUNE》500 强，通过研究上述企业，海尔认识到，这些企业都拥有世界一流的物流能力，这些企业能够利用自己的物流系统向顾客提供优质服务并获得竞争优势。与此同时，海尔对照国际先进企业的物流管理经验，结合海尔集团的国际化总体战略分析自身的物流现状，找出海尔物流存在的差距。通过分析和研究，海尔得出这样的结论：物流是作为一种能力在企业内部定位的，它对创造顾客价值的一般过程作出贡献。当企业发展到一定阶段，物流作业被高度集成化，并定位一种核心能力时，就能够对战略优势起到奠基石的作用。事实上，在海尔自身发展历程中，也验证了这个道理。在海尔的经营理念中，无论是市场观念、名牌战略，还是质量观念、服务理念，所有这些无不贯穿着物流，不管是有意识还是无意识，物流都贯穿于各个点，贯穿于海尔供应链的全过程。

2. 海尔物流咨询

海尔聘请物流专家对海尔的物流现状进行诊断；海尔邀请专业物流公司协助确定海尔

物流系统设计方案;海尔成立了物流专家委员会作为物流智囊团,向海尔介绍最新的物流理论和系统设计方法。

3. 海尔物流的定位

在分析世界制造业先进企业物流管理系统和自身发展的基础上,海尔集团将物流重组提到日程上来,海尔突破了单纯降低成本的概念,将物流重组定位在增强企业竞争优势的战略高度上来,希望通过物流重组有力地推动海尔的发展。综合物流能力作为海尔竞争力的一部分应当成为海尔的竞争优势,物流应当成为海尔的核心竞争力。

4. 海尔物流总目标

通过上述工作,海尔确立了物流的发展战略,即在海尔国际化战略指导下,实施物流重组,使物流能力成为海尔的核心竞争能力,从而达到以最低的物流总成本向客户提供最大附加价值服务的战略目标。

5. 海尔物流机构

组织机构和职能管理是改革的有力保证。海尔成立物流推进本部,统一协调管理整个海尔集团的物流工作,科学地推进企业物流管理系统的建设。各事业部也成立了相关的接口部门,由制造部长牵头,具体实施物流推进本部部署的工作。开始阶段物流事业推进本部由见习总裁负责,后来又由副总裁负责。

6. 海尔物流计划

按照海尔物流的总体战略,制订了详细的中长期实施计划,以确保达到预定目标和实施效果。提到物流如何如何?大家就一哄而上都搞物流。事实上,物流并不是想象得那么容易。

中国物流人才的严重匮乏是一个不争的事实,整个物流界如此,每个企业也不例外,多数企业在发展物流时,或者赶鸭子上架,或者闭门造车,或者矬子里拔大个儿,或者找几个明白人、找个地方开几天会拿出一个物流规划,等等。这样做会有结果吗?至少不会有理想的或满意的结果。任何一个准备发展物流事业的企业应当像海尔集团一样首先按照现代的规划思想科学地规划企业的物流发展。

(资料来源:吴新:海尔为什么自己发展物流呢.中国物流与采购联合会.

http://www.chinawuliu.com.cncflpnewss/content1/200411/765_15223.html)

【案例讨论】

1. 你是否同意文章中的观点?

2. 你对海尔自营物流有何评价?

【复习思考】

1. 什么是自营物流?适合什么样的企业?

2. 什么是物流联盟?特点是什么?

3. 简述第三方物流的利弊。

4. 你是如何理解第四方物流的?

参考书目

1.王之泰.现代物流学.北京:首都经济贸易大学出版社,2005

2.马士华,林勇.供应链管理.北京:高等教育出版社,2006

3.唐纳德·J.鲍尔索克斯.供应链物流管理.北京:机械工业出版社,2002

4.罗纳德·H.巴罗等.企业物流管理——供应链的规划、组织控制.王晓东等译.北京:机械工业出版社,2002

5.屈冠银.电子商务物流管理.北京:机械工业出版社,2005

6.刘华.现代物流管理与实务.北京:清华大学出版社,2004

7.韦恒,熊健.物流学.北京:清华大学出版社,2007

8.彭扬,吴承建,彭建良.现代物流学概论.北京:中国物资出版社,2009

9.吴清一.物流学.北京:中国物资出版社,2006

10.田源,周建勤.物流运作实务.北京:清华大学出版社,北京交通大学出版社,2004

11.崔介何.物流学.北京:北京大学出版社.2003

12.叶怀珍.现代物流学.北京:高等教育出版社.2006

13.陈子侠.现代物流学理论与实践.杭州:浙江大学出版社,2003

14.彭彦平.物流与包装技术.北京:中国轻工业出版社,2004

15.阎平,彭卫华:物流成本管理.北京:中国商业出版社,2007

16.丁立言.物流配送.北京:清华大学出版社.2002

17.杨海荣.现代物流系统与管理.北京:北京邮电大学出版社,2003

18.邓凤祥.现代物流成本管理.北京:经济管理出版社,2003

19.程国全.物流技术与装备.北京:高等教育出版社,2008

20.袁中英.现代物流.成都:西南交通大学出版社,2008

21.吴承健.物流学概论.杭州:浙江大学大学出版社,2009

22.魏国辰.物流机械与设备.北京:中国物资出版社,2007

23.周盛世.现代物流学导论.北京:化学工业出版社,2005

24.中国物品编码中心.条码技术与应用.北京:清华大学出版社,2008

25.劳动和社会保障部中国就业培训技术指导中心.助理物流师.北京:中国劳动社会保障出版社,2007

26.王之泰.现代物流管理.北京:中国工人出版社,2001

27. 鞠颂东. 物流网络:物流资源的整合与共享. 北京:社会科学文献出版社,2008

28. 刘万韬. 现代物流管理概论. 北京:中国传媒大学出版社,2008

29. 王自勤. 现代物流管理. 北京:电子工业出版社,2007

30. 王宗湖. 物流管理概论. 北京:对外经济贸易大学出版社,2006

31. 张丹羽. 物流系统教程. 济南:山东大学出版社,2004

32. 孙春华. 物流管理基础. 天津:天津大学出版社,2008

33. 周启蕾. 物流学概论. 北京:清华大学出版社,2005

34. 王转等. 物流学. 北京:中国物资出版社,2006

35. 王长琼. 绿色物流. 北京:化学工业出版社,2004

36. 米歇尔·R. 利恩德斯,哈罗德·E. 费伦. 采购与供应管理. 张杰,张群译. 北京:机械工业出版社,2009

37. 保罗·卡曾斯,理查德·拉明,本·劳森等. 战略供应管理原则、理论与实践. 李玉民,刘会新译. 北京:电子工业出版社,2009

38. 夏文汇. 物流战略管理. 成都:西南财经大学出版社,2006

39. 赵刚,周鑫,刘伟. 物流管理教程. 上海:格致出版社,2001

40. 毛禹忠. 物流管理(第二版). 北京:机械工业出版社,2009

41. 张理,孙春华. 现代物流学概论. 北京:中国水利水电出版社,2009

42. 钱智. 物流管理经典案例剖析. 中国经济出版社,2007

43. 崔介何. 企业物流学. 北京:中国物资出版社,2002

44. 胡军,彭扬. 供应链管理理论与实务. 北京:中国物资出版社,2005

45. 蒋长兵. 现代物流管理案例集. 北京:中国物资出版社,2005

46. 齐二石. 物流工程. 北京:中国科学技术出版社,2001

47. 曾剑. 物流基础. 北京:机械工业出版社,2003

48. 丁立言. 物流企业管理. 北京:清华大学出版社,2000

49. 朱道立. 物流与供应链管理. 上海:复旦大学出版社,2001

参考网站:

http://www.soo56.com　物流搜索

http://www.chinawuliu.com.cn　中国物流与采购网

http://www.un56.com　中国物流联合网

http://www.56885.net　物流天下

http://www.jctrans.com　锦程物流网

http://www.cla.gov.cn　中国物流行业协会

http://www.56products.com　中国物流产品网